RUDOLF STEINER GESAMTAUSGABE
VORTRÄGE

VORTRÄGE VOR MITGLIEDERN
DER ANTHROPOSOPHISCHEN GESELLSCHAFT

RUDOLF STEINER

Menschenschicksale und Völkerschicksale

Vierzehn Vorträge, gehalten in Berlin
vom 1. September 1914 bis 6. Juli 1915

1981

RUDOLF STEINER VERLAG
DORNACH/SCHWEIZ

Nach einer vom Vortragenden nicht durchgesehenen Nachschrift
herausgegeben von der Rudolf Steiner-Nachlaßverwaltung

Die Herausgabe besorgten Emil Leinhas und Hella Wiesberger
Die Durchsicht der 3. Auflage besorgte Caroline Wispler

1. Auflage (Zyklus 39) unter dem Titel «Zeitbetrachtungen»,
Berlin 1919

2., um die beiden Vorträge vom 16. März und 20. April 1919
erweiterte Auflage, Gesamtausgabe Dornach 1960
Ein Teil der 2. Auflage erschien zusammen mit dem Zyklus
«Schicksalsbildung und Leben nach dem Tode», Berlin 1915,
innerhalb der Rudolf Steiner Gesamtausgabe in einem Band.

3., neu durchgesehene und erweiterte Auflage
Gesamtausgabe Dornach 1981

Einzelausgabe
Vorträge vom 17. und 19. Januar 1915
«Das Wesen des Christus-Impulses
und seines dienenden michaelischen Geistes»
Dornach 1944

Bibliographie-Nr. 157

Einbandzeichen nach einem Entwurf von Rudolf Steiner

Alle Rechte bei der Rudolf Steiner-Nachlaßverwaltung, Dornach/Schweiz
© 1981 by Rudolf Steiner-Nachlaßverwaltung, Dornach/Schweiz
Printed in Switzerland by Meier & Cie AG, Schaffhausen

ISBN 3-7274-1571-1

Zu den Veröffentlichungen
aus dem Vortragswerk von Rudolf Steiner

Die Grundlage der anthroposophisch orientierten Geisteswissenschaft bilden die von Rudolf Steiner (1861–1925) geschriebenen
und veröffentlichten Werke. Daneben hielt er in den Jahren 1900
bis 1924 zahlreiche Vorträge und Kurse, sowohl öffentlich wie
auch für die Mitglieder der Theosophischen, später Anthroposophischen Gesellschaft. Er selbst wollte ursprünglich, daß seine
durchwegs frei gehaltenen Vorträge nicht schriftlich festgehalten
würden, da sie als «mündliche, nicht zum Druck bestimmte Mitteilungen» gedacht waren. Nachdem aber zunehmend unvoll-
ständige und fehlerhafte Hörernachschriften angefertigt und verbreitet wurden, sah er sich veranlaßt, das Nachschreiben zu regeln. Mit dieser Aufgabe betraute er Marie Steiner-von Sivers. Ihr
oblag die Bestimmung der Stenographierenden, die Verwaltung
der Nachschriften und die für die Herausgabe notwendige
Durchsicht der Texte. Da Rudolf Steiner aus Zeitmangel nur in
ganz wenigen Fällen die Nachschriften selbst korrigieren konnte,
muß gegenüber allen Vortragsveröffentlichungen sein Vorbehalt
berücksichtigt werden: «Es wird eben nur hingenommen werden
müssen, daß in den von mir nicht nachgesehenen Vorlagen sich
Fehlerhaftes findet.»
Über das Verhältnis der Mitgliedervorträge, welche zunächst
nur als interne Manuskriptdrucke zugänglich waren, zu seinen
öffentlichen Schriften äußert sich Rudolf Steiner in seiner Selbst-
biographie «Mein Lebensgang» (35. Kapitel). Der entsprechende
Wortlaut ist am Schluß dieses Bandes wiedergegeben. Das dort
Gesagte gilt gleichermaßen auch für die Kurse zu einzelnen Fach-
gebieten, welche sich an einen begrenzten, mit den Grundlagen
der Geisteswissenschaft vertrauten Teilnehmerkreis richteten.
Nach dem Tode von Marie Steiner (1867–1948) wurde gemäß
ihren Richtlinien mit der Herausgabe einer *Rudolf Steiner Gesamtausgabe* begonnen. Der vorliegende Band bildet einen Be-
standteil dieser Gesamtausgabe. Soweit erforderlich, finden sich
nähere Angaben zu den Textunterlagen am Beginn der Hinweise.

INHALT

denentwicklung, aus dem sich die individuelle Seele mit dem Tode löst; Sinn des Schlachtentodes. Die unterschiedliche Prägung französischer und russischer Seelen durch ihren Volksgeist. Der Kampf höherer Geistwesen um das Hereindringen einer spirituellen Strömung in die Menschheitsevolution mit Hilfe durch den Tod gegangener Seelen. Die gegenwärtige Verkehrung der geistigen Kampfsituation in den irdischen Bündnissen und Kämpfen. Anthroposophie als Forderung der geistigen Welt an den Menschen. Die Kriegsschuldfrage und das zu erringende Verhältnis zum Volksseelenkarma. Der zu leistende Beitrag für die Zukunft durch ein spirituell erneuertes Gedankenleben.

Die alle bisherigen Verständnismöglichkeiten überragende Größe des Christus-Impulses und sein lebendiges Wirken in der Geschichte. Kampf um Rom zwischen Maxentius und Konstantin im Jahre 312. Bis ins 8./9. Jahrhundert in West- und Südeuropa Verbindung vieler Seelen mit dem Christentum nur im Ätherleib. Das 5. nachatlantische Zeitalter und die besondere Aufgabe Englands einerseits, des kontinentalen Europas andererseits. Das Eingreifen des Christus-Impulses durch die Tat der Jeanne d'Arc. Der Unterschied von Völker- und Individualentwicklung; im allgemeinen nicht mehrfache Inkarnation im gleichen Volkstum; Ausnahme in Mitteleuropa. Im heutigen Osten: viele Seelen, die ehemals das Christentum im Ätherleib trugen und nun eine Gefühlsverbindung dazu ausbilden. In Mitteleuropa: seit Jahrhunderten Vorbereitung auf ein erkenntniswaches Verbinden des Christus-Impulses mit dem Ich und Astralleib. Goethe; Faust. Die sich ergänzenden Zukunftsaufgaben von Mittel- und Osteuropa; das Unheil für beide, wenn Mitteleuropa durch äußere Gewalt geschädigt würde.

Die großen historischen Zusammenhänge werden immer aus der geistigen Welt heraus geregelt. Der Unterschied, wie dies zur Zeit der Jeanne d'Arc und heute geschieht. Die heutige Maschinenwelt, deren dämonisch-ahrimanische Geistigkeit zerstörerisch auf den Menschen wirkt. Die innerlich offenbarende, geistige Impulsierung des Hirtenmädchens; Verchristlichung altrömischen Sehertums; das Geheimnis ihrer Geburt; der Charakter ihres Todes; Jeanne als Besiegerin luziferischer Gegenmächte. – Wie heute durch menschliches Handeln göttlich-geistige Kräfte in die ahrimanisierte Welt fließen können; vom Wesen Michaels; seine Kraft, bis in den physischen Verstand wirken zu können. Widerstand gegen das Ahrimanische durch Spiritualisierung der wachen Verstehenskräfte. Die Übereinstimmung der Zeitaufgabe mit der des deutschen Volksgeistes. Charakter der germanischen Seelenhaftigkeit: Opferkraft; im gabrielischen Zeitalter mehr blutsmäßig, im michaelischen in bezug auf den Erkenntniswillen. Das Unschädlichwerden der ahrimanischen Kräfte, wenn sie durchschaut werden.

ten der Lebenden zum Erdenfortschritt zu vereinen. Die Erfahrung eines solchen Zusammenwirkens mit einem Verstorbenen im Zusammenhang mit dem Dornacher Bau.

Das Verlassen des Leibes auf dem Erkenntnisweg durch drei Tore. Das Tor des Todes: Belebung des Gedankens in der Meditation; Überwindung innerer Hemmnisse; das Sich-Auswachsen des Gedankens zu einem Kopf-Flügelwesen; Ahrimans Interesse, sein Sichtbarwerden zu verhindern; notwendige Überwindung des Irdischen in seinen Gedanken. – Das Tor der Elemente: der im Meer der belebten Gedanklichkeit zu ergreifende Wille, Herr der Gedanken zu werden; Imagination eines Furcht erzeugenden Löwen; seine Überwindbarkeit durch die Kraft der Schicksalsidentifikation. Gefahr des Egoismus; Luzifers Interesse, sie zu verschleiern; graue Magie. – Das Tor der Sonne: Begegnung mit dem aus der unteren organischen und niedrigsten seelischen Natur des Menschen gebildeten Drachen. Unterschied von «Kopfhellsehen» und «Bauchhellsehen». Ergreifen der höheren Kräfte der unteren Natur durch noch tiefere Identifikation mit dem Schicksal. – Schwierigkeiten am Tor des Todes. Notwendigkeit der Geisterkenntnis heute. Die Bedeutung des Todes als Belehrer für die Seele; besonders für die früh Gefallenen.

Der höhere Erkenntnisprozeß: Bewußtmachen des im Schlaf Erlebten. Die naturgemäße Evolution vom Mond zur Erde und zum Jupiter unter dem Aspekt, daß «Schlaf» bestimmter Organe Erwachen im Denken ermöglicht. Der reale Weltvorgang der Meditation: feiner Wärme- und Lichtverbrauch, der einen schattigen, kühlen Abdruck im Weltenäther hinterläßt. Abdrücke dieser Art, die jedes Ich-Erlebnis unwillkürlich hinterläßt. Das nachtodliche Anknüpfen daran und ihr karmabildendes Weiterwirken im folgenden Erdenleben. – Schlaf und Wachen in bezug auf die Geistesgeschichte: Übergang in den Tiefschlaf des Materialismus im 19. Jahrhundert (J. Mosen, W. Jordan, J.v. Auffenberg). Die heute sich nicht mehr natürlich lockernde, kompakte Verbindung von Geistig-Seelischem und Leiblich-Physischem. Die Aufgabe, das Bewußtsein der geistigen Welt aus freiem Willen meditativ zu erarbeiten. Das notwendige Zusammenkommen spiritueller Erkenntnis mit den unverbrauchten Ätherkräften der Kriegsgefallenen.

ten der Mittelgestalt aus der Erkenntnis der Christus-Wesenheit. Michelangelos Christus-Darstellung im «Jüngsten Gericht». Die notwendige Pendelbewegung des menschlichen Lebens zwischen dem Luziferischen und Ahrimanischen. Goethes «Faust» und die Doppelheit der Mephistogestalt. Mitteleuropas selbständige Aufgabe zwischen dem luziferisch ausgerichteten Osten und dem ahrimanisch orientierten Westen. Der durch die Gegenwartsereignisse geforderte Ernst.

und Taten (Fühlen), bzw. vom Wesen (Wollen) inspirierender, bzw. weltenbauender Hierarchien. Fühlen und Wollen als Bausteine zukünftiger Welten. – Verlust des früheren Hellsehens um der Freiheit willen. Entwicklung des selbständigen Denkens durch das immer stärkere Ergreifen des physischen Leibes. Das notwendige Gegengewicht durch Geisteswissenschaft. Die Gefahr, daß die zwar geleugneten, aber gleichwohl vorhandenen spirituellen Kräfte des Menschen von Luzifer und Ahriman ergriffen werden. Beispiel aus der italienischen Geschichte (Cola di Rienzi und d'Annunzio).

ERSTER VORTRAG

Berlin, 1. September 1914

Meine lieben Freunde, mit tief bewegtem Herzen ist es, daß ich in diesen ernsten Stunden eine Weile unter Euch sein darf und mit Euch sprechen darf. Unser erster Gedanke sei aber gerichtet an diejenigen lieben Freunde, die so oftmals mit uns hier vereint waren, und die jetzt gerufen sind auf das Feld, wo in einer so eindringlichen Weise gekämpft wird um Menschenschicksale, um Völkerschicksale. Und daß wir dieser Freunde in treuer Liebe in dieser Stunde gedenken und unsere Gedanken ihnen senden, unsere Gedanken, denen Kraft innewohnen möge, auf daß sie sich stärken können auf dem Plan, wo sie jetzt stehen – zum Zeichen dafür erheben wir uns für einen Augenblick von unsern Sitzen!

> Geister eurer Seelen, wirkende Wächter,
> Eure Schwingen mögen bringen
> Unserer Seelen bittende Liebe
> Eurer Hut vertrauten Erdenmenschen,
> Daß, mit eurer Macht geeint,
> Unsre Bitte helfend strahle
> Den Seelen, die sie liebend sucht.

Und zurufen wollen wir unsern Freunden, daß der Christus, von dem so oft hier gesprochen worden ist, sie stärkend, über sie waltend auf dem Felde, wo jetzt Geschicke der Menschen und Geschicke der Völker sich entscheiden, bei ihnen sei!

Meine lieben Freunde, Ihr wißt, daß eine ursprüngliche Absicht bestand, den Bau, den wir als eine Warte für das geistige Leben der neueren Zeit errichten wollen, wie es unseren Seelen vorschwebt, im August dieses Jahres fertig zu haben. Das Karma hat es anders gewollt. Und wir mußten uns, gelassen selbstverständlich, in dieses Karma fügen. Wir dachten eine Weile, daß es gerade in dieser Zeit sein könnte, daß in diesem Bau Worte gesprochen werden dürften von jener Siegeszuversicht des geistigen Lebens, von der wir uns durch unsere Geisteswissenschaft immer mehr und mehr überzeugen konnten. Nun steht oder stand in dieser Zeit unser Bau in Dornach bei Basel nicht fertig da. Aber seine Umhüllung steht da. Die Säulen, die seine, die geistigen Himmelswelten repräsentierenden Kuppeln tragen sollten, sind an ihren Orten und sind verbunden mit diesen Symbolen des Himmelsdaches. Die Vollendung wartet noch auf sich. Im Juli war es, wo ich in einem bestimmten Stadium unseres Baues ahnen konnte, daß das eintreten werde, um was ich mich bemüht habe: daß dieser Bau auch sein sollte eine Probe dafür, daß man durch Form und Zusammenstellung ein wirklich gutes Hören, einen wirklich akustischen Raum erreichen könne. Hoffen, sage ich, durfte man das. Denn von den Stellen aus, wo ich durch Worte prüfen konnte, wie die ganze Umschalung den Ton behandelt, da klang es so, daß man hoffen kann, daß die Absicht erreicht werden wird, daß es auch an den richtigen Stellen richtig tönen werde. Daß die Worte, die unserer Gesinnung geweiht sind, also in diesem Raume tönen mögen, das ist unsere Hoffnung.

Die ersten Töne, die unsere in Dornach arbeitenden Freunde hörten, waren der Widerklang des Feuers, das in unserer unmittelbaren Nähe stattfand, das heraustönte aus den ersten Unternehmungen der ernsten Ereignisse, innerhalb deren wir jetzt leben. Denn unser Bau sieht hinunter auf dasjenige Feld im Oberelsaß, an dessen nach der Schweiz hin gerichteten angrenzenden Gefildungen er steht. Und es waren nicht nur die Signale der ernsten Ereignisse unserer Zeit zu hören, sondern zu sehen war auch von den verschiedenen Punkten unseres Baues aus das Feuer der Kanonen im Oberelsaß. Was dort geschah, das sprach zuerst als Echo in unseren Gegenden. In uns lebte, wenn wir uns inmitten der Arbeit zu unseren Besprechungen trafen, der Gedanke, daß aus den ernsten Ereignissen, innerhalb welcher wir leben, der Menschheit erstehen möge ein Friedensboden, auf dem erblühen kann Heil und Segen der Entwickelung der Menschheit.

Wie bricht, zuweilen zu dem einzelnen symbolisch sprechend, ein solches Ereignis herein, wie wir es jetzt erleben! Vielleicht ist in den Händen einiger von Euch, meine lieben Freunde, der erste Band meines Buches «Die Rätsel der Philosophie», in dem ich darstellen wollte den Entwickelungsgang der Menschheit im Suchen nach den großen Weltenrätseln, in dem ich darstellen wollte den Zug des Gedankens durch Menschen- und Völkerherzen. Der zweite Band ist, wie Ihr wißt, noch nicht erschienen; aber er ist im Drucke fertig bis in den dreizehnten Bogen hinein. Dieser dreizehnte Bogen behandelt auf den letzten Seiten, die noch gedruckt sind, die Philosophie *Boutroux'* und *Bergsons* und geht dann über zu *Preuß*, um als Letztes, was noch gedruckt worden ist, bevor das große Ereignis begonnen hat, zu behandeln den – nach meinem Empfinden dasjenige, was der Philosoph Bergson will, unendlich tiefer ergreifenden – in der deutschen philosophisch-naturwissenschaftlichen Entwickelung stehenden Einsiedler Preuß. Mit wuchtiger Kraft findet man bei dieser Denkerpersönlichkeit Preuß dasjenige, was ein naturwissenschaftlich Denkender über das Geistesleben sagen konnte. So schloß sich zusammen in diesem dreizehnten Bogen dasjenige, was Gedanken behandeln sollte, die im Westen Europas und solche, die im Herzen Europas ersprossen sind. Mitten im Satze schließt mein Druck ab, gleichsam symbolisch spaltend das Geistesleben derjenigen Menschen, zwischen denen jetzt auf dem physischen Plan der schwere Kampf entbrannt ist, der uns so viel bewegt. Und in den ersten Augusttagen mußte ich oft die weißen Seiten des unbedruckt gebliebenen Bogens mir anschauen, denn auch das wirkte wie ein merkwürdiges Symbolum auf mein Gemüt.

Meine lieben Freunde, wir stehen nicht in einer Zeit, in der untergeordnete Ereignisse des Menschenlebens entschieden werden. So schnell auch diese Ereignisse hereingebrochen sind: tief eingreifend sind sie und aus einer Notwendigkeit hervorgegangen, die gleich derjenigen ist, mit der sich einmal Europens Geschicke in den Zeiten der Völkerwanderung aus harten, schweren Kämpfen heraus entwickelt haben. Was in diesen Zeiten bei dem Bekenner der Geisteswissenschaft sein muß, das ist die Zuversicht in den Sieg und in die Sieghaftigkeit des geistigen Lebens und die Festigkeit in dem Glauben, daß die weltenlenkenden Geister die Dinge so entscheiden werden, wie es zum Heile der Menschheit notwendig ist.

Derjenige, der heute einen Trost braucht dafür, daß durch die Geisteswissenschaft eng befreundete Menschen im Feuer einander gegenüberstehen, der versuche sich diesen Trost zu holen aus den Worten, die uns klingen aus der Bhagavad Gita. Sie weisen uns in alte Zeiten der Menschheitsentwickelung, dahin, wo aus einem ursprünglichen primitiven Leben der Menschheit ein späteres Leben hervorgetreten ist, in welchem nach den geistigen Gesetzen, die wir ja kennen, vereint waren solche, die früher als Brüder mit Brüdern, Schwestern mit Schwestern gelebt haben. Der Übergang war geschehen zu einem andern Leben der Menschheit, zu einer Verbreiterung der Menschheit, so daß innerhalb jener Neuordnung der Menschheit kämpfend sich gegenüberstanden diejenigen, die sich Brüder wußten. Aber der Geist, der durch die Menschheitsentwickelung geht, findet die rechten Worte, um Zuversicht und Glauben und Sicherheit in die Seelen zu gießen, die sich also gegenüberstehen.

Wiederum erleben wir heute Zeiten, in denen sich aus verschiedensten Gegenden der Erde durch jene Geistesströmung, die wir die unsrige nennen, Menschen zusammengefunden haben, die durch ihre Empfindungen, durch das, was sie aus der Seele Tiefen heraus tief verbindet, sich Brüder, sich Schwestern nennen. Und wiederum müssen sie einander gegenüberstehen. Das Menschheitskarma will es so. Aber, meine lieben Freunde, die Gewißheit müssen wir gewonnen haben durch das, was wir von unserer geistigen Strömung in unsere Herzen und in unsere Seelen aufgenommen haben, daß der Geist, der durch die Menschheitsentwickelung wallt, uns in diesen Sturmeszeiten kräftige und mit Zuversicht erfülle, so daß wir den Glauben in uns tragen können, daß im Weltenkarma das Rechte geschehen werde, daß gekämpft werden muß, daß Blut über Blut fließen muß, damit erreicht werden könne, was der Welten-Schicksalslenker mit der Erdenmenschheit erreichen will. Auch ein Opferblut wird dieses sein, ein heiliges Opferblut! Und diejenigen unserer Lieben, die dieses Opferblut vergießen werden, sie werden in den geistigen Reichen starke Helfer der Menschheit werden nach den schönsten, nach den hehrsten Zielen. Denn auf viele Arten sprechen die Weltengeister zu uns Menschen. Sie sprechen zu uns auf die Art, wie wir es gewohnt sind innerhalb unserer Kreise durch die Worte, die entnommen sind unserer geistigen Forschung und unserer geistigen Gesinnung. Sie sprechen aber auch zu uns durch die ernsten Zeichen des Kriegesdonners. Und so sehr es mancher Seele naheliegen möchte, mit Bedauern darauf hinzublicken, daß auch diese Sprache in der Weltenlenkung der Menschheit geführt werden muß – geistergriffene Seelen müssen bedenken können, daß solche Sprache im Weltenkarma notwendig ist. Es ist die Sprache, deren richtigen Sinn zu verstehen für den einzelnen Fall erst den folgenden Zeiten auferlegt ist, die auf dasjenige zurückblicken können, was ihnen dadurch geworden ist, daß ihre Vorfahren ihren Leib zum Opfer gebracht haben, um aus diesem Opfer des Kriegsfeldes heraus die verklärte Seele zum Heile der Menschheit in die geistigen Sphären hinaufzuschwingen. Und mit diesem Funken geistiger Ergriffenheit im Herzen können wir uns gestärkt hineinstellen in alle die Sorgen, in alle die tiefen Bekümmernisse und Betrübnisse, aber auch in alle die Hoffnungen und in alle die Zuversichten, welche Ereignisse solch ernster Art, wie die gegenwärtigen, vor unsern äußeren Augen darstellen und offenbaren.

Meine lieben Freunde, am 26. Juli konnte ich in Dornach zu unseren dort versammelten Freunden, anschließend an einen Vortrag, der die Angelegenheiten unseres Baues betraf, die Worte sprechen, die hinwiesen auf die ernsten Zeiten, die uns bevorstehen. Unter den Zuhörern dieses 26. Juli waren auch diejenigen unserer damals dort befindlichen Freunde, die jetzt schon draußen stehen auf dem Felde der ernsten, der ernstesten Ereignisse. Damals durfte ich neben unserem Bau in Dornach, der eine Geisteswarte werden soll, unseren Freunden die Worte ins Herz rufen: Möge dasjenige, was wir uns durch unsere geistige Strömung und durch unsere geistige Gesinnung angeeignet haben, in jedem einzelnen von uns dahin wirken, daß er die Möglichkeit finde in dem, was jetzt kommen werde, kraftvoll, zuversichtlich an dem Orte in der Welt zu stehen, auf den ihn das Schicksal hinstellt.

Es waren Beweisstücke dafür da, daß unsere geistige Bewegung Kraft zu geben vermag, rechte Kraft auch in solchen Zeiten, in denen wir jetzt leben, und in solchen ernsten Ereignissen, in denen wir jetzt stehen. Und vielleicht gehört es auch zu dem Schmieden dieser Kraft, daß diejenigen, an denen draußen die Kugeln vorbeipfeifen, die im Sturmesgebraus des Kriegsdonners leben müssen, daß diese wissen dürfen, wie wir in treuer Liebe, und in uns hegend alle die Gedanken, die ihnen stärkend helfen wollen, ihrer gedenken, uns mit ihnen zusammengehörig fühlen. Wie stünde es um unsere Bewegung, wenn sie nicht geeignet wäre, Seelenkräfte aufrechtzuerhalten dort, wo diese Seelenkräfte starken Prüfungen der Welt ausgesetzt sind! Möge uns die Kraft, die wir selber gewonnen haben, dauernd fest zusammenhalten mit den lieben Freunden, die draußen stehen, und möge diese Kraft so stark sein, daß sie in der geistigen Welt etwas ist, daß der Geist, den wir in uns aufzunehmen versuchten, im Weltenwirken selber etwas sein könne; und möge die Liebe, die wir vereint wissen mit unserem geistigen Streben, sich insbesondere dort stark erweisen, wo unsere Freunde draußen in der physischen Welt ein heiliges Opfer zu bringen haben!

Meine lieben Freunde, vieles wird uns noch vor Augen treten im Gefolge desjenigen, was jetzt begonnen hat. Wir aber haben es oft ausgesprochen, das Wort von der kraftvollen Gelassenheit. Möge es sich an unseren Seelen jetzt erfüllen. Nicht sei es das Wort von jener bequemen Gelassenheit, die den Dingen zusieht in Gleichgültigkeit, sondern es sei das Wort von jener tatkräftigen Gelassenheit, die Mittel und Wege sucht, und durch treues geistiges Suchen auch findet – um am rechten Orte das Rechte zu tun. Oftmals mußte ich mich in diesem August fragen, ob es recht sei, unsere Freunde an unserem Bau in Dornach zurückzuhalten, und ob nicht mancher an einem anderen Platz in dieser Zeit Bedeutungsvolleres leisten könne. Doch es scheint, daß es gut ist, daß es zusammenhängt mit gewissen Kräften, die der Geist in unseren Zeiten braucht, daß dieser Bau nicht stillesteht. So wird denn treulich an ihm auch in diesen schweren Zeiten fortgearbeitet. So soll er denn lebendig erhalten werden in dem Gedanken, daß er ja gerade ein Wahrzeichen sein soll für das richtige Verständnis der großen Taten, die in unserer Zeit geschehen, ein Wahrzeichen für das Verständnis, daß bei allem, was in unserer Zeit geschieht, auch des Geistes Kraft sein müsse. Und den Glauben hegen wir, daß alle die Freunde, die bei ihrer Pflicht in Dornach ausharren, weil dieses ihr Karma zu sein scheint, auch in alledem, was sich an Wichtigem ergeben wird aus den gewaltig bewegenden Ereignissen, in denen wir stehen, ihre Stelle werden ausfüllen können, jeder an dem Platze, an den ihn das Karma hinstellt. Versuchen wir es, meine lieben Freunde, so wie es uns erscheint nach dem, was der Tag an unsere Seelen heranbringt, was der Tag uns beobachten läßt als unsere etwaige Pflicht in dieser Zeit, versuchen wir das alles zu tun; versuchen wir jede Pflicht zu tun, die wir ansehen müssen als eine Pflicht selbstloser Menschenliebe, als eine Pflicht der Opferwilligkeit in der Zeit, wo von den Menschen so viele Opfer verlangt werden müssen. Beteiligen wir uns an dem Opferdienst der Menschheitsentwickelung nach der Art, wie es unseren Kräften vom Karma zugeteilt erscheint, helfen wir überall, wo wir helfen können. Suchen wir die Möglichkeiten auf, wo uns gestattet ist zu helfen, und vergessen wir nicht, daß wir die Überzeugung in uns aufgenommen haben, daß der Geist ein wirksames Werkzeug im menschlichen Helfen, in der menschlichen dienenden Liebe hat.

Als unsere Freunde in Dornach auch etwas zu verstehen verlangten von äußeren Hilfeleistungen, von ersten Verbänden, da wurde nicht nur in einer Reihe von Stunden Anleitung zu solchem Verbinden innerhalb unseres Baues zu geben versucht für den Fall, daß einstmals einen von uns sein Karma dazu rufen sollte, solche Kenntnis anzuwenden, sondern es lag mir am Herzen, unseren Freuden auch die Worte zu sagen, welche aus geistiger Anschauung heraus, in der helfenden liebenden Seele erfüllt, die werktätige geistige Liebe hinübertragen können aus der verbindenden Hand, aus dem helfenden Leibe – auf geistige Art – in denjenigen, dem geholfen werden soll. Wie in der menschlichen Organisation selber heilende Kräfte liegen, wie in dem Blute, das aus der Wunde fließt, zugleich dasjenige lebt, was heilend auf die Wunde wirkt, darauf wurde zuerst aufmerksam gemacht. Und dann wurde gesagt, daß es gut ist, das Herz beim Heilen gegenüber dem hilfebedürftigen Menschen zu erfüllen mit den Worten:

Quelle Blut,
Im Quellen wirke,
Regsamer Muskel
Rege die Keime,
Liebende Pflege
Wärmenden Herzens,
Sei heilender Hauch.

Ich glaube zu wissen, daß die Seele, die sich mit solcher Gesinnung erfüllt, der Hand, die helfen will, eine helfende Kraft zu geben in der Lage ist. Und wie sollten wir nicht nach allem, was durch die Jahre durch unsere Seelen gezogen ist, davon überzeugt sein, daß die Erfüllung mit dem Christus-Geist in dieser Zeit uns die Fähigkeit erteilen wird, in rechter Art dort einzugreifen, wo es das Schicksal fordert, wo uns das Schicksal hinstellt. Wie oft können wir Gelegenheit erhalten, in dem, was uns die nächsten Zeiten bringen können, zu erproben, ob wir von dem Christus in der richtigen Weise durchdrungen sind, der von unseren eigenen Herzen hinüberwirkt in die Herzen der anderen Menschen, der den leidenden, den schmerzertragenden Menschen in eine Einheit mit uns selber verwebt. Wie oft wurde davon gesprochen, daß es zur Entwikkelung der Menschenseelen in die geistigen Welten hinein gehöre, das eigene Gefühl verbinden zu können mit dem Schmerz, der in dem andern lebt. Und gerade an den Stellen, wo die Ereignisse unserer Zeit Schmerz wirken werden, da wird oftmals des einen oder des andern Platz von uns sein; da werden wir erproben können, ob wir stark genug sind, um das rechte Gefühl mit dem Schmerz des andern zu verbinden, ob der Schmerz, der drüben in der anderen Seele lebt, unser Schmerz, unser gefühlter Schmerz sein kann.

Daß es so sein kann, daß die Menschheit allmählich dazu kommen kann, daß der Schmerz, der in dem andern lebt, uns nicht selber meidet, sondern in uns fortwebt, dazu ist Christi Blut auf Golgatha geflossen. Darum suchen wir auch die Gesinnung, die hiermit angedeutet ist, gerade in diesen Zeiten in unseren Seelen zu verstärken. Das kann geschehen mit Worten wie diesen, die man ganz wie zu sich selber spricht, möglichst oft in den Gedanken, die uns verbinden mit dem Ernst dieser Zeit, indem man in der ersten Zeile sich an den Mitmenschen wendet. Die Worte lauten:

> So lang du den Schmerz erfühlest,
> Der mich meidet,
> Ist Christus unerkannt
> Im Weltenwesen wirkend.
> Denn schwach nur bleibet der Geist,
> Wenn er allein im eignen Leibe
> Des Leidesfühlens mächtig ist.

Ja, meine lieben Freunde, jetzt sind die Zeiten, in denen eine jede Seele, die gelernt hat in die geistige Welt aufzuschauen, die bittenden Gedanken an die Geister richten muß, von denen sie sich geschützt glaubt, daß diese Geister helfen mögen, uns in der richtigen Weise in die Zeit hineinzuführen. Und empfinden werden wir das Rechte in unserem Herzen, die rechten Kräfte in unserer Seele, wenn wir uns zu dem Geiste wenden, der uns führen soll durch unsere Erdeninkarnationen hindurch zu unserm eigenen Rechten. Und wie können wir wissen, daß unsere Bitten sich an den rechten Geist wenden? Wir können es empfinden, wenn wir uns an diesen Geist so wenden, wie es im Sinne des wahren Christus-Impulses ist.

Denn der Geist, der uns zum Rechten führt – dessen können wir sicher sein, meine lieben Freunde –, er ist mit dem Christus verbunden. Er hält Zwiesprache mit dem Christus. Er hält solche Zwiesprache mit dem Christus in der geistigen Welt, daß aus dem, wofür jetzt gekämpft wird, wofür jetzt Blut vergossen wird, das Rechte zum Heil der Menschheit geschehe. Im Geiste des Christus wenden wir uns an den Geist, von dem wir beschützt sein wollen. Dann wird es der richtige Geist sein.

Was das Wesen eines Geistes ist, das nennt man in der Sprache der Geisteswissenschaft das Alter eines Geistes. Darum kommt dieses Wort in der Formel vor, von der jetzt Euch Mitteilung geschehen soll. Das Wort Alter bedeutet darin etwa dasselbe wie das Wesen des Geistes. Denn danach, wie die Geister alt sind, haben wir sie ja unterscheiden gelernt. Wir sprechen von luziferischen und ahrimanischen Geistern gerade in diesem Sinne, daß wir wissen: sie entwickeln in einem ihnen unrecht zukommenden Alter das, was im richtigen Zeitalter das der Welt Angemessene in der Entwickelung ist. Daher sprechen wir von dem Alter eines Geistes, wenn wir von seiner Wesenheit sprechen. Die Formel, die jetzt mitgeteilt werden soll, heißt:

> Du, meines Erdenraumes Geist,
> Enthülle deines Alters Licht
> Der Christ-begabten Seele,
> Daß strebend sie finden kann
> Im Chor der Friedenssphären
> Dich, tönend von Lob und Macht
> Des Christ-ergebenen Menschensinns.

Ja, versuchen wir fruchtbar zu machen dasjenige, was sich in unsere Seelen pflanzen konnte im Laufe unseres geistigen Strebens, versuchen wir, dieses so fruchtbar zu machen, daß wir erhoffen können, unseren Prüfungen gewachsen zu sein. Versuchen wir den Glauben, daß Liebe die Seele unseres geistigen Strebens ist, zu erweisen in einer Zeit, in welcher Liebe, Liebe, Liebe notwendig ist!

Meine lieben Freunde, das war es, was mir am Herzen lag, zu Euren Seelen gerade am heutigen Abend zu sprechen. Möge die Liebe, an die wir so oftmals appelliert haben, in uns kräftig Wurzel fassen. Mögen wir die Möglichkeit finden, in ernsten Zeiten treu zusammenzuhalten selber und zusammenzuhalten mit allen heiligen Gütern der Menschheit. Dieses, meine lieben Freunde, mit meinen Empfindungen zu verbinden und immer wieder und wieder auch meine Gedanken mit den Eurigen zu vereinigen in den nächsten Zeiten, das verspreche ich Euch. Und möge uns beschieden sein nach dem Erleben der Symbole, von denen in den Eingangsworten des heutigen Abends gesprochen worden ist, nachdem in unserem Dornacher Bau widergehallt hat der Ton des Krieges, widergeschienen hat der Lichtschein des Krieges, möge uns beschieden sein, daß gesprochen werden dürfe in kürzerer oder längerer Zeit in diesem Bau das Wort von der Zuversicht in den Sieg und die Sieghaftigkeit des Geistes, gesprochen werden dürfe in dem Bewußtsein, daß dieser Bau von seiner erhöhten Stelle aus herabschaut auf eine Menschheit, welche durch die schweren Prüfungen und durch die schweren Kämpfe dieser Zeiten sich ein Rechtes, ein Gutes, ein Schönes, ein Wahres innerhalb der Menschheitsentwickelung erkämpft hat. Mögen die Tage des Kampfes so verlaufen, daß in den künftigen Tagen des Friedens mit Befriedigung auf die Opfer zurückgeschaut werden darf, welche diese Zeiten gefordert haben.

Hoffen möchte ich, daß diese Worte, die ich am heutigen Abend zu sprechen versuchte, Eure Seelen mit derjenigen Tiefe berühren, von der ich glaube, daß sie aus ihr entsprungen sind. Mögen sie Euch einiges sein in den Zeiten, in denen mancher von uns so viel zu ertragen hat. Mögen sie aber auch Euch dasjenige sein können, was alle die Herzen, die jetzt mit edler Begeisterung und mit frohem Kampfesmute erfüllt sind, so erfüllt mit dieser edlen Begeisterung und mit diesem Kampfesmute, daß die Geister, die da wissen, was das Rechte ist, in diese Herzen mit Befriedigung schauen werden. Erfüllen wir uns mit solchen Gesinnungen, und wir werden die Möglichkeit haben, am rechten Orte das Rechte zu tun. Das ist es, wozu uns unsere geistige Arbeit, die wir nun schon seit Jahren zu vollbringen versuchten, Kraft geben soll und Kraft geben möge.

Auf Wiedersehen, meine lieben Freunde, in dieser Gesinnung und aus diesen Empfindungen des Herzens heraus!

ZWEITER VORTRAG

Berlin, 31. Oktober 1914

Meine lieben Freunde! Auch heute sollen unsere ersten Gedanken
denjenigen gelten, die draußen im Felde stehen und mit ihrem
Leibe und mit ihrem ganzen Sein für das einzutreten haben, was
unsere Zeit von ihnen fordert. Wir richten daher die Gedanken an
diejenigen geistigen Wesenheiten, welche diese draußen im Felde
Stehenden in Schutz nehmen.

> Geister eurer Seelen, wirkende Wächter,
> Eure Schwingen mögen bringen
> Unserer Seelen bittende Liebe
> Eurer Hut vertrauten Erdenmenschen,
> Daß, mit eurer Macht geeint,
> Unsre Bitte helfend strahle
> Den Seelen, die sie liebend sucht.

Und für diejenigen, die infolge dieser Ereignisse schon durch die
Pforte des Todes gegangen sind, sprechen wir:

> Geister eurer Seelen, wirkende Wächter,
> Eure Schwingen mögen bringen
> Unserer Seelen bittende Liebe
> Eurer Hut vertrauten Sphärenmenschen,
> Daß, mit eurer Macht geeint,
> Unsre Bitte helfend strahle
> Den Seelen, die sie liebend sucht.

Und der Geist, den wir seit vielen Jahren während unseres Strebens suchten, der Geist, der durch das Mysterium von Golgatha
gegangen ist, der Christus-Geist, der Geist des Mutes, der Geist der
Kraft, der Geist der Einigung, der Geist des Friedens – Er möge
walten über all demjenigen, was Ihr in diesen Tagen zu verrichten
habt!

Mehr als zu anderen Zeiten muß in diesen Tagen, in diesen Wochen schwerer Ereignisse der Ernst unseres geistigen Strebens unsere Seelen durchweben, der Ernst, aus dem heraus wir empfinden können, wie mit allem wahrhaft Menschlichen dasjenige zusammenhängt, was wir durch unsere geistige Strömung erstreben. Wir streben das an, was nicht allein zu dem vorübergehenden Sein des Menschen spricht, zu demjenigen Sein, welches hingeht mit des Menschen physischem Leibe; wir sprechen von Weistümern, wir sprechen von Seelen- und geistigen Kräften, welche sich unmittelbar an jenes höhere Selbst im Menschen richten, welches mehr ist als dasjenige, das hinwelken kann mit dem Leibe und seinem Dasein. Wir haben oftmals das Wort Maja gebraucht von den äußeren Erscheinungen, und wir haben es oft betont, daß die äußeren Erscheinungen, die Zusammenhänge des physischen Lebens dadurch eine Maja werden, daß der Mensch sie eben mit seiner Erkenntnis, mit seinem Erkenntnisvermögen nicht richtig durchdringt, durchschaut und dadurch nicht empfindet, nicht vernimmt, was als das Bedeutungsvolle, als das eigentlich Wesenhafte aus den äußeren Erscheinungen zu uns spricht; sondern daß mit seinem Erkenntnisvermögen dieser Mensch selber einen Schleier, ein Gewebe der Täuschung über die äußeren Ereignisse hinzieht. Dadurch werden sie zur Maja.

Ein Weistum darf vor allem in diesen Tagen vor unsere Seele treten, weil wir ja verstehende Liebe, liebendes Verständnis desjenigen suchen, was um uns herum vorgeht, ein Weistum kann insbesondere vor unsere Seele treten, eine Erkenntnis, die ja im Grunde genommen im Mittelpunkte steht von alledem, was wir erkenntnismäßig erstreben. Aber sie muß eben in diesen Tagen vor unsere Seele treten mit all dem tiefen Ernst und der sittlichen Würde, die in ihr ist. Das ist die Erkenntnis – sie ist uns ja schon zur einfachsten, elementarsten Erkenntnis des geistigen Lebens geworden – von der Wiederkehr der Erdenleben, die Wahrheit, daß unsere Seele im Laufe der Zeiten von Leib zu Leib schreitet. Dem gegenüber, was da als das Ewige im Menschen von Leib zu Leib eilt in der Aufeinanderfolge der irdischen Inkarnationen des Menschen, steht das, was mit dem leiblich-physischen Dasein des Menschen zusammenhängt, steht das auf dem physischen Plan, was diesem äußeren physisch-leiblichen Dasein des Menschen die Konfiguration, die Formation, das Gepräge gibt. Und zu alledem, was dieses äußere Gepräge gibt, was gleichsam den Charakter des Menschen bedingt, insofern er in einem physischen Leibe auf dem physischen Plan lebt, gehört insbesondere dasjenige – wir dürfen in keinem Augenblicke, besonders in dieser Zeit, das vergessen –, was man zusammenzufassen hat unter dem Ausdruck der Nationalität. Wenn wir den Seelenblick auf das richten, was wir als des Menschen höheres Selbst bezeichnen, da verliert der Ausdruck Nationalität seine Bedeutung. Denn zu alledem, was wir ablegen, wenn wir durch die Pforte des Todes gehen, gehört der ganze Umfang desjenigen, was sich befaßt mit dem Ausdruck der Nationalität. Und wenn wir im Ernste dasjenige sein wollen, als was wir uns als geistig strebende Menschen wissen wollen, so geziemt es sich für uns, daran zu denken, daß der Mensch, indem er durch seine aufeinanderfolgenden Inkarnationen geht, nicht einer, sondern verschiedenen Nationalitäten angehört, und daß das, was ihn mit der Nationalität verbindet, eben zu demjenigen gehört, was abgelegt wird, in dem Augenblicke abgelegt werden muß, da wir durch die Pforte des Todes gehen.

Wahrheiten, die in das Gebiet des Ewigen gehen, brauchen nicht leicht zu begreifen zu sein. Sie können schon solche sein, gegen die sich auch zu gewissen Zeiten das Gefühl sträuben mag; die man sich besonders in schwierigen Zeiten schwierig erringen und in diesen schwierigen Zeiten schwierig auch in ihrer vollen Stärke und Klarheit bewahren kann. Aber der wahre Anthroposoph muß das, und er wird gerade dadurch zum rechten Verständnisse dessen kommen, was ihn in der äußeren physischen Welt umgibt. Die Bausteine zu diesem Verständnisse sind ja bereits in unserem anthroposophischen Streben dargebracht worden. In dem Vortragszyklus über die Volksseelen finden Sie gewissermaßen alles das enthalten, was Verständnis geben kann über den Zusammenhang der Menschen, insofern diese Menschenwesen im Ewigen sind, mit ihren Nationalitäten. Diese Vorträge wurden allerdings inmitten des Friedens gehalten, wo die Seelen geeigneter und bereiter sind, um objektive, ungeschminkte Wahrheiten voll aufzunehmen. Vielleicht ist es schwierig, diese Wahrheiten heute in derselben objektiven Weise zu bewahren, wie sie damals hingenommen worden sind. Aber gerade dadurch werden wir unsere Seelen in der allerbesten Weise zu der Stärke bereiten, die sie heute brauchen, wenn wir auch heute diese Wahrheiten in der objektiven Weise hinnehmen können.

Stellen wir vor unser Seelenauge das Bild des auf dem Schlachtfelde durch die Pforte des Todes gehenden Kriegers. Begreifen wir, daß dies ein ganz besonderer Fall ist, durch die Pforte des Todes zu gehen. Begreifen wir, daß der Eintritt erfolgt in eine Welt, welche wir mit allen Fasern unseres seelischen Lebens durch die Geisteswissenschaft suchen, damit sie uns Klarheit hereinbringt auch in das physische Leben. Bedenken wir, daß durch den Tod der Eintritt in diese geistige Welt erfolgt, in die nicht unmittelbar andere Lebensimpulse mitgenommen werden können – weil sie nicht fruchtbar wären – als diejenigen, die unser geistiges Streben beleben und die doch zuletzt darauf ausgehen, ein brüderliches Band zu schlingen um alle Menschen des Erdenrundes. In einem höheren Lichte erscheint uns dann ein Volksausspruch, der einfach ist, wenn wir ihn mit anthroposophischer Weisheit beleuchten, der Volksausspruch: Der Tod macht alle gleich. Er macht sie alle gleich: Franzosen und Engländer und Deutsche und Russen. Das ist doch wahr. Und stellen wir dagegen dasjenige, was uns heute auf dem physischen Plan umgibt, so werden wir wohl den Grund empfinden, um auf diesem Felde über die Maja hinüberzukommen und in den Ereignissen ihr Wesenhaftes zu suchen. Stellen wir dem gegenüber, mit welchen Haß- und Antipathiegefühlen Europas Völker in dieser Stunde erfüllt sind. Stellen wir dem gegenüber alles das, was von den einzelnen Gebieten der europäischen Erde die einzelnen Völker gegeneinander empfinden und in dem, was sie reden und schreiben, zum Ausdruck bringen. Stellen wir auch einmal vor unser Seelenauge alles dasjenige hin, was da an Antipathien sich seelisch auslebt in unserer Zeit.

Wie sollen wir in der Wahrheit diese Dinge ansehen? Wo liegt auf diesem Gebiete das, was hinüberführt über die Maja, über die große Täuschung? Wir lernen auf der Erde einander nicht kennen, wenn wir uns so ansehen, daß wir in dem allgemein Menschlichen ein Abstraktes anschauen, sondern wir lernen uns nur dadurch kennen, daß wir in die Lage kommen, wirklich die Eigentümlichkeiten der Menschen, die über die Erde verbreitet sind, zu verstehen, in ihrer Konkretheit zu verstehen, in dem, was sie im einzelnen sind, wie man einen Menschen im Leben nicht dadurch kennenlernt, daß man einfach sagt: er ist ein Mensch wie ich, und er muß alle Eigenschaften haben wie ich auch, sondern daß man von sich absieht und auf seine, des anderen Eigenschaften eingeht.

Nun ist in dem Vortragszyklus über die Volksseelen gezeigt, wie das, was als Seelenglieder in uns vorhanden ist – Empfindungsseele, Verstandes- oder Gemütsseele, Bewußtseinsseele, Ich und Geistselbst – verteilt ist auf die europäischen Nationen; wie jede Nationalität im Grunde genommen eine Einseitigkeit repräsentiert. Und weiter ist dort ausgesprochen, daß so, wie die einzelnen Seelenglieder in uns selbst zusammenzuwirken haben, so haben in Wahrheit die einzelnen Nationalitäten zusammenzuwirken zu der gesamteuropäischen Seele. Wenn wir auf die italienische, auf die spanische Halbinsel hinblicken, so finden wir, daß dort das Nationale sich auslebt als Empfindungsseele. In Frankreich lebt es sich aus als Verstandes- oder Gemütsseele. Wenn wir auf die britischen Inseln gehen, so sehen wir, wie es sich als Bewußtseinsseele auslebt. In Mitteleuropa lebt sich das Nationale aus als Ich. Und wenn wir nach dem Osten hinüberblicken, so ist dies die Gegend, wo es sich auslebt – obwohl der Ausdruck nicht ganz richtig ist, wie wir nachher sehen werden – als Geistselbst. Was sich so auslebt, steht im Nationalen darinnen. Aber das, was im Menschen das Ewige ist, das geht über das Nationale hinaus, das sucht der Mensch, wenn er sich geistig vertieft. Dem gegenüber ist das Nationale nur ein Kleid, eine Hülle, und der Mensch erhebt sich um so höher, je mehr er sich zu dieser Einsicht durchringen kann. Insofern aber der Mensch in der physischen Welt lebt, lebt er eben in der nationalen Hülle, in dem, was seiner äußeren Leiblichkeit die Konfiguration gibt, was im Grunde genommen auch gewissen Eigenschaften, Charaktereigentümlichkeiten seiner Seele die Konfiguration gibt.

Und nun sehen wir in Abneigung, in Haß die Angehörigen der verschiedenen Nationalitäten gegeneinander. Ich spreche jetzt nicht von dem, was im Waffenkampfe vor sich geht. Ich spreche von dem, was in den Gefühlen, in den Leidenschaften der Menschenseelen vor sich geht. Da haben wir eine Seele: die hat sich darauf vorzubereiten, nun empfangen zu werden von einer geistigen Welt, durch welche sie nun zwischen dem Tode und der nächsten Geburt durchzugehen hat, und welche sie führen wird zu einer Inkarnation, die einer ganz anderen Nationalität angehören wird als der, welche sie verläßt. Gerade an dieser Tatsache sehen wir am besten, am klarsten, am stärksten, wie sich der Mensch gegen das sträubt, was sein eigenes höheres Selbst in ihm ist. Blicken wir heute auf irgendeinen «Nationalen», auf einen national Fühlenden, der insbesondere seine Antipathie gegen die Angehörigen einer anderen Nationalität wendet, vielleicht sogar in seinem Lande gegen diese andere Nationalität wütet: was bedeutet dieses Wüten, diese Antipathie? Es bedeutet das Vorgefühl: in dieser Nationalität wird meine nächste Verkörperung sein! Schon ist im Unterbewußten das höhere Selbst verbunden mit der anderen Nationalität. Gegen dieses höhere Selbst sträubt sich das, was auf dem physischen Plan eingesponnen ist in die Nationalitäten des physischen Planes. Das ist das Wüten der Menschen gegen ihr eigenes höheres Selbst. Und wo dieses Wüten am stärksten ist, wo am meisten gehaßt und gelogen wird über andere Nationalitäten, da ist für den, der die Sachen nicht mit Maja, sondern mit Wahrheit ansieht, der wahre Grund dafür der, daß bei den Angehörigen jener Nation, die gegen eine andere am meisten wütet, am grausamsten sich benimmt und am meisten lügt, die Tatsache vorliegt, daß ein großer Teil ihrer Angehörigen mit der nächsten Inkarnation überzugehen hat in jene andere Nationalität.

Das ist der Ernst unserer Lehre, das ist die sittliche Würde, die dahintersteckt. Vieles im Menschen sträubt sich gegen die Anerkennung seines höheren Selbstes, seines Ewigen; vieles, unendlich vieles. Daher ist es in der Gegenwart ungeheuer schwierig, objektiv zu reden. Es ist immerhin eine eigentümliche Erscheinung, eine ganz eigentümliche Erscheinung, daß, bevor dieser Krieg begonnen hat, unendlich anerkennende Stimmen von England herübergekommen sind gegenüber deutschem Charakter, deutscher Tüchtigkeit, namentlich aber gegenüber deutschem Geistesleben. Eine Probe dafür versuchte ich im letzten öffentlichen Vortrage zu geben. Diese Beispiele könnten ins Ungeheure vermehrt werden, und sie sollen auch noch vermehrt werden. Was war das?

Okkultistisch angesehen, war es das Gefühl dafür, daß tatsächlich in dem, was im letzten öffentlichen Vortrage gesagt worden ist über den faustischen Seelencharakter, der in Mitteleuropa angestrebt wird, etwas Sichverjüngendes liegt, etwas das Spirituelle Suchendes, etwas zum Spirituellen Vorbereitendes, etwas, zu dem sich ganz Europa hinwenden wird, wirklich hinwenden wird; das wurde in den Zeiten, welche den unsrigen vorangegangen sind, instinktiv erfühlt. Man wollte etwas verstehen von dem, was da in Mitteleuropa vorgeht. Man wird aber, da man im Nationalen steht, ganz verständnisvoll damit verbunden sein können erst im Leben zwischen Tod und neuer Geburt. Da wird man verständnisvoll damit verbunden sein können; da wird man den Weg hinfinden zu den mitteleuropäischen Lehrern. Es ist sogar unangenehm, dies jetzt zu sagen, weil es von dem Angehörigen Mitteleuropas wie eine Renommisterei aussieht; aber man muß schon die objektiven Wahrheiten sagen. Was aber so instinktiv empfunden wird, was gesucht werden wird im Leben zwischen Tod und neuer Geburt: Die Vereinigung mit Seelen, die so nach dem allgemein Menschlichen gestrebt haben, mit der Goethe-Seele, mit der Schiller-Seele, mit der Fichte-Seele – was da empfunden wurde von der Tatsache, daß man, wenn man durch die Pforte des Todes gegangen ist, aufsuchen wird vor allem die Goethe-Seele, die Fichte-Seele, die Schiller-Seele und andere Seelen, die in Mitteleuropa ihre letzte Inkarnation hatten –, gegen diese Tatsache, die sich so instinktiv ausgesprochen hat, sträubt sich noch ein letztes Mal unendliches nationales Leidenschaftliches.

Wenn wir dieses Sträuben in die Worte gekleidet empfinden, die jetzt von Westen und Nordwesten so häufig zu uns herübertönen, so haben wir an die Stelle der Maja, der Täuschung, die verstandene Wirklichkeit gesetzt. Dann verstehen wir, wie der Erdenmensch, der in sich den ewigen Menschen hat, nicht will, was der ewige Mensch in ihm will; wie sich ihm die Liebe, die er im Ewigen empfinden muß, in Haß umwandelt im Zeitlichen.

Wir werden am besten zur verstehenden Liebe, zum liebevollen Verständnis kommen, wenn wir uns in dem Sinne, wie es unsere geistige Wissenschaft uns geben kann, über die Charaktere der europäischen Menschheit unterrichten. Wir dürfen das, denn wir sprechen ja stets zum höheren Selbst des Menschen. Und wer mit uns denken und fühlen will, der anerkennt dieses höhere Selbst und kann daher alles hören, was über die äußere Hülle gesprochen werden muß; denn er weiß, daß die Rede von der äußeren Hülle ist.

Es ist ja im gewissen Sinne jedem Volke eine bestimmte Mission auferlegt. Wir werden einmal, wenn wir den Bau in Dornach betreten, in der Aufeinanderfolge der Säulen, ihrer Kapitäle und der Architrave darüber, in den Formen ausgedrückt finden, was in den europäischen Impulsen zum Ausdruck kommt. Doch darüber will ich jetzt nicht sprechen, weil es gut ist, darüber zu sprechen, wenn man den Bau vor sich hat. Das habe ich vor einigen Tagen dort getan. Wenn wir aber das, was ohne dieses auf unsere Seele Eindruck machen kann, uns vor Augen halten, dann erkennen wir vor allen Dingen in den Bewohnern der südlichen Halbinseln – Italien und Spanien – Völker, die gewissermaßen in ihrer modernen Mission alles wiederkehren lassen, was in alten Zeiten während der dritten nachatlantischen Kulturperiode sich abgespielt hat, in der ägyptisch-chaldäischen Kultur. Sobald wir dies verstehen, blicken wir erst richtig in die Seele des italischen oder spanischen Nationalen. Das läßt sich bis in die Einzelheiten hinein verfolgen. So daß man sagen kann: was sich uns geistig darstelle, wir finden es in der Wirklichkeit. Und was ist denn das Charakteristische – wir haben es so oft besprochen – der ägyptisch-chaldäischen Kultur gewesen? Das war es, daß große, kosmische Astrologie empfunden wurde!

Daß man Sterne und Sternbilder nicht in der Weise ansah, wie wir heute dieselben ansehen, sondern daß man geistige Wesen sah, welche in diesen Sternbildern ihre äußeren Verkörperungen hatten; daß man überall Geistiges ausgebreitet sah. Wenn sich das wiederholen soll als nationale Aufgabe in der Zeit nach dem Mysterium von Golgatha, so muß es sich so wiederholen, daß es seelisch verinnerlicht ist, daß ihm das große kosmische Tableau der Ägypter und Chaldäer wie aus der Seele neugeboren entgegentritt. Wo wäre das klarer der Fall als dort, wo die Kultur der italischen Halbinsel ihren Höhepunkt erreicht hat, in *Dantes* «Göttlicher Komödie»? Aber bis in die Einzelheiten ist es so, daß, wie aus der Seele herausgeboren, innerlich wiedererstanden das zutage tritt, was in der alten ägyptisch-chaldäischen Kultur vorhanden war.

Was in der griechischen Kultur das Wesentliche war, tritt im französischen Volke zutage, sogar bis in die Charaktere der führenden Persönlichkeiten. *Voltaire* zum Beispiel wird man nur verstehen, wenn man ihn mit einem wirklichen Griechen vergleicht. Und wenn man sich die Formen der Kunstwerke *Corneilles, Racines* ansieht, so wird man sehen, wie gerungen wird mit der griechischen Form. Das hat ja eine große kulturhistorische Bedeutung. Das Ringen mit der äußeren Form, mit dem, was *Aristoteles* über die Form erkundet hat, das lebt in Racine und Corneille fort. Und wenn wir das, was in der vierten nachatlantischen Kulturperiode tonangebend war als Kultur der Verstandes- oder Gemütsseele, wiedersuchen in der französischen Kultur, dann müssen wir dort das finden, was sich in ihr als Größtes ausspricht, was sich, indem sich die Verstandes- oder Gemütsseele hermacht über die Welt, damit gerade befassen kann. Der größte Dichter also, der nicht seinesgleichen finden kann in solcher Form, muß ein solcher sein, daß er aus der Verstandes- oder Gemütsseele heraus gestaltet. Da erreicht ein Volk seine Größe, wo es seine Unvergleichlichen an die Oberfläche bringt. Wer ist in der französischen Dichtung der, der nicht übertroffen werden kann? Das ist *Molière!* Da erreicht die französische Seele ihre eigentliche, charakterisierte Höhe; da kann sie nicht übertroffen werden. Ein Abglanz davon wirkt noch in Voltaire.

Was nun nicht eine Wiederholung von Altem ist, sondern hereingehört in den fünften nachatlantischen Zeitraum, was gleichsam eine Neuschöpfung dieses Zeitraumes ist, das ist die britische Seele. Dieser fünfte nachatlantische Zeitraum strebt ja vorzugsweise nach der Entfaltung der Bewußtseinsseele; stellt diese heraus. Die Bewußtseinsseele ist besonders ausgeprägt in der britischen Volkseigentümlichkeit. Das Eigentümliche der britischen Seele ist dieses Stehen gegenüber den Ereignissen. Schon vor vierzehn, fünfzehn Jahren, als ich die erste Auflage der «Rätsel der Philosophie» schrieb, habe ich danach gerungen, einen Ausdruck zu finden für die britischen Philosophen; und damals ergab sich mir: Sie sind Zuschauer des Lebens; sie stellen sich hin, wie sich die Bewußtseinsseele als Zuschauer dem Leben gegenüber hinstellt. Und wer ist der größte Schöpfer der britischen Seele, der sich hinstellt und die britischen Charaktereigentümlichkeiten bis in die tiefste Seele hinein zum Ausdruck bringt? Das ist *Shakespeare!* Da ist die britische Seele unvergleichlich im Zuschauerzustande.

Gehen wir jetzt hinüber nach Mitteleuropa, so finden wir, «was immer wird und niemals ist», wie ich es schon im öffentlichen Vortrage charakterisiert habe: das eigentliche Ich, das Innerlichste des Menschen. Wie verhält es sich zu den Seelengliedern? Es bildet seine einzelnen Beziehungen zur Empfindungsseele, Verstandes- oder Gemütsseele und zur Bewußtseinsseele; es zieht die Fäden zu allen hin. Betrachten wir das gleich an *Goethe!* Wir sehen, wie er sich sehnt nach Italien. Und wie wir es bei ihm sehen, so haben sich die Besten Mitteleuropas immer gesehnt nach Italien, um das zu finden, was das Ich befruchtet und was es empfängt aus der Empfindungsseele heraus. Und mit der Verstandes- oder Gemütsseele tauscht das Ich die Kräfte gegenseitig aus. Versuchen wir im Laufe der Jahrhunderte zu sehen, wie jenes enge Band, welches zwischen Ich und Verstandes- oder Gemütsseele besteht, tatsächlich auch da ist. Beachten wir, wie noch *Friedrich der Große*, der deutscheste Fürst, eigentlich nur französisch spricht und schreibt, wie er auch besonders die französische Kultur schätzt, was sich zum Beispiel in seinem Verhältnis zu Voltaire zeigt. Ebenso sehen wir, wie der deutsche Philosoph *Leibniz* seine Werke in der französischen Sprache schreibt. Das ist gerade so, wie es das Ich mit der Verstandes- oder Gemütsseele macht. Und wenn das Ich aus den Tiefen der Seele heraus nach dem sucht, wonach es strebt, da drängt sich etwas aus den Tiefen des Ich, aus unergründlichen Tiefen des Ich herauf: die Bewußtseinsseele sucht es zu erfassen. Wir sehen es an Goethe. Ich habe oft auseinandergesetzt, daß er zu ergreifen sucht, wie die Organismen auseinander hervorgehen; eine große umfassende Lehre der Organismen stellt er auf. Das geht aus der Tiefe des Ich hervor. Doch das kann man nicht gleich verstehen; die Menschheit braucht einen leichteren Verstand; sie braucht die Dinge so, wie sie sich aus der Bewußtseinsseele ergeben. Sie nimmt nicht das, was Goethe gegeben hat, sondern sie nimmt dasselbe in der Übersetzung in die Bewußtseinsseele an, sie nimmt *Darwin* an. Heute sind wir noch nicht so weit, daß man Goethes «Farbenlehre» anerkennen kann, aber die Übersetzung derselben in die Bewußtseinsseele, die man bei *Newton* findet, gilt heute allgemein als physikalische Lehre.

Diese Dinge weisen uns hinein in die Art und Weise, wie sich die einzelnen, jetzt aber nationalen Charaktere gegenüberstehen, und wir erheben uns von der äußeren Maja, in welcher die Menschen befangen sind, zur Wahrheit, wenn wir die Dinge geisteswissenschaftlich betrachten lernen, zu jener Wahrheit, die uns zeigen kann, daß so, wie die einzelnen Seelenkräfte im Menschen Krieg führen, auch die einzelnen in den Volksseelen inkorporierten Seelenkräfte miteinander den Krieg führen. Und es ist kein Zufall, daß in unserer Zeit – wo das, was eben gesagt worden ist, als Lehre hervorgetreten ist – der große Lehrmeister, der Krieg auftritt, der auf so blutige, auf so furchtbare Weise zu den Menschen spricht, was wir auch geistig zu den Menschen sprechen. Es ist kein Zufall, daß, während wir dieses hier so besprechen dürfen, draußen vielleicht eines der blutigsten Ringen waltet, und daß es im Grunde genommen denselben Wahrheiten entspricht, die man nur durchdringen muß in der Maja, um sie in der Wirklichkeit zu verstehen.

Wir müssen einmal, um über diese Dinge zu sprechen, von den Worten hinwegfegen alle Empfindungsnuancen von Antipathie und Sympathie und sie nur als Charakteristika gebrauchen, dann werden wir die Sachen in der richtigen Weise verstehen. Denn es handelt sich um Dinge, die das Selbst des Menschen in sich trägt, insofern es eingehüllt ist in das Nationale. Das können wir nun bis in die Einzelheiten verfolgen. Ich will zunächst, um vorzubereiten zu dem, was wir verstehen sollen, eines sagen.

Nehmen wir den Angehörigen Mitteleuropas, der in der Ich-Kultur lebt. In dem öffentlichen Vortrage habe ich gesagt: der Bewohner Mitteleuropas strebt so nach seinem Gott, daß er mit dem Gotte verbunden ist; er will mit seinem Gott zusammensein. Wenn wir auf das Denken schauen, können wir den allgemeinen Satz aussprechen: der Mensch denkt. Aber mit dem allgemeinen Satze «der Mensch denkt» ist eigentlich ungemein wenig gesagt, ist recht wenig gesagt. Man muß gerade durch die Geisteswissenschaft lernen, genauer zu schauen. Man muß allmählich lernen, an die Stelle desjenigen, was so gedankenlos hingesprochen wird, das Richtige zu setzen. Für die, welche sich nicht besonders um die realen Verhältnisse kümmern, ist es ja richtig, was so hingesprochen wird. Aber richtig ist es, wenn man sagt: der Bewohner Mitteleuropas oder Skandinaviens denkt – «denkt» als Tätigkeit betrachtet, weil es auf die Entfaltung des Denkens ankommt. Daß das Seelenwesen denkt, darauf kommt es in Mitteleuropa bis in die nordischen Länder hinauf an. Das Verbundensein des Menschen mit dem Gedanken ist so, daß dieser Gedanke das ureigenste Tätigkeitsprodukt der Seele ist, daß die Tätigkeit der Seele nichts anderes ist als das Sichverfangen der Seele im Gedanken.

Vom Franzosen in derselben Weise zu sprechen, ist nicht richtig. Da müssen wir sagen: er *hat* Gedanken. Denn «denken» und «Gedanken haben» ist im feineren Unterschiede nicht dasselbe. Zum Verständnis der Sache kann das helfen, was in den «Rätseln der Philosophie» ausgesprochen ist. Im Westen Europas hat man Gedanken; die Gedanken sind etwas, was kommt, was einem gegeben wird, wie einem auch die Sinnesempfindungen gegeben werden. So ist es auch mit den Gedanken: sie treten herein in die Seele, sie leben sich in ihr aus, man hat sie, man berauscht sich auch an ihnen, man ist beglückt, sie zu haben. Dem Deutschen wirft man sogar vor, daß seine Gedanken etwas Kaltes haben. Das kann vielleicht schon sein, weil er sie erst bilden muß in seiner individuellen Seele; sie müssen erst dort warm gemacht werden, und sie bleiben nur solange warm, als sie in der unmittelbaren Tätigkeit sind.

Das nur zur Vorbereitung. Denn in der Tat: in den einzelnen nationalen Äußerungen nehmen wir überall das Ausleben dessen wahr, was in den Prinzipien der Geisteswissenschaft gegeben ist, welche Sie in den Vorträgen über die Volksseelen finden. Nehmen wir einzelne Äußerungen der nationalen Charaktere.

Der italienische, der spanische Charakter ist bestimmt durch die Empfindungsseele. Bis in die Einzelheiten können wir das im Leben verfolgen. Wir finden überall – das bezieht sich natürlich nicht auf das Leben im höheren Selbst – die Empfindungsseele. Sobald sich der Mensch dieser Länder im Nationalen auslebt, lebt er sich aus in der Empfindungsseele. Diese ist insbesondere anhänglich an alles, was Heimat ist, und empfindet als einen Gegensatz dazu die Fremde. Suchen Sie nun zu verstehen, was zum Beispiel alles im italienischen Nationalen lebt, so werden Sie finden, daß der Italiener den anderen, der Nicht-Italiener ist, als den Fremden empfindet, der in der Fremde lebt. Und alle Kämpfe, welche im neunzehnten Jahrhundert in Italien geführt worden sind, wurden im ausgesprochensten Maße um die Heimat geführt. Das ist die Wiederholung der ägyptisch-chaldäischen Kultur.

Sehen wir jetzt auf den Bewohner Westeuropas, des französischen Gebietes. Wie gesagt, wir müssen dabei alles abstreifen, was Sympathien und Antipathien sind! Er wiederholt die griechische Kultur. Er wird daher den Auswärtigen auch so empfinden, wie ihn der Grieche empfunden hat: er nennt ihn Barbar. – Eine Wiederholung des Griechentums! – Man kann es verstehen, trotzdem es gegossen ist in die wütendsten Antipathiegefühle. Und es ist immer etwas von der Nuance dabei, wie man im alten Griechenland von der nichtgriechischen Menschheit gesprochen hat.

Dem englischen Volke ist besonders übertragen die Pflege der Bewußtseinsseele, die sich auslebt im Materialismus. Da muß man besonders alles abstreifen, was Antipathien sind. Die Pflege des Materialismus bringt hervor, was die Menschen einfach im Raume nebeneinander hinstellt. Darin zeigt sich etwas, was in den Zeiten vorher gar nicht in dieser Weise empfunden wurde: man empfindet den Konkurrenten. Die Bewußtseinsseele empfindet den anderen als Konkurrenten im physischen Dasein.

Wie ist es bei den Bewohnern Mitteleuropas, bis zu den Skandinaviern? Es würde zu anderen Zeiten ungemein verlockend sein, dies in seinen Einzelheiten durchzuführen. Was empfindet der Deutsche, wo er dem anderen gegenübersteht, da, wo der Italiener den Fremden, der Franzose den Barbaren, der Engländer den Konkurrenten empfindet? Man muß überall die prägnanten Worte dafür finden: der Deutsche hat den Feind, dem man gegenübersteht, zum Beispiel auch im Duell, wobei gar nichts damit verbunden zu sein braucht von irgendeiner Antipathie sogar, sondern wo man kämpft um die Existenz oder um etwas, was mit der Existenz zusammenhängt. Der Feind braucht nicht in der geringsten Weise herabgemindert zu sein. Es läßt sich dies wieder bis in die Einzelheiten verfolgen. Gerade dieser Krieg zeigt, daß der Deutsche dem Feind gegenübersteht wie im Duell.

Blicken wir nun nach Osten. Wir haben davon gesprochen, daß auf den südlichen zwei Halbinseln die Empfindungsseele sich auslebt, bei den Franzosen die Verstandes- oder Gemütsseele, auf den britischen Inseln die Bewußtseinsseele; in Mitteleuropa bis hinauf nach Skandinavien lebt das Nationale sich aus im Ich, wobei es sich in den einzelnen Gebieten differenziert, aber im ganzen von dem, was man Ich-Seele nennt, empfunden wird. Als Geistselbst, sagte ich, lebt es sich aus im Osten. Was ist der Charakter des Geistselbst? Es kommt heran an den Menschen, senkt sich auf ihn herunter. Im Ich strebt man; in den drei Seelengliedern strebt man auch; das Geistselbst senkt sich herunter. Es wird schon einmal über den Osten als wirkliches Geistselbst sich heruntersenken. Die Dinge sind wahr, die wir oft betont haben. Aber dazu gehört Vorbereitung, Vorbereitung von der Art, daß die Seele empfängt, daß sie sich einarbeitet in dem Empfangen. Was hat denn das russische Volk bis jetzt im Grunde genommen anderes getan als empfangen? Wir haben innerhalb unserer Bewegung den größten russischen Philosophen, *Solowjow*, übersetzen lassen. Wenn wir uns in ihn hineinvertiefen – es ist alles westeuropäisches Geistesleben, westeuropäische Kultur. Es ist etwas anderes dadurch, daß es aus der russischen Volksseele herausgeboren ist. Aber was schwebt da, im Gegensatz zur westeuropäischen Kultur, im russischen Volke heran? Italien, Spanien ist die Wiederholung der dritten nachatlantischen Kulturepoche, das französische Volk die Wiederholung der Kultur des alten Griechenland. Der Brite zeigt das, was neu hinzugekommen ist, aber was man ganz gewiß auf dem physischen Plan erwirbt. In Mitteleuropa ist es das Ich, das aus sich herausarbeiten muß. In Rußland haben wir das Empfangende. Empfangen worden ist zunächst das byzantinische Christentum, das sich wie eine Wolke niedergelassen hat und sich dann ausbreitete; und empfangen worden ist schon unter Peter dem Ersten die westeuropäische Kultur. Erst das Material, möchte man sagen, ist da zum Empfangen. Das, was da ist, ist Spiegelung des Westeuropäischen, und die Arbeit der Seele ist Vorbereitung zum Empfangen. Erst dann wird das Russentum in seinem rechten Elemente sein, wenn es so weit ist, daß es erkennt: es muß das, was in Westeuropa ist, empfangen werden, wie etwa die Germanen das Christentum empfangen haben, oder wie die Germanen in Goethe das Griechentum in sich aufgenommen haben. Das wird noch eine Weile dauern. Und weil sich gegen das, was der Mensch im Osten aufnehmen muß, sein Physisches sträubt, so sträubt sich noch der Osten gegen das, was zu ihm kommen muß. Das Geistselbst muß herunterkommen. Nun ist das, was da von dem Westen herüberkommt, zwar nicht das Geistselbst. Aber die Seele verhält sich so dazu, bereitet sich gleichsam schon vor, um zu empfangen. Als was sieht daher der Russe den anderen an? Als den, der «gegenübersteht», als den auf sein Bewußtsein Herabschwebenden. Daher ist der andere, der beim Italiener der Fremde, beim Franzosen der Barbar, beim Briten der

Konkurrent, beim Deutschen der Feind ist, er ist dort der Ketzer. Daher hatte bis jetzt der Russe im Grunde genommen nur Religionskriege! Alle Kriege sind bisher nur Religionskriege gewesen. Alle Völker sollten befreit werden oder zum Christentum gebracht werden, die Balkanvölker und so weiter. Und jetzt auch empfindet der russische Bauer den anderen als das «Böse». Er empfindet den anderen als den Ketzer; er glaubt immer, Religionskriege zu führen. Jetzt auch! Diese Dinge gehen bis in die Einzelheiten hinein, und man lernt sie verstehen, wenn man den guten Willen dazu hat, wirklich in die Dinge hineinzuschauen. Und so können wir auch fragen: Wie erscheint uns nun das, was uns von Osten entgegentritt?

Der Mensch ist gewissermaßen, wie er im physischen Leben dasteht, ungerecht gegen sein eigenes höheres Selbst. Wer in der Verstandes- oder Gemütsseele lebt, bei dem sich insbesondere die Phantasie ausbildet, der «hat» die Gedanken, dem stellt sich das, als was er sich selber vorkommen muß, insofern er ein Nationaler ist, hin vor sein höheres Selbst. Das empfindet er als seine Glorie, als das, was gleichsam ein drittes Selbst ist, ein nationales Selbst, das sich zwischen ihn, wie er als höheres Selbst ist und als nationaler Mensch, hineinstellt. Aus dem heraus kämpft er. Und nach dem Tode hat er zunächst dies zu überwinden, wenn er es nicht schon vorher durch die Geisteswissenschaft überwunden hat. Er muß durch das hindurch, was sich ihm zunächst vor die Seele stellt wie die Inspiration desjenigen, als was er sich selber vorstellt.

Und der, welcher als Nationaler in der Bewußtseinsseele lebt? Er hat vor allem den Hang zu dem, was sich die Bewußtseinsseele in der physischen Welt aneignet. Das steht da wie eine wehtuende Erinnerung in der Welt, die sich ausbreitet im Leben zwischen Tod und neuer Geburt.

Der Bewohner Mitteleuropas sucht. Das tritt sogar zutage, wo er von den Gegnern abfällig besprochen wird, wenn gesagt wird, er sei nur dazu da, den Acker zu pflügen und in den Wolken zu suchen. Mag er immer wie weit gekommen sein: er sucht schon hier das geistige Selbst. Daher sucht er in gewissem Sinne schon in seinem Streben während der Erdenlaufbahn das hinwegzuschaffen, was immer hinweggeschafft werden muß, wenn man durch die Pforte des Todes eintritt in die geistige Welt.

Wer seine letzte Inkarnation in einem Russenleibe durchgemacht hat, hat zunächst, wenn er die Pforte des Todes durchschreitet, das Bewußtsein eines Angelos anzunehmen, wie in den Schoß eines Angelos einzugehen – wenn er sich nicht durch Geisteswissenschaft anders vorbereitet hat –, hat in das sich einzuleben, was von den nächsten Stufen der höheren Hierarchien herunterkommt.

Aus allen diesen Gründen können wir sagen: Schauen wir nach Westen, so finden wir es natürlich, daß aus dem Wesen der Menschen, sofern sie Nationale sind, Kampf entsteht, denn der Nationale ist dort verbunden mit dem, was eben die äußere Hülle ist. Es ist ganz natürlich, daß Kampf entsteht. In der geistigen Welt kann das, was in dieser berechtigt ist, sich ungehindert ausbreiten. Das, als was man sich selber in seiner Phantasie erscheint, muß sich durch äußere Mittel geltend machen. Das bedarf, um hervorzutreten, daß es sich ausbreiten kann. Was die Konkurrenz sucht, muß sich selbstverständlich ausbreiten wollen. Wir finden es nicht unverständlich, daß von den Vertretern der Bewußtseinsseele Kampf herüberkommt. Wenn wir wirklich in Mitteleuropa das Ich suchen, so wollen wir sehen, ob die Eigenschaften des Ich schon anwendbar sind. Ich habe zum Beispiel schon hervorgehoben, daß das Ich jeden Morgen von neuem angefacht werden muß. Wenn wir in die Schlafenssphäre mit dem Ich hineingehen, so ist es in derselben unangefacht; jeden Morgen beim Aufwachen muß es aufs neue angefacht werden. Wenn ich von Österreich sprechen darf: schon in meiner Jugend wurde davon gesprochen, daß Österreich einmal bei dieser oder jener Gelegenheit zerfallen werde. Wir haben etwas anderes gewußt: es mag in sich noch so viel Zentrifugalkraft haben, es wird von außen zusammengehalten, es konnte nicht auseinanderfallen. Sehen wir auf Deutschland. Hat es einen Ich-Charakter in seinem Äußeren, in seiner Form? Es ist doch eine weithin sprechende Tatsache, daß durch einen großen Teil des Jahrhunderts die Deutschen getrieben haben zur Einigung. Im Innern haben sie dieselbe nicht geschaffen. Durch einen äußeren Anstoß, ja sogar nicht einmal in Deutschland, sondern im Äußeren, mitten in Frankreich, ist das heutige Deutschland zustande gekommen, wie es dem Ich-Charakter entspricht. Man versteht die Welt nur, wenn man sie geisteswissenschaftlich versteht. Das Ich hat im Grunde genommen nicht die Tendenz, um sich zu schlagen; denn die überschüssigen Kräfte des physischen Planes gehen dann über in das Geistige. Dieses könnte ja an der deutschen Geschichte, an der Geschichte Österreichs, an der Geschichte der skandinavischen Völker immer und immer wieder nachgewiesen werden. Daher das Bewußtsein ein richtiges ist: der Deutsche oder der Bewohner Mitteleuropas muß zum Kriege erst sozusagen herausgeholt werden; er kann ihn im Grunde genommen nicht aus sich selbst heraus beginnen. Wenn er einen Krieg aus Initiative führt, dann macht er es so, wie die Initiative es im Ich macht, und diese Kriege sind ja auch genügend im Innern geführt worden. So muß man das empfinden, was das Verhältnis Mitteleuropas zum Kriege ist.

Aber was bildet sich für den, der Volkscharaktere empfinden kann, denn dann im Osten? Das ist überhaupt das Allerunnatürlichste, wenn der Russe Krieg führt. Und würde er sich selbst erkennen, so würde er es auch als das Allerunnatürlichste empfinden, Krieg zu führen. Wir im Westen, wenn wir auch alles Russische noch so gut verstehen, wir können keine Tolstoianer werden. Aber dem Russen ist es unnatürlich, Krieg zu führen. Ihm muß erst der Krieg aufgedrängt werden, denn er ist etwas für den tiefsten Volkscharakter Unnatürliches. Der Russe steht dem Krieg so gegenüber wie einem Religionskrieg, wie etwas, was von außen kommt. Man kann ihm den Krieg nicht plausibel machen; denn vielmehr möchte er *erbeten,* was an ihn herankommen soll. Daher ist es ganz selbstverständlich, daß man gar nicht im innersten russischen Volkscharakter die Motive zum Kriege sucht, sondern in dem, was ihm von außen als solche aufgedrängt wird. Und mehr als irgendwo anders muß in diesem Falle gesagt werden: dort ist es nicht das Volk, das den Krieg macht – das Volk ist es nur äußerlich und nur seinem Glauben nach –, aber es ist das, wogegen sich das Volk am meisten wenden muß. In Rußland ist ein Krieg immer im ärgsten Sinne eine

Maja, eine Täuschung. Aus diesem Grunde ist es, daß man so klar und präzise sagen kann, was ich im öffentlichen Vortrage als Frage aufwarf: Wer hätte den Krieg verhindern können? – wenn man überhaupt davon sprechen will, daß er hätte verhindert werden können. Den Franzosen war der Krieg seit dem Jahre 1871 natürlich, und davon zu sprechen, daß sie ihn hätten verhindern können, wäre nicht natürlich. Wem ein Konkurrenzkampf aufgedrungen ist, der hat selbstverständlich kein Recht, darüber entrüstet zu sein, wenn irgendwo eine Neutralitätsverletzung stattgefunden hat, und man muß in diesem Falle die Entrüstung umdeuten in das nationale Element hinein; aber daß er den Krieg führt, ist selbstverständlich. Das kann ihm nicht verübelt werden. Da ist der Krieg ebensowenig von der Hand zu weisen, wie man, wenn man die Natur der Lebewesen interpretiert, aus dem Element der Bewußtseinsseele heraus ein anderes Wort finden muß als vom Ich-Standpunkte aus, und deshalb vom Kampf ums Dasein spricht. Goethe hat dieses Wort nicht geprägt, weil es vom Ich-Standpunkte aus nicht anwendbar ist. Aber wo es sich darum handelt, daß der Krieg eine Unwahrheit ist, daß er sogar erst uminterpretiert werden muß in einen Religionskrieg, da ist zu sagen, daß er, weil er äußerlich aufgetreten ist, auch äußerlich hätte verhindert werden können. Wenn man in alle Tiefen blickt, in die man blicken kann – es ist nun der Krieg selbstverständlich eine Notwendigkeit gewesen, aber das ist eine andere Sache –, so muß gesagt werden: Wahr ist es, Rußland hätte Zuschauer bleiben können, und der Krieg hätte verhindert werden können. Wäre es Zuschauer geblieben, so hätte der Krieg verhindert werden können. Denn hier ist der Krieg aufgepfropft auf einen Volkscharakter, wo er im Grunde genommen ganz unnatürlich ist.

Wenn man über solche Dinge spricht, dann hat man sie aus der geistigen Welt heraus, dann gehen sie daraus hervor; aber sie können immer bewahrheitet, bestätigt gefunden werden in der äußeren Welt, und was man aus dem Geistigen heraus findet, bestätigt sich in der äußeren Welt. Wir würden sagen: eine natürliche Geste wäre es für den russischen Nationalcharakter, betend zu warten auf das, was zu ihm kommen soll. Es ist sehr eigentümlich: die russischen

Intellektuellen – ich habe darauf auch schon hingewiesen – erwarten auch, und sie empfinden auch, daß etwas Zukünftiges an sie herankommen muß. Nun ist zwar das noch sehr weit in der Zukunft, was an sie herankommen muß, und wir haben gesehen, wie abgelehnt wurde, was jetzt aufgenommen werden soll. Es ist vielleicht mehr als ein äußeres Symbolum, daß, während jetzt die Kämpfe im Schwarzen Meer vor sich gehen, der Russe noch immer dort hinuntersieht, um gleichsam auf eine Verkörperung dessen zu schauen, was er geistig erwarten soll, indem er hinweist auf die Hagia Sophia. *Mereschkowski* erzählt uns von zwei Reisen, die er zur Hagia Sophia gemacht hat. Er hat in der Hagia Sophia gleichsam ein äußeres Symbolum für das empfunden, was er in seinen Gefühlen nicht kennt, aber was er erwartet, und er hat es das an die Russen herankommende Christentum genannt. Er würde es aber richtig erkennen, wenn er wüßte, daß das durch die faustische Natur durchgegangene Christentum den Russen ergreifen muß. Das weiß er aber noch nicht. Er glaubt, es in der Hagia Sophia vor sich zu haben. Wie steht er dem Christentum gegenüber? Wenn wir auf das blicken, worüber Solowjow spricht, so ist das etwas, worüber ich sagen kann, daß er ein gewisses Verständnis dafür hat. Denn als ihm wieder einmal von Petersburg und dem Heiligen Synod Schwierigkeiten gemacht worden sind, da meinte er: Ja, so geht es einem schon einmal, wenn man schwierig durchdringt mit dem, was man sagen will. Die einen klagen mich an als einen liberalen westeuropäischen Atheisten, die andern als einen Orthodoxen, und wieder andere schauen mich gar an als einen Jesuiten. – Und er schließt damit, daß er sagt: Ja, was kann man noch alles werden, wenn man beurteilt wird von den Petersburger Halunken! – Das sind nicht meine Worte, sondern die Worte eines guten Russen, eines Russen, an dem man sehen kann, wie es nicht leicht ist, die Gefühle der Sympathie oder Antipathie so ohne weiteres abzustreifen. Aber nehmen wir an, der russische Intellektuelle überläßt sich sich selbst. Wir haben gesagt: es ist die Welt erwartungsvoller Stimmung, die natürlich ist für das, was kommen soll, und das nicht mit Schwertern und Kanonen zu erkämpfen ist. Deshalb ist der Panslawismus so verlogen. Wenn er sich sich selbst überläßt, dann überläßt sich Mereschkowski dem, was er empfand, als er der Hagia Sophia gegenüberstand. Er hat es nur verwechselt mit dem westeuropäischen Christentum, das durch das faustische Streben durchgegangen ist. Aber wie spricht er davon?

Ich habe versucht, das was man bei den einzelnen Völkern gegenüber dem Kriege empfinden kann, auf die prägnante Formel zu bringen, und habe gesagt: Der Russe glaubt Krieg zu führen um die Religion, der Engländer um die Konkurrenz, der Franzose um die Glorie, der Italiener und Spanier um die Heimat, der Deutsche führt den Kampf um die Existenz. Und wir werden nun sagen können: Italien will die Heimat bewahren; Frankreich empfängt seine eigene [Glorie-]Vorstellung als das nationale Ideal; der Engländer handelt; der Deutsche strebt; der Russe betet – und das ist natürlich. Ich meine nicht das äußere Gebet, sondern die Herzensstimmung. Was sagt denn Mereschkowski am Schlusse des Buches, das ich vorgestern angeführt habe? «Die Hagia Sophia – hell, traurig und durchflutet von bernsteinklarem Lichte des letzten Geheimnisses – hob meine gefallene, erschreckte Seele. Ich blickte auf zum Gewölbe, das dem Himmelsdome gleicht, und dachte: da steht sie, von Menschenhand erschaffen, sie – die Annäherung der Menschen an den dreieinigen Gott auf Erden. Diese Annäherung hat bestanden, und mehr noch wird dereinst kommen. Wie sollten, die an den Sohn glauben, nicht zum Vater kommen, der die Welt bedeutet? Wie sollten die nicht zum Sohne kommen, die die Welt lieben, welche auch der Vater also liebte, daß er seinen Sohn für sie hingab? Denn sie geben ihre Seele hin für ihn und für ihre Freunde; sie haben den Sohn, weil sie die Liebe haben, nur den Namen kennen sie nicht.» Den ganzen Zusammenhang haben sie nicht! Und dann schließt er: «Und es trieb mich, für sie alle zu beten, in diesem zur Stunde heidnischen, aber einzigen Tempel der Zukunft zu beten um die Verleihung jener wahren, sieghaften Kraft an mein Volk: um den bewußten Glauben an den dreieinigen Gott.» Nun, da haben Sie das Gebet! Da haben Sie die ganze Unnatur eines Kampfes, der von Ost nach West geht!

Wenn wir so versuchen, zum inneren Verständnisse desjenigen zu kommen, was uns jetzt entgegentritt, wenn wir versuchen, aus der Maja herauszukommen und in die Wahrheit hineinzukommen, dann dürfen wir uns auch sagen, daß wir nicht eine abstrakte Anthroposophie treiben, die sich fürchtet vor dem Erkennen. Denn es hieße Furcht haben vor dem Erkennen, wenn man wegen unseres ersten Grundsatzes davor zurückbeben würde, die Volkscharaktere in ihren wahren Grundlagen zu erkennen. Gerade dann befolgen wir ihn, wenn wir uns dem Menschen nähern, wie er ist, und wirklich in seine Seele blicken wollen. Und dann sprechen wir am meisten zu dem Unvergänglichen des Menschen, und dann finden wir auch das, was über das Nationale hinausgeht, was zu dem Ewigen hingeht, und finden die Gefühle und Empfindungen, die sich an das Ewige im Menschen richten können. Und dann finden wir die Möglichkeit, dasjenige herbeizuführen, was doch herbeigeführt werden muß. Denn denken Sie, Menschenheil und Menschenfortschritt leiden nicht, wenn die Stimmungen, die jetzt die europäischen Völker durchdringen, bleiben sollten? Stimmungen, die ja außerdem nur aus der Maja herausgeboren sind! Von dem Gesichtspunkt der Notwendigkeit, die darin besteht, daß sich die Menschen wieder verstehen lernen, daß eine Fortsetzung desjenigen da ist, was im gewissen Sinne von Mitteleuropa aus schon angebahnt war, ist es erforderlich, daß diese Atmosphäre, in der wir leben – diese geistige Atmosphäre, die heute so furchtbar tumultuarisiert ist –, auch noch andere Einschläge habe als die tumultuarischen. Wie könnten wir es nicht empfinden, wenn wir im geistigen Leben darinnenstehen, wie tumultuarisch heute die geistige Atmosphäre ist! Je tiefer man darinnensteht, desto mehr muß man das empfinden. Wahrhaftig Erschütterndes könnte sich erschließen aus dem geistigen Leben heraus. Der Okkultist konnte vieles erfahren. Aber so vieles, so Erschütterndes, so Eindringliches war nicht zu erfahren wie in den letzten drei Monaten.

Wie oft habe ich die okkultistische Wahrheit betont, daß Dinge, die in der physischen Welt *so* sind, in der geistigen den entgegengesetzten Charakter zeigen. Einige unserer Freunde werden sich auch erinnern, wie oft ich davon gesprochen habe, daß der Krieg in der geistigen Luft hänge und eigentlich nur durch etwas zurückgehalten werde, was auch im physischen Leben einen geistigen Impuls bedeutet: die Furcht. Die Furchtkräfte haben ihn zurückgehalten, solange er astralisch war. Furcht hat ihn zurückgehalten, daß er nicht früher zum Ausbruch kam. Nun, äußerlich geht ja der Krieg von dem Attentat von Sarajewo aus. Das hat ja auch seine bedeutungsvolle Seite. Das ist das Erschütternde an der Sache. Und da wir ja hier unter uns zusammen sind, muß es auch möglich sein, solche Dinge auszusprechen. Die Individualität, welche damals hingemordet worden ist und dann durch die Pforte des Todes ging, zeigte nachher einen Anblick, wie ich ihn vorher weder selber gesehen, noch ihn von anderen habe schildern hören. Ich habe verschiedentlich geschildert, wie Seelen aussehen, wenn sie durch die Pforte des Todes gehen. Diese Seele aber zeigte etwas Merkwürdiges. Sie war wie ein Kristallisationszentrum, um das sich bis zum Ausbruch des Krieges alles wie herumkristallierte, was Furchtelemente waren. Nachher zeigte sie sich als etwas ganz anderes. War sie vorher eine große kosmische Kraft, die alle Furcht anzog, so ist sie jetzt etwas Entgegengesetztes. Die Furcht, die hier auf dem physischen Plan gewaltet hatte, hielt alle zurück. Nachdem aber dann diese Seele in den geistigen Plan hinaufgekommen war, wirkte sie in entgegengesetzter Weise und brachte den Krieg.

Diese Dinge zu erleben, das erschüttert die Seele. Und so gibt es viele Dinge, die jetzt darinnenstehen in dem Auf- und Abwogen jener astralischen Impulse, die aus den Gemütern der Menschen in die geistige Welt hinaufziehen. Und Ihnen darf ich es sagen: ein Gleiches wie in den letzten Monaten habe ich vorher nicht erlebt; etwas, was die Seelen in so furchtbare Wogen gebracht hat. Daraus aber ist auch zu entnehmen, was dort in der geistigen Atmosphäre spielt. Und es müssen, wenn das kommen soll, was in der geistigen Atmosphäre kommen muß, in dieselbe Gedanken hinein, die nur von Seelen kommen können, welche die geistige Welt begriffen haben. So intensiv und so inbrünstig man nur bitten kann, werden daher Ihre Seelen gebeten, Gedanken zu fassen, die wir anzuregen versuchen durch Betrachtungen wie die heutigen, oder die wir das letztemal gepflogen haben, die also in dieser Weise aus der geistigen Erkenntnis hervorgehen, und die nur Seelen, welche durch die Geisteswissenschaft hindurchgegangen sind, in die geistige Welt hinaufsenden können. Denn schon während des Krieges und nachher erst recht, werden die Seelen solche Gedanken brauchen. Denn die Gedanken sind Realitäten! Man möchte sein heißestes Gebet in die geistige Welt senden, daß das, was aus diesem Kriege und nach diesem hervorgehe, unter keinen anderen Auspizien hervorgehe als durch Gedanken, die nicht aus der menschlichen Maja, sondern aus der Wahrheit und der spirituellen Wirklichkeit herrühren. Je mehr Sie solche Gedanken in die geistige Welt hinaufsenden, desto mehr tun Sie für das, was aus diesen Weltenkämpfen hervorgehen soll, und desto mehr tun Sie für das, was für die ganze Evolution der Menschheit notwendig ist.

In dieses Gebet also möchte ich ausklingen lassen, was ich durch diese Betrachtung an Ihre Seelen heranbringen wollte. Und wenn das, was wir betrachtet haben, wirklich in unsere Seelen übergegangen ist, wenn unsere Seelen als Seelen, die jetzt in der Geisteswissenschaft gelebt haben, in die geistige Welt hinaufströmen lassen das die Menschen Befriedende, dann hat sich unsere Geisteswissenschaft in diesen schicksalschweren Zeiten bewährt! Dann hat sie sich so bewährt, daß unsere Kämpfer draußen ihren Mut nicht umsonst ausgelebt haben; daß das Blut der Schlachten nicht umsonst geflossen ist! Dann ist nicht umsonst in der Welt das Leid der Leidtragenden, dann waren nicht umsonst die Opfertaten, die gebracht worden sind. Dann wird Geistesfrucht erwachsen aus unseren schicksalschweren Tagen, wird erwachsen um so mehr, als die Menschen imstande sein werden, solche Gedanken, wie die angedeuteten, in die geistige Welt hinaufzusenden.

Ich bemerke ausdrücklich, daß die Worte, die ich jetzt sprechen werde, siebengliedrig sind und eine Art Mantram bilden, wobei zu beachten ist, daß in der vorletzten Zeile «Lenken Seelen» zu lesen ist: wenn Seelen lenken.

Darüber wollte ich sprechen, daß diese Ereignisse, die so von

der Wirklichkeit sprechen, sich uns dadurch ins rechte Licht rük-
ken, daß wir uns erheben von der Maja zur rechten Wirklichkeit.
Oh, die Seelen werden sich finden, die also unsere Gegenwart anzuschauen verstehen werden. Die Seelen werden sich finden, wenn
sie sich finden werden im Sinne der Lehren, welche Krishna gibt
auch über kämpfende Seelen. Und wenn es wirklich möglich ist,
daß sich in unserer harten, schicksalschweren Zeit bewährt, daß die
Seelen, die durch Geisteswissenschaft gegangen sind, in der Lage
sind, geistbefruchtende Gedanken in die geistige Welt hinaufzusenden, dann wird die rechte Frucht hervorgehen aus dem, was in so
schweren Kämpfen und mit so harten Opfern geschieht. Daher
kann ich, was ich zu Ihren Seelen heute sprechen wollte, ausklingen
lassen in das, was ich so gern sehen würde als Bewußtsein, als in-
nerstes Bewußtsein derjenigen Seelen, die durch Geisteswissenschaft
gegangen sind:

> Aus dem Mut der Kämpfer,
> Aus dem Blut der Schlachten,
> Aus dem Leid Verlassener,
> Aus des Volkes Opfertaten
> Wird erwachsen Geistesfrucht –
> Lenken Seelen geistbewußt
> Ihren Sinn ins Geisterreich.

DRITTER VORTRAG

Berlin, 28. November 1914

Unsere ersten Gedanken sollen auch diesmal wieder hin zu den schützenden Geistern gerichtet sein, welche diejenigen bewahren, die draußen auf den Feldern der Ereignisse unserer Tage stehen; an die schützenden Geister derjenigen richten wir uns, die mit uns innerhalb unserer Bewegung stehen, jetzt aber draußen sind und mit ihrem Leben und mit ihrem ganzen physischen Sein einzutreten haben für das, was die Zeit von ihnen fordert. Und im weiteren Sinne wenden wir uns auch an die schützenden Geister aller derjenigen, die, auch ohne daß sie unserer Gemeinschaft angehören, draußen auf diesen Feldern Leben und Leib darzubringen haben:

Geister eurer Seelen, wirkende Wächter,
Eure Schwingen mögen bringen
Unserer Seelen bittende Liebe
Eurer Hut vertrauten Erdenmenschen,
Daß, mit eurer Macht geeint,
Unsre Bitte helfend strahle
Den Seelen, die sie liebend sucht.

Und mit Bezug auf diejenigen, welche schon durch die Pforte des Todes gegangen sind, sagen wir:

Geister eurer Seelen, wirkende Wächter,
Eure Schwingen mögen bringen
Unserer Seelen bittende Liebe
Eurer Hut vertrauten Sphärenmenschen,
Daß, mit eurer Macht geeint,
Unsre Bitte helfend strahle
Den Seelen, die sie liebend sucht.

Und der Geist, den wir durch unsere Bewegung suchen, den wir durch die Jahre hindurch gesucht haben, so wir hier zusammenkamen, er möge walten über euch, und seine Fittiche über euch ausbreiten, damit ihr entsprechend eurem Karma eure Aufgabe zu Ende führen könnt!

Meine lieben Freunde, ich weiß nicht, wie viele von den Freunden es empfunden haben werden, daß es in unsern gegenwärtigen Tagen in öffentlichen Vorträgen, wie sie gestern und vorgestern gegeben werden mußten – und insbesondere in öffentlichen Vorträgen von der Art, wie gestern einer gegeben werden mußte –, noch schwerer ist als sonst, zu sprechen, weil gar leicht das, was gesprochen werden muß, dem Mißverständnis ausgesetzt sein kann. Gerade wenn wir mit Herz und Sinn innerhalb unserer Bewegung stehen, müssen wir das Wort, von dem ich auch das letztemal, als ich hier sprechen durfte, Andeutungen gemacht habe, wirklich immer mehr zur Vertiefung in unserer Seele bringen, das Wort, das im Grunde genommen das äußere Leben, das Leben des physischen Planes, so wie es dem Menschen gewöhnlich entgegentritt – nicht an sich – Maja ist, eine Art Phantasmagorie ist, und daß die Wahrheit, die Wirklichkeit erst dahinter steht. Wir müssen uns klar sein, daß diese Wahrheit von der Maja nicht nur mit unseren Theorien oder überhaupt nur mit unserm Verstande erfaßt werden kann, sondern daß sie erfaßt werden muß mit allen unsern Seelenkräften, mit unserm ganzen Seelenleben, vor allen Dingen auch mit unseren Gefühls- und Empfindungsimpulsen. Denn ebenso wie unser Verstand, der sich auf das Sinnliche richtet, es unbegreiflich findet, daß diese uns umgebende Welt nicht die wahre, wirkliche sein soll, so finden mehr noch unsere Gefühle, unsere Willensimpulse diese Wahrheit unbegreiflich. Man muß nicht nur durch das Sicheinleben in die Geisteswissenschaft anders denken lernen, man muß auch anders fühlen lernen und anders zu den Quellen seines Wollens herabsteigen lernen.

Wie leicht könnte so etwas, wie es gestern vorgebracht worden ist, weil es ja schwierig ist, diese Dinge, da für die Verhältnisse der geistigen Welt eine Sprache nicht geprägt ist, ganz adäquat zum Ausdruck zu bringen, wie leicht könnte das zum Beispiel gestern

Gesprochene so aufgefaßt werden, daß diese Charakteristik auf diese oder jene Volksseele mehr oder weniger sympathisch oder antipathisch ansprechend gefällt ist, in unserer Zeit, wo so viel von Sympathien und Antipathien, selbstverständlich von der Zeit herausgefordert, im menschlichen Denken und Fühlen mitspricht. Und dennoch, wenn Geisteswissenschaft aus rechter Gesinnung heraus spricht, dann muß schon einmal geglaubt werden, daß diese Dinge, wenn sie auch scharf charakterisiert werden müssen, wie zum Beispiel die Charaktere der Volksseelen, nicht mit Sympathie und Antipathie im gewöhnlichen Sinne des Wortes gesprochen werden dürfen. Wenn sie mit Sympathie und Antipathie gesprochen werden, dann könnten sie nämlich nicht wahr sein, dann müßten sie unwahr, müßten verlogen sein. Warum dieses?

Man glaubt so leicht, daß der, welcher durch entsprechende Entwickelung seiner Seele zu der Anschauung der geistigen Welten aufzusteigen versucht, zu der objektiven Anschauung dieser geistigen Welten, ein innerlich gefühls- oder willenstrockener Mensch werden könnte. Das kann er wahrhaftig nicht werden. Der Mensch, der sich erst ausdörren würde in bezug auf sein Gefühls- und Willensleben, in bezug auf diejenigen Impulse, die sonst in der menschlichen Gefühls-, Empfindungs- und Leidenschaftswelt zum Vorschein kommen, der Mensch, der sich erst ausdörren würde von diesem inneren Feuer, würde ganz gewiß nicht zu einer objektiven Anschauung der geistigen Welt aufsteigen können. Im Gegenteil: alles an innerem Gefühlsleben, alles an innerem Willensleben muß zusammengenommen werden, muß gerade so feurig als möglich werden. Aber es muß umgewandelt werden in der Seele; es kann nicht so bleiben, wie es im gewöhnlichen Leben ist. Es muß erst so umgewandelt werden, daß der Mensch durch dieses Gefühls- und Willensimpulsleben etwas bekommt wie einen Neuaufbau seiner Gefühls- und Willenswelt. Gerade dadurch muß sich das entwickeln, was inneres Auge, inneres Ohr genannt werden kann. Ein innerlich ausgedörrter Mensch kann man nicht werden, wenn man die geistige Welt sucht. Aber dann, wenn sie angeschaut wird, wenn man durch alle inneren Kämpfe, durch alle inneren Überwindungen zu dieser geistigen Welt hingekommen ist, dann allerdings bietet sie sich als geistige Welt so dar, daß sie zum Beispiel in uns zwar noch Sympathie und Antipathie hervorrufen kann, daß aber in der Charakteristik, die von ihr gegeben wird, so wenig lebt aus eben entstehender Sympathie und Antipathie, als in der Rose lebt von eben entstehender Sympathie, wenn wir sie anschauen. Wir können mit ihr Sympathie und Antipathie empfinden, aber sie selbst steht in ihrer Objektivität da, und wir können sie, wenn wir sie in ihrer Wesenheit erfassen wollen, nur charakterisieren. Bei demjenigen, der gewissermaßen dazu gezwungen ist, die geistige Welt zu charakterisieren, bei ihm ist in jedem einzelnen Falle im Grunde genommen die Unmöglichkeit gegeben, aus Sympathie und Antipathie heraus zu sprechen.

Gestern wurde versucht, die italienische, die französische, die britische, die deutsche Volksseele zu charakterisieren. Gewiß wird es unter den Zuhörern solche gegeben haben, die geglaubt haben, daß da nicht objektive Charakteristik, sondern Sympathien und Antipathien sprechen. Wenn aber Sympathie und Antipathie sprechen würden, so müßte die Charakteristik selber verlogen sein, so würde sie niemals verläßlich sein können. Das können Sie aus diesem einzelnen Falle wohl begreifen, wenn ich das Folgende sage. Sie wissen alle, daß der Mensch nicht nur dieses Wesen ist, als welches er vor uns steht, wenn wir ihn mit Tagesaugen betrachten. Da lebt er seiner eigentlichen Wesenheit nach in seinem physischen Leibe, da blickt er uns gleichsam durch seinen physischen Leib an. Diejenige Wesenheit aber, derer er sich aus bestimmten Gründen – die Sie kennen – im gewöhnlichen Erdenleben nicht bewußt ist, diese Wesenheit, die eigentlich innerhalb des Ich und des astralischen Leibes lebt, lebt er ganz abgesondert vom physischen Leib und Ätherleib vom Einschlafen bis zum Aufwachen durch. Beim Geistesforscher ist es ja so, daß er dadurch zu den Ergebnissen seiner Forschung kommt, daß er sich dasjenige durchleuchtet, was sonst zwischen Einschlafen und Aufwachen unbewußt bleibt. Er erlebt dadurch – durch innere Erlebnisse – dasjenige, was sonst hinter den äußeren Eindrücken der Welt, hinter der Phantasmagorie der Welt verborgen bleibt.

Nun ist gestern im öffentlichen Vortrage gesagt worden, daß der Volksgeist, die Volksseele, im Leibe des Menschen lebt. Heute kann ich sagen: Insbesondere lebt die Volksseele im Ätherleibe des Menschen, in dem wir sind in der Zeit vom Aufwachen bis zum Einschlafen. Beim Aufwachen tauchen wir mit unserem Untertauchen in den Leib zugleich in die Volksseele ein. Schlafend sind wir nicht in der Volksseele, sondern nur vom Aufwachen bis zum Einschlafen.

Nun entsteht die Frage: Wenn nun der Geistesforscher dasjenige gerade innerlich belebt und durchleuchtet, was nicht im physischen Leibe lebt, wie ist es dann mit seinem vom Leibe abgesonderten Leben in der Volksseele? Da wirkt die Volksseele trennend, wenn wir in den Leib untertauchen. Da kann der Geistesforscher ja nicht in der Volksseele leben, wenn er das bewußt durchlebt, was der Mensch im Schlafe durchlebt. Das Eigentümliche ist, daß es zu jeder Zeit, in jeder Gegenwart eine gewisse, man möchte sagen, regierende Anzahl von Volksseelen gibt, und die Art, wie sich diese Volksseelen zueinander verhalten, macht überhaupt das gesamte Erdenleben der Menschheit aus, insofern es physisch verläuft. Wenn man in den physischen Leib untertaucht, taucht man damit in die Volksseele unter. Kommt man aus seinem physischen Leib heraus und erlebt bewußt außerhalb desselben, dann taucht man ebenso – unter all den anderen Erlebnissen, die man durchmacht – jetzt nicht in die eigene, sondern in die anderen Volksseelen unter, mit Ausnahme der eigenen, in der man während des Tageslebens im physischen Leibe lebt. Nehmen Sie im vollen Gewicht, was ich eben gesagt habe. Daß wir mit dem Einschlafen also nicht in eine einzelne Volksseele untertauchen, sondern daß wir untertauchen in das Zusammenwirken, gleichsam in den Reigen der anderen Volksseelen, nur daß in dieses Reigenspiel nicht diejenige Volksseele hineinspielt, in die wir untertauchen, wenn wir in den physischen Leib kommen. Der Geistesforscher durchlebt tatsächlich innerhalb seiner Forschung mit den anderen Volksseelen – nur in ihrem Zusammenklang – dasselbe, was man sonst auf dem physischen Plane gegenüber der einzelnen Volksseele erlebt, die dem Volke angehört, in welchem man sonst darinnensteht.

Nun frage ich Sie: Wenn nun der Geistesforscher tatsächlich das kennt, wie man nicht nur in der eigenen Volksseele lebt, sondern wie man in den anderen Volksseelen lebt, wenn er das durchzumachen hat, hat er dann einen besonderen Grund, mit anderer Objektivität die eigene Volksseele zu schildern als andere Volksseelen? Das hat er nicht. Und hier liegt die Möglichkeit, über die Vorurteile der Sympathien und Antipathien hinüberzukommen und objektiv zu schildern. Es ist selbstverständlich, daß nicht nur der Geistesforscher, der das einfach bewußt durchmacht, was alle Menschen durchmachen, sondern daß jede Menschenseele vom Einschlafen bis zum Aufwachen in allen Volksseelen in ihrem Zusammenspiel lebt, mit Ausnahme derjenigen, in welcher die Seele lebt während des Tagwachens. Das ist das, was uns die Geisteswissenschaft gibt, damit der Horizont unseres Fühlens und Empfindens wirklich erweitert wird. Oftmals sprechen wir ja davon, daß die Geisteswissenschaft geeignet ist, eben durch die Art von Erkenntnis, die sie gibt, die Liebe ohne Unterschied von Volk, Rasse, Stand und so weiter wirklich zu geben. Dieser Satz ist so tief begründet, daß der, welcher einsieht, daß er, wenn er sich in dem Teile als Mensch nimmt, der geistig in ihm ist, sich ja gar nicht ausschließen kann in Haß und Antipathie von dem, was Menschtum ist –, daß er sich sagen muß: Es ist eigentlich ein Unsinn, nicht zu lieben! Um aber zu sagen: es ist eigentlich ein Unsinn, nicht zu lieben, muß uns eben die Geisteswissenschaft ergreifen wie ein Leben, nicht bloß wie ein Wissen. Deshalb treiben wir diese Geisteswissenschaft auch nicht wie ein bloßes Wissen, sondern so treiben wir sie, daß sie in jahrelangem Zusammenleben in unseren Zweigen wie eine geistige Nahrung, die wir aufnehmen und in uns verarbeiten, wirklich mit uns eins wird.

Ich sagte: Das Gewöhnliche ist das, daß der Mensch vom Einschlafen bis zum Aufwachen in dem Zusammenspiel der Volksseelen lebt, der anderen als derjenigen, die seine Volksseele gerade ist. Das ist das Gewöhnliche. Aber es gibt auch ein Mittel, um gewissermaßen in Einseitigkeit in der einen oder in der anderen Volksseele zu leben. Es gibt ein Mittel, daß man gezwungen wird, in dem Zustande zwischen dem Einschlafen und dem Aufwachen nicht mit dem ganzen Zusammenspiel, nicht mit dem ganzen Reigentanz gleichsam der anderen Volksseelen zu leben, sondern mehr oder weniger gebannt zu sein, mit einer oder mit mehreren anderen Volksseelen zusammenzuleben, die herausgehoben werden aus dem ganzen Zusammensein aller Volksseelen. Ein solches Mittel gibt es, und es besteht darin, daß wir eine oder mehrere Volksseelen – Völker – besonders hassen. Dieser Haß nämlich, den wir aufbringen, gibt die besondere Kraft, in unserem Schlafzustande mit denjenigen Volksseelen leben zu müssen, die wir am meisten hassen oder die wir überhaupt hassen. Man kann sich also nicht besser dazu vorbereiten, in dem unbewußten Zustande zwischen Einschlafen und Aufwachen völlig in eine Volksseele aufzugehen und mit ihr so leben zu müssen wie mit der, mit welcher man im physischen Leibe lebt, als dadurch, daß man sie haßt, aber ehrlich haßt, mit dem Gefühl haßt, und sich nicht bloß einredet, sie zu hassen.

Wenn solche Dinge ausgesprochen werden, dann merkt man, wie tief und ernst die Wahrheit von der Maja genommen werden muß. Denn nicht nur, daß unser Verstand, so wie er einmal konstruiert ist, nicht einsehen will, daß die Dinge in ihren Tiefen anders sind als in ihrer äußeren Phantasmagorie, sondern es bäumt sich unser Fühlen, unser Wollen auf gegen das, was wahr ist für die geistige Welt. Wenn man solche Wahrheiten nimmt, wie die von dem Leben in den andern Volksseelen und besonders in der, welche man haßt, dann wird man sich sagen müssen, daß die größte Anzahl der Menschen die geistige Wahrheit nicht nur aus dem Grunde von sich weist, weil sie der Verstand nicht einsehen kann, sondern deshalb, weil sie sie gar nicht haben wollen, weil sie sie stört auch in dem Empfinden, dem sich der gewöhnliche Erdenmensch hingibt. Sobald man tiefer und ernsthafter auf die Wahrheiten der geistigen Welt eingeht, dann sind sie gar nicht bequem, dann sind sie gar nicht das, was der Mensch, wenn er auf dem physischen Plan allein leben will, eigentlich liebt. Sie sind unbequem. Sie durchrütteln und durchschütteln uns und fordern, je tiefer sie sind, eigentlich in jedem Augenblicke von uns, daß wir anders sein sollen, als wir gewohnt sind auf dem physischen Plan zu sein. Und dies, daß sie als ein lebendiges Inneres etwas anderes von uns fordert, als wir auf dem physischen Plane sind, das ist zumeist einer der Gründe, warum die Menschen die geistige Wahrheit zurückweisen. Wir können gar nicht anders, als nicht bloß mit einem Teile der Welt oder der Menschheit verbunden zu sein, sondern wir müssen verbunden sein mit der ganzen Welt und mit der ganzen Menschheit. Unser physisches Sein bedeutet im Grunde genommen nur den einen Pendelausschlag, der andere Pendelausschlag ist das Entgegengesetzte in vieler Beziehung; man kennt ihn nur nicht im gewöhnlichen Leben. Man kann sagen, es wird ernst, sobald man nur auf die tieferen Wahrheiten vom geistigen Leben eingeht. Und unendlich richtunggebend können diese tieferen Wahrheiten vom geistigen Leben für dasjenige werden, was Menschheitsentwickelung, was Menschheitsfortschritt gerade in unserer Zeit von uns fordert. Lassen Sie uns aus der geistigen Forschung ein Beispiel herausheben, das insbesondere für die Gegenwart wichtig sein kann.

Sie sehen leicht ein, wenn die Dinge so stehen, wie ich jetzt eben von ihnen gesprochen habe, wenn wir also beim Untertauchen in den physischen Leib und Ätherleib das Miterleben mit dem haben, was man im gewöhnlichen Sinne den Volksgeist, die Volksseele nennt, so gehört dieses Miterleben der Schicksale des einzelnen Volksgeistes zu den Erlebnissen nach dem Tode, die wir nach und nach abstreifen. Oft wurde in bezug auf viele Dinge gesprochen, die der Mensch nach dem Tode abstreift; aber zu diesen Dingen gehört auch das Verbundensein mit dem Volksgeist. Der Volksgeist wirkt im Fortschritt der Erdenentwickelung, er wirkt in dem, wie sich von Generation zu Generation die Menschheit auf der Erde fortentwickelt. Nach dem Tode, zwischen Tod und neuer Geburt, müssen wir uns, wie wir aus anderem uns herausentwickeln, so auch aus dem Volksgeist herauslösen. Das begründet zugleich das Bedeutsame des Heldentodes, des Todes auf dem Schlachtfelde zum

Beispiel, das empfunden wird. Wer ihn richtig fühlt – und es fühlen ihn sicher richtig die, welche mit der richtigen Gesinnung durch diesen Tod gehen –, der weiß, daß dieser Tod ein Tod der Liebe ist, daß er erlitten wird nicht für das Persönliche, nicht für das, was man mitbehalten kann in der ganzen Zeit zwischen Tod und neuer Geburt für sich; sondern daß er erlitten wird für die Volksseele, indem selbstlos hingegeben wird dieser physische Leib und Ätherleib. Man kann sich den Tod auf dem Schlachtfelde nicht denken, ohne ihn durchdrungen zu wissen von wirklicher innigster Liebe, vom Getragenwerden der Menschen von dem, was zum Heile der Menschheit in der Zukunft beiträgt. Das ist das Große, das Bedeutsame, das Ungeheure gerade dieses Todes auf dem Schlachtfelde, wenn er in richtiger Gesinnung erlebt wird. Denn er ist undenkbar, ohne verbunden zu sein mit der Liebe.

Aber das Zusammensein mit dem einzelnen Volksgeist müssen wir zwischen Tod und neuer Geburt abstreifen. Es muß von uns abfallen. Wir müssen in eine Region hineinkommen, wo wir nicht mit dem einzelnen Volksgeiste als solchem leben. Allerdings ist es dann nicht so, daß wir unmittelbar in andere Volksgeister übergehen können. Das ist zwischen dem Einschlafen und dem Aufwachen der Fall. Wir müssen überhaupt frei werden von dem, was bloß irdisch ist, und müssen eingehen in das Leben, das sich loslöst von dem, was die Entwickelung der Menschheit auf der Erde ausmacht. Also loslösen müssen wir uns auch von alledem, was uns mit den Volksgeistern verbindet. Und das ist wieder das, was, wenn wir es uns als Erkenntnis aneignen, unseren Empfindungshorizont erweitert, vergrößert, indem es uns hinblicken läßt auf das andere, das wir suchen, und das nicht um uns herum ist, wenn wir auf dem Horizont des physischen Daseins leben.

Nun ist es – das können Sie schon aus der gestrigen Charakteristik der einzelnen Volksgeister entnehmen – im Bewußtsein dieser Volksgeister gelegen, daß der eine mehr hinneigt zu der Individualität des Menschen, zu dem, was der Mensch als Individualität ist, der andere neigt weniger dazu hin. Ich habe es damit verglichen, daß der eine Mensch mehr in sein Inneres hineinschaut, der andere mehr mit der Außenwelt lebt. Bei den Volksgeistern ist es so, daß der eine sich mehr, der andere sich weniger mit den einzelnen Menschenindividuen beschäftigt. Das bedingt wieder, indem wir dem einen oder dem andern Volksgeist angehören, wie wir mit dem zusammenhängen, was der Volksgeist besonders in unserem Ätherleibe stiftet, was er dort zubereitet. Daher gibt es gewisse Unterschiede in dem Abstreifen, in dem nach und nach sich Herausstreifen aus dem, was der Volksgeist mit uns macht, nach dem Tode.

Da haben wir zum Beispiel den französischen Volksgeist. Es ist ein Volksgeist, dessen Inspirationen mit einer hochentwickelten Kultur zusammenhängen, mit einer Kultur, die nur dadurch denkbar ist, daß dieser Volksgeist zurücksieht auf das alte Griechentum, wie ich es auch schon auseinandergesetzt habe. Dieser Volksgeist arbeitet nun so an den Menschen, die dem betreffenden Volke angehören – das ist gerade die Natur derjenigen Volksgeister, die hochentwickelten Kulturen entsprechen –, daß tiefe Eindrücke im menschlichen Ätherleib entstehen, daß sich die Signatur des Volksgeistes scharf einprägt in den Ätherleib. Das hängt mit dem zusammen, worauf ich gestern aufmerksam gemacht habe, daß der Franzose an dem Bilde hängt, das er sich von sich selber macht. Denn daß solche von den Einwirkungen des Volksgeistes in den Ätherleib herrührende Eindrücke geschehen, das hat wieder zur Folge, daß, wenn die Seele den Leib im Tode verläßt, scharfe Ausprägungen im Ätherleibe und auch noch im astralischen Leibe des Menschen vorhanden sind. Gerade wenn man einem solchen Volke angehört wie dem französischen, kommt die Seele mit scharf ausgeprägtem astralischem Leib aus dem physischen Dasein heraus. Die Folge davon ist, daß man viel zu tun hat im Abstreifen desjenigen, was vom Volksgeiste nach dem Tode bleibt.

Vergleichen wir nun ein solches Abstreifen der Natur des Volksgeistes, wie es durch das französische Volk bedingt wird, mit dem, was zum Beispiel durch die russische Volksseele bedingt wird, so haben wir bei der letzteren eigentlich das Entgegengesetzte. Die russische Volksseele ist gleichsam jung, und sie beschäftigt sich noch weniger mit den Menschenindividuen, die ihr anvertraut sind.

Daher sind die Menschenindividuen, wenn sie durch die Pforte des Todes gehen, in bezug auf den ätherischen und astralischen Leib durch die russische Volksseele wenig geprägt. Wenn wir nun die ganze Situation ansehen in der geistigen Welt, so finden wir, wenn wir auf die Seelen hinblicken, die durch die Todespforte gegangen sind, daß wir die Seelen des französischen Volkes mit scharf ausgeprägten Ätherleibern wie auch mit scharf ausgeprägten astralischen Leibern antreffen, daß wir dagegen die russischen Seelen mit durch den Volksgeist wenig ausgeprägten Äther- und astralischen Leibern wiederfinden. Die Folge davon ist, daß diese verschiedenen Seelen von den leitenden Geistern, welche die Menschheitsevolution vorwärtsbringen müssen, zu Verschiedenem gebraucht werden können.

Nun stehen wir in einer Zeit, die wirklich nicht vorwärtskommen kann, wenn sich nicht für die Menschheit eine gewisse Summe von spirituellen Wahrheiten offenbart. Das ist ja oftmals auseinandergesetzt worden, ist bis zu dem Grade auseinandergesetzt worden, daß gesagt worden ist, daß bis zu einem gewissen Zeitraume unseres Jahrhunderts die Offenbarung des Christus sich in der geistigen Welt dem Menschen eröffnen wird. Aber wir können es so nehmen, daß wir sagen: Es muß Spirituelles hereinkommen in die Welt. Dieses Spirituelle, das in die Menschheitsentwickelung hereinkommt, erkämpfen zuerst die Geister in der übersinnlichen Sphäre; und in dieser übersinnlichen Sphäre kämpfen für das Hereindringen der spirituellen Strömung in die Menschheitsentwickelung höhere Geister, Geister höherer Hierarchien. Aber sie bedienen sich bei ihrem Kampfe als mitspielender Kräfte derjenigen, welche von den Menschen kommen, die durch die Pforte des Todes gegangen sind. Der Mensch im Leben zwischen Tod und neuer Geburt arbeitet und wirkt ja immer mit an dem, was in der Welt geschieht. Und da er in verschiedener Weise gestaltet ist, so wirkt er ganz verschieden mit, je nachdem er zum Beispiel aus einem französischen oder aus einem russischen Leibe kommt. Daher können sich die Geister der verschiedenen höheren Hierarchien dieser Seelen in verschiedener Weise bedienen.

Was in der Menschheitsentwickelung bevorsteht, das hängt allerdings damit zusammen, daß gegenwärtig in der geistigen Welt ein mächtiger Kampf stattfindet. Nur bedeutet Kampf in der geistigen Welt etwas anderes als Kampf in der physischen Welt. Ein Kampf in der geistigen Welt bedeutet ein Zusammenwirken zur Ausgestaltung eines Fruchtbaren. Es ist dieser Kampf etwas, was für die Menschheitsentwickelung notwendig ist; kurz, es ist ein Kampf, der zu etwas führt. Ihn kämpfen gewisse Geister der höheren Hierarchien aus. Und sie kämpfen ihn so aus, daß sie sich gewisser junger, aus dem östlichen Kulturgebiete kommender Seelen und gewisser aus den westlichen Kulturen herauskommender Seelen bedienen. Es ist ein Kampf, der noch lange dauern wird, ein Kampf der russischen Seelen, die durch die Pforte des Todes gegangen sind, und der französischen Seelen, die durch den Tod gegangen sind; ein Krieg des geistigen Rußland gegen das geistige Frankreich. Es ist ein furchtbarer Krieg, wenn wir die Worte des physischen Planes gebrauchen. Wer heute den Blick in die geistige Welt richtet, der erblickt diesen Kampf des geistigen Rußland gegen das geistige Frankreich, und voll ist die geistige Welt davon. Es ist ein erschütternder Kampf!

Und nun erblicken wir, wenn wir dieses voraussetzen, das, was auf dem physischen Plan vor sich geht: da wird ein Bündnis geschlossen. Das ist das Spiegelbild des Kampfes in der geistigen Welt. Diese Dinge gehören zu den Schwierigkeiten, welche die Geistesforschung durchzumachen hat. Glauben Sie nur nicht, daß man nun etwa generalisieren könne, indem man einfach sagt: Man kann leicht die geistigen Wahrheiten ableiten, wenn man immer das Entgegengesetzte von den Dingen denkt, die auf dem physischen Plane vor sich gehen. Man würde zu dem Falschesten und Törichtesten kommen, wenn man dies als Regel anwenden wollte. Denn es ist dies vielleicht unter hundert Fällen fünfmal der Fall, in fünfundneunzig Fällen aber nicht. Alle geistigen Wahrheiten sind individuell und müssen immer individuell angeschaut werden; sie können nicht durch bloße Dialektik gefunden werden. Aber die Wahrheit, die ich ausgesprochen habe, gehört zu denjenigen, die heute ganz besonders erschütternd sind, denn sie kann uns wieder einmal darauf aufmerksam machen, wie anders die Welt gestaltet ist, wenn wir hinter den Schleier der Maja sehen, und wie in dem, was äußere Menschentaten sind, das Entgegengesetzte von dem gegeben sein kann, was eigentlich die Realität, das Geistige ist.

Wenn wir die Dinge so betrachten, dann ist es ja ganz unmöglich, daß sich nicht auch unsere Gefühle in der Betrachtung desjenigen, was äußerlich vor sich geht, umändern. Denn wir kommen zu dem Begriff, daß in den äußerlichen Vorgängen eigentlich erst unterschieden werden muß, um das Wahre zu schauen. So wie irgendein Wolkengebilde, wenn wir es in der Ferne sehen, undeutlich ausschaut, in der Nähe aber ganz anders ist, so nehmen sich auch die Dinge im Völkergeschehen in Wahrheit aus. Und mitten darinnen, ich möchte sagen, zwischen den kämpfenden Parteien im Osten und Westen, liegt nun geistig das deutsche Gebiet, das dazu da ist, nach beiden Seiten hin zu vermitteln, wirklich nach beiden Seiten hin zu vermitteln – was es auch tut. Und während nach beiden Seiten hin die Vermittlung im Geiste geschieht, sehen wir in der physischen Welt das Losschlagen von beiden Seiten und nach beiden Seiten.

In einem gewissen Sinne hängt das, was wir jetzt erleben, zusammen mit dem tiefsten Impulse der Menschheitsentwickelung in unserer Zeit. Ich habe ja oftmals gesagt: Warum treiben wir eigentlich Anthroposophie? Wir treiben sie, weil sie eine Weltaufgabe ist, eine Forderung, die von der geistigen Welt aus an die Menschheit gestellt wird. Es muß eine Anzahl von Imaginationen sich der Menschheit mitteilen; die Menschen müssen im Laufe der nächsten Zeit eine Anzahl von geistigen Wahrheiten aufnehmen. So ist es, möchte ich sagen, vorgezeichnet im Gange der Menschheitsentwickelung. Es besteht demgegenüber natürlich der Widerspruch, der wirkliche Widerspruch, der Widerstreit, daß die Menschen erst nach und nach reif werden müssen, und daß dies langsam geht. Aber die Imaginationen wollen herein in die Menschheitsentwickelung. Es will etwas herein in die Menschheitsentwickelung, was, ich möchte sagen, ein Stück über dem physischen Plan darüber, was höher liegt. Die Menschen weisen das heute noch zurück, weisen es im umfänglichsten Sinne zurück. Daher erscheint das Gegenbild. Und das Gegenbild der Imaginationen sind Leidenschaften, sind Gefühlsausbrüche, die aus der Tiefe der Menschennatur herauskommen, die ebenso tief unter dem physischen Plan liegen wie die Imaginationen über demselben. Wenn wir heute die Menschen mit Haß, mit wirklicher Unwahrheit sich begegnen sehen – was sind dann dieser Haß und diese Unwahrheit? Es sind die Spiegelbilder der herausquellenwollenden Imaginationen, die nun in solcher Form herauskommen, weil sich die Menschen gegen sie sträuben. Was eine gewisse Strecke über dem physischen Plane liegt, das kommt als sein Verwandlungsprodukt heraus, als das, was ebenso weit unter dem physischen Plane liegt; das muß sich herausarbeiten. Auch das können wir aus dem allgemeinen Menschenkarma begründet finden, was auf diese Weise auf so unerfreuliche Art geschieht.

Warum muß es denn geschehen, daß die Menschen gerade jetzt, in unserem Zeitalter, eine gewisse Summe von spirituellen Wahrheiten empfangen? Darüber können wir uns in folgender Weise Antwort geben.

Es sind zwei Fälle möglich. Der eine ist der, daß der Mensch einen gewissen Sinn hat für spirituelle Wahrheiten, daß er ihnen nicht ein taubes Ohr entgegenbringt, sondern sie aufnimmt in seine Seele und in sein Herz, daß er gewissermaßen Anthroposoph wird, wie man in unserer Zeit Anthroposoph werden kann. Oder es ist der andere Fall möglich, daß der Mensch die spirituellen Wahrheiten abweist, daß er etwa sagt, das ist alles törichtes, dummes Zeug; das alles entspringt aus den Köpfen von ein paar törichten Phantasten, die gescheiter täten, wenn sie etwas anderes vornehmen würden.

Nun, wenn der Mensch durch die Pforte des Todes geht, so tritt er damit selbstverständlich in die geistige Welt ein. Und wenn etwa jemand sagen würde: Tritt man denn nur dadurch in die geistige Welt ein, daß man sich zwischen Geburt und Tod ein Wissen erwirbt von dieser geistigen Welt? – so könnte man ihm in gewissem

Sinne sagen: Selbstverständlich kommt in die geistige Welt auch der, welcher nichts von ihr weiß; ganz selbstverständlich tritt auch der in die geistige Welt ein. – Aber was ist für ein Unterschied zwischen diesen beiden Menschentypen? Der Unterschied ist beträchtlich. Ich rede jetzt immer nur von unserer Zeit, denn die geistigen Wahrheiten sind individuell. Und wenn etwa jemand gegenüber dem ersten, was ich angeführt habe, sagen würde: Also verwandeln sich Imaginationen, die nicht herauskommen können, immer in einen Lästerkrieg, wie er jetzt herrscht? – so wäre das eine falsche Ansicht; denn zu andern Zeiten können sie sich ganz anders verhalten. Die geistigen Wahrheiten sind immer individuell, und das, was ich jetzt sagen will, bildet eben nur eine individuelle Wahrheit für unsere Zeit.

Der Mensch, der durch die Pforte des Todes geht, ohne sich um die Möglichkeit, Spirituelles in unserer Zeit aufzunehmen, gekümmert zu haben, übergibt seine Seele den höheren Welten, wenn er durch die Pforte des Todes schreitet, fast so, wie er sie empfangen hat, als er durch die Geburt in das physische Dasein hereingegangen ist, und die höheren Welten haben nichts von ihm, als was sie ihm bei seiner Einkörperung übergeben haben. Wer sich aber, nicht bloß durch Glauben, sondern durch das Einleben in die geistigen Welten hier aneignet, was aus der geistigen Welt heraus zu bekommen möglich ist, der übergibt seine Seele bei seinem Tode den geistigen Welten nicht so, wie er sie bei der Geburt empfangen hat, sondern er übergibt den übersinnlichen Wesenheiten auch das, was er sich hier erarbeitet hat an Begriffen, Vorstellungen und Empfindungen, und das gehört nicht bloß ihm an, sondern das gehört den übersinnlichen Wesenheiten. Wer das nicht mitbringt, lebt selbstverständlich auch in die geistige Welt hinein, aber er trägt nichts bei zum Menschheitsfortschritt. Würde man also immer so gelebt haben oder würde man von einem bestimmten Zeitpunkt an so leben, so würde kein Fortschritt zustande gekommen sein, oder von einem bestimmten Zeitpunkt an würde die Menschheit immer so geblieben sein, wie sie war. Daß Fortschritt, daß Weiterentwickelung geschieht, daß die Seelen immer etwas Neues finden können, wenn sie in neuen Inkarnationen die Erde betreten, hängt davon ab, daß sie Gelegenheit finden, das, was die besondere Mission der Zeit ist, in sich aufnehmen zu können. Es ist also letzten Endes eine Art Entschluß, ob man sich zur geistigen Welt in ein Verhältnis bringt oder nicht. Es könnte ja zum Beispiel jemand sagen: Was liegt mir am ganzen Menschheitsfortschritt? Was liegt mir an der Erdenentwickelung? Mag die Erde stillestehen! Ich lebe darüber hinweg. – Wer keine rechte Liebe, kein Interesse zum Erdenfortschritt hat, der kann ja so reden. Wer aber Liebe zum Menschheitsfortschritt als höchste Pflicht in sich trägt, der kann diesen Weg nicht wählen. Freiheit liegt auch auf diesem Gebiete. Daher werden selbstverständlich nur durch Freiheit und Liebe zum wahren Menschenfortschritt und Menschenheil die Seelen zur Anthroposophie kommen. Man kann also auch nicht einmal aus bloßem Egoismus Anthroposoph werden; denn wird man es, so trägt man etwas zum Fortschritt bei, dem man sich sonst entzieht. Man wirkt also in Liebe, nicht bloß für sich, sondern für etwas anderes.

Das ist das, was ich immer durchleuchten lassen möchte durch alle Auseinandersetzungen derjenigen Geisteswissenschaft, die wir suchen: daß diese Wissenschaft eine lebendige, eine tätige Kraft ist. Ich rede nicht vom Schauen, ich rede von dieser Wissenschaft; das Schauen bringt nur die Resultate hervor. Ich rede von dem Einleben der Resultate im Menschen. Geisteswissenschaft ist ein Lebendiges, ein Tätiges, etwas, was sich einlebt in die Seelen, was wirkt und schafft an unseren Seelen. Deshalb habe ich oft den Vergleich gebraucht: Von der Liebe bloß zu reden – und das Reden nun besonders in der theosophischen Bewegung betrachtet – ist so, als wenn man sich vor einen Ofen hinstellen und predigen würde, er solle warm werden, denn das wäre seine Pflicht als Ofen. Er wird durch die schönste Predigt über seine Ofenaufgabe nicht warm werden. Aber er wird warm werden, wenn man Holz in ihn hineinlegt und es anzündet. So ist es im Grunde genommen mit allem Predigen von der Menschenliebe, und dieses Predigen hat auch gegenüber den Menschen kaum mehr Erfolg als das Predigen gegenüber dem Ofen, daß er warm werden soll. Schließlich ist dieses

Predigen zu allen Zeiten gemacht worden und der Erfolg, er kann ja beobachtet werden. Aber das, was nicht bloß Wissen ist von der geistigen Welt, was nicht bloß Vorstellung, Wort ist, sondern was im Worte ein Lebendiges, ein Wirkendes ist, das ist das Holz, das wir unserer Seele geben, und das brennt, wenn es richtig von unserer Seele aufgenommen wird. Gerade aus solchen Auseinandersetzungen, wie die heutige ist, kann man das entnehmen; da brennt Erkenntnis auf, da wird Erkenntnis Liebe, denn der Mensch wird umgewandelt durch das in seinen Tiefen, in seinen Fundamenten erkannte Geistesleben. Es ist ihm sogar diese tiefe Umwandlung recht unbequem; er weist die spirituelle Wahrheit von sich und möchte lieber bei der Maja stehenbleiben.

Das ist aber auch im Grunde genommen der nächste Grund dafür, weshalb so oft gesagt wird, man solle die geistigen Wahrheiten nicht allzuviel der Öffentlichkeit übergeben. Es sind ja schließlich nicht Wahrheiten, die, wenn sie ausgesprochen werden, so neutral wirken wie Physik oder Chemie, sondern es sind Wahrheiten, denen gegenüber die Menschenseele nicht ganz neutral bleiben kann, die sie entweder ablehnen muß oder aufnehmen wird. Aber zum Aufnehmen muß sie sich in einer gewissen Weise aus demjenigen umändern, was sie im gewöhnlichen physischen Leben ist. Daher wird die Welt schon etwas erregt, aufgeregt durch die Mitteilung der tieferen geistigen Wahrheiten. Aber unsere Zeit ist dazu berufen, diese Aufregung nicht zu scheuen, diese Aufregung wirklich durchzumachen. Denn nur dadurch kann das Feld bereitet werden für ein neues Geistesleben, dem wir entgegenleben müssen und an dessen Ausgangspunkt wir doch stehen. Und die Zeichen der Zeit weisen uns darauf hin, wie notwendig es ist, gewisse Dinge zu verstehen. Denn man kann gegenüber vielem, was gerade heute in der äußeren Welt geschieht, unverständlich und unverständig stehen. Versuchen Sie einmal, Verschiedenes zusammenzufassen. Ich habe ja hier gleichsam die Aufgabe, zu Ihnen intimer zu sprechen, als es im öffentlichen Vortrage geschehen kann. Ich habe die Aufgabe, das, was ich in den öffentlichen Vorträgen, die mit den Zeitereignissen zusammengehangen haben, sagte, so zu formulieren, daß es wirksame Wahrheit werden könnte; so zu prägen, daß es jetzt in unserer Zeit richtig geredet ist. Versuchen Sie, da manches zusammenzunehmen, so werden Sie sehen, daß *eine* Bemühung durch alles hindurchgegangen ist: ein wenig richtigere Begriffe, richtigere Empfindungen und Gefühle über den Zusammenhang auch der unmittelbaren Zeitereignisse hervorzurufen, als sie sonst so leicht verbreitet sind.

Versuchen Sie zum Beispiel das festzuhalten, daß ich mich in dem ersten öffentlichen Vortrage bemüht habe nachzuweisen, wie wirklich dieses deutsche Volk im Grunde genommen ganz erfüllt war von der Tendenz nach Frieden, nach friedlicher Entwickelung, und wie wirklich das vorliegt, daß man sagen kann: das deutsche Volk hat als solches den Krieg nicht gewollt. Aber wenn wir links und rechts hinhören, das sagen sie alle, das betonen sie alle: sie haben den Krieg nicht gewollt! Die Franzosen haben den Krieg nicht gewollt, die Engländer haben den Krieg nicht gewollt, sie mußten ihn aus «moralischen Gründen» unternehmen. Aber die moralischen Gründe sind nur in achtzehn Stunden entstanden! Alle betonen: sie haben den Krieg nicht gewollt. Halten wir uns an das – es ist nämlich in diesem sehr, sehr viel Wahrheit darin – und verfolgen Sie einmal, wie ich vorgegangen bin, indem ich darauf hingewiesen habe: das deutsche Volk hat den Krieg nicht gewollt. Aber daraus habe ich nicht folgen lassen: also hat ihn der andere gewollt. Sondern ich habe im ersten öffentlichen Vortrage ausdrücklich gesagt: höchstens könnte man eine Frage aufwerfen, nämlich die Frage: Wer hätte den Krieg verhindern können? – und habe damit auf den russischen Osten gedeutet; denn der hätte den Krieg verhindern können.

Aber das ist es, worauf ich besonders aufmerksam machte, daß die richtige Antwort von der richtigen Fragestellung abhängt. Wenn irgend jemand betont, er habe den Krieg nicht gewollt, so folgt daraus nicht: also habe ihn der andere gewollt. Beide können ihn nicht gewollt haben, und doch ist er entstanden. Wenn man von den eigentümlichen Verhältnissen Rußlands absieht, so kann man im Grunde genommen sagen: Es ist wirklich der Krieg nicht gewollt worden, was man «wollen» nennt auf dem physischen Plan. Sondern dieser Krieg ist mit einer elementaren Notwendigkeit durch einander entgegengesetzte Kräfte, durch elementar einander widerstrebende Kräfte auf unbegreifliche Weise entstanden. Denn noch nie war im Grunde genommen ein solches welthistorisches Ereignis in so wenigen Tagen wie aus einer Kiste heraus entsprungen und hat gezeigt, daß das, was in den äußeren Ereignissen sich abspielt, etwas ist, was aus den geistigen Verhältnissen heraustritt und sich physisch kundgibt.

So betrachtet, sind die heutigen Ereignisse etwas, was wie ein Exempel dasteht, um dem Menschen den Gedanken zu Gemüte zu führen: Wenn die Frage aufgeworfen wird, hat es der gemacht, hat es jener gemacht? – so wirst du nie das Richtige zur Antwort bekommen. Sondern du mußt einmal voraussetzen, daß da noch etwas anderes mitgewirkt hat, du mußt dich einmal bequemen, etwas tiefer zu gehen. Erst dann wird man lernen, richtig über die Ereignisse zu sprechen.

Noch aus einem anderen Grunde wird man sich zu einer tieferen Ansicht über die Dinge aufraffen müssen. Wir erleben es, wie im Widerspruche mit sich die heutige Welt sich zeigt. Die Menschen können noch nicht anders, als die Dinge so aufzufassen, daß sie durchaus dem anderen die Schuld geben. Wird einmal eine Zeit kommen, in welcher die tieferen Wahrheiten über das Karma in die Menschengemüter übergegangen sein werden, dann wird diese Art, dem anderen die Schuld zu geben in bezug auf das, was zu durchleben ist, nicht mehr stattfinden. Denn dann wird man wissen, daß jedes Volk dasjenige in seinem Karma durchlebt, was es um seinetwillen zu durchleben hat. Das Volk erlebt die Notwendigkeit, die Kräfte im Kampfe zu stärken, nicht wegen des anderen, sondern um seinetwillen, um vorwärtszukommen; der andere ist in gewisser Beziehung nur der Vollstrecker. Dadurch wird die Betrachtung abgelenkt auf das Volksseelenkarma. Und die Aussage: Hier stehe ich und dort steht der andere, der hat die Schuld, der macht es, daß ich durch diese Ereignisse, durch diese Kämpfe hindurch muß, der hat sie angezettelt, das erscheint gegenüber einer höheren Betrachtung so, wie wenn ein fünfzigjähriger Mann ein Kind ansieht – das Kind ist jung, und er ist alt; als das Kind noch nicht da war, war er noch nicht alt, und indem das Kind heranwächst, wird er alt – und wenn er nun sagen wollte: Das Kind, das hat die Schuld, daß ich alt werde; denn würde das Kind nicht heranwachsen und älter werden, so würde ich nicht alt werden! Aber das Kind kann ihn nur aufmerksam machen auf das Altwerden.

Das ist zu beachten, daß jedes Volk dasjenige, was es erlebt, und wenn es die schwersten Ereignisse sind, aus seinem Karma heraus erleben muß. Sagen Sie nicht, wenn eine solche Wahrheit in die Menschengemüter übergehe, wird es etwas Untröstliches sein, was so in die Gemüter übergeht; sondern das wird gerade zu einer heroischen Lebensauffassung, zu einer tapferen Lebensauffassung führen, zu einer Lebensauffassung, welche die Evolution in sich schließt. Man wird, wenn eine solche Lebensauffassung die Menschen ergreift, es als verschwendete Kräfte ansehen, die Schuld immer im anderen zu sehen und immer nach dem gewöhnlichen Schluß zu verfahren. Man wird an die Kräfte appellieren, die einen selber vorwärtsbringen können. Man wird lernen, sich auf jedem Gebiete mit seinem Schicksal zu identifizieren. Wir haben ja im öffentlichen Vortrage gesehen, daß dieses Schicksal, das man so gern als etwas Äußeres ansieht, erst dann richtig begriffen wird, wenn wir in dieses Schicksal ausfließen. So ist es auch mit dem Volkskarma. Wenn die Liebe auf die Erde kommt, dann wird diese Gesinnung unter die Menschen kommen.

An Sie aber, meine lieben Freunde, die Sie sich einer geistigen Bewegung gewidmet haben, möchte ich auch heute wieder appellieren – wie es auch früher geschehen ist –, zu bedenken, daß es in der Zukunft notwendig ist, daß der geistige Horizont, in dem wir leben, nicht bloß mit solchen Gedanken angefüllt werde, die früher auch schon da waren, sondern daß er angefüllt werde mit neuen Gedanken. Das können aber nur diejenigen sein, welche aus der spirituellen Welt entspringen. Es wird nicht gleichgültig sein, ob in der nächsten Zeit eine Anzahl von Menschen da sind oder nicht, welche Gedanken in die geistige Welt hinaufsenden, wie diejenigen sind, die aus einer solchen Betrachtung stammen, wie sie heute angestellt worden ist. Wenn Sie sich entschließen, zu meditieren über diese Wahrheiten, dann tragen Sie dazu bei, daß das, was sich in der Zukunft ergeben soll, sich in richtiger Weise und zum Menschenheil ergibt. Nicht untätig sind Sie für den Fortschritt der Menschheit, wenn Sie diejenigen Gedanken meditieren, welche die gegenwärtige Zeit fordert, damit die Menschheit wirklich vorwärtsschreite. Möge es recht vielen unter uns gelingen, neben die Arbeit, die mit Blut und Tod getan wird, auch die geistige Arbeit hinzustellen, welche darin besteht, daß wir die Welt mit richtigen Gedanken erfüllen, mit solchen Gedanken, die im Sinne der Mission unserer Zeit liegen. Und dann werden wir fühlen, daß dies die wahren Gedanken der Liebe sind. Oh, gar mancher, der heute nach Zitaten sucht und dabei nach dem so viel beliebten Büchmann greift, um etwas Rechtes zu sagen, hat in diesen Tagen das Wort des alten *Heraklit* angeführt, welches den Krieg den «Vater aller Dinge» sein läßt. Heraklit hat es berechtigt gesagt, und die es nachsagen, sagen es auch berechtigt. Aber aus dem Vater allein entsteht kein Kind. Zu dem Kind gehört die Mutter. Wie der Krieg der Vater ist, so ist das, was in friedenvoller Arbeit geschieht, die Mutter. Damit der Vater nicht steril bleibe, wird die Mutter da sein müssen. Und sie wird hervorgehen müssen aus den Gemütern derer, die in geistiger Weise die Aufgaben unserer Zeit begreifen und welche aus der Erkenntnis sich die Liebe zu erringen wissen.

Das ist das, was ich in diesem gegenwärtigen Zusammensein in Ihre Seelen legen möchte, damit gemäß den Forderungen unserer Gegenwart unsere Geisteswissenschaft nicht eine Befriedigung unserer Neugier oder unseres Wissensdurstes bleibe, sondern damit sie die rechten lebendigen Kräfte gebe, die, indem wir sie ausbilden, der wahre Trost werden für das Leid, das unsere Zeit mit sich bringt. Denn der wahre Trost ist der, der nicht Schwäche nach sich zieht, sondern der Stärke in seinem Gefolge hat, der sich aufrafft – ob zum geistigen oder leiblichen – jedenfalls aber zum Tun. Immer wieder und wieder muß man schon daran denken, wie es in unserer Zeit notwendig ist, daß eine Anzahl von Menschen einen freien Drang nach spiritueller Vertiefung haben. Denn der bedeutet schon, daß nicht der einzelne Mensch, sondern daß die ganze Menschheit vorwärtsschreitet. Und indem wir diese Gesinnung haben, erinnern wir uns am Schlusse noch einmal der Gedanken, die wir hinaussenden in dem angedeuteten Sinne zu denjenigen, die draußen stehen:

> Geister eurer Seelen, wirkende Wächter,
> Eure Schwingen mögen bringen
> Unserer Seelen bittende Liebe
> Eurer Hut vertrauten Erdenmenschen,
> Daß, mit eurer Macht geeint,
> Unsre Bitte helfend strahle
> Den Seelen, die sie liebend sucht.

Und mit Hinsicht auf die, welche schon durch die Pforte des Todes gegangen sind:

> Geister eurer Seelen, wirkende Wächter,
> Eure Schwingen mögen bringen
> Unserer Seelen bittende Liebe
> Eurer Hut vertrauten Sphärenmenschen,
> Daß, mit eurer Macht geeint,
> Unsre Bitte helfend strahle
> Den Seelen, die sie liebend sucht.

VIERTER VORTRAG

Berlin, 17. Januar 1915

Meine lieben Freunde, wie bei andern Gelegenheiten, wo ich seit dem Anbruch unserer ernsten gegenwärtigen Zeit zu Ihnen sprechen durfte, seien auch in diesem Moment unsere ersten Gedanken hingelenkt zu denjenigen, die draußen im Felde stehen, ihre Seelen und ihre Leiber zum Opfer bringen den großen Forderungen unserer Zeit und mit ihrem ganzen physischen Sein einzustehen haben für diese Forderungen der Zeit:

> Geister eurer Seelen, wirkende Wächter,
> Eure Schwingen mögen bringen
> Unserer Seelen bittende Liebe
> Eurer Hut vertrauten Erdenmenschen,
> Daß, mit eurer Macht geeint,
> Unsre Bitte helfend strahle
> Den Seelen, die sie liebend sucht.

Und für die schon durch die Pforte des Todes Gegangenen sagen wir:

> Geister eurer Seelen, wirkende Wächter,
> Eure Schwingen mögen bringen
> Unserer Seelen bittende Liebe
> Eurer Hut vertrauten Sphärenmenschen,
> Daß, mit eurer Macht geeint,
> Unsre Bitte helfend strahle
> Den Seelen, die sie liebend sucht.

Und der Geist, der durch das Mysterium von Golgatha gegangen ist, den wir suchen seit langem in unserer Bewegung, er sei bei euch und führe euch zu den Zielen, die ihr suchen müßt!

Was ich insbesondere bei unserer letzten Betrachtung hier fließen lassen wollte durch die Worte, die damals gesprochen worden sind, das war die geisteswissenschaftlich zu erkennende Wahrheit, wie man gerade an den großen, ernsten Ereignissen des Lebens zu sehen in der Lage ist, daß die äußeren Erscheinungen in dem Lichte betrachtet werden müssen, das uns die Geisteswissenschaft gibt. Dann erst erscheinen sie uns nicht mehr als Maja, als die große Täuschung, sondern dann erscheinen sie uns in ihrer tiefen Wahrheit. Nicht als ob diese äußeren Erscheinungen selber Maja oder Täuschung wären, was eine orientalisierende Weltanschauung leicht als Mißverständnis an die Seelen heranbringen könnte, sondern so ist es, daß unsere Sinne und unser Verstand in der Auslegung, in dem Begreifen der äußeren Ereignisse irren, wenn wir diese äußeren Ereignisse nicht beleuchten mit dem Licht, das uns durch die Erkenntnis der geistigen Welt kommt.

An einzelne Tatsachen möchte ich heute anknüpfen, die in den Jahren unseres anthroposophischen Strebens schon berührt worden sind und die ich heute in eine etwas unserer Zeit entsprechende Perspektive rücken möchte.

Wir sind ja davon durchdrungen, daß, seitdem das Mysterium von Golgatha in die Erdenereignisse eingegriffen hat, diejenigen Impulse, diejenigen Kräfte und Wesenheiten, welche durch dieses Mysterium von Golgatha gegangen sind, als lebendige Kräfte eingegriffen haben in alles Geschehen der Menschheitsentwickelung auf der Erde. Mit andern Worten, ich möchte, konkreter ausgesprochen, sagen: In allen maßgebenden Ereignissen, in alledem, was sich als wichtig und wesentlich zugetragen hat, ist der Christus-Impuls darinnen tätig durch die, welche seine Diener, seine spirituellen Gehilfen sind. Gegenwärtig nennt man ja so häufig Christentum nur dasjenige, was von den Menschen hat verstanden werden können. Aber ich habe es öfter betont: Was durch das Christentum in die Welt gekommen ist, das ist so groß, so gewaltig, daß die menschliche Vernunft, der menschliche Verstand, bis zu unserer Gegenwart keineswegs in der Lage waren, auch nur das Elementarste aus den Kräften des Christus-Impulses wirklich zu begreifen. Wenn der Christus nur durch das hätte wirken sollen, was die Menschen von ihm haben begreifen können, dann würde er wenig haben wirken können. Aber nicht auf das kommt es an, was durch die menschlichen Vernunftbegriffe in die Menschheit eingegangen ist, was die Menschen sich haben vorstellen können von dem Christus, sondern daß er seit dem Mysterium von Golgatha *da ist*, unter den Menschen unmittelbar wirksam und in ihren Handlungsweisen tätig. Nicht darauf, inwiefern er von den Menschen begriffen worden ist, kommt es an, sondern daß er als lebendiges Wesen da war und sich hat hineinfließen lassen in das, was als maßgebende Tatsachen in der Entwickelung geschehen ist. Gewiß, wir sind durch unsere Geisteswissenschaft auch heute nur imstande, ein wenig von der Tiefe des Christus-Impulses zu begreifen; kommende Zeiten werden immer mehr und mehr davon begreifen und schauen. Zum Hochmut kann uns das nicht veranlassen, was wir heute von dem Christus-Impuls begreifen können. Die Geisteswissenschaft will einiges mehr begreifen, als man in verflossenen Zeiten von dem Christus hat begreifen können. In verflossenen Zeiten hat man über den Christus nur nachdenken können mit den Mitteln, die der äußere Verstand, die äußere Vernunft, die äußere Forschung geben. Jetzt bekommen wir dazu die Geisteswissenschaft, sehen dadurch in die übersinnlichen Welten hinein, und aus den übersinnlichen Welten können wir uns manche Antwort geben über die Bedeutung des Mysteriums von Golgatha. Am wenigsten waren in der Lage, gleich zu begreifen, was der Christus ist, und was diejenigen spirituellen Mächte sind, welche als die Volksseelen und dergleichen in seinem Dienste stehen, diejenigen Menschen, in deren Gebiet sozusagen der Christus zuerst einziehen mußte. Dennoch mußte der Christus-Impuls hineinfließen – zum Beispiel in die römische Welt. Und gerade an einem Beispiele, das wir in einem andern Zusammenhange schon angeführt haben, können wir am allerbesten sehen, wie der Christus als eine lebendige Macht tätig ist und seine spirituellen Diener anführt, wenn es sich darum handelt, diejenigen Tatsachen zu bewirken, die einfließen müssen in die Entwickelung zum rechten Fortschritt der Menschheit.

Auf die Tatsache, die ich meine, möchte ich noch einmal hinweisen. Im Jahre 312 unserer Zeitrechnung ist es geschehen, daß derjenige, durch den innerhalb des Römischen Reiches das Christentum zur Staatsreligion wurde, *Konstantin,* Sohn des Konstantius Chlorus, mit seinem Heere dem damaligen Beherrscher von Rom, *Maxentius,* gegenüberstand. Gewiß, so wie die beiden Heere sich gegenüberstanden, mußte man sagen: so ungünstig wie möglich standen die Bedingungen für Konstantin, denn sein Heer war fünfmal kleiner als das des Maxentius. Wir können uns aber vorstellen, daß nach dem Stande der damaligen Kriegskunst in beiden Heeren ganz bedeutende Heeresleiter waren. Aber es kam gerade damals nicht auf Menschenkunst an, sondern darauf, daß dem fortfließenden Christus-Impuls die Möglichkeit gegeben wurde, auf die auch von der damaligen Zeit geforderte Weise in die Menschheit einzugreifen. Was man damals vom Christus-Impuls verstehen konnte, was die Herzen der Menschen vom Christus-Impuls aufgenommen hatten aus dem damaligen Zeitbewußtsein heraus, davon können wir uns überzeugen, wenn wir uns anschauen, was ein paar Jahrzehnte später sich um Rom und aus Rom vollzogen hat: wenn wir sehen, wie *Julian, der Apostat,* aus der ehrlichen Überzeugung dessen, was man damals aus Menschenwissen gewinnen konnte, das Christentum bekämpft hat. Und wer sich auf die Art einläßt, wie Julian und die Seinigen das Christentum bekämpften, der wird sich sagen: Ganz gewiß, vom Menschenwissen aus waren Julian und seine Anhänger auf der Höhe ihrer Zeit; von diesem Standpunkte aus waren sie viel aufgeklärter als die Christen ihrer Zeit, trotzdem sie wieder zum Heidentum übergegangen waren. Von ihnen kann man sagen: sie vertraten, was man als Menschenwissen damals vertreten konnte. Aber was Menschenwissen ist, das durfte nicht im Jahre 312 das Entscheidende sein, sondern es mußte die Möglichkeit gegeben sein, daß der Christus und seine Diener in die geschichtliche Entwickelung der Menschheit eingriffen. Aber wenn Maxentius und die Seinigen sich noch so sehr auf die Feldherrnkunst der Ihrigen hätten stützen können wie auch auf das, was man sonst mit Menschenwissen und Menschenweisheit damals hätte erreichen können, und weiter nichts geschehen wäre, dann würde ganz zweifellos nicht das zum Vorschein gekommen sein, was damals hatte zum Vorschein kommen müssen. Was geschah also?

Was geschah, war folgendes: Der fortlaufende Christus-Impuls floß hinein in diejenigen Tätigkeiten der Seelen, die nicht im Bewußtsein der Menschen lagen, von denen die Menschen nichts wußten. Und er lenkte tatsächlich die Menschen so, daß das zustande kam, was zustande kommen sollte. Denn es wurde die Schlacht zwischen Konstantin und Maxentius, die am 28. Oktober 312 am Saxa Rubra stattfand, nicht entschieden durch Menschenkunst; sondern sie wurde entschieden – so sehr sich auch die heutige Aufklärung dagegen sträuben mag, das anzuerkennen – durch Träume, das heißt, was man so «Träume» nennt, aber was sie für uns nicht sind. Denn alles dasjenige floß durch die Träume in die Seelen der beiden Feldherren hinein, was durch die menschliche Vernunft nicht in sie fließen konnte. Maxentius träumte vorher, daß er seine Stadt verlassen müßte. Er wandte sich auch noch an das Sibyllinische Orakel; das sagte ihm, er werde das, was geschehen sollte, erreichen, wenn er nicht innerhalb, sondern außerhalb der Stadt den Kampf wagen würde. Es war das Unklügste, was er hatte tun können, insbesondere noch dadurch, daß sein Heer um so viel stärker war als das des Konstantin. Er hätte wissen müssen, daß er das, was er aus den höheren Welten bekam, erst hätte deuten müssen, und daß der Orakelspruch ihn irreführen würde. Konstantin wieder hatte einen Traum, der ihm sagte, er werde siegen, wenn er unter dem Zeichen Christi sein Heer in den Kampf führen würde, und so richtete er seine Taten dementsprechend ein. Was auf dem Umwege des Traumes in die Seelen hineinfloß, das ging in die Tat über, und das führte das herbei, was damals die Welt so verändert hat, so daß man nur ein wenig nachzudenken braucht, um sich zu sagen: Was wäre aus der Welt des Abendlandes geworden, wenn eben nicht übersinnliche Mächte in einer so anschaulichen Weise in die Ereignisse eingegriffen hätten?

Aber nun sehen wir uns die Ereignisse näher an. Seelen waren damals im Westen und Süden Europas inkarniert, die das Christentum annehmen sollten, die zum Träger des Christentums werden sollten. Durch ihren Verstand, durch ihre Vernunft konnten gerade die erleuchtetsten Seelen damals nicht dazu kommen, Träger des Christus-Impulses zu werden, weil die Zeit nicht dazu angebahnt war. Sie mußten durch das, was äußerlich um sie herum geschaffen worden ist, zum Christentum kommen. Man kann von diesen Menschen sagen: sie zogen das Christentum gleichsam als ein Kleid an, und sie wurden gar nicht in ihrem tieferen Wesen allzu sehr davon ergriffen. Sie wurden mehr dienende Glieder, als daß sie unmittelbar in ihrem tiefsten Wesen von dem Christus-Impuls wären ergriffen worden. So war es im Grunde genommen noch lange Zeit hindurch mit den besten Seelen im westlichen Gebiet Europas, bis ins achte, neunte Jahrhundert hinein und noch weiter. Es war für sie nötig, das Christentum als ein Kleid anzunehmen, dieses Kleid des Christentums so zu tragen, daß sie es in ihrem Ätherleibe trugen und nicht in ihrem astralischen Leibe. Sie ermessen, was es bedeutet, wenn ich sage, sie trugen das Christentum im Ätherleibe. Das heißt, sie nahmen es so an, daß sie Christen waren im Wachzustande, daß sie das Christentum aber nicht mitnehmen konnten, wenn sie aus dem physischen und ätherischen Leibe heraus waren. Und so gingen sie auch durch die Pforte des Todes, daß wir von ihnen sagen können: sie konnten aus dem Reiche, das der Mensch durchzumachen hat zwischen Tod und neuer Geburt, hinunterschauen auf das, was sie in dem verflossenen Erdenleben waren. Aber die christlichen Impulse, die aus dem damaligen Leben hervorgingen, mitzunehmen für ihr weiteres Leben, das war ihnen damals nicht unmittelbar möglich. Sie trugen eben das Christentum mehr als ein Kleid.

Merken wir uns für eine Betrachtung, die ich gleich nachher anstellen will, diesen Zusammenhang: wie die Seelen das Christentum im äußeren Leben annahmen, und wie dieses Christentum nicht zu demjenigen gehörte, was die Seelen, wenn der Mensch durch die Pforte des Todes geht, durch die geistige Welt hindurch mit hinübernehmen konnten, um sich zu einem neuen Erdendasein vorzubereiten. Merken wir uns, daß diese Seelen in ein neues Erdendasein nur so kommen konnten, daß sie das Christentum vergessen hatten. Denn man erinnert sich in einem späteren Erdenleben nicht bewußt an das, was man im früheren Leben als Kleid getragen hat. Wenn das der Fall wäre, brauchten unsere Gymnasialschüler das Griechische nicht wieder zu lernen, da viele von ihnen in Griechenland verkörpert waren; sie erinnern sich aber nicht an ihre griechische Inkarnation und müssen daher das Griechische neu lernen. Aber durch das Leben, das jene im Westen Europas inkarniert gewesenen Seelen durchgemacht hatten zwischen Tod und neuer Geburt, konnten sie das Christentum nicht forttragen, weil sie diese Impulse nicht innerlich verwoben hatten mit dem Ich und dem astralischen Leib. Das war das Eigentümliche, wie sich diese Seelen in spätere Verkörperungen hinüberlebten. Merken wir uns das, und betrachten wir nun eine andere Tatsache, auf die ich auch schon hingewiesen habe.

Wir wissen, daß die Zeit, in der wir jetzt leben, der fünfte nachatlantische Kulturzeitraum, hauptsächlich so um das fünfzehnte, sechzehnte Jahrhundert begonnen hat, damals, als sich für die europäische Welt das vorbereiten sollte, was vorzugsweise in unserer Zeit zur Entwickelung der Bewußtseinsseele führen sollte. Das ist ja das, um was es sich in unserm fünften Kulturzeitraum handelt. Was da bewirkt werden sollte, das mußte bewirkt werden im Hinblick darauf, daß auch äußerlich im Erdendasein diejenigen Erdenverhältnisse eintraten, welche gerade dem Entwickeln der Bewußtseinsseele günstig waren, jener Seele, die sich entwickeln kann, wenn sie sich hinlenkt auf das materielle Erdendasein, auf die äußeren Tatsachen des physischen Daseins. Das mußte beginnen, und das begann auch. Wir brauchen uns nur daran zu erinnern, wie der Gesichtskreis Europas über die Erde hin durch die großen Entdeckungen und durch das, was sie im Gefolge hatten, erweitert wurde, so daß die Bewußtseinsseele sich vorzugsweise unter materiellem Einfluß entwickeln mußte. Wir brauchen dabei nur an eines zu denken, worauf wir auch hingewiesen haben: zur Entfaltung und Entwickelung der Bewußtseinsseele ist besonders berufen, einseitig berufen, was zum Gebiete der britischen Volksseele gehört. Und man kann sich kaum denken, wenn man alle Einzelheiten prüft, daß irgend etwas so planvoll vor sich gegangen war, wie dieses Hinlenken der britischen Volksseele zu diesen materiellen Aufgaben des Lebens. Das lag im Bereiche der Entwickelung der Menschheit durchaus vorgezeichnet.

Stellen wir uns nun einmal vor, daß England im fünfzehnten Jahrhundert abgelenkt worden wäre von seinem Hinneigen gerade zu denjenigen Gebieten der Erde, auf die es durch die Entdeckung der großen außereuropäischen Gebiete hingelenkt worden war, und daß die britische Volksseele im fünfzehnten Jahrhundert dahin gekommen wäre, bedeutende Gebietserweiterungen auf dem europäischen Kontinent zu erleben. Stellen wir uns vor, daß also die Landkarte Europas in dieser Weise verändert worden wäre. Unmöglich wäre es dann gewesen, erstens das zu erreichen, was eben auf dem Gebiete der materiellen Kultur erreicht werden mußte, und zweitens das zu erreichen, was in Europa erreicht werden mußte durch jene Verinnerlichung des Lebens, die unter mancherlei Hindernissen gerade von jenem Zeitpunkte an vor sich gegangen ist unter der Mitwirkung des ja doch durch die deutsche Mystik vielfach beeinflußten Protestantismus. Griff aber der Christus-Impuls in die Entwickelung ein, so mußte er dafür sorgen, daß die britischen Interessen ferngehalten wurden von dem Gebiete, wo die Seelen noch vorbereitet werden sollten, um äußere, äußerliche Träger des Christus-Impulses zu sein.

Der Christus-Impuls mußte einfließen in die Taten des europäischen Kontinentes. Er mußte so wirken, daß er viel mehr bewirkte als das, was durch die Menschheit, durch ihre Menschheitskünste, geschehen konnte. Und was geschah?

Das Wunderbare geschah, daß alles dasjenige, was diejenigen nicht haben leisten können, die auf der Höhe ihrer Zeit standen, das arme Hirtenmädchen von Orleans, *Jeanne d'Arc,* leistete. Damals war es wirklich der durch seinen michaelischen Diener in der Jeanne d'Arc wirkende Christus-Impuls, der verhinderte, daß Frankreich etwa mit England zusammenfließen würde, und der bewirkte, daß England auf seine Insel zurückgedrängt wurde. Und das Doppelte wurde damit erreicht: einmal, daß Frankreich die

Hände in Europa frei behielt, was wir studieren können, wenn wir die folgenden Jahrhunderte in Frankreichs Geschichte verfolgen, und daß dasjenige, was im französischen Volksgeiste noch lag, durchaus ungehindert auf die europäische Kultur wirken konnte; und das andere, was erreicht wurde, war, daß England sein Gebiet angewiesen bekam außerhalb des europäischen Kontinentes. Diese Tat, welche so durch die Jeanne d'Arc hingestellt wurde, war nicht etwa bloß für die Franzosen ein Segen, sondern auch für die Engländer selbst, indem sie auf ihr Gebiet gedrängt wurden.

Wenn wir es aber im Zusammenhange betrachten mit dem, was im Fortschritt des Christus-Impulses auf der Erde liegt, so wurde durch die Tat der Jeanne d'Arc etwas bewirkt, von dem wir sagen können: Was sie davon mit einem wirklichen menschlichen Verstande verstanden hat, das ist gleich Null gegenüber dem, was der Karte von Europa die heutige Gestalt gegeben hat. So mußten eben die Ereignisse verlaufen, damit der Christus-Impuls in der richtigen Weise sich ausbreiten konnte. Da sehen wir, hereinbrechend in die geschichtlichen Ereignisse aus den unterirdischen Gründen der Menschennatur heraus, was der lebendige Christus ist; nicht der, den die Menschen verstehen. Denn wir können den Christus-Impuls in zweifacher Weise betrachten. Einmal können wir uns fragen: Was verstanden damals die Menschen von dem Christus-Impulse? Wenn wir die Geschichte aufschlagen und die Menschheitsgeschichte verfolgen, so finden wir in den verflossenen Jahrhunderten streitende Theologen, die alle möglichen Theorien verteidigen oder bekämpfen, die darzulegen versuchen, wie man die menschliche Freiheit, die göttliche Trinität und so weiter aufzufassen habe. Unzählige Theologen sehen wir so sich streiten, indem sie sich gegenseitig als rechtgläubige Theologen anerkennen oder im anderen Falle verketzern. Daher sehen wir eine christliche Lehre sich ausbreiten, ganz nach den Möglichkeiten der damaligen Zeit. Das ist das eine. Aber darauf kommt es nicht an, ebensowenig wie es jetzt darauf ankommt, was die Menschen mit dem gewöhnlichen Verstande tun können. Sondern darauf kommt es an, daß der Christus unsichtbar unter den Menschen lebt als lebendiges Wesen und aus

81

den unsichtbaren Gründen herauf in die Taten der Menschheit einfließen kann. Und das tat er an einer Stelle, wo er eben gar nicht einzufließen brauchte durch den menschlichen Verstand, durch die menschliche Vernunft, sondern wo er einfließen konnte durch die Seele einer «Unverständigen», durch die Seele der Jungfrau von Orleans. Und als er einfloß, wie verhielten sich da diejenigen, welche das Christentum als die offizielle Lehre begreifen konnten? Nun, sie fanden, daß sie den Träger des Christus-Impulses verbrennen mußten! Es hat einige Zeit gebraucht, bis diese offizielle Lehre zu einer anderen Ansicht gekommen ist. Für die offizielle Lehre mag das von seinem Wert sein, aber für die damaligen Ereignisse ist die Heiligsprechung der Jungfrau von Orleans nicht gerade die rechte Reputation.

Das ist so recht eines der Beispiele, an denen wir sehen können, wie der Christus durch seine Diener – ich sagte, durch die Jungfrau von Orleans wirkte er durch seinen michaelischen Geist – in die Menschheitsentwickelung eingriff als lebendiges Wesen, nicht bloß durch das, was die Menschen von ihm verstehen. Aber wir können auch noch etwas anderes gerade an diesem Beispiel sehen. Das Christentum war ja da. Die Leute nannten sich ja Christen, die gewissermaßen herum waren um die Jungfrau von Orleans. Sie verstanden ja etwas unter ihrem Christentum. Aber man müßte von dem, was sie verstanden, sagen: Der, den ihr sucht, der ist nicht da, und der da ist, den suchet ihr nicht, denn den kennt ihr nicht. Trotzdem müssen wir uns klar sein, daß es wichtig, daß es wesentlich war, daß die Christus-Entwickelung auch in diesem äußerlichen Gewande, in dem sie dort auftrat, durch die Entwickelung von Europa ging. Seelen gehörten dazu, die eben in diesem äußeren Gewande das Christentum annehmen konnten, die es gleichsam äußerlich tragen konnten. Sie waren noch immer die Nachzügler derjenigen Seelen, die früher dort verkörpert waren, Seelen also, die den Christus noch immer nicht in ihr Ich aufnahmen, sondern immer noch nur in den Ätherleib aufnahmen. Und der große Unterschied zwischen der Jungfrau von Orleans und den andern war der, daß sie in die tiefsten Gründe ihres astralischen Leibes den Christus-Impuls aufnahm und von den tiefsten Kräften des astralischen Leibes aus für den Christus-Impuls wirkte. Gerade hier haben wir einen der Punkte, wo wir uns klarmachen können, was uns klar werden muß: den Unterschied zwischen der fortlaufenden Entwikkelung der Völker und der fortlaufenden Entwickelung der einzelnen menschlichen Individualitäten.

Wenn wir zum Beispiel die heutigen Franzosen betrachten, so leben natürlich innerhalb des französischen Volkes eine Anzahl menschlicher Individualitäten. Diese Individualitäten sind nicht etwa diejenigen, welche zum Beispiel in ihrer früheren Inkarnation innerhalb des Volkes gelebt haben, das da im Westen von Europa das äußere Kleid des Christentums angenommen hat. Denn gerade dadurch, daß im Westen von Europa eine Anzahl von Menschen das Christentum als äußeres Kleid annehmen mußte, gingen diese Menschen so durch die Pforte des Todes, daß sie angewiesen waren, unter anderen Bedingungen im nächsten Leben in ihrem astralischen Leib und Ich mit dem Christentum vereinigt zu sein. Gerade dadurch, daß sie im Westen von Europa verkörpert waren, war für sie die Notwendigkeit gegeben, ihre nächste Verkörperung nicht in dem Westen von Europa zu haben. Es ist überhaupt sehr selten der Fall – selten sage ich, es braucht aber darum nicht immer so zu sein –, daß eine Seele aufeinanderfolgend in mehreren Inkarnationen etwa derselben Erdengemeinschaft angehört. Die Seelen gehen aus einer Erdengemeinschaft in die andere hinüber.

Aber ein Beispiel haben wir – ich sage das, ohne Sympathien oder Antipathien erregen zu wollen, noch um etwa jemandem schmeicheln zu wollen –, ein Beispiel haben wir, wo Seelen in der Tat mehrmals durch ein und dasselbe Volkstum durchgehen. Das ist der Fall beim mitteleuropäischen Volke. Dieses mitteleuropäische Volk hat viele Seelen, welche heute darin leben, und die auch früher innerhalb der germanischen Völker verkörpert waren. Solcher Tatsache können wir nachgehen. Wir können sie oftmals mit den Mitteln der okkulten Forschung, wie wir sie bis jetzt haben, gar nicht völlig erklären; aber sie steht da. Eine solche Tatsache, wie sie zum Beispiel im öffentlichen Vortrag am letzten Donnerstag «Die germanische Seele und der deutsche Geist» gezeigt wurde, bekommt Licht, wenn wir wissen, daß Seelen wiederholt innerhalb der mitteleuropäischen Volksgemeinschaft erscheinen. Das ist die Tatsache, daß wir gerade innerhalb dieser Volksgemeinschaft abgerissene Kulturepochen haben. Man soll sich nur vorstellen, was es bedeutet, daß innerhalb der Morgenröte der germanischen Kultur es eine Epoche gegeben hat, wie sie da war bei den Dichtern des Nibelungenliedes, bei *Walther von der Vogelweide* und anderen; und man soll sich vorstellen, daß später eine Zeit begann, in welcher eine neue Blütezeit der germanischen Kultur einsetzte, und wo die erste Blüte ganz vergessen war. Denn zur Zeit, als Goethe jung war, wußte man sozusagen nichts von der ersten Blüte germanischen Kulturlebens. Gerade weil die Seelen innerhalb dieser Volksgemeinschaft wiederkehren, mußte vergessen werden, was schon einmal da war, damit die Seelen etwas Neues fanden, wenn sie wiederkehrten, und nicht unmittelbar an das anknüpfen konnten, was aus den früheren Zeiten geblieben war. Bei keinem andern Volke ist es so, daß gewissermaßen solche Metamorphose durchgemacht worden wäre wie beim mitteleuropäischen Volke: von jener Höhe, welche vorhanden war im zehnten, elften, zwölften Jahrhundert, zu jener andern Höhe, die wieder da war um die Zeit vom Ende des achtzehnten und Beginn des neunzehnten Jahrhunderts und deren Fortwirken wir erhoffen dürfen. Von dem ersten zum zweiten Zeitpunkt geht kein fortlaufender Strom, was nur erklärlich wird, wenn wir wissen, daß gerade auf diesem Gebiete der Geisteskultur Seelen wiederkommen. Vielleicht hängt damit auch zusammen, was ich Ihnen gegenüber schon einmal eine erschütternde Tatsache genannt habe: daß eben wirklich nur zu bemerken war bei den mitteleuropäischen Kämpfern der Gegenwart, daß sie, wenn sie durch die Pforte des Todes gehen, weiter mitkämpfen; daß, bald nachdem sie durch die Pforte des Todes gegangen sind, zu schauen ist, wie sie mitkämpfen. Daher kann man nach dieser Tatsache die schönsten Hoffnungen für die Zukunft haben, wenn man eben sieht, daß nicht nur die Lebendigen, im physischen Sinne Lebendigen, sondern auch die Toten, die Verstorbenen, mithelfen an dem, was geschieht.

Werfen wir nun die Frage auf: Wie ist es etwa mit denjenigen Seelen, die in den Zeiten, als das Christentum wie eine äußere Gewandung angenommen worden ist, namentlich in der Zeit des sechsten, siebenten, achten, neunten Jahrhunderts in Westeuropa verkörpert waren und dort, oder auch unter den Römern, das Christentum angenommen haben, es aber noch nicht vereinigen konnten mit ihrem astralischen Leib und ihrem Ich? Wie ist es mit diesen Seelen?

Ja, so grotesk es für die materialistisch denkenden Menschen der Gegenwart ist, so bedeutungsvoll werden die Lehren der Geisteswissenschaft für das Leben, wenn man auf die konkreten Tatsachen eingeht. Das betrachten die Menschen noch als das Hirngespinst einiger närrischer Träumer, wenn man von wiederholten Erdenleben spricht. Man nimmt diese Idee nicht an; aber man findet es verzeihlich, nachdem ja auch der große *Lessing* in einer schwachen Stunde seines Lebens die Idee der wiederholten Erdenleben angenommen hat, wenn auch heute wieder davon gesprochen wird. Aber wenn wirklich eingegangen wird auf die Ergebnisse der okkulten Forschung, dann ist man kein Verzeihung erheischender Narr mehr für die Menschen der großen Aufklärung. Dennoch aber müssen wir eingehen auf einiges, was uns die okkulte Forschung gibt; denn dadurch erst kommt Licht hinein in das, was sonst die große Täuschung bleiben muß.

Da ist das Merkwürdige, daß uns von den Seelen, die während der auslaufenden Römerzeit, als das Christentum allmählich Einfluß gewann und dann zur Staatsreligion wurde, damals im Westen lebten, jetzt eine ganz große Anzahl vom Osten entgegenkommt, Seelen also, die im Osten aufwachsen und unter den Kämpfern Rußlands sind. Ich sagte: merken wir uns die Tatsache, die wir vorhin anführten. Denn wir finden unter den Menschen, die im Osten getötet werden, die dort kämpfen oder gefangen genommen werden, solche Seelen, die in den letzten Römerzeiten im Westen Europas gelebt haben. Die kommen uns jetzt vom Osten entgegen, die damals das Christentum in den Ätherleib haben fließen lassen und die jetzt in den Leibern einer verhältnismäßig niedriger stehenden Kultur, durch das eigentümliche Leben des Ostens, im Wachzustande das Christentum so in ihre Seelen hereinnehmen, daß sie sich gefühlsmäßig, instinktmäßig mit ihm verbinden. Also gerade in ihren astralischen Leibern verbinden sie sich mit dem Christus-Impuls und holen dadurch dasjenige nach, was sie in ihren vorhergehenden Inkarnationen nicht haben erreichen können. Das ist eine sehr merkwürdige Tatsache, die uns die okkulte Forschung in unseren Tagen zeigen kann. Unter den vielen erschütternden Tatsachen, die, angeregt durch unsere Zeitereignisse, in das okkulte Feld hereintreten können, ist auch diese. Was können wir uns nun aus diesen Tatsachen klarmachen?

Wir müssen uns das Folgende klarmachen. Wir müssen uns erinnern, wie es im geraden Fortschritt des mitteleuropäischen Geisteslebens liegt, das germanische Seelenleben ganz bewußt mit dem Christentum zu verbinden, es hinaufzuführen zu den Höhen einer geraden christlichen Kultur. Dazu sind ja die Strömungen, die Wege in wunderbarer Weise seit Jahrhunderten vorgezeichnet. Das sehen wir sich anbahnen. Gerade wenn wir unsere Zeit mit allen ihren Fehlern und Irrtümern in Betracht ziehen, da sehen wir, daß keimhaft veranlagt ist in der mitteleuropäischen Kultur, daß mit allen Kräften Vorbereitungen gemacht sind im deutschen Volksgeist, in der germanischen Volksseele, damit bewußt nun ergriffen werde der Christus-Impuls.

Das ist eine Tatsache von unendlich höherer Bedeutung noch als diejenige des fünfzehnten Jahrhunderts, als das Mädchen von Orleans Frankreich zu retten hatte, weil Frankreich damals eine bedeutende Mission hatte. Wir stehen also vor der bedeutsamen Tatsache, daß in der Zukunft der deutsche Geist dazu berufen ist, im vollen Wachzustande mit den Tatsachen, die in das deutsche Geistesleben eingeflossen sind, den Christus-Impuls immer bewußter aufzunehmen. Er mußte wirken, dieser Christus-Impuls, durch die Jahrhunderte so, wie wir stets gezeigt haben, indem er sich in den Seelen durch die unterbewußten Vorgänge ankündigte. Und er muß sich in der Zukunft mit den Seelen in der Weise verbinden, daß es Menschen gibt – die es in Mitteleuropa geben muß –, die im Wachzustande, unter Anstrengung ihrer bewußten Geisteskräfte, nicht nur derjenigen, die im physischen Leibe und Ätherleibe sind, auch ihr Ich und ihren astralischen Leib mit dem Christus-Impuls verbinden. Wir sehen es bei den Besten angestrebt. Nehmen wir den Allerbesten: *Goethe*. Aber was bei Goethe als ein besonderes Beispiel angeführt werden kann, das liegt in allen Seelen, wenn sie es auch nur dunkel erstreben.

Wir sehen, wie Goethe den Repräsentanten der Menschheit, den Faust, hinstellt, den er streben läßt nach dem Höchsten. In die griechische Kultur hinein führt er ihn im zweiten Teile der Dichtung, führt ihn hinein in alles, was Völker erleben, führt ihn so hinein, daß Faust in bedeutsamer Weise die Zukunft vorauslebt da, wo er Land dem Meere abringen und etwas begründen will, was ihm eine ferne Zukunft ist. Und wozu läßt er ihn zuletzt kommen? Goethe hat es selbst einmal in einem Gespräche zu Eckermann gesagt: er mußte die anschaulichen Vorstellungen des Christentums zu Hilfe nehmen, um zu zeigen, wie Faust in die geistige Welt hinaufschwebt. Und wenn Sie das wunderbar schöne Bild nehmen, wie die Mater gloriosa Fausts Seele empfängt, so haben Sie das Gegenbild zu jenem, was *Raffael* angeregt hat zu seinem bekanntesten Bilde, der Sixtinischen Madonna: da bringt die jungfräuliche Mutter die Seele herab. Am Ende des «Faust» sehen wir, wie die Jungfrau-Mutter die Seele hinaufträgt: es ist die Todes-Geburt der Seele. So sehen wir ganz bewußt aus dem Menschengeist heraus das intimste Streben, das, was aus dem Christentum zu erringen ist, sich immer so zu erringen, daß es durch die Todespforte hindurch hineingetragen werden kann in das Leben, das der Mensch nach der Vorbereitung zwischen dem Tode und der nächsten Geburt in einem neuen Erdenleben durchlebt. Was wir so bei Goethe selbst sehen können, ist ein Charakterzug der deutschen Nation. Und an diesem können wir ermessen, welche Aufgabe für die Menschen da ist. Das ist die Aufgabe, und das können wir uns ganz klar vor die Seele hinschreiben: daß es zum wirklichen Segen des Menschheitsfortschrittes nur werden kann, wenn nun in einem bestimmten Kreise ein harmonisches Verhältnis geschaffen wird zwischen Mitteleuropa und Osteuropa.

Man könnte sich denken, daß Osteuropa durch brutale Kraft sich ausdehnen könnte nach Westen hin, über Mitteleuropa. Man könnte sich denken, daß es dahin kommen könnte. Das würde aber genau dasselbe bedeuten, wie wenn im fünfzehnten Jahrhundert die Tat der Jeanne d'Arc nicht geschehen wäre und England damals Frankreich annektiert hätte. Wenn es dahin gekommen wäre, das sagte ich ausdrücklich, so wäre damit etwas geschehen, was nicht nur zum Unheile Frankreichs gewesen wäre, sondern auch England zum Unheil gereicht hätte. Und würde jetzt die deutsche Geisteskultur beeinträchtigt werden vom Osten herüber, so würde das nicht bloß die deutsche Geisteskultur schädigen, sondern auch den Osten mit. Das Schlimmste, was den Osten treffen könnte, wäre, daß er zeitweilig sich ausbreiten und die deutsche Geisteskultur schädigen könnte. Denn ich sagte: die früher in Westeuropa oder auf der italienischen Halbinsel verkörperten Seelen, die jetzt im Osten aufwachsen, sie vereinigen sich in den unterbewußten Untergründen des astralischen Leibes wie instinktiv mit dem Christus-Impuls. Was aber der Christus-Impuls in ihnen werden soll, das kann er nie werden durch eine gerade Fortentwickelung dessen, was da instinktiv unter dem Namen des orthodoxen Katholizismus, der ja im wesentlichen byzantinisch ist, in den Seelen lebt und der ein Name, nicht ein Impuls ist. Es ist ebenso unmöglich für ihn, das zu werden, was er werden soll, wie es unmöglich ist, daß eine Frau ohne einen Mann ein Kind haben könnte. Und wenn aus dem Osten selbst heraus, wie er jetzt ist, etwas werden soll, so gliche das dem törichten Bestreben, wie wenn eine Frau ohne einen Mann ein Kind bekommen wollte. Was im Osten sich vorbereitet, das kann nur dadurch etwas werden, daß in Mitteleuropa in kräftiger Weise, bewußt – das heißt im vollen Wachzustande – aus dem, was die Seelen aus der Ich-Natur heraus erstreben, die menschliche Ich-Kraft und die menschlichen Erkenntniskräfte verbunden werden mit dem Christus-Impuls. Nur dadurch, daß der deutsche Volksgeist Seelen findet, welche so den Christus-Impuls in den astralischen Leib und in das Ich hineinverpflanzen, wie er hineinverpflanzt werden kann eben im vollen Wachzustande, nur dadurch kann für eine Kultur der Zukunft das entstehen, was entstehen muß. Und es muß entstehen durch eine Harmonisierung, durch eine Verbindung mit dem, was in Mitteleuropa bewußt, immer bewußter und bewußter erreicht wird.

Dazu werden nicht nur ein, zwei Jahrhunderte, sondern noch lange Zeiten notwendig sein. So lange Zeiten werden dazu gehören, daß ungefähr gerechnet werden kann, ich will sagen, vom Jahre vierzehnhundert an etwa zweitausendeinhundert Jahre. Rechnet man zum Jahre vierzehnhundert zweitausendeinhundert Jahre hinzu, dann bekommt man den Zeitpunkt, der annähernd in der Erdenentwickelung das erscheinen lassen wird, was sich keimhaft veranlagt hat im deutschen Geistesleben, seit es ein solches Geistesleben gibt. Daraus aber ersehen wir, daß wir hinblicken müssen auf eine Zukunft von nicht nur Jahrhunderten, sondern von mehr als einem Jahrtausend, in welchem der mitteleuropäische, der deutsche Volksgeist seine Aufgabe hat, seine Aufgabe, die schon daliegt und die darin besteht, daß immer mehr und mehr solche Pflege des Geisteslebens da sein muß, durch welche im Wachbewußtsein aufgenommen wird – bis in den astralischen Leib und das Ich hinein – das Verständnis dessen, was früheren Zeiten unbewußt, lebendig als der Christus-Impuls durch die europäischen Völker gegangen ist. Wenn aber die Entwickelung diesen Gang nehmen wird, dann kann nach und nach durch das Hinaufranken zu dem, was in Mitteleuropa also erreicht wird, im Osten diejenige Stufe erstiegen werden, die dort vermöge der besonderen Veranlagungen erstiegen werden kann. Das ist der Wille der Weltenweisheit. Diesen Willen der Weltenweisheit interpretieren wir nur dann im richtigen Sinne, wenn wir uns sagen: Das größte Unglück auch für den Osten Europas wäre es, wenn er diejenige geistige Macht schädigen würde, an der er sich gerade hinaufranken muß, die er gerade verehrend, freundschaftlich verehrend hegen und pflegen müßte. Er muß eben noch dazu kommen. Vorläufig fehlt ihm noch sehr, sehr vieles dazu; gerade den Besten fehlt dort noch sehr vieles dazu. In ihrer Kurzsichtigkeit lassen sie sich noch immer nicht ein auf das, was gerade das mitteleuropäische Geistesleben dem Osten geben kann.

Ich habe das im ersten öffentlichen Vortrage hier in Berlin bereits auseinandergesetzt. Sie können am heutigen Abend sehen, welche tieferen okkulten Gründe hinter dem liegen, was ich im öffentlichen Vortrage nur äußerlich, exoterisch habe sagen können. Aber das ist ja immer so, daß berücksichtigt werden muß, daß im öffentlichen Vortrage in den Formen zu sprechen ist, die dem Verständnis der Zuhörer naheliegen, und daß die eigentlichen Impulse, warum dieses gesagt, jenes ausgelassen wird, warum dieser oder jener Zusammenhang gesucht wird, bei den okkulten Tatsachen liegen. Aber jedenfalls kann aus dem, was heute auseinandergesetzt worden ist, das ersehen werden: wenn wir so äußerlich die Dinge überschauen, dann bieten sie uns die große Täuschung, die Maja dar. Nicht als ob die Außenwelt an sich eine Täuschung wäre, das ist sie nicht; aber sie wird erst für uns verständnisvoll, wenn wir sie mit den Tatsachen, die aus der geistigen Welt kommen, beleuchten. Und für unseren Fall können uns die Tatsachen, die aus der geistigen Welt fließen, zeigen, daß es notwendig ist, daß heute Mitteleuropa ebensowenig überwältigt werden darf von Osteuropa, wie Frankreich nicht überwältigt werden durfte von England im Jahre 1429/1430. Selbstverständlich zeigt das, was angeführt worden ist, daß im Osten Europas gar nicht verstanden werden kann, um was es sich handelt, sondern daß es im Grunde genommen nur in Mitteleuropa verstanden werden kann und daß wir dies also begreiflich finden müssen. So daß wir in aller Demut, ohne alle Überhebung diese unsere Aufgabe ins Auge zu fassen haben und daß wir es verständlich finden müssen, wenn man uns mißversteht. Ganz verständlich müssen wir es finden. Denn was sich im Osten vorbereitet, das kann eben im Osten selber erst in der Zukunft richtig verstanden werden.

Das ist das eine, was sich aus unseren Betrachtungen ergibt. Das andere ist das, daß wir den großen Übergang in der Menschheitsentwickelung für unsere Zeit gerade durch solche Dinge ins Auge fassen – wir haben ihn schon früher von den verschiedensten Seiten aus ins Auge gefaßt –, daß wir sehen können, wie dasjenige, was durch das Mysterium von Golgatha in die Erdenentwickelung der Menschheit eingeflossen ist, in unserer Zeit von denen, die es können nach dieser Inkarnation, bewußter und immer bewußter erfaßt werden muß. In den Zeiten des Konstantin oder der Jeanne d'Arc zum Beispiel wäre es unmöglich gewesen, daß der Christus-Impuls bewußt hätte bewirken können, was er unbewußt wirken mußte. Aber einmal muß die Zeit kommen, in welcher er ganz bewußt wirken kann. Deshalb bekommen wir durch die Geisteswissenschaft das, was wir immer bewußter und bewußter in unsere Seelen aufnehmen können. Auch da dürfen wir – wirklich ohne sich wegen der Sympathien oder Antipathien, die etwa entstehen können, zu erregen und ohne irgendwie jemandem schmeicheln zu wollen – auf eine Tatsache hinweisen. Und besser ist es ja immer, sich seine Meinungen nach Tatsachen zu bilden als nach dem, wonach sie heute vielfach gebildet werden. Denn wenn wir heute ein wenig hinausschauen in die Welt, so sehen wir, daß die Meinungen wahrhaftig nicht immer nach Tatsachen, sondern nach Passionen, nach nationalen Leidenschaften gebildet werden. Aber man kann sich die Meinungen, die zur menschlichen Seelengesinnung werden, auch nach Tatsachen bilden.

Während wir in *Anatole France* einen Menschen haben, der vom aufklärerischen materialistischen Standpunkt der Gegenwart auf die Jeanne d'Arc hinblickt, ist es dem deutschen Geistesleben seit *Schillers* großer Tat natürlich, das Mädchen von Orleans aus dem Milieu des Übersinnlichen heraus zu begreifen. Selbst innerhalb Deutschlands gibt es noch Menschen, die das als einen großen Fehler Schillers betrachten; aber diese Menschen sind die Literarhistoriker, und bei denen ist es zu begreifen. Denn ihre Aufgabe ist es ja, die Literatur und die Kunst zu «verstehen» – und deshalb können sie es nicht. Aber was wesentlich ist: wir haben dieses Werk, das es unternimmt, aus den Untergründen des spirituellen Lebens heraus wie in Glorie auferstehen zu lassen die Gestalt, von der Schiller sagt: «Es liebt die Welt, das Strahlende zu schwärzen und das Erhabne in den Staub zu ziehn.»

So haben wir gerade an dieser Anerkennung des Eingreifens des Christus-Impulses in eine menschliche Persönlichkeit, da wo es nicht unser Volk selbst betrifft, eine Tatsache, die uns Vertrauen einflößen kann zu dem, was ich im öffentlichen Vortrage ausgeführt habe: daß man sehen kann im deutschen Geistesleben, daß es in der Art, wie es sich entwickelt hat, hintendiert nach der Spiritualität, nach der Geisteswissenschaft und daß es zu seiner besonderen – aber nicht ausschließlichen – Aufgabe gehört, dasjenige, was im deutschen Geistesleben durch die Jahrhunderte errungen und angestrebt worden ist, hinaufzuführen zu der Geist-Erkenntnis. Und dieser Aufgabe, welche die Seelenaufgabe des deutschen Volkes ist, müssen die anderen Aufgaben dienen, die gleichsam leibliche Ausgestaltungen dieser Seelenaufgabe sind, müssen ihr zur Hand gehen. Und was durch die Weltenweisheit geschehen muß, das wird geschehen. Aber notwendig ist, was schon einmal vorgebracht worden ist, daß, wenn wir heute in einer Art von Dämmerung leben, sich eine wirkliche Sonnenzeit für die Zukunft entwickeln wird. Dazu ist aber nötig, daß es Menschen geben wird in der Zukunft, die ihren Zusammenhang haben werden mit den geistigen Welten, damit der Boden, der zubereitet wird mit dem Blut und dem Leid so vieler, nicht umsonst zubereitet worden ist. Denn dadurch, daß Seelen da sind, die ihren Zusammenhang mit den geistigen Welten in sich tragen können, wird gerechtfertigt – und wäre es das Greulichste, das Furchtbarste, das Schreckenerregendste – alles, was geschieht, wenn die mitteleuropäische Mission im Geistesleben erreicht wird. Das aber wird davon abhängen, daß einzelne Seelen, die durch ihr Karma an dieses Geistesleben herankommen können, sich damit durchdringen und dann, wenn wieder die Sonne des Friedens leuchten wird über die Gefilde Mitteleuropas, Geisteserkennen, Geisteserfühlen in sich tragen. Dann wird durch die Hinneigung einiger Seelen, denen es durch die jetzige Inkarnation möglich ist, dasjenige sich vollziehen können, was ich in diese Worte zusammenziehen möchte, darin zusammenfassend, was ich zu Ihnen sprechen wollte, damit wir uns die Devise in die Seelen schreiben, unter welcher Seelen in rechter Weise demjenigen entgegenwachsen können, was aus unserer schweren Zeit werden kann:

Aus dem Mut der Kämpfer,
Aus dem Blut der Schlachten,
Aus dem Leid Verlassener,
Aus des Volkes Opfertaten
Wird erwachsen Geistesfrucht –
Lenken Seelen geistbewußt
Ihren Sinn ins Geisterreich.

Berlin, 19. Januar 1915

Unser Erstes sei wiederum, daß wir die Gedanken hinlenken zu denen, die draußen auf den Feldern der Ereignisse der heutigen Zeit stehen und für das einzutreten haben, was die Zeit von ihnen fordert:

> Geister eurer Seelen, wirkende Wächter,
> Eure Schwingen mögen bringen
> Unserer Seelen bittende Liebe
> Eurer Hut vertrauten Erdenmenschen,
> Daß, mit eurer Macht geeint,
> Unsre Bitte helfend strahle
> Den Seelen, die sie liebend sucht.

Und für die schon durch die Todespforte Gegangenen:

> Geister eurer Seelen, wirkende Wächter,
> Eure Schwingen mögen bringen
> Unserer Seelen bittende Liebe
> Eurer Hut vertrauten Sphärenmenschen,
> Daß, mit eurer Macht geeint,
> Unsre Bitte helfend strahle
> Den Seelen, die sie liebend sucht.

Und der Geist, den wir durch lange Jahre in unserer Bewegung suchen, der durch das Mysterium von Golgatha gegangen ist, er schwebe über euch, er ströme durch euch und stärke euch für eure schwere Aufgabe!

Es scheint in bezug auf den Spruch, der eben gesprochen worden ist, nicht überall Klarheit zu herrschen, wie mir mitgeteilt worden ist. Ich bemerke ausdrücklich, daß die rechte Lesung ist: «Geister *eurer* Seelen.» Der Spruch ist so eingerichtet, daß er sowohl gebraucht werden kann, wenn viele für einen, als auch, wenn einer für viele, oder viele für viele – wie wir es jetzt eben gemacht haben – den Spruch anwenden. Wenn er sich auf einen bezieht, ist dann nur das zu ändern, daß man sagt: «Geist *deiner* Seele, wirkender Wächter» und so weiter. Es scheint, daß ich mich das erstemal, als ich vor Wochen hier den Spruch gebraucht habe, versprochen habe, so daß die Meinung hat entstehen können, als ob die Worte «Geister eurer Seelen» nicht ganz richtig wären. Sie sind aber doch so richtig. Es ist die erste Zeile gleichsam eine Ansprache an die Geister der zu schützenden Seelen; und mit dem Worte «eurer» sind diejenigen gemeint, auf die man die Gedanken dabei hinrichtet, während man in der zweiten Zeile das «eure» auf die «Wächter» hinlenkt. Ich bemerke, daß solche Sprüche immer von dem Charakter sind, der manchmal dem rein grammatischen Bau Schwierigkeiten macht, daß sie aber eben aus der geistigen Welt heraus gegeben sind zu dem Ziele, dem sie dienen sollen, und es handelt sich darum, daß bei solchen Sprüchen zuweilen die Wortfügung etwas Schwierigkeiten macht.

Meine lieben Freunde, es war wohlerwogen und außerdem den Aufgaben unserer Zeit im spirituellen Sinne entsprechend, daß wir vorgestern den Blick auf Erscheinungen innerhalb der Menschheitsentwickelung wendeten, die uns zeigen, wie die spirituellen, die geistigen Impulse – namentlich diejenigen, die sich anknüpfen an das Mysterium von Golgatha, an den Christus-Impuls –, wie diese Impulse als lebendige in der Menschheitsentwickelung leben, wie sie in der Menschheitsentwickelung gelebt haben, auch ohne daß die Menschen mit ihrem Verstande, mit ihrer Vernunft dieses Wesen des Christus-Impulses einsehen konnten. Und es war der Sache entsprechend, hinzudeuten neben anderen Erscheinungen namentlich auf diejenige der Jungfrau von Orleans, durch welche dieser Christus-Impuls durch seinen dienenden michaelischen Geist in der Zeit des fünfzehnten Jahrhunderts eine große Aufgabe gelöst hat zum Heile und zum Fortschritt der Menschheit. Es war aus dem Grunde ganz besonders notwendig, auf diese Tatsache hinzuweisen, weil es ja selbstverständlich auch für unsere Zeit gilt, daß alles, was die großen Zusammenhänge regeln soll, aus den spirituellen Welten heraus geordnet und geregelt wird, und daß wir uns bewußt sein müssen, daß uns die Kräfte, die Impulse zu dem, was geschehen soll, aus den spirituellen Welten kommen. Also in dieser Beziehung gilt heute dasselbe, was – wenn wir so sagen dürfen – zur Zeit der Jungfrau von Orleans gegolten hat. Aber die Zeiten sind verschieden. Und das, was zur Zeit der Jungfrau von Orleans in einer gewissen Weise hat geschehen können, das muß für unsere Zeit und für die folgenden Zeiten in einer andern Art sich vollziehen, muß anders verlaufen. Denn unsere Zeit ist seither eine ganz andere geworden. In ganz anderer Weise wird die Menschheit seit dem fünfzehnten, sechzehnten Jahrhundert, vor welchen ja das Ereignis der Jungfrau von Orleans liegt, geführt. Und auf diesen Unterschied und dadurch besonders auf den Grundcharakter unserer Zeit wollen wir heute einmal etwas hinweisen.

Wenn wir mit unserer Seele in dem Zustande zwischen Einschlafen und Aufwachen sind, so sind wir ja mit unserer eigentlichen Wesenheit außerhalb unseres physischen Leibes und unseres Ätherleibes. Wir leben dann, schlafend, in unserem astralischen Leibe und in unserem Ich. Wir müssen uns das ganz deutlich vorstellen, daß wir mit dem, was wir eigentlich sind, dann außerhalb unseres Leibes sind. Wir sind zunächst, weil wir ja zwischen Geburt und Tod in einer außerordentlichen Weise an unseren Leib gebunden sind, räumlich nicht sehr weit entfernt von unserem Leibe; wir sind gewissermaßen mit unserem Seelischen ausgebreitet in unserer Umgebung, aber in alledem, was eben die Eigentümlichkeit unserer Umgebung ist.

Nun machen wir uns einmal klar, wie – wenigstens für die weitaus größte Zahl derjenigen Menschen, die bei den Geschicken der Gegenwart in Betracht kommen – unsere Umgebung sich gerade seit den letzten Jahrhunderten, seit dem fünfzehnten, sechzehnten Jahrhundert verändert hat. Man braucht sich nur vorzustellen, was von den Maschinerien der Gegenwart, von den Mechanismen der Gegenwart zur Zeit, als die Jungfrau von Orleans wirkte, vorhanden war. Wir können geradezu sagen, seit jener Zeit hat sich in mechanischer Beziehung die Erde vollkommen verändert, denn alles, was wir an Maschinen erleben, ist erst nachher gekommen. Diejenigen von Ihnen, die einmal aufmerksam nachts in einem Schlafwagen gefahren sind, können eine merkwürdige Erfahrung gemacht haben, die Erfahrung, daß im Aufwachen – und man kann ja bei einer solchen Gelegenheit recht oft aufwachen – etwas nachrumpelt von dem, was ringsherum in der Maschinerie des Zuges ist, und daß gewissermaßen im traumhaften Aufwachen etwas vernommen werden kann von diesem Gekrächze und Gequietsche des Zuges oder des Dampfschiffes, wo man dann ist, wenn man aufwacht. Das kommt davon her, daß unsere Seele eigentlich nicht in unserem Leibe, sondern in der Umgebung des Leibes ist und hineinversetzt ist in diese Mechanismen.

Nun sind wir nicht nur bei so außerordentlichen Gelegenheiten in das ganze Getriebe unserer Zeit hineinversetzt, sondern man darf sagen: das maschinelle Leben erstreckt sich ja in der heutigen Zeit auch hinaus auf das Land, und wir sind im Grunde genommen immer in dieses maschinelle Leben der Zeit hineinversetzt. Unsere Seele im schlafenden Zustande geht auf in alles, was Mechanismen sind. Solche Mechanismen haben wir aber auferbaut. Ein Mechanismus, den wir auferbaut haben, ist aber etwas ganz anderes als die Natur draußen, die auferbaut ist von den Elementargeistern. Draußen, wenn wir zum Beispiel im Walde sind, wo alles aufgebaut ist von den Naturgeistern, da sind wir in einer ganz anderen Umgebung, als wenn wir in der Umgebung der Mechanismen sind, die wir auferbaut haben. Denn was tun wir, indem wir das, was wir der Natur entnehmen, mechanisch zusammenfügen für unser Leben zu Maschinen und Geräten? Da fügen wir nicht nur die Teile der Materie zusammen. Sondern dadurch, daß wir Teile der Materie zusammenfügen, geben wir jedesmal Gelegenheit, daß ein ahrimanisch-dämonischer Diener sich mit der Maschine vereinigt. Bei jeder Maschine, bei jedem Mechanismus, bei allem, was in dieser Beziehung zum heutigen Kulturleben gehört, vollziehen wir das, daß wir dämonischen Elementargeistern, den ahrimanischen Naturen angehörenden Dienern einen Ansatzpunkt geben. Und indem wir in dieser Umgebung der Maschinen leben, leben wir dann zusammen mit diesen dämonisch-ahrimanischen Elementargeistern. Wir durchdringen uns mit ihnen; wir durchdringen uns nicht nur mit dem Gequietsche und Geknarre der Mechanismen, sondern auch mit dem, was im eminentesten Sinne für unseren Geist, für unsere Seele etwas Zerstörendes hat.

Wohlgemerkt – ich habe bei ähnlichen Gelegenheiten oftmals eine ähnliche Bemerkung gemacht –, es soll das, was ich sage, nicht eine Kritik unseres ahrimanischen Zeitalters sein. Denn das muß so sein, daß wir überall Dämonen hineinströmen lassen und uns von ihnen umgeben lassen. Das liegt in der Entwickelung der Menschheit. Und weil wir es einfach als notwendig anerkennen müssen, deshalb werden wir, wenn wir den eigentlichen Impuls der Geisteswissenschaft verstehen, nun nicht etwa ein Lob anstimmen auf die, welche da sagen: Also muß man sich möglichst schützen vor den Dämonen und die Kultur fliehen, muß sich möglichst in der Einsamkeit eine Kolonie erbauen, so daß man nichts mit diesen dämonisch-ahrimanischen Elementargeistern zu tun hat. Das ist nie der Tenor gewesen, den ich bei meinen Ausführungen angeschlagen habe, sondern ich habe immer gesagt, daß das, was die Notwendigkeit der Entwickelung über uns bringt, voll hingenommen werde, daß man sich nicht zur Flucht vor der Welt dadurch verleiten läßt. Aber ins Auge gefaßt, verstanden muß es werden, daß unser Zeitalter dazu angetan ist, daß wir unsere Umgebung immer mehr mit dämonischen Naturen durchdringen, daß wir immer mehr zu tun haben mit dem, was unsere Kultur mechanisiert. Ein solches Zeitalter erfordert etwas ganz anderes, als jenes Zeitalter erfordert hat, aus dem die Jungfrau von Orleans zu ihrer Wirksamkeit berufen worden ist. Dieses Zeitalter der Jungfrau von Orleans forderte, ich möchte sagen, daß aus den sanftesten, den subtilsten Kräften der Menschenseele herausgeboren wurde der Impuls, aus dem die Jungfrau von Orleans wirken sollte, aus den sanftesten Kräften der Seele. Man bedenke: ein Hirtenmädchen war sie, also umgeben von der einfachsten, idyllischsten Natur. Früh kam es über sie in Gesichten, so daß sie durch die Imaginationen, die ihr gegeben waren, den unmittelbaren Zusammenhang mit der geistigen Welt hatte. Alles sollte sie aus ihrem Innern herausbringen, aus ihrem Innern heraussprießen lassen, was sie zur Grundlage ihres Wirkens haben sollte. Ja, nicht nur das, sondern die ganz besonderen Umstände mußten herbeigeführt werden, um in ihre Seele, in ihr intimstes Inneres hinein durch die zartesten Kräfte, welche die menschliche Seele hat, ihre Mission zu prägen.

Wir wissen ja, daß in der Welt alles zyklisch vor sich geht, daß sich die Dinge so abspielen, daß sich nach bestimmten Zyklen wichtige Ereignisse ergeben. Wenn wir das Geburtsjahr – 1412 – der Jungfrau von Orleans nehmen, so können wir uns da eine bestimmte Frage stellen. Wir können sagen: das Geburtsjahr dieser Jungfrau von Orleans hat selbstverständlich die Sonne an einem bestimmten Ort – astronomischen Ort – gesehen, bedeckend eines der Sternbilder des Tierkreises. Ein wichtiger Zeitabschnitt verläuft nun, indem die Sonne von einem solchen Sternbilde zum nächsten weiterschreitet. Indem sie ganz im Tierkreis herumgeht, geht sie durch die zwölf Sternbilder; aber ein wichtiger Zeitraum von ungefähr 2160 Jahren verläuft, wenn die Sonne von einem Sternbilde des Tierkreises zum andern geht, also ein Sternbild weit vorrückt. Wenn wir nun von der Geburt der Jungfrau von Orleans ungefähr 2160 Jahre zurückgehen, so kommen wir zur Gründung Roms.

Wenn man zur Zeit der Gründung Roms über wichtige Angelegenheiten des eben sich begründenden Roms Aufschluß erhalten wollte, dann begab man sich zur Nymphe Egeria; da konnte man Aufschluß erlangen, von einer Seherin Aufschluß erlangen. Das war aber, wie gesagt, einen Sonnenzyklus zurück. So erneuern sich die Zeiten, und so beruht alles auf zyklischen Vorgängen. Also, wenn wir uns vorstellen: die Sonne stand an einem bestimmten Punkte des Sternbildes des Widders zur Zeit der Gründung Roms, sie schreitet dann fort, schreitet bis zu den Fischen hin, so daß sie damit ein Zwölftel des Tierkreises vorgeschritten ist, so kommen wir durch den Zyklus, der notwendig in der Entwickelung der Menschheit vor sich gehen muß, von der Nymphe Egeria zu der inspirierten Tat der Jungfrau von Orleans. Aber im alten Rom haben wir es zu tun mit heidnischer Inspiration, mit heidnischen Taten. Wenn wir uns vorstellen, daß dasselbe Seherische, das zur Zeit der Gründung Roms wirksam war, in einem christlichen Zeitalter wirken sollte, und von innen heraus durch die zartesten menschlichen Kräfte wirken sollte, was mußte dann geschehen? Sie können sich vorstellen, daß etwas geschehen mußte, was wieder mit den intimsten, mit den feinsten Kräften des Christentums irgendwie zusammenhängt.

Nun werden sich die meisten von Ihnen erinnern, daß ich öfter auseinandergesetzt habe, wie das Jahr in seinem Verlaufe verschieden ist in bezug auf die Kräfte, durch die man mit den geistigen Welten zusammenhängt. Im Sommer, zu Johanni, wenn die Sonnenstrahlen die größte äußere Kraft haben, dann kann man vielleicht durch äußere Ekstase, wie es in den alten keltischen Mysterien der Fall war, zu irgendeinem, eben auch ekstatischen Aufsteigen zur geistigen Welt kommen. Da aber, wo die Tage am kürzesten sind, wo die Sonnenstrahlen ihre geringste äußere Kraft haben und die Winternächte die finstersten sind, um die Weihnachtszeit also, da ist auch die Möglichkeit gegeben, im intimen Seelenleben sich zu den geistigen Welten durchzuringen. Daher haben alle die, welche von diesem Zyklus des Jahres etwas gewußt haben, immer mit Recht behauptet, daß man, wenn man dazu veranlagt ist, in den Tagen vom 21., 23. Dezember bis etwa zum 6. Januar – in diesen Tagen und insbesondere in diesen Nächten – das Intimste des Zusammenhanges mit den geistigen Welten erleben kann. Legenden gibt es – hier ist einmal die Legende von Olaf Åsteson aus Norwegen vorgelesen worden –, die zeigen, wie die Menschen in diesen Tagen ihre tiefste Inspiration gehabt haben. Das hängt wieder damit zusammen, daß um diese Zeit das Weihnachtsfest gefeiert wird, die Geburt des Geistes, der durch das Mysterium von Golgatha gegangen ist, der mit den intimsten Kräften der menschlichen Seelenentwickelung zusammenhängt. Sollte also die Inspiration des alten heidnischen Roms wieder auferstehen, einen Sonnenzyklus darnach, 2160 Jahre darnach, so mußte die Inspiration den Weg nehmen durch das Allerallerkindlichste des Menschen. Das heißt, es mußte die Seele der Jungfrau von Orleans da angepackt werden, wo die Seelen am tiefsten angepackt werden, wo sie gegenüber dem Irdischen am schwächsten sind, und wo der Christus-Impuls noch nicht durch irdische Eindrücke gehindert wird, weil die Seelen noch nicht das Irdische ergriffen haben, und er so allein in das Seelische hineindringen kann. Es wäre also die günstigste Zeit gewesen, wenn die Jungfrau von Orleans unmittelbar vor ihrer Geburt, bevor sie den ersten Atemzug getan hat, noch die Zeit der dreizehn Nächte im Leibe der Mutter durchgemacht hätte. Das hat sie! Denn sie ist am 6. Januar geboren.

Daran sehen wir, wie die tieferen Kräfte, die aus den geistigen Welten hereindringen in unsere physische Welt, wirken, wie sie sich die Wege suchen, die geheimnisvollsten Wege. Für den, der in solche Zusammenhänge hineinsieht, kann es nichts Wunderbareres und aus der Geisteswissenschaft heraus Erklärlicheres geben, als daß die Jungfrau von Orleans den ersten physischen Atemzug tut um die Weihnachtszeit, am 6. Januar, nach der Weihnachtszeit, die sie noch durchgemacht hat, bevor sie den physischen Plan betreten hat. So sehen wir, daß die, welche mit neunzehn Jahren durch den Tod gegangen ist, angefaßt wurde da, wo des Menschen zarteste Kräfte, des Menschen intimste Kräfte liegen, und daß wir damit in die Zeit blicken, in welcher es notwendig war, daß die göttlich-gei-stigen Kräfte sich einen Weg suchten durch die intimsten Intimi-täten der menschlichen Seele. Das war aber eben die letzte Zeit, in der so etwas sein sollte. Es war die Zeit, in der durch den Chri-stus-Impuls Europa geordnet worden ist, wie ich es das letztemal angedeutet habe, und in der es in jener wunderbaren Weise ge-schah, wie es eben durch die Jungfrau von Orleans geschehen ist. Aber es ist die Zeit eben seither anders geworden. Die Zeit ist heute nicht dazu da, daß in so intimer Weise die göttlich geistigen Kräfte an die menschliche Seele herantreten.

Was war eigentlich die Aufgabe der Jungfrau von Orleans, wenn wir eine Begleiterscheinung ins Auge fassen, eine Begleiterschei-nung ihres ganzen Lebens? Von innen aus wurde sie angepackt mit den Kräften der göttlich-geistigen Welt. Was diese Kräfte in der

Seele antrafen, waren die luziferischen Kräfte. Diese luziferischen Kräfte waren in der damaligen Zeit mächtig und stark. Durch das, was die Jungfrau von Orleans in sich trug, wurde sie die Besiegerin der luziferischen Kräfte. Sie wurde diese Besiegerin der luziferischen Kräfte für jeden, der sehen will, ganz sichtlich. Wir haben auf ihre wunderbare Geburt einen Blick geworfen und haben gesehen, wie sie gewissermaßen die unbewußte Initiation durchmachte bis zum Tage der Epiphanie, bis zum Tage der sogenannten Offenbarung Christi. Wir können aber auch auf ihren Tod hinweisen, der dadurch eingetreten ist, daß alle luziferischen Kräfte ihrer Feinde sich zusammengetan und diesen Tod herbeigeführt hatten. Ihr Unglück in einer Schlacht wurde herbeigeführt durch die Eifersucht derjenigen, die als offizielle Leiter diese Schlacht zu lenken hatten. Dann aber tat sich alles auf, was eifersüchtig war auf solche Offenbarungen geistiger Kräfte und geistiger Mächte, wie sie durch sie zur Erscheinung kamen. Man machte ihr den Prozeß. Die Prozeßakten sind vorhanden, und es kann jeder durch das Studium dieser Prozeßakten – wenn er nicht gerade so vernagelt ist wie Anatole France – sehen, daß diese Jungfrau von Orleans, so wie sie auf eine wunderbare Weise, durch die dreizehn Nächte, in die physische Welt hereingekommen ist, auch aus ihr hinausging. Denn in den Prozeßakten steht es, es kann also historisch belegt werden, daß sie gesagt hat, daß sie zwar sterben werde, aber die Engländer werden nach ihrem Tode eine viel größere Schlappe erleiden, als sie vorher erlitten haben, und innerhalb der nächsten sieben Jahre werde es geschehen. – Wenn wir solches im richtigen spirituellen Sinne verstehen, so bedeutet es nichts anderes, als daß die Seele der Jungfrau von Orleans, als sie durch die Pforte des Todes ging, ihre Bereitschaft erklärt hat, auch mitzuarbeiten an der weiteren Gestaltung der Ereignisse nach ihrem Tode, in jeder Form ihres Daseins daran mitzuarbeiten. Das hat sie getan! Was die geistigen Kräfte auszuführen haben, das geschieht, wie auch die äußeren Verhältnisse sich gestalten. Den physischen Tod herbeiführen, also sozusagen die stärkste Attacke ausführen, das konnten die Gegner der Jeanne d'Arc ihr gegenüber; ihre Mission verhindern konnten sie nicht.

In jener feinen Art, in der die Kräfte der Jeanne d'Arc wirkten, konnten sie aber nur wirken in ihrer Zeit. In allem, was sie tat, hatte sie die luziferischen Kräfte gegen sich. Wir in unserer Zeit haben es auch mit gegnerischen Kräften zu tun, aber vorzugsweise mit ahrimanischen Kräften, mit jenen ahrimanischen Kräften, die durch das materialistische Zeitalter heraufgekommen sind und die sich schon im äußeren Gefüge unseres ganzen Zeitalters zeigen, wenn wir die Mechanismen, das Mechanische unseres Zeitalters ins Auge fassen, wenn wir bedenken, daß wir im Grunde genommen, indem wir unsere Mechanismen fabrizieren, Dämonen die Wohnstätte anweisen und uns mit einer ganzen ahrimanisch-dämonischen Welt umgeben. Aber wir sehen ja auch an anderen Dingen, wie in unserer Zeit ahrimanische Kräfte überall am Werke sind. Wir sehen, wenn wir zum Beispiel einige Jahre nur zurückschauen und ein wenig die okkulten Untergründe unseres Erdendaseins ins Auge fassen, daß hereinwirken in unser physisches Erdendasein überall ahrimanische Kräfte; nicht nur diejenigen, die von der Art sind wie jene Dämonen, die wir in unseren Maschinen erzeugen, sondern auch sonstige ahrimanische Kräfte wirken in unser Erdendasein herein. Und der Okkultist muß aussprechen, was ich ja oft vor diesem oder jenem Kreis unserer Freunde ausgesprochen habe, daß im Grunde genommen die schmerzlich traurigen Ereignisse, die jetzt durch Europa und einen großen Teil der Erde gehen, sich längst vorbereitet haben, daß in der astralen Welt sozusagen der Krieg längst da war, daß er aber zurückgehalten wurde wieder durch etwas Astrales, nämlich durch die Furcht, die alle Menschen hatten. Furcht ist ein astrales Element; das konnte den Krieg zurückhalten, konnte ihn verhindern; das konnte bewirken, daß er so lange ausblieb.

Denn Furcht war überall da! Furcht ist überhaupt etwas, was auf dem Grunde der Seelen unseres Zeitalters in der furchtbarsten Weise grassiert. Da kam aber eine Zeit, die zeitlich äußerlich andeutete etwas, wovon man oftmals spricht, wenn man von den Ausgangspunkten dieses Krieges spricht. Aber dieses Äußere ist nicht das Wichtigste, es ist nur ein Symbolum. Es kam – ich habe das hier schon einmal auseinandergesetzt – die Ermordung jenes österreichischen Erzherzoges, und da stellte sich jenes schon einmal erwähnte, furchtbar erschütternde Ereignis heraus. Ich habe es niemals früher erfahren, nicht auf direktem Wege, nicht durch andere Okkultisten. Wir wissen ja, was die Seele durchmacht, wenn sie durch den Tod gegangen ist. An dieser Seele, die damals durch den Tod gegangen ist, zeigte sich ganz besonders, daß sich um sie, wie um einen Mittelpunkt, alle Furchtelemente anfingen zu gruppieren, und nun hatte man in ihr etwas wie eine kosmische Macht vor sich. Nun wissen wir, daß etwas, was auf dem physischen Plan einen ganz bestimmten Charakter hat, den umgekehrten Charakter in der geistigen Welt hat. So war es auch in diesem Falle: was erst den Krieg zerstreuend gewirkt hatte, das wirkte jetzt als das Gegenteil, wirkte sozusagen anspornend, anfeuernd. So sehen wir, daß gewissermaßen eine Metamorphose der Furchtelemente, der ahrimanischen Elemente mit hineingemischt ist in alles, was nun doch schließlich die schmerzlich traurigen Ereignisse unserer Zeit herbeigeführt hat. Ahrimanisches wirkt eben durchaus überall in unserer Zeit. Nicht auflehnen können wir uns dagegen, nicht kritisieren können wir es, nicht davor schützen sollen wir uns wollen, sondern es als eine Notwendigkeit unserer Zeit ansehen, als etwas, was da sein muß in unserer Zeit. Es fragt sich nur: Wie finden wir demgegenüber die rechte Stellung? Wie finden wir dasjenige, was uns anweist, wie wir uns zu verhalten haben gerade in unserem Zeitalter, wenn wir den göttlich-geistigen Kräften und Mächten den Eingang in unsere Handlungen möglich machen wollen?

Da muß ich auf ein Ereignis der geistigen Welt hinweisen, das einige Jahrzehnte hinter uns liegt. Ich habe es öfter in den verschiedensten Zusammenhängen erwähnt: jenes Ereignis, das stattgefunden hat hinter den Kulissen unseres Daseins, in der geistigen Welt, im November ungefähr des Jahres 1879. Wir wissen ja, daß von Epoche zu Epoche immer gewissermaßen ein anderer Regent des Erdendaseins da ist; ein Regent löst den andern ab. Bis zum Jahre 1879 war aus den geistigen Welten heraus wirkend der Geist, den wir den Geist Gabriel nennen, um einen Namen zu haben. Seit dem Jahre 1879 war es jener Geist, den wir Michael nennen. Er ist derjenige, der die Zeitereignisse in unserer Zeit dirigiert; und wer bewußt in die geistigen Welten hineinzuschauen vermag, der empfindet den Geist Michael als den eigentlich dirigierenden, anführenden Geist unserer Zeit. Michael ist in einer gewissen Weise der stärkste der einander stets ablösenden führenden Geister der Zeiten. In einer gewissen Weise, sagte ich, ist er der stärkste dieser Geister. Die anderen waren vorzugsweise geistig im Geistigen wirksam. Michael hat die Stärke, den Geist durchzupressen bis in die physische Welt hinein. Er war derjenige Geist, der, bevor das Mysterium von Golgatha herangekommen ist, gleichsam dem Christus voranschreitend zur Erde hinunterstieg und damals – etwa durch vier bis fünf Jahrhunderte – die Führung der Erde hatte. Er ist wieder in unserer Zeit der führende Geist der Erde. Man möchte vergleichsweise sagen: Was das Gold unter den Metallen ist, das ist Michael unter den Geistern, die der Hierarchie der Archangeloi angehören. Wie alle anderen Metalle vorzugsweise auf den Ätherleib wirken, das Gold aber zugleich auf unseren physischen Leib wirkt als Arzneimittel, so wirken alle anderen führenden Geister in die Seele hinein, Michael dagegen ist der, welcher zugleich auf den physischen Verstand, auf die physische Vernunft wirken kann. Wenn sein Zeitalter gekommen ist, dann kann von dem Geist aus auf den physischen Verstand, auf die physische Vernunft gewirkt werden. Er mußte sich, weil er im fünfzehnten Jahrhundert nicht der eigentliche führende Geist war, bei der Jungfrau von Orleans den Weg suchen ohne menschlichen Verstand, ohne menschliches Begreifen, ohne menschliches Vorstellungsvermögen, einen gewissermaßen ganz inneren Weg durch die intimsten menschlichen Seelenkräfte. Der Christus hat ja durch seinen michaelischen Geist auf die Jungfrau von Orleans gewirkt; aber durch alles andere konnte er eher wirken als durch die Verstandes- und Vernunftkräfte.

Luziferische Geister sind heute auch da, die den Menschen vorzugsweise von innen angreifen. Sie wollen alle möglichen Leidenschaften erzeugen, aber nicht den Irrtum des Verstandes, den Irrtum der Vernunft, mit dem wir in unserem heutigen Zeitalter so zu kämpfen haben. Wir müssen also sagen: Was wir erreichen wollen im Geistigen, das müssen wir erreichen angemessen den Kräften, die Michael, der führende Geist des Zeitalters, innehat. Und mit Michael im innigen Bunde steht das, was wir zu begreifen versuchen, wenn wir seine Erscheinung zu begreifen versuchen, wie wir es in den letzten Tagen gemacht haben; wenn wir nämlich das zu begreifen versuchen, was wir den deutschen Volksgeist nennen – zwei Kräfte: Michael und der deutsche Volksgeist, die durchaus im Einklange sind, und denen es übertragen ist, den Christus-Impuls gerade in unserer Zeit zum Ausdruck zu bringen, wie es dem Charakter unseres Zeitalters entsprechend ist. Denn nicht kann unser Zeitalter irgendwie glauben, daß dieselbe intime Art des Wirkens, die für das fünfzehnte Jahrhundert richtig war, seit dem Heraufkommen des fünften nachatlantischen Zeitraumes auch noch richtig sein könnte. In unserem Zeitalter handelt es sich darum, daß wir vor allem begreifen die Notwendigkeit des Gekettetseins an Ahriman, an Ahrimanisches, das wir selber in unseren Mechanismen erzeugen, und die Notwendigkeit, diese Zusammenhänge richtig zu erkennen; denn sonst leben wir in Furcht vor vielem, was in unserem Zeitalter vorhanden ist.

Daher entsteht die Frage: Wodurch bieten wir diesem Ahrimanischen in unserem Zeitalter Widerstand, wie Widerstand geboten wurde dem Luziferischen in dem Zeitalter der Jungfrau von Orleans? Wir bieten dem Ahrimanischen dadurch Widerstand, daß wir gerade jenen Weg gehen, der immer wieder und wieder innerhalb unserer geisteswissenschaftlichen Strömung betont wird: den Weg der Spiritualisierung der menschlichen Kultur, des menschlichen Begriffs- und Vorstellungsvermögens. Daher haben wir es immer wieder und wieder betont: Es gibt eine Möglichkeit, alles, was uns die Geisteswissenschaft bringt, wenn es auch zunächst und zumeist aus der geistigen Welt heraus gegeben ist, wirklich mit dem der Menschheit heute seit dem sechzehnten Jahrhundert zugeteilten Verstande, mit der Vernunft restlos zu begreifen. Und wenn wir sagen, wir begreifen es nicht, so ist das nur aus dem Grunde der Fall, weil wir hinhören auf die Vorurteile, die uns aus dem landläufigen Materialismus der Zeit geboten werden. Wer nicht immer wieder und wieder auf das hinhört, was zum Teil laut, zum Teil aber auch im feinsten leisen Flüstern aus dem Materialismus unserer Zeit heraustönt, sondern wer streng ins Auge zu fassen versucht, was wir in den Verstehenskräften haben, für den erscheint eines Tages das, was die Geisteswissenschaft hervorbringt, als etwas durchaus Begreifliches, als etwas, was ebenso begriffen werden kann, wie irgendein Ereignis der äußeren Welt begriffen werden kann. Aber nur dadurch erzeugen wir in uns die starke Kraft, die wir brauchen, um den ahrimanischen Kräften Widerstand zu leisten, daß wir jetzt nicht bloß durch die intimsten Offenbarungs- und Glaubenskräfte, wie bei der Jungfrau von Orleans, an den Geist herankommen, sondern daß wir versuchen, unsere Verstehenskraft in der intensivsten Weise auf das zu konzentrieren, was aus der Geisteswissenschaft kommt. Wenn wir das tun, dann kommt die Stunde, der Augenblick, wo wir uns sagen müssen: Was uns aus der Geisteswissenschaft entgegentritt, ist das einzig Vernünftige und zugleich das, was uns die Welt um uns herum begreiflich und lichtvoll macht. Und wenn wir also ergriffen werden, dann werden wir so ergriffen werden von dem, was der Geist uns in unserer Zeit gibt, daß wir wirklich stark genug sind gegenüber den ahrimanischen Kräften.

Eine Natur wie die Jungfrau von Orleans, in unsere heutige Zeit hineinversetzt, würde nichts vermögen. Sie würde eine interessante Persönlichkeit sein, würde manches Wunderbare prophetisch und sonstwie offenbaren können. Aber wie eine solche intime Offenbarungsnatur wirksam den luziferischen Kräften begegnen kann, so muß heute der Mensch den ahrimanischen Kräften Widerstand leisten, muß sich stark machen gegen diese Kräfte, so stark, wie es dem Zeitalter des Michael geziemt. Dem Zeitalter des Michael ziemt eben das Sonnenhafte, das, was wir in uns aufnehmen durch eine Spiritualisierung derjenigen Kräfte, die wir innehaben vom Aufwachen bis zum Einschlafen: der Kräfte unserer Vernunft, unseres Begreifens, unseres Verstehens. Denn diese unsere Kräfte des Begreifens und Verstehens, sie wandeln sich um in unserer Seele, wenn wir dazu nur Geduld genug haben. So wandeln sie sich um, daß aus

dem, was sich uns entpuppt in der Geisteswissenschaft, die Gewißheit herausspringt: was wir da begreifen, das ist unmittelbar der
Ausdruck der Gedanken der geistigen Welt. Also nicht um ein Zurückziehen von der ahrimanisch durchsetzten äußeren Welt kann es
sich heute handeln, sondern um ein notwendiges Darinnenstehen in
dieser Welt, aber zugleich um ein sich Starkmachen gegenüber diesen ahrimanischen Kräften.

Da handelt es sich dann darum, daß wir den Weg finden, um
durch dasselbe Begreifen, durch welches wir die Außenwelt begreifen, auch die geistige Welt zu begreifen. Aber diesen Weg haben
wir ja gerade in diesen Tagen angegeben als den Weg, der innerlich
verbunden ist mit der ganzen Mission des deutschen Volkes, insbesondere mit dieser Mission seit dem Ende des achtzehnten und dem
Beginn des neunzehnten Jahrhunderts. Aber in den vorhergehenden Jahrhunderten hat diese Mission sich vorbereitet. Das ist das
Eigentümliche, daß dasjenige, was der deutsche Geist getrieben hat
in seinen Dichtern, seinen Künstlern und Philosophen, innig verbunden ist mit dem spirituellen Leben. Es handelt sich da wirklich
darum, ohne Sympathie und Antipathie den Tatsachen kühn ins
Auge zu schauen, wie sie sich vorbereitet haben, wie sie sich nach
und nach herausgestaltet haben. Wir selber haben es ja erleben können, wie wir eines Tages eben einfach diese Notwendigkeit betonen
mußten, im kontinuierlichen Fortschritt des Geisteslebens zu wirken. Denn warum?

Versuchen wir einmal hinzublicken auf jene theosophische Bewegung, mit der wir äußerlich eine Zeitlang verbunden waren, auf
die englische theosophische Bewegung. Versuchen Sie da einmal
eine Brücke sich zu bauen zwischen dem, was sonst englisches Geistesleben ist, bis in die Philosophie herein, und demjenigen, was
englische Theosophie ist: sie stehen äußerlich nebeneinander, sind
zwei äußerlich nebeneinander laufende Strömungen, und eine
Brücke zwischen beiden ist etwas, was auch nur in ganz äußerlicher
Weise gezogen werden kann. Versuchen Sie dagegen das deutsche
Geistesleben ins Auge zu fassen, wie es sich durch die deutschen
Mystiker vorbereitet hat in *Meister Eckhart* und *Johannes Tauler,*

und dann in *Jacob Böhme* und *Angelus Silesius* weiter sich entfaltet hat, wie es in *Lessing* zu der Anerkennung der Idee der wiederholten Erdenleben geführt hat, und wie es in Goethes «Faust» geradezu eine Glorifizierung des Hinaufsteigens in die geistigen Welten darstellt, da haben Sie den geraden Weg von den äußeren Welten aus in die geistige Welt. Und wenn Sie nun dazu nehmen, was von Goethes «Märchen von der grünen Schlange und der schönen Lilie» geführt hat bis zur Dramatisierung der Grundkräfte der Einweihung, und beide Strömungen zusammenhalten, dann haben Sie darin den innerlichen Zusammenhang. Es ist ein innerlicher Zusammenhang zwischen dem, was zuletzt als Geisteswissenschaft erscheint, und dem, was ganz exoterisch in der physischen Welt als Geistesleben erstrebt wird. Denn selbstverständlich wird dieses Geistesleben, das außerhalb der Geisteswissenschaft entfaltet wird, mit den Kräften des Gehirns erstrebt, aber es drängt hin zu dem, was außerhalb des Leibes gefunden wird. Man möchte sagen: es ist die Mission des deutschen Volkes, daß es gar nicht anders kann als mit dem, was es erstrebt, zuletzt einzumünden in das spirituelle Leben. Das heißt aber nichts anderes, spirituell gesprochen, als daß das deutsche Volk dazu berufen ist, innerlich sich zu verbinden mit dem, was in die Welt kommt durch die Anführerschaft des Michael. Ein solches Sichverbinden wird nicht dadurch erreicht, daß man sich passiv, wie fatalistisch, den Schicksalsmächten überläßt, sondern daß man erkennt, welches die Aufgabe der Zeit ist.

Und nicht nur innerlich durch den Gang der deutschen Mystik, sondern auch äußerlich durch den ganzen Gang des deutschen Lebens in Verbindung mit dem europäischen Leben hat sich dasjenige gezeigt, was ich da sagen will. Ich habe es im ersten der beiden letzten öffentlichen Vorträge, «Die germanische Seele und der deutsche Geist», auseinandergesetzt, wie die germanische Seelenhaftigkeit gleichsam in den Vorposten der germanischen Völker – durch die Goten, Langobarden, Vandalen – hineingeströmt ist in die Völker des Westens, des Südens, wie da hingeopfert worden ist am Altare der Menschheit dasjenige, was germanische Seelenhaftigkeit ist. Aber das hat sich später wiederholt, nur weniger auffällig. Blicken wir zunächst hin nach dem äußersten Osten Österreichs, zu den sogenannten Siebenbürger Sachsen. Ausgewandert sind sie vom Rhein her, wo das Siebengebirge ist, das läßt sich auch äußerlich nachweisen. Nach und nach haben sie ihre Eigenart verloren. Die Seelensubstanz hat sich hingegeben, um in jenes andere Volkselement einzufließen, und einst wird von ihnen kaum etwas anderes vorhanden sein als einiges ihrer Sprache; aber als Volkssubstanz sind sie dort hineingeflossen. Gehen wir dann hinunter in das Banat: Schwaben sind es, die dort eingewandert sind; das Magyarische schlingt sich darüber. Ebenso ist es in den Gegenden des ungarischen Berglandes, der Karpaten. Alle diese Einwanderungen sind heute äußerlich fast verschwunden, aber überall in den heute dort vorhandenen Volksschichten darinnen lebend und dann manchmal wie Gerinnsel sich zeigend wie zum Beispiel in der wunderbaren Sprachinsel der Gottschee'er in Krain. Aber sonst auch. Wir sehen – wir könnten das viel weiter noch verfolgen –, wie dieses germanische Seelenhafte hinausgeschickt wird in die Welt, wie es wirkt. Das geschieht durch eine innere Notwendigkeit. Das geschah so durch die früheren Zeitalter, namentlich auch durch das Zeitalter des Gabriel. Und durch das Zeitalter des Gabriel geschah es in der Weise, daß mehr, ich möchte sagen, das Blut, Blut und Blutmischung wirkte und alles, was mehr mit den äußeren Verhältnissen des Lebens zusammenhängt, aber dennoch nicht äußerlich greifbar ist, sondern wieder intimer sich vollzieht.

Nun ist das Zeitalter des Michael gekommen, das Zeitalter, in dem begriffen werden muß, wie durch den ganzen Hergang des Geisteslebens der deutsche Geist sich in die Sonnenkraft des Michael stellen kann. Das muß eben eingesehen werden. Das kann aber nur dadurch eingesehen werden, daß man es durch die Anerkennung der spirituellen Wissenschaft einsieht, daß man allmählich durch die Betrachtungen der spirituellen Wissenschaft, der Geisteswissenschaft, die Ahnung und das Bewußtsein erhält von der Wirksamkeit geistiger Kräfte, von der Realität geistiger Kräfte. So daß man allmählich begreift, wie unsinnig es ist, wenn die Leute sagen: Es gibt keine geistigen Kräfte, ich kann sie nicht anerkennen; und wenn hier ein hufeisenförmiger Eisenstab ist, so ist das eben ein Stück Eisen, und ich sehe nichts als Eisen. – Es kann aber Magnetismus darinnen sein! So ist in der ganzen äußeren Welt noch etwas ganz anderes als Magnetismus darinnen. Die Anerkennung erwirbt man sich, indem man eingeht auf das, was über die eigentümliche Gestalt der Dinge geboten wird. Dadurch erwirbt man sich im Michael-Zeitalter diejenigen geistigen Kräfte, die notwendig sind, um den ahrimanischen Mächten zu widerstehen, wo es eben unsere Aufgabe ist, den ahrimanischen Mächten zu widerstehen. Denn im Grunde genommen ist alles, was wir im Studium der Geisteswissenschaft haben, nur Vorbereitung. Eines Tages springt aus dem Studium der Geisteswissenschaft das Erwachen der Seele hervor, durch das die Seele weiß: Es lebt in dir die geistige Welt, von dem Christus-Impuls herunter durch den Michael bis zum Volksgeist, der das auswirkt, was ausgewirkt werden soll.

Ich sagte, das Zeitalter der Jungfrau von Orleans war dazu geeignet, an die allerschwächsten, physisch allerschwächsten Kräfte des Menschen heranzudringen. Unser Zeitalter muß an die stärksten Kräfte des Menschen herandringen, muß den Willen dort ergreifen, wo dieser Wille am wenigsten geneigt ist, wirklich seine Kräfte zu entfalten. Wir sehen es ja immer wieder und wieder: den Willen dort entfalten, wo es darauf ankommt, diejenigen Kräfte, die unsere irdischen Kräfte sind, unsere Vorstellungskräfte sind, innerlich rege zu machen, das wird dem Menschen das Schwerste. Äußerlich den Willen anzuwenden, das wird ihm verhältnismäßig noch leicht. Aber es ist ein anderer Wille notwendig, wenn die Gedanken so gelenkt werden sollen, daß sie die geistige Welt umfassen. Dieser starke Wille ist es, an den die Geisteswissenschaft als solche appellieren muß, der da sein muß, wenn die Geisteswissenschaft wirklich in unserem michaelischen Zeitalter zu dem führen soll, wozu sie führen muß. Denn nicht dazu sind wir berufen, zu reden über das Mechanische unseres Zeitalters; nicht dazu sind wir berufen, darauf hinzuweisen, daß dieses Mechanische unseres Zeitalters die Menschen ergriffen hat; sondern zu etwas anderem sind wir berufen. Man kann ja allerdings, wenn man ein wenig die Tatsachen preßt, sogar ein bis zu einem gewissen Grade großer Philosoph sein, das sei rückhaltlos anerkannt, man kann auf den Mechanismus unseres Zeitalters hinblicken und dann anfangen, gerade in diesem Mechanismus, den man ganz besonders seinen äußeren Feinden zuschreibt, das Allerverderblichste zu sehen. Und hat man dann eine Anlage – wenn man auch als ein großer Philosoph gilt – zu schimpfen wie eine Hökerfrau, dann kann man es machen wie der Philosoph *Bergson*, der es jüngst erst wieder zuwege gebracht hat, in einseitiger Weise hinzudeuten – und, in einseitiger Weise vorgebracht, ist vieles oft ganz richtig – auf das Zusammenhängende der mechanischen Wirkung der Kräfte mit dem deutschen Volkswesen. Aber nicht nur darauf kann man hinweisen, daß deutscher Verstand schon in gewissen Gebieten in der Anwendung der mechanischen Kräfte durch den Verstand es zu etwas gebracht hat; man kann auch auf etwas anderes hinweisen. Man braucht aber nicht in dem Tone einer Hökerfrau zu schimpfen, wenn man über solche Zusammenhänge sprechen will, sondern man kann sagen: Vielleicht ist gerade dort, wo der Verstand am stärksten war, um das Mechanisch-Dämonische auszugestalten, auch zugleich der Ort, um diese mechanisch-dämonischen Kräfte zu überwinden durch die besondere spirituelle Mission. Dann aber kann sich der Deutsche leicht mißverstehen lassen, wenn er im Zusammenhange mit dem Hergange seines Geisteslebens versteht, daß er nicht etwa die Aufgabe hat, stehenzubleiben bei dem bloß Mechanischen, das ihm auch in der heutigen Zeit bei den Kriegsaufgaben so große Dienste leistet, nicht bloß stehenzubleiben bei den Mechanismen, weil er sonst bloß Dämonen schaffen würde, sondern daß er jene starken Kräfte im Innern zu entwickeln hat, welche sich diesen Dämonen kühn gegenüberstellen können. Dazu gehört aber nicht das blinde, sondern das durch Überzeugung geleitete Stehen in der geistigen Welt. Wenn wir darauf eingehen einzusehen, daß wir ja für alle Zukunft uns mit einer Dämonenwelt, mit einer wahren Hölle umgeben, indem wir Maschinen über Maschinen konstruieren, so können wir es zwar verstehen, wie die Menschen aus dem materialistischen Geist unserer Zeit heraus immer wieder und wieder sagen: dieses naturwissenschaftlich-materialistische Zeitalter hat uns auf die höchste Höhe gebracht, auf der die Menschheit bisher gestanden hat – wir können das zwar verstehen, denn das gehört sich so für den heutigen materiell denkenden Menschen, aber wir müssen wissen, daß wir durch unsere Maschinen in die Menschheit lauter Dämonen hineinbringen, und wir müssen außerdem wissen, wie wir diesen Dämonen gegenüber die richtigen Widerstände entwickeln können. Nur dadurch stellen wir uns in das richtige Verhältnis zur geistigen Welt, daß wir diese ahrimanisch-dämonischen Kräfte erkennen, daß wir bewußt wissen, daß sie da sind. Denn dadurch nur sind die schädlichen Mächte schädlich, daß wir unbewußt über sie bleiben, daß wir nichts von ihnen wissen. Ich möchte das durch einen Vergleich anschaulich machen.

Sie wissen, daß wir nach einiger Zeit, hoffentlich, wenn einiges gelingt, was bis jetzt noch nicht gelungen ist, in Dornach bei Basel einen Bau haben werden, wo wir in einer entsprechenden Umgebung unsere geistige Strömung werden pflegen können. Nun handelt es sich bei der Aufführung dieses Baues nicht darum, irgendwie die Notwendigkeit der Gegenwart zu fliehen, sondern ihn aufzuführen ganz aus den Notwendigkeiten der Gegenwart heraus. Da mußte zum Beispiel die Beleuchtung geschaffen werden aus den allerahrimanischesten Kräften der Gegenwart heraus, und diese sind: elektrische Beleuchtung, elektrische Beheizung und so weiter. Nun handelt es sich darum, durch die architektonische Form selber unschädlich zu machen, was dabei in Betracht kommt. Wäre man später einmal in den Bau hineingegangen, so hätte man um sich alles, was die ahrimanische Kultur der Gegenwart mit sich bringt. Aber nicht darauf kommt es an, daß es da ist, sondern daß man es nicht bemerkt. Man soll es eben nicht bemerken. Um das zu erreichen, haben sich einige Freunde gefunden, die dieses in einem abgesonderten Bau daneben aufführen, um ihm eine besondere Form zu geben, so daß die ahrimanisch-dämonischen Kräfte dahinein gebannt werden. Für jeden, der zu dem Bau kommen wird, auch für die, welche hineingehen, wird dadurch ins Bewußtsein heraufgehoben werden, daß dort die ahrimanischen Kräfte walten. Sobald man das aber weiß, sind sie nicht mehr schädlich. Denn es handelt sich darum, daß die dem Menschen abträglichen Kräfte ihre Abträglichkeit verlieren, wenn wir aufmerksam hinschauen auf die Orte, wo sie wirksam sind, wenn wir nicht gedankenlos hinschauen auf eine Maschine und sagen: eine Maschine ist halt eine Maschine, sondern eine Maschine ist ein Ort für ein dämonisch-ahrimanisches Wesen.

Wenn wir uns so in die Welt hineinstellen, daß das Wissen in unserer Seele ist, dann stellen wir uns richtig in das michaelische Zeitalter hinein. Das heißt aber: wir bringen uns in ein solches Verhältnis zur geistigen Welt, daß auch Michael in uns wirksam werden kann. Michael mit dem, was seine gegenwärtige Mission ist, wie wir sie charakterisiert haben. Überall handelt es sich darum, daß wir uns in das, was die Menschen unbewußt aufbauen als Mechanismen, heute entweder gedankenlos hineinstellen können oder daß wir es durchschauen können. Wenn wir es durchschauen, wenn wir gewahr werden, wie dämonisch-elementarische Kräfte in unseren Mechanismen walten, dann werden wir auch den Weg finden zu den geistig wahren, rechten Inspiratoren. Und diese stehen im Zusammenhange eben mit demjenigen Geist, der sich zu den übrigen Geistern der Menschheitsführung so verhält wie das Gold zu den Metallen, mit Michael.

So versuchte ich heute klarzumachen, daß unser Zeitalter eine andere Aufgabe hat, wenn es die göttlich-geistigen Kräfte sucht, welche zum Heile der Erdenmenschheit wirken sollen, als für diejenigen Menschenseelen bestand, die im Zeitalter der Jungfrau von Orleans lebten. Damals handelte es sich viel eher darum, alles Verstandesmäßige, alles Vernunftmäßige zurückzudrängen. Heute dagegen handelt es sich darum, alles Verstandes- und Vernunftmäßige bis zum Hellseherischen emporzukultivieren, denn es läßt sich bis zum Hellseherischen kultivieren. Wenn es solche Menschen geben wird, die also die Menschenseele pflegen werden, dann wird sich aus der Dämmerzeit, die wir jetzt durchmachen, das entwickeln, was sich entwickeln soll. Was sich äußerlich auf dem physischen Plan entwickelt, das kann doch nur das Kleid sein für das, was geistig für die Erdenmenschheit aus der jetzigen Zeit hervorgehen soll.

Und wahr ist es, daß diejenigen, die in jungen Jahren ihre Kräfte jetzt hingeben, daß diese herunterschicken wollen diese Kräfte in unser Erdendasein. Denn diese Kräfte sind unverloren, sind unzerstörbar; nur sollen sie fortwirken in geistiger Weise, wie sie fortgewirkt hätten in physischer Weise, wenn die Betreffenden nicht durch die Pforte des Todes auf dem Kampfplatze gegangen wären. Aber heruntersenden werden sie ihre Kräfte auf die Erde in unsere Zeit weiter, damit wir etwas anzufangen wissen mit diesen Kräften. Herunterfließen werden müssen diese Kräfte in eine Menschheit, die in der Friedenszeit, die auf den Krieg folgen wird, diese Kräfte so anwenden wird, daß sich auf der Erde immer mehr und mehr das spirituelle Leben ausbreiten wird. Wie sich aus jeder Nacht das Licht des Tages entwickelt, so muß sich aus unserer uns oft wie eine Nacht erscheinenden Gegenwart eine lichtvolle Zukunft entwickeln; aber diese lichtvolle Zukunft wird durchdrungen sein müssen von dem, was das seit dem Jahre 1879 angebrochene michaelische Zeitalter der Menschheit zu bringen hat. Wenn es Seelen geben wird, die einen so innigen Bund mit der geistigen Welt zu schließen vermögen, wie es heute angedeutet ist, dann dürfen wir hoffen, daß mit Rücksicht auf die heutigen Zeitereignisse dasjenige sich erfüllt, was in dem siebenzeiligen Spruche zum Ausdruck gebracht ist; hoffen dürfen wir, daß das alles sich erfüllen wird, wenn seine ersten fünf Zeilen mit den beiden letzten in der Realität wirklich zusammenhängen:

Aus dem Mut der Kämpfer,
Aus dem Blut der Schlachten,
Aus dem Leid Verlassener,
Aus des Volkes Opfertaten
Wird erwachsen Geistesfrucht –
Lenken Seelen geistbewußt
Ihren Sinn ins Geisterreich.

Da verschiedene Umstände mich erst morgen abreisen lassen, so können wir heute noch hier zusammen sein.

Wir lenken wiederum, wie üblich, zuerst unsere Gedanken nach den Seelen derjenigen, die draußen im Felde stehen und mit Leib, Blut und Seele für die großen Ereignisse der Zeit einzustehen haben:

Geister eurer Seelen, wirkende Wächter,
Eure Schwingen mögen bringen
Unserer Seelen bittende Liebe
Eurer Hut vertrauten Erdenmenschen,
Daß, mit eurer Macht geeint,
Unsre Bitte helfend strahle
Den Seelen, die sie liebend sucht.

Und mit Bezug auf die bereits durch die Pforte des Todes Gegangenen:

Geister eurer Seelen, wirkende Wächter,
Eure Schwingen mögen bringen
Unserer Seelen bittende Liebe
Eurer Hut vertrauten Sphärenmenschen,
Daß, mit eurer Macht geeint,
Unsre Bitte helfend strahle
Den Seelen, die sie liebend sucht.

Und der Geist, der durch das Mysterium von Golgatha gegangen ist, den wir die Jahre hindurch gesucht haben in unserer geistigen Bewegung, der dadurch unserm Gemüte nahegegangen sein kann, er sei mit euch und euren schweren Pflichten!

Meine lieben Freunde, ich will den heutigen außerordentlichen Abend gewissermaßen zu einigen abgerissenen Bemerkungen benutzen, die uns nach der einen oder anderen Richtung nützlich sein können. Zuerst möchte ich darauf hinweisen, wie trotz des Materialismus unserer Zeit oder vielleicht gerade wegen des Materialismus unserer Zeit die Seelen gerade der forschenden Leute, der auf gewissen Gebieten forschenden Leute, man möchte sagen, trotzdem sie es nicht recht wollen, hingelenkt werden nach dem Vorhandensein einer geistigen Welt. Ich möchte an Bestimmtes anknüpfen. Man könnte natürlich von dem Gesichtspunkte aus, den ich eben angedeutet habe, an sehr, sehr vieles anknüpfen; aber ich möchte auf eine Broschüre zurückgreifen, die vor ganz kurzer Zeit erschienen ist, eine der Broschüren, die anknüpfend an den Krieg jetzt erscheinen, an das zwölfte Heft, das von dem bekannten Psychiater Professor Dr. O. *Binswanger* geschrieben ist und den Titel trägt: «Die seelischen Wirkungen des Krieges.» Ich will aber nicht an die Ausführungen anknüpfen, welche Binswanger im engeren Sinne über die seelischen Wirkungen des Krieges geschrieben hat, sondern an einige Bemerkungen, die er auch in dieser Broschüre gemacht hat. Ein Forscher wie Binswanger fühlt sich gewissermaßen heute gedrängt, nicht mehr nur so leise auf das Vorhandensein eines geistigen Lebens hinzuweisen, indem er sich gleichsam bemüßigt fühlt, sich zu entschuldigen und darauf hinzuweisen, wie unsere Zeit gar nicht geneigt ist, von seiten der aufgeklärten Leute so etwas wie ein geistiges oder seelisches Leben anzunehmen. Binswanger spricht in seiner Broschüre über die ja sattsam bekannte Tatsache, daß in unserer Zeit die nervösen Krankheiten sich wesentlich vermehrt haben. Er spricht über verschiedene Ursachen, die dazu beigetragen haben, und sagt dann sehr bezeichnend auf Seite 10: «Es wird manchem von Ihnen befremdlich erscheinen, daß ich bei diesen nervösen Krankheitszuständen das Seelische so stark in den Vordergrund stelle.» Also, er ist ja ein Psychiater ganz nach materialistischer Art, muß aber doch unter den Ursachen gerade derjenigen Erkrankungen, die ihm naheliegen, das Seelische anführen. «Was hat das Seelische mit einem nervösen Magenleiden, mit einem nervösen Herzen, mit nervösen Schmerzen im Rücken, in den Armen und Beinen zu tun? Da kann ich Ihnen nach übereinstimmenden ärztlichen Urteilen nur sagen, daß im letzten Grunde der Dinge die krankhafte nervöse Reaktion in den verschiedensten

117

Körperorganen und Körpergebieten größtenteils auf Störungen seelischer Vorgänge beruht.»

Also wir sehen, wie die Tatsachen demjenigen, der durch seine Forschung genötigt ist, sich mit den seelischen Tatsachen zu beschäftigen, das Geständnis abringen, daß die Ursachen dessen, was man so vielfach nur materialistisch betrachtet: nervöse Magenleiden, nervöse Herzbeschwerden, nervöse Schmerzen im Rücken, ja selbst in den Gliedmaßen, in den Störungen des seelischen Lebens liegen.

Nun aber bleibt allerdings der heutige Forscher bei einem solchen Eingeständnis gewöhnlich stehen; er geht nicht weiter, geht ganz und gar nicht weiter. Denn was zunächst zugestanden werden muß, das ist, daß man nicht damit auskommt, nur im Körperlichen die Ursachen solcher Vorgänge, wie der angeführten, zu sehen, aber den Mut und die Kraft, nun wirklich auf irgend etwas Geisteswissenschaftliches einzugehen, den haben die Menschen noch nicht. Denn in dem Augenblick, wo sie irgend etwas Positives aus dem Gebiete der Geisteswissenschaft hören, da fühlen sie sozusagen, wie wenn sie keinen sicheren Boden mehr unter den Füßen hätten, wie wenn alles schwankend wäre, was man so nach den Methoden der Geistesforschung aus der geistigen Welt hervorholen kann. Für den Psychiater ist das, man möchte sagen, eine doppelt fatale Tatsache. Denn wenn die Ursachen für gewisse körperliche Zustände in den Vorgängen des seelischen Lebens liegen, dann muß man zugeben, daß die besten Mittel zur Beseitigung solcher Zustände auch in einer seelischen Behandlung liegen. Wie soll man aber eine Seele behandeln, wenn man sich keine Ahnung davon verschafft, wie die Seele mit dem Körper zusammenhängt? Es können sozusagen die Rezepte für die Wegbringung der geistigen Störungen ja nur aus der geistigen Welt entlehnt werden. Aber den Zusammenhang zwischen der geistigen Welt und der äußeren materiellen Welt erkennen, das kann man nur, wenn man etwas von der geistigen Welt weiß. Daher das Merkwürdige, das merkwürdig Unbestimmte, Unlogische, Sonderbare, was dann eintritt, wenn nun solche Leute wirklich positiv über den Zusammenhang des Körperlichen mit dem Seelischen sprechen wollen. Und das können wir bei demselben Forscher konstatieren. Ein paar Seiten weiter – Seite 23 – sagt derselbe Forscher etwas höchst Merkwürdiges; denn wo er davon sprechen will, welche Zuversicht er selber nach seinen Anschauungen über die Seelenkonstitution des Menschen für einen glücklichen Ausgang des deutschen Feldzuges hat, da sagt er: «Nach meiner Überzeugung wird das Heer siegen, dessen Soldaten die besseren Nerven haben, oder in anderer Fassung: den größeren moralischen Widerstand besitzen.»

Nehmen wir die Sache nur ganz ernst: Der Forscher, der also anerkennt, daß die Ursachen selbst für körperliche, sogenannte nervöse Störungen in seelischen Zuständen liegen, der sagt, daß diejenigen Soldaten sicher siegen werden, welche «die besseren Nerven haben, oder» – nun sagt er – «in anderer Fassung: den größeren moralischen Widerstand besitzen». Man kann sich kaum denken, daß jemand gewissermaßen einen größeren Unsinn zustande bringen kann – obwohl beide Sätze selbstverständlich absolut wahr sind – als zu sagen: Das eine ist eine andere Fassung des anderen. Denn man stelle sich nur einmal vor, jemand bilde sich eine ganz klare Vorstellung vom Nervensystem, könne dieses Nervensystem bis in seine geringsten Verzweigungen hinein verfolgen, und er nenne dann die stärkeren Nerven eines Menschen in anderer Fassung: den größeren moralischen Widerstand. Das heißt also: rein physisch-materielle Stränge sollen in anderer Fassung moralischer Widerstand sein! Über solche Dinge liest selbstverständlich der Leser der Gegenwart hinweg. Man macht die merkwürdigsten Entdeckungen, über was alles er hinwegliest, was er oft ungeheuer geistreich findet; aber solche Dinge sind nicht minder ein wirklicher reeller Unsinn, solange sie nicht auf das zurückgeführt werden, was die Geisteswissenschaft darüber zu sagen hat. Wie hat man nun geisteswissenschaftlich diese Dinge anzusehen?

Wenn wir die moralische Kraft eines Menschen, was ihn moralisch beseelt und durchseelt, ins Auge fassen, so ist dies zunächst etwas rein Geistiges, etwas, was nichts mit einem Materiellen zu tun hat. Und was wir die moralische Kraft der Seele nennen, das hat sie als geistige Kraft, insofern diese Seele der geistigen Welt angehört. Wenn nun diese Seele, wie es ja immer beim Aufwachen geschieht, in ihren Leib zurückkehrt, dann bedient sie sich des Leibes vom Aufwachen bis zum Einschlafen als eines Werkzeuges für die physische Welt. Vom Einschlafen bis zum Aufwachen lebt die Seele in der rein geistigen Welt, abseits vom Leibeswerkzeug, und sammelt auch dort ihre moralische Kraft. Aber in der physischen Welt können sich die Moralkräfte nur durch das Werkzeug des physischen Leibes betätigen. Da betätigen sie sich auch als geistige Kräfte. Im Ich und astralischen Leib des Menschen ist dasjenige tätig, was wir moralische Kraft nennen; das ist da drinnen etwas rein Geistiges. Aber was hat das, was da als rein Geistiges an moralischer Kraft im astralischen Leibe und Ich des Menschen ist, mit dem Nervensystem zu tun? Nun, ich will einen Vergleich gebrauchen. Genau so viel hat die moralische Kraft des Menschen mit seinem Nervensystem zu tun, als ich zu tun habe mit dem Boden, auf dem jetzt meine Füße stehen. Wenn der Boden nicht da wäre und darunter ein weiterer Boden, auf dem der erste ruht, so könnte ich als physischer Mensch nicht hier stehen. Der Boden muß da sein, aber er hat mit dem, was in mir selber ist, physisch nichts zu tun. Damit ich mich aufstellen kann, muß der Boden da sein. Ebenso müssen im physischen Leibe die Nerven da sein als bloßer Widerstand, damit die moralischen Kräfte des astralischen Leibes und des Ich in der physischen Welt Widerstand haben, erscheinen können, da sein können. Ich werde noch einen andern Vergleich gebrauchen, der aber schon ganz auf den Kern der Sache geht, obwohl es eines genaueren Durchdenkens wird bedürfen, um ganz einzusehen, was dahinter steckt. Ich werde einen Vergleich gebrauchen, der wiederum vom physischen Leben ausgeht.

Nehmen wir den Prozeß der Verdauung. Bei der Verdauung geschieht das, daß ein Teil des aufbewahrten Nahrungsstoffes in unseren Organismus übergeht, der andere Teil dagegen abgesondert wird. Wenn ein gewisser Teil der Nahrungsstoffe nicht abgesondert werden könnte, dann würde unsere Verdauung unmöglich sein. Diese Absonderung muß ganz regelmäßig vor sich gehen. Aber keinem Menschen wird es einfallen zu sagen, er ernähre sich von dem, was er absondert. Die Nervenprozesse, die nun in unserem Organismus vor sich gehen, wenn wir eine moralische Kraft in uns entwickeln, verhalten sich zu dem, was fruchtbar für uns ist, was wirklich in uns als eigentliches Menschenwesen ist, wie Absonderungen, richtig wie Absonderungsprozesse. Wenn wir einen bestimmten moralischen Impuls in der Seele geltend machen, dann ist das verbunden mit einem Absonderungsprozeß. Dieser Absonderungsprozeß, das was herausfällt, was wir sozusagen als Abfall in uns erzeugen müssen, das ist der Nervenprozeß. Und dieser Nervenprozeß verhält sich zu dem, was wir eigentlich tun, genau so, wie sich der Absonderungsprozeß bei der Verdauung verhält zu dem Aneignungsprozeß der Nahrungsmittel. Also diejenigen, welche den geistigen Prozeß des Bildens moralischer Impulse einen Nervenprozeß nennen, tun im Grunde genommen nichts anderes, als daß sie, nur auf einem anderen Gebiete, sagen, das menschliche Ernähren besteht im Absondern, und die dann die Absonderungsprodukte untersuchen, damit sie finden können, was eigentlich dem Menschen besonders zuträglich ist. So verkehrt verfährt eigentlich die materialistische Wissenschaft, indem sie das, was der Geist absondern muß, damit er sich entfalten kann, als das eigentliche Wesen betrachtet. Gerade das, was der Geist *nicht* brauchen kann, untersucht die moderne Wissenschaft, um hinter den Geist zu kommen. Sie verfährt dadurch ungefähr so, wie jemand verfahren würde, der den Darminhalt untersuchen würde, um zu erkennen, welche Stoffe der Mensch in seine Muskeln aufnimmt. Man muß sich manchmal hart aussprechen, wenn man die ganze Absurdität des modernen Materialismus ins Auge fassen will, weil das Trugbild, welches durch den modernen Materialismus entsteht, eine so überwältigende Überzeugungskraft für die verkehrten Anschauungen der Gegenwart hat, so daß man schon mit starken Worten darauf hinweisen muß, worinnen eigentlich die furchtbare Verkehrtheit besteht.

Nun werde ich von etwas ganz anderem ausgehen, um nachher wieder an das anzuknüpfen, was ich vorausgeschickt habe. Wir werden uns einmal die Frage vorlegen: Wie ist es denn mit den im

Verlaufe der Menschheitsentwickelung nach und nach erschienenen verschiedenen Religionssystemen? Da sind im Verlaufe der Menschheitsentwickelung verschiedene Religionslehrer aufgetreten und haben dies oder jenes über die Verhältnisse der geistigen Welt den Menschen mitgeteilt. Es gehört wirklich nicht besonders viel dazu, um im Hinblick auf diese Religionssysteme zu einem sehr gescheiten Urteile zu kommen, denn Gescheitsein – das haben wir an verschiedenen Urteilen aus unserer Zeit gesehen – ist nicht besonders schwer in unserer Zeit. Sie verstehen, wie das aufzufassen ist und daß nicht eine Kritik unseres Zeitalters damit gemeint ist. Es kann leicht ein sogenannter gescheiter Mensch darauf hinweisen, daß die verschiedenen Religionslehrer alle Verschiedenes gelehrt haben, und er kann daher zu der Ansicht kommen: also müßte alles nicht die Wahrheit sein; denn wenn es der Wahrheit entsprechen sollte, müßten sie alle dasselbe gelehrt haben. Und daraus könnte man dann wieder den Schluß ziehen, daß eigentlich alles Reden über die höheren Welten – durch die vielen Widersprüche, die sich dabei herausgestellt haben – nicht auf irgend etwas von der Wahrheit den Menschen Gegebenes zurückgeführt werden könnte.

Nun kann man sich die angedeutete Frage aber nur dann richtig beantworten, wenn man sich eine Vorstellung davon bildet, was man durch die Pforte des Todes mitnimmt von dem, was man hier auf der Erde durchlebt hat. Sie können sich leicht eine Vorstellung über das bilden, was man sich mitnimmt, wenn Sie daran denken: sobald Sie die Augen schließen und die Ohren sich zuhalten, so hören und sehen Sie nichts von Ihrer sinnlichen Umgebung. Und nun fragen Sie sich einmal: Wieviel von dem, was vom Morgen bis zum Abend die Seele an Eindrücken in sich birgt, und wieviel von dem, was sie an Vorstellungen in sich trägt, die Seele im Grunde genommen den Augen und Ohren verdankt? – Wenn man also keine Augen und Ohren hätte, so würde der weitaus größte Teil der Inhalte der menschlichen Seele überhaupt wegfallen. Aber nach dem Tode hat der Mensch ganz gewiß keine Augen und keine Ohren. Was er also durch Augen und Ohren aufnimmt, das kann er nicht anders als durch die Erinnerung durch die Pforte des Todes tragen. Darüber sollte es weiter kein Nachdenken geben, daß man das, was durch Augen und Ohren, überhaupt durch die Sinne aufgenommen wird, nur als Erinnerung durch die Pforte des Todes tragen kann. Ebenso ist es mit allem, was wir uns als Vorstellungen bilden, die durch die Sinneseindrücke veranlaßt sind. Und nun brauchen Sie nur darüber nachzudenken, was alles beim Eintritt in die geistige Welt zurückgelassen werden muß: alles wird zurückgelassen, was durch äußere Eindrücke an den Menschen herankommt.

Was muß also eine Vorstellung, die man durch die Pforte des Todes tragen soll, für eine Eigenschaft haben? Sie darf ganz gewiß nicht von irgendeinem äußeren Eindrucke hergenommen sein, und sie muß ganz gewiß die Eigenschaft haben, daß der materialistisch Gesinnte sagen kann: Was du dir da vorstellst, das ist ja gar nicht vorhanden; denn das kann man nicht mit Augen sehen, nicht mit Ohren hören. Also es muß eine solche Vorstellung die Eigenschaft haben, daß man ihren Gegenstand nicht äußerlich wahrnehmen kann, denn was man äußerlich wahrnehmen kann, das kann als Vorstellung nicht durch die Pforte des Todes gehen. Ich möchte hierbei bemerken, daß der Materialismus schon dadurch zu solchen Einwendungen verführt wird, daß er immerfort von Sein oder Nichtsein spricht und nicht recht weiß, was es eigentlich mit diesem Sein und Nichtsein auf sich hat. Es genügt für uns jetzt, daß wir bei der deutschen Sprache stehenbleiben. «Sein» ist von «sehen» hergenommen, kommt überhaupt von «sehen» her. Über dasjenige also, was mit dem Seinsbegriff belegt wird, wird überhaupt nichts anderes gesagt als: ich habe es einmal gesehen. Und alles sonstige Gerede über das Sein ist überhaupt nichts anderes als eine Verständigung über das, was gesehen worden ist. Daraus sollte man den Schluß ziehen, daß man in bezug auf die Dinge, welche man durch die Pforte des Todes trägt, nicht von Sein sprechen soll, denn das würde heißen: man muß diese Dinge mit physischen Augen gesehen haben.

Was wollten denn eigentlich die Religionsstifter den Menschen mit ihren Vorstellungen geben?

Sie wollten den Menschen solche Vorstellungen geben, welche den Geist innerlich stark machen, innerlich mit Leuchtekraft ausstatten, so daß der Mensch, wenn er durch die Pforte des Todes in die übersinnliche Welt geht, in diese so eintritt, daß er sein eigener Leuchter ist, daß er die Dinge dort von sich aus zu beleuchten in der Lage ist. Es kommt den Menschen sehr leicht an zu sagen: Wenn ich mir da von den übersinnlichen Welten erzählen lasse, wie kann ich dann wissen, daß alle diese Vorstellungen wirklich richtig sind? Denn nehmen wir einmal an, es verbreite jemand Vorstellungen über die übersinnliche Welt, diese Vorstellungen würden von einer Anzahl von Menschen angenommen – und sie wären falsch, oder einseitig, oder sie entsprächen nicht in demselben Sinne dem Richtigen, wie man so vom Richtigen spricht, wenn man über die äußere physische Welt spricht. Nehmen wir also an, diese Vorstellungen wären falsch, und eine Anzahl von Menschen hätten sie angenommen. In solchem Falle wäre es noch immer besser, wenn die Menschen diese falschen Vorstellungen angenommen hätten, als wenn sie gar keine Vorstellungen über die übersinnliche Welt aufgenommen hätten. Denn warum? Es ist deshalb besser, weil unsere Seele sich anstrengen muß, wenn sie überhaupt Vorstellungen über die übersinnliche Welt annimmt. Ob man richtige oder falsche Vorstellungen annimmt, man muß sich anstrengen, und diese Anstrengung zählt in der geistigen Welt, wenn wir durch die Pforte des Todes gehen. Diese Anstrengung ist es, die uns nach dem Tode zugute kommt, oder die uns überhaupt zugute kommt, wenn wir in die geistige Welt hineingehen. Denn nehmen wir an, wir hätten uns mit einer ganz verkehrten Anschauung über die geistige Welt durchdrungen, so haben wir dadurch, daß wir sie in uns aufgenommen haben, so wie ein Turner die Glieder ausbildet, unsere Seelenkräfte ausgebildet. Und was wir ausgebildet haben, das haben wir dann, das tragen wir hinein in die geistige Welt. Indem wir das hineintragen in die geistige Welt, haben wir dann dort etwas Ähnliches, wie wir hier dadurch haben, daß wir Augen haben. Wir sind dann nicht mehr blind in der geistigen Welt. Selbst wenn der Fall eintreten sollte, daß alles falsch wäre, was wir so aufgenommen ha-

124

ben, und wir uns überhaupt nur angestrengt haben, so haben wir dadurch unser seelisches Auge ausgebildet und haben nun die Möglichkeit zu sehen, was in der geistigen Welt vorhanden ist.

Nun liegen die Dinge so, daß dasjenige, was die verschiedenen Religionslehrer mitgeteilt haben, nicht etwa total falsch ist, sondern es ist von verschiedenen Standpunkten aus die Wahrheit über die übersinnliche Welt dargestellt worden und nur scheinbar sich widersprechend. Man muß das eine durch das andere ergänzen. Aber das Wesentliche, was allen diesen Religionssystemen gemeinschaftlich ist, das ist, daß alle diese Religionssysteme der menschlichen Seele Vorstellungen liefern, durch welche die Seele sich stark macht, um in die geistige Welt einzutreten, daß die Seele auferweckt wird in ihren geistigen Untergründen. Was dann die einzelnen Religionslehrer den Seelen geben, das geben sie nach den Fähigkeiten der Seelen, nach den, ich möchte sagen, Bedingungen der einzelnen Menschenrassen, nach den klimatischen Verhältnissen oder den sonstigen Verhältnissen des Landes und der Zeit, in der sie aufzutreten haben. Aber allen ist das gemeinsam, daß sie die Seelen der Menschen stark und kräftig machen, man kann auch sagen, innerlich leuchtend machen, damit die Seelen nicht nur in der physischen Welt real sind, sondern auch in der geistigen Welt real sein können. Seelenstärkung ist das, was als ein Universell-Wahres nach den verschiedenen Möglichkeiten in allen Religionssystemen gegeben worden ist.

Unsere Zeit ist nun in die Notwendigkeit versetzt, die geistige Welt nach und nach immer mehr und mehr anders aufzunehmen, als verflossene, vergangene Zeiten das konnten.

Gewisse Vorstellungen, die sich seit dem Aufblühen der neueren Naturwissenschaft einmal gebildet haben, muß unsere Zeit innerlich erstarken, innerlich erkraften, so daß die Seele gerade durch solche Vorstellungen fähig wird, in der geistigen Welt nicht tot, sondern lebendig zu sein. Dadurch kommt von selbst etwas Tieferes, etwas die Seele allerdings mehr Anstrengendes, aber Tieferes zustande, als die verschiedenen Religionssysteme zustande gebracht haben. Ich habe im Laufe der Jahre verschiedene Gründe angegeben, warum unsere Zeit zur Geisteswissenschaft berufen ist. Aber ich möchte sagen: Für den, der dem geistigen Leben nahesteht, zeigt sich gerade heute auf Schritt und Tritt, und das gehört eben überall zu dem Erschütternden unserer Zeit, daß zu den Einschlägen, zu den Fermenten, welche das Leben unserer Zeit bekommen muß, die Geisteswissenschaft gehört.

Es sind ja in den letzten Monaten viele, viele Seelen durch die Pforte des Todes gegangen, in Jugendkraft durch die Pforte des Todes gegangen. Ich habe schon darauf hingewiesen, daß nach dem gewöhnlichen Verlauf der Dinge jene Menschenwesen, deren Seelen so durch die Pforte des Todes gegangen sind, alle die Anwartschaft gehabt hätten, noch länger auf Erden zu leben. Wenn nun ein Mensch durch die Pforte des Todes geht, so wissen wir, er legt zuerst den physischen Leib ab, dann nach verhältnismäßig kurzer Zeit den Ätherleib. Dieser Ätherleib gehört dann der äußeren Ätherwelt an, und der astralische Leib und das Ich gehören dem Menschen weiter an. Über diesen Ätherleib sagt man gewöhnlich, er löse sich auf in der geistigen Welt. Aber die Zeit, in welcher er sich auflöst, ist sehr verschieden. Wenn ein Mensch uralt geworden ist im physischen Leben, also sozusagen ein normales Alter erreicht hat, dann hat er die Kräfte seines Ätherleibes verbraucht, und es löst sich dieser dann rasch auf. Geht aber ein Mensch in Jugendkraft durch die Pforte des Todes, so hätte ihm sein Ätherleib noch durch Jahrzehnte dienen können. Dieser Ätherleib ist eine zusammenhängende, in sich gefügte Organisation. Der löst sich im zweiten Falle nicht sogleich auf. Er trennt sich ab vom astralischen Leib und vom Ich. Diese gehen in der geistigen Welt ihre eigenen Wege; der Ätherleib jedoch trennt sich zwar ab, löst sich aber nicht sogleich auf. Es wird Ihnen nur natürlich erscheinen, daß der Mensch einen gewissen Zusammenhang mit dem Ätherleib behält, der sich zunächst abgetrennt hat, aber auch in der geistigen Ätherwelt vorhanden bleibt. Deshalb kann man sagen: In dieser geistigen Ätherwelt – absolut genommen, in der Erden-Aura-Nähe – sind eine außerordentlich große Anzahl von unverbrauchten Ätherleibern, von Ätherleibern mit frischen Kräften. Das ist das ganz besonders Eindrucksvolle in der gegenwärtigen Beobachtung der geistigen Welt, daß wir einer solchen großen Anzahl unverbrauchter Ätherleiber gegenüberstehen. Aber überall, wo wir an die Empfindungen herantreten können, welche die Toten in bezug auf diese ihre Ätherleiber haben, merken wir wiederum eines. Selbstverständlich sind diese Dinge so, daß Sie sie glauben können oder nicht; denn Anspruch auf Glaubwürdigkeit kann ich ja nur durch das haben, was den Ausführungen vieler Jahre, die ich Ihnen gemacht habe, an Wahrheitskraft innewohnte. Was man an Empfindungen der Verstorbenen gegenüber ihren Ätherleibern bemerkt, das ist, daß durch alle die Menschen, welche jetzt das Opfer des Todes gebracht haben, einem gewissermaßen geistig zugeflüstert wird: Die Zeit ist gekommen! Und recht anwenden wird die Menschheit das, was an unverbrauchten Kräften in unseren Ätherleibern ist, nur dann, wenn diese Menschheit sich bewußt wird, wie sie mit der geistigen Welt zusammenhängt! – Denn von diesen unverbrauchten Ätherleibern strahlen viele, viele Kräfte aus. Die kommen herein in unsere Welt, und diese Kräfte wird die Menschheit nur dann richtig anwenden, wenn sie die Gedanken auf die geistige Welt hinlenkt. Dann werden diese Kräfte der geopferten Ätherleiber der Menschheit fördernde Kräfte sein. Das ist es gewissermaßen, was die Toten uns heute zurufen: Verbraucht unsere Ätherleiber nicht umsonst; laßt nicht die Zeit vorübergehen, in welcher die Kräfte unserer unverbrauchten Ätherleiber dem geistigen Fortschritt der Menschheit dienen können!

Und das Besondere möchte ich noch sagen: Ich habe einmal oder vielleicht öfter ausgeführt, wie man den Verstorbenen zu Hilfe kommen kann. Besondere Umstände machen es ja möglich, daß die Verstorbenen etwas davon haben, wenn wir das, was wir uns als Geisteswissenschaft erobern, ihnen vorlesend zugänglich machen. Ich habe darauf hingewiesen, daß es für den, der durch die Pforte des Todes gegangen ist, viel bedeutet, wenn wir im Geiste ihm Geisteswissenschaftliches vorlesen, wenn wir ihn uns lebendig, lebensvoll geistig vorstellen und, selbstverständlich nicht laut, sondern wie in Gedanken – es können auch mehrere, können viele sein – ein

Kapitel der Geisteswissenschaft ihm vorlesen. Das erscheint denjenigen absurd, die da glauben, wenn der Mensch durch die Pforte des Todes tritt, ist die ganze geistige Welt um ihn herum, also brauchte er nicht von uns vorgelesen zu bekommen. Ganz so absurd ist es nicht. Selbstverständlich hat der Verstorbene die geistige Welt um sich herum, ist in ihr darinnen. Aber gerade so wenig, wie hier ein Mensch die Welt – die Sinneswelt – versteht, trotzdem er in ihr darinnen ist, wenn er nicht die Wissenschaft von ihr hat, so hat auch der Verstorbene nicht durch das Durchschreiten der Todespforte die Wissenschaft von der geistigen Welt, wenn er auch in ihr darinnen ist. Diese Wissenschaft muß vielmehr hier erworben werden. Wie etwas, was er als Nahrung empfängt, ist es für den Toten, wenn wir ihm vorlesen; das strömt in ihn ein. Und recht viel stärkende Kräfte kann die Menschheit für die nächsten Zeiten in bezug auf das Spirituelle dadurch bekommen, daß gerade jenes Mantram, welches ich jetzt immer am Beginne unserer Betrachtungen anwende, «Geister eurer Seelen, wirkende Wächter» und so weiter, mit der Veränderung «Sphärenmenschen» in bezug auf die Gefallenen, gebraucht wird. Wir können auch, während das sonst nur möglich ist bei solchen Verstorbenen, die wir selbst gekannt haben, gerade dieses Mantram an uns persönlich unbekannte Verstorbene richten; können, nachdem wir dieses Mantram recht andächtig gebraucht haben, vorlesen, ich möchte sagen, ins Unbekannte hinaus; und Tote, welche jetzt gerade durch unsere Ereignisse in den Tod gegangen sind, können es empfangen. Dann werden sie mit dem, was sie aus dem Zusammenhange mit uns schöpfen können, zurückwirken auf dem Umwege durch ihre Ätherleiber auf die Erdenkultur und werden mit den auf der Erde lebenden Menschen zusammenwirken, um das spirituelle Leben vorwärtszubringen.

Durch solche Dinge werden wir aber noch etwas anderes erreichen. Es ist ja ganz richtig, daß wir gewissermaßen in einer Zeit des trübseligsten Materialismus gelebt haben, und daß diese kriegerischen Ereignisse etwas ausgelöst haben, was einen wirklichen Anstrich von spirituellem Leben hat. Es ist in bezug auf das Geistige ein großer Unterschied gewesen, wenn man zum Beispiel im Juli des vergangenen Jahres noch, oder sonst früher durch Deutschland gereist ist und geistig die Menschen beobachtet hat, und wenn man im August, September, oder überhaupt jetzt es getan hat oder tut. Was als ein Unterschied hervortritt, das ist der, daß gewissermaßen früher jeder seine eigene egoistische Aura hatte, die sich eng abschloß, die sich gleichsam anlegte an den Menschen. Jetzt ist eine gemeinschaftliche Aura vorhanden, in welche die Gedanken als etwas Einheitliches hineinfließen. Daß alles an Gedanken nach einer Richtung hin zielt, ist auch in geistiger Beziehung etwas ungeheuer Bedeutungsvolles. Dadurch ist für die Zeit der kriegerischen Ereignisse etwas Spirituelles geschaffen, was vorher nicht da war. Das ist ganz unleugbar. Aber nun stellen Sie sich vor, wie es ja sein muß, daß wieder der Friede kommt. Dann würden die Seelen um so mehr veröden, wenn sie nicht aus ihrem Innern heraus etwas an spirituellem Gut finden könnten; denn das ist für jede Zeit dem Menschen notwendig, daß er an irgend etwas seine Gedanken hinrichtet, was nicht mit einer äußeren Realität etwas zu tun hat. Das stärkt ihn für die geistige Welt in irgendeiner Form. Wenn es Vorstellungen über die übersinnliche Welt sind, so stärkt es ihn in bezug auf die guten Kräfte der übersinnlichen Welt; wenn es nicht übersinnliche Vorstellungen sind, oder wenn es etwas ist, was in bezug auf das Übersinnliche nicht gerechtfertigt ist, so stärkt es ihn auch für die übersinnliche Welt, allerdings dann für die luziferische oder ahrimanische Welt. Aber der Mensch ist einmal so veranlagt, daß das Geistige in ihm sprechen will. Man könnte sagen: der Mensch muß etwas haben, was für die äußere Welt nicht wahr ist; und wenn er sich lange nicht darauf eingelassen hat, etwas in seine Seele aufzunehmen, was für die äußere Welt nicht wahr ist, dann kommt eine Reaktion, eine Reaktion in der Weise, daß er an etwas, was für die äußere Welt nicht wahr ist, glauben muß. In merkwürdiger Weise können dann solche Glaubensvorstellungen die menschliche Seele ergreifen. Gewisse, vom Materialismus überwältigte Seelen können ja äußerlich sogar fromm sein. Solche Seelen können diese Reaktion in einer besonderen Art erleben. Sie können sich zum Beispiel, man möchte sagen, unisono die Vorstellung bilden: irgendein Volk, das eine Kultur in sich hat, sei ein Volk von Barbaren, und können das zum Glaubensartikel machen. Von gewissen anderen Gesichtspunkten abgesehen, ist dieses nichts anderes als das Lechzen der Seele nach einem Glauben, nach irgend etwas, was in der physischen Welt keine Realität hat. Weil die Menschen nicht nach dem wahrhaft Übersinnlichen mehr die Blicke hinzulenken gewohnt sind, deshalb füllen sie die Seele mit dem Glauben aus: irgendein Volk sei ein Barbarenvolk. Das ist ein Glaube, ein Dogma geworden, dem man ebenso fanatisch anhängt, wie man einmal irgendwelchen religiösen Dogmen angehangen hat. Es ist ein Ersatz für einen lange entbehrten Glauben. Aber nun stelle man sich vor, daß dies nicht auf die Dauer geht. Wenn wieder Friede eingetreten sein wird, werden die Menschen nicht diesen realen Ersatz haben können, der sich in dem Glauben ausdrückt: irgendein Volk sei ein Barbarenvolk. Dann kommt die furchtbare Öde, die ganz furchtbare Öde. Und das ist etwas, was in Aussicht steht für diejenigen Gebiete, die heute in solcher zuweilen richtig abscheulich-verlogenen Weise sich einen Glauben schaffen, sich Dogmen schaffen. Für diese Gegenden wird furchtbare Seelenöde eintreten. Und diese Seelenöde wird nur bekämpft werden können, wenn in solcher Weise, wie es geschildert worden ist, die unverbrauchten Ätherkräfte der dem Todesopfer Geweihten in der richtigen Weise verbraucht werden, in der richtigen Weise angewendet werden. Daher sagen uns alle, gleichsam uns über den richtigen Verbrauch ihrer Ätherkräfte ermahnend, wie eine spontane, eine jetzt nach dem Tode getane Entdeckung ausdrückend: Es ist an der Zeit! Die Menschheit muß eine geistige Entwickelung durchmachen, und diese jetzigen Ereignisse müssen ein Dämmerungszustand sein, aus dem ein neuer Sonnenzustand hervorgeht.

Das ist das, was diejenigen durchdringen muß, welche schwere Verluste erleiden: daß in dem starken Maße, wie es notwendig ist, daß unsere Zeit spirituell wird, dies nur dadurch möglich ist, daß sie Hilfe bekommt aus der geistigen Welt. Aber die Mittel zu dieser Hilfe müssen durch solche schmerzlichen Ereignisse gewonnen werden, wie wir sie jetzt eben in unserer Gegenwart erleben. Für den Geistesforscher wird dadurch ganz von selbst klar, daß diese Ereignisse rein materialistisch nicht betrachtet werden dürfen. Aber man findet fast nur eine rein materialistische Betrachtung dieser Ereignisse. Man kann es erleben – was wir ja erlebt haben –, daß eine Anzahl von Leuten des einen Erdgebietes, die sich angefeindet fühlen, irgendeinen Aufruf erlassen, daß dieser Aufruf in andere feindliche Gebiete kommt; von diesen feindlichen Gebieten aus stellt man die Frage: Wer hat diesen Krieg gewollt? Oder man beschuldigt den anderen, er habe den Krieg gewollt. Dabei vergißt man immer und immer wieder, was für die tiefere Betrachtung der Verhältnisse klar sein muß, und von dieser tieferen Betrachtung der Dinge aus wird auch einiges Heil für die Zukunft kommen können: daß aus der geistigen Welt heraus alle diese Ereignisse wirklich gewollt sind, weil die geistige Welt diejenigen Kräfte braucht, die als Früchte aus diesen Saaten der unverbrauchten Ätherleiber kommen können. Und wenn man anschuldigen wollte, so müßte man zu gleicher Zeit die geistige Welt selber anschuldigen. Aber da wird einem das Beschuldigen vergehen. Denn da wird man aufmerksam auf die eherne Notwendigkeit, welche besteht, auf jene eherne Notwendigkeit, welche wirklich von dem Gesichtspunkte geistiger Welten aus auf unsere Erdenwelt herunterschauen muß, etwa wie wir auf etwas hinschauen müssen, wenn es notwendig wird, so und soviel zu verbrauchen, zu töten, aus einem Zusammenhang zu reißen, um irgend etwas anderes aufzubauen. Wir können kein Haus aufbauen, ohne daß wir so und so viele Felsgebiete zerstören; da können wir nicht von irgendeiner Schuld sprechen, da müssen wir von der Notwendigkeit sprechen. Also, es ist der geistigen Welt notwendig, diejenigen Opfer zu fordern, welche jetzt gefordert werden, weil Saaten notwendig sind. Diese Saaten sind eben die unverbrauchten Ätherleiber, die dann lebendig alles Werden der Menschheit durchdringen, und die da sein müssen, wenn die Entwickelung weitergehen soll, weil sonst der Menschheit die Kräfte fehlen würden, um weiterzukommen. Neben allem, was die heutigen Ereignisse äußerlich bedeuten, müssen wir, um die Ereignisse wirksam innerlich zu verstehen, dies voll ins Auge fassen.

Wenn wir so die Dinge betrachten, dann sagen wir uns: Wenn ich auch nicht von vornherein überschauen kann, ob alles richtig ist, wie man sagt, was ich aus der geistigen Welt aufnehme, *das* ist jedenfalls der Fall, daß ich dadurch, daß ich diese Offenbarungen aus der geistigen Welt mit meiner eigenen Seele vereinige, diese Seele anstrenge, ihr dadurch Kräfte zuführe, und daß dadurch meine Seele leuchtend wird für die geistige Welt, Augen bekommt für die geistige Welt. Nur sind die Bedingungen für die geistige Welt andere, als die Bedingungen für die physische Welt sind. Für die physische Welt können wir zufrieden sein, wenn wir einen Gedanken einmal gefaßt haben und wir seine Wahrheit einsehen. Im praktischen Leben der physischen Welt ist es auch hinreichend, wenn wir die Wahrheit eines Gedankens einmal eingesehen haben. Ich meine es so: Wenn ein Richterkollegium herausfinden will, ob ein Mensch schuldig ist in einer Sache, dann ist die Angelegenheit abgetan, wenn einmal die Vorstellung gefunden ist, dieser Mensch ist schuldig einer Tat. Dann ist alles getan, was nötig ist. In der geistigen Welt dagegen ist gar nicht alles getan, wenn man einmal einen Gedanken gefaßt hat, sondern da ist es notwendig, daß er immer wiederkehrt. Daher kommt es für die geistigen Verhältnisse auf die Wiederholung an. Es kommt nicht bloß darauf an, etwas von den Dingen zu wissen, sondern es immer wieder und wieder in der Seele gegenwärtig zu machen. Darauf beruht auch das meditative Leben, daß wir den Inhalt der Meditation im Wiederholen in der Seele gegenwärtig sein lassen. Dadurch wird das, was so immer gegenwärtig ist, in seiner Kraft wirklich so wirkend, wie wenn ein Tropfen immerfort auf einen Stein fällt und ihn zuletzt doch höhlt. Wenn der Tropfen einmal auf den Stein fällt, so macht er gar keinen Eindruck; wenn er zehnmal oder hundertmal darauffällt auch nicht; zuletzt aber höhlt er doch den Stein aus. Wenn wir so etwas in die Seele aufnehmen, dann könnte es scheinen, als ob es, einmal aufgenommen, gar nichts für die Seele bedeutet, zehnmal aufgenommen auch nicht; aber wenn wir Geduld haben, dann können wir es dahin bringen, daß wir den ewigen Wesenskern des Menschen gewahr werden. Denn auf die Kraft, die wir dabei entwikkeln, kommt es an; und diese Kraft wird vielfach von den Menschen geflohen, sie wollen sie nicht haben. Warum wollen sie diese Kraft nicht haben?

Warum die Menschen diese Kraft nicht haben wollen, warum sie heute noch eine Scheu haben vor der Geisteswissenschaft, das können wir uns dann beantworten, wenn wir ein wenig gerade wieder vom Gesichtspunkte der Geisteswissenschaft aus auf die Bedeutung geisteswissenschaftlicher Vorstellungen für das Leben nach dem Tode sehen. Diejenigen Vorstellungen sind die wichtigsten nach dem Tode, die nichts abbilden, was in der äußeren Welt vorhanden ist, die sich nicht auf ein äußeres Sein beziehen und von denen der derb-materialistische Mensch sagen kann: sie bedeuten ja nichts im Leben. Aber diese Vorstellungen sind die wichtigsten nach dem Tode. Denn das Bilden solcher Vorstellungen erfordert jene starke Kraft des Nachsinnens, des Nachdenkens, des Nachfühlens, welche die Seele stark macht, sie so macht, daß sie sich erlebt, sich erfühlt in der geistigen Welt. Solche Vorstellungen braucht also die Seele, wenn sie durch die Pforte des Todes geht.

Wodurch kann man nun solche Vorstellungen gewinnen? Das wissen wir schon: nur dadurch, daß man die Seele in stärkerem Maße anstrengt, als sie sich gewöhnlich sonst anstrengt. Denn um die Vorstellungen aufzunehmen, welche der heutige Naturforscher aufnimmt, dazu braucht man nur zu schauen, eventuell durch das Mikroskop oder durch das Teleskop. Da kann man sich hübsch passiv verhalten, bekommt dann die Eindrücke von der Welt und kann sie registrieren. So ist es ja oft: man liebt es nicht, innerlich sich anzustrengen. Denn was man nicht sieht, darüber muß man sich doch stärker anstrengen als über das, was man sieht; und dieses stärkere Anstrengen des Denkens scheut man, das flieht man. So ist man eigentlich – verzeihen Sie den harten Ausdruck – innerlich faul, innerlich bequem. Und das tiefste Charakteristikum des gegenwärtigen wissenschaftlichen Strebens ist diese innerliche Faulheit, diese Bequemlichkeit, dieses die Kräfte aus der Seele nicht Hervorholenwollen. Wenn man es aber nun tut, wenn man diese Kräfte aus der Seele herausholt, was bewirkt das nach dem Tode?

Ja, man hat gewissermaßen für das Leben nach dem Tode etwas von diesen herausgeholten Kräften, was man, weil man meistens in einer gewissen Illusion lebt, gewöhnlich gar nicht gern hat. Aber ich will gleich auf den Grund hindeuten, weshalb man es gewöhnlich nicht gern hat. Wenn man nämlich durch den Tod oder durch die Initiation in die geistige Welt eintritt, dann handelt es sich darum, daß man da hinter dem Tode etwas erleben muß, was gewissermaßen ein zweiter Tod ist. Eine Art zweiter Tod ist es. Sie wissen, man muß sich später auch wieder von seinem astralischen Leib abtrennen, und man kann das entweder bewußt durchmachen oder man kann es verschlafen. Aber es lebt in der Menschenseele eine geheime Sehnsucht, dies zu verschlafen, es nicht bewußt durchzumachen. Es lebt im Menschen eine gewisse Furcht, die nicht richtig interpretiert wird, nach dem Tode so stark aufzuwachen, daß man dann die Dinge alle bemerkt, die um einen sind. Diese Furcht ist allerdings ganz gleich derjenigen, die es dem Menschen hier angenehm machen würde, dieses physische Leben nicht gar so stark zu leben, nicht immer aufzuwachen, sondern etwas betäubt durch das Leben zu gehen. Das Leben ist dann angenehmer. Und wenn man gar immer im Bette liegen könnte, das Leben so im Halbschlaf verbringen könnte, dann wäre es am allerbequemsten. Aber es läßt sich nicht immer machen. Der Mensch muß aufwachen. Und wenn er bis zu dem Zeitpunkt, den ich andeutete, betäubt sein konnte über die Dinge nach dem Tode, so darf er jetzt nicht weiter betäubt sein nach dem Tode. Der Mensch muß aufwachen. Er hat aber noch Furcht davor. Daher sträuben sich selbst die, welche so nahe daran sind, die Geisteswissenschaft haben zu müssen, wie ein Forscher, der da sagt: selbst die nervösen Störungen im Rücken, in den Armen und Beinen beruhen auf Seelischem. Er sträubt sich, die Geisteswissenschaft anzunehmen, weil er heillose Angst davor hat. Er gleicht dann jemandem, der sagt: Da ist mir etwas abhanden gekommen, gestohlen worden; der Wind wird es schon nicht fortgetragen haben, also durch äußere Naturkräfte wird es nicht abhanden gekommen sein, also wird es ein Mensch weggetragen haben! Aber jetzt bleibt er dabei stehen. Er geht nicht weiter, weil er sich fürchtet, daß er dann durchgeprügelt werden könnte. So verhalten sich gewisse Forscher, wie zum Beispiel Binswanger. Sie sagen: Gewisse nervöse Störungen in den Armen, Beinen und so weiter haben ihre Ursache im Seelischen. Aber dann bleiben sie dabei; sie gehen nicht weiter, weil sie dann fürchten müssen, man könnte sie durchprügeln, pardon! – weil sie gern verschlafen, was in der geistigen Welt vor sich geht.

Es ist eine Empfindung, die wir uns aneignen müssen, daß gerade heutige Forscher mit der Nase auf die Wirksamkeit der geistigen Welt gestoßen werden, aber nicht an sie heranwollen. Wenn aber diese Forscher einmal an die geistige Welt heranwollen, so werden sie sich klar sein müssen, daß man nicht so im allgemeinen über die Verhältnisse der geistigen Welt reden darf, sondern daß man in positiver Weise auf die Geisteswissenschaft eingehen muß und daß dieses Eingehen auf die Geisteswissenschaft selbst schon eine Art von Heilungsprozeß wird. So hängen ja die Dinge zusammen. Nicht die eigentlichen Geisteskrankheiten haben sich vermehrt; das zu glauben wäre ein Irrtum. Aber in der Tat ist dasjenige in der neueren Zeit besonders stark ausgebreitet, was man nervöse Störungen nennen kann. Und wenn die Dinge so weitergehen, wie sie bis jetzt gingen, dann wird man erst finden, wie der Entwickelungsgang der Menschheit uns zeigt, daß die nervösen Störungen, wenn die alten Verhältnisse vorhanden bleiben, immer stärker und stärker werden müssen.

Es könnte da auf ganz interessante Tatsachen hingewiesen werden. Nehmen wir einmal eine sehr einfache Tatsache. Es gibt einen österreichischen Dichter: *Robert Hamerling* – ein ausgezeichneter Dichter, von dem ja auch in unserem Kreise einiges schon vorgetragen worden ist. Dieser Mann hat einen großen Teil der zweiten Hälfte seines Lebens im Bette zugebracht. Er war schwer krank; immer mehr und mehr verfiel er einer schweren Krankheit. Aber nervös ist er nicht geworden. Nichts zeigt an seinen Dichtungen einen nervösen Charakter. Selbst in Zeiten, in welchen er nur auf einer Seite des Leibes liegen konnte und unter den furchtbarsten Schmerzen schreiben mußte, schrieb er nicht im eigentlichen Sinne

nervös. Warum? Er gehörte jener mitteleuropäischen Kultur eben
an, welche noch nicht in demselben Maße in die Nervosität übergegangen ist wie das geistige Leben anderer europäischer Völker. Dieses geistige Leben verkleinert man ja dadurch nicht, aber man muß
sich doch klar sein über die Tatsachen. Ich habe es erlebt, wie,
nachdem in den siebziger, achtziger Jahren des vergangenen Jahrhunderts noch ein Verständnis vorhanden war für solche Dinge,
wie sie zum Beispiel Robert Hamerling darbietet, dann plötzlich in
den achtziger Jahren eine ungeheure Begeisterung einschlug für
Dostojewski. Ich will Dostojewski damit selbstverständlich nicht
verkleinern, aber was er uns vor allem darbietet, ist eine ganz nervöse, zappelige Kunst, bei aller Größe. Eine solche nervöse Kunst
würde kommen, wenn der Materialismus – und materialistisch ist
es, was Dostojewskische Kunst ist, wenn es auch «Psychologie»
ist – weiterströmt und immer weiter.

Soll das nicht kommen, so müssen die starken Kräfte kommen,
welche die Menschenseele aufwenden muß, wenn sie sich wirklich
hineinfinden soll in Gedankengänge wie: Saturn, Sonne und Mond
sind Vorstadien der Erdenentwickelung. Denn man soll einmal
einem richtigen Menschen der Gegenwart mit solchen Vorstellungen wie Saturnentwickelung, Sonnenentwickelung und so weiter
kommen und soll ihm zumuten, jene Gedankenanstrengung zu machen, um solche Dinge notwendig natürlich zu finden. Man kann
solche Vorstellungen als notwendig natürlich finden; aber dazu
müssen von der Seele stärkere Anstrengungen gemacht werden, und
die Folge ist: die Nervosität wird ausgetrieben! Man muß zwar Geduld dabei haben, aber die Nervosität wird ausgetrieben. Und was
sonst über die ganze Kultur der Menschheit kommen würde als
eine allgemeine Nervosität, das wird geheilt werden, wenn dasjenige
von der Menschheit ergriffen wird, was von der Geisteswissenschaft
durch die Verbreitung der geistigen Strömung ausgeht. Während
sonst die Menschheit zappelig werden würde, kommt die Geisteswissenschaft von der anderen Seite und bringt zugleich die Heilung.
Und während der Psychiater, bevor er in die Geisteswissenschaft
eingedrungen ist, sich zugestehen muß: die nervösen Erscheinungen

nehmen zu, wird er sich vielleicht nachher gestehen müssen, daß es das beste Heilmittel gegen die nervösen Erscheinungen ist, wenn er dem Kranken sagt: Nimm dir einmal ein Buch über Geisteswissenschaft, jeden Tag dreiviertel Stunden, und versuche es einmal zu verarbeiten; dann werden deine Nerven stärker werden. – Sie werden es auch. Aber glauben wird man die Sache erst dann, wenn man sich klar sein wird, daß nach dem zu Anfang des Vortrages herangezogenen Vergleich das Seelenleben nichts anderes zu tun hat mit dem Nervenleben, als daß es Absonderungsprozesse hervorruft; daß man das Seelenleben nicht kurieren kann, indem man auf die Absonderungsprozesse einen besonderen Wert legt, sondern indem das, was nichts mit den Absonderungsprozessen zu tun hat, von innen heraus gestärkt wird, durchdrungen wird von der Seele aus dadurch, daß die spirituellen Kräfte in die Seele einströmen. Die Zeit wird kommen, wo man nach der Geisteswissenschaft Rezepte schreiben wird, die darin bestehen werden, daß man dieses oder jenes, was nur von der Geisteswissenschaft gewonnen werden kann, besonders bei den Krankheiten der neueren Zeiten verwenden wird. Vorläufig sind wir natürlich noch lange nicht so weit; denn vorläufig wird man es noch lange als hinlänglich bewiesen halten, daß irgendeine Therapie ein Unsinn ist, wenn man sie mit der Vignette mystischer Methoden belegen kann, wobei man um so freigebiger ist mit dem Namen «Mystik», je weniger man weiß, was eigentlich Mystik ist. Denn den Ausdruck «Mystik» brauchen *wir* am wenigsten; wir brauchen ihn nur, wenn wir etwas technisch bezeichnen wollen; aber *die* brauchen ihn am allermeisten, die keine Ahnung haben, was Mystik ist.

Gerade wenn wir diese Dinge überschauen, werden wir uns nicht verhehlen, daß wir in einer sehr bedeutungsvollen Krisenzeit leben. Ich habe öfter gesagt: es ist nicht meine Art zu sagen, wir leben in einer Übergangszeit; denn ein jeder Zeitraum hat etwas Vorangegangenes und etwas, was ihm folgt. Aber es handelt sich eben darum, da, worin eine Zeit eine «Übergangszeit» ist, das Konkrete des Überganges zu erkennen. Für unsere Zeit besteht dies Konkrete darin, daß alles, was in unserer Zeit geschieht, uns darauf hinweist:

Es müssen die Menschen den Übergang finden zu einem Erfassen der spirituellen Welten. Dann werden sie in den spirituellen Welten Ruhe, innere Festigkeit, innere Sicherheit finden. Das ist das, was die Menschen unbedingt brauchen.

Wenn Sie sich so recht in der Seele beleben wollen, wie durch Geisteswissenschaft eine neue Art von Ruhe der Seele errungen werden muß, so ist es gut, folgenden Stoff zur Meditation zu nehmen: Es ist wirklich bedeutungsvoll, daß seit drei bis vier Jahrhunderten die Menschen sich allmählich der Vorstellung anbequemen mußten, daß sie durch den Weltenraum rasen, richtig durch den Weltenraum rasen. Gewiß, daß er es weiß, kann jeder sagen; aber die Menschen denken gewöhnlich nicht darüber nach, daß sie schon in der Schule lernen, daß sie mit einer riesigen Geschwindigkeit durch den Weltenraum rasen. In dieser Beziehung könnte man fast an den erinnern, der einmal in einem Graben lag, zwar ganz bequem lag, doch furchtbar unzufrieden war; und als er gefragt wurde, warum er so unzufrieden sei, da er doch nichts zu tun habe, antwortete er: ja, er müsse doch die Umdrehungen der Erde um die Sonne mitmachen, und er fände es bequemer zurückzubleiben. Das war also einer, der das Denken der Umdrehung ernst genommen hatte. Daran denken ja die Menschen gewöhnlich nicht, aber es lebt ja auch das in dem Menschen, woran man gewöhnlich nicht denkt. Also, um den Gedanken fortzusetzen: In den letzten drei bis vier Jahrhunderten haben sich die Menschen gewöhnt, mit ihren Vorstellungen mitzugehen mit der durch den Weltenraum rasenden Erde. Dem muß aus dem Weltenraum Widerstand geboten werden. Es ist wirklich wahr, daß etwas Beruhigendes in dem alten Glauben war, daß die Erde stille stehe, und daß die Sonne sich bewege. Nun wird es noch lange bis dahin sein, daß man das Unrichtige der kopernikanischen Weltansicht einsehen wird; denn so ist die Sache nicht, wie sie heute gelehrt wird. Aber dahin kann man kommen, daß man gewissermaßen durch die Belebung der Vorstellungen der geistigen Wissenschaft sich in die Lage versetzt, in der ein Mensch ist, der in einem Eisenbahnwagen sitzt oder auf einem Schiffe fährt und der nun gegen das Poltern sich innerlich anstrengen kann, daß er nichts davon hört, sondern ganz «bei sich» ist. Das kann man heute nur mit den geisteswissenschaftlichen Vorstellungen. Aber man muß berücksichtigen, daß immer wiederkehrende Wiederholung dazu notwendig ist, weil es auf die Kraft ankommt, die daraus entsteht. Dann bleibt man gleichsam in sich, bei sich, ruhig und sicher. Und dies möchte ich als eine gute Meditationsvorstellung bemerken: Zu uns einsteigen können die Mächte der geistigen Welt, wenn wir ihnen diese Ruhe richtig entgegenbringen. Nur dadurch können sie uns bewußt werden, daß wir ihnen durch solches Vorstellungsleben, wie es charakterisiert worden ist, entgegenkommen.

Das charakterisiert die Übergangszeit, in der wir leben; in diesem Übergang sind wir wirklich darinnen. Die Sehnsucht nach der geistigen Welt ist in den Seelen durchaus vorhanden, wenn es auch die meisten heute noch nicht wissen. Aber aus dem, was jetzt als ganz besondere Ereignisse einen so großen Teil der Erde ergriffen hat, wird sich eine bewußte Sehnsucht nach der geistigen Welt entwikkeln. Dies kann man als Geistesforscher heute schon wissen: daß alle die hingeopferten unverbrauchten Ätherleiber die tiefste Sehnsucht nach der geistigen Welt loslösen werden. Diese tiefste Sehnsucht wird kommen, Sehnsucht nach einer Wahrheit, die nicht durch äußere Beobachtung, sondern innerlich durch die Anstrengung der Seele errungen werden muß. Darauf ist in der Tat der deutsche Geist vorbereitet. Er ist vorbereitet auf solche Wahrheit, die durch sich wahr erscheint und nicht dadurch, daß sie äußerlich bewahrheitet wird. Dazu ist der deutsche Geist vorbereitet. Und überall findet man die Beweise dafür. Diejenigen, die so recht im Wesen des deutschen Geistes gestrebt haben, sie haben ja immer in ihren Gedankenformen die Art gehabt, über die Wahrheit als einer innerlichen Gabe der Menschenseele zu sprechen. Was wäre es denn, was heute ein solcher sagen würde gegenüber manchem, was wir in unsern Tagen erleben? In den ersten Augusttagen konnte man in ausländischen Zeitungen lesen: Hamburg ist ein Trümmerhaufen; die Russen sind in Stettin, sogar in Köln eingezogen. Noch ganz andere Dinge waren verbreitet. Kaiser Franz Joseph starb bekanntlich am 8. September. Was wäre es, was ein solcher oben Charakterisierter demgegenüber sagen würde?

«Messing statt Goldes, nachgemachte Wechsel statt echter mögen von einzelnen verkauft, eine verlorene Schlacht als eine gewonnene mehreren aufgeheftet, und sonstige Lügen über sinnliche Dinge und einzelne Begebenheiten auf eine Zeitlang glaubhaft gemacht werden, aber in dem Wissen von dem Wesen, worin das Bewußtsein die unmittelbare Gewißheit seiner selbst hat, fällt der Gedanke der Täuschung hinweg.»

Das würde tief aus dem heraus, was man heute erfahren mußte, geschrieben sein. *Hegel* hat es geschrieben, und er ist im Jahre 1831 gestorben. Es ist das Eigentümliche: wenn jemand tief ergriffen ist von der inneren Natur der Wahrheit, dann sagt er Dinge, die für alle Zeiten wahr sind; dann kann man das, was also aus dem Bewußtsein der Wahrheit heraus gesprochen worden ist, zu allen Zeiten anführen. Das ist das, was man über die Eigentümlichkeit des mitteleuropäischen Geistes sagen muß, über sein ganz besonderes Verhältnis zur Wahrheit, und was unleugbar ist für den, der sich Mühe gibt, die Dinge kennenzulernen. Heute hat man ja das Gefühl, daß man oft sagen muß: Wozu haben die Menschen Geschichte gelernt? Sie haben sie vielleicht auch nicht gelernt. Es ist ja doch so, als ob die Seelen erst nach dem 1. August 1914 geboren worden sind und gar nicht das, was früher geschehen ist, zu Hilfe nehmen, um ein Urteil zu gewinnen. Aber alles das ist zuletzt nur dazu da, um die Reaktion um so stärker und intensiver zu machen, um so stärker und intensiver in den Seelen das Bedürfnis nach innerlich wahrhaftiger Wahrheit zu erzeugen. Das ist die Natur des Überganges in unserer Zeit, in der so vielfach fehlt und sich als so fehlend zeigt dieses innerliche Verbundensein mit der Wahrheit. Es wird als Reaktion entstehen eine tiefste Sehnsucht nach der Wahrheit. Dann werden die Seelen, die hier in Leibern verkörpert sind, hören, was jene Seelen zu ihnen sprechen, die sich durch den Opfertod der jetzigen Zeit bereitet haben, von der Wahrheit mehr zu erkennen, als man heute gemeiniglich erkennt.

Das ist es, was ich in dieser Stunde habe sagen wollen, um von neuem zu bekräftigen, was ich öfter gerade in dieser Zeit ausgesprochen habe über das lebendige Sprechen der Zeitereignisse zu uns. Denn wirklich: diese Zeitereignisse sprechen davon. Sie sprechen denjenigen, die mutvoll sich ihnen widmen, die opferfreudig sich ihnen widmen, die trauernd heute schon auf die Zeit hinsehen, sie sprechen ihnen Mut und Trost zu – Mut und Trost zu neuer Kraft:

> Aus dem Mut der Kämpfer,
> Aus dem Blut der Schlachten,
> Aus dem Leid Verlassener,
> Aus des Volkes Opfertaten
> Wird erwachsen Geistesfrucht –
> Lenken Seelen geistbewußt
> Ihren Sinn ins Geisterreich.

Meine lieben Freunde, wir gedenken zuerst derjenigen, die draußen auf den großen Feldern der Ereignisse der Gegenwart stehen:

> Geister eurer Seelen, wirkende Wächter,
> Eure Schwingen mögen bringen
> Unserer Seelen bittende Liebe
> Eurer Hut vertrauten Erdenmenschen,
> Daß mit eurer Macht geeint,
> Unsre Bitte helfend strahle
> Den Seelen, die sie liebend sucht.

Und für diejenigen, die infolge dieser Ereignisse schon durch die Pforte des Todes gegangen sind:

> Geister eurer Seelen, wirkende Wächter,
> Eure Schwingen mögen bringen
> Unserer Seelen bittende Liebe
> Eurer Hut vertrauten Sphärenmenschen,
> Daß mit eurer Macht geeint,
> Unsre Bitte helfend strahle
> Den Seelen, die sie liebend sucht.

Der Geist, den wir durch unsere erstrebte Geist-Erkenntnis suchen, der Geist, der zu der Erde Heil, zu der Menschheit Freiheit und Fortschritt durch das Mysterium von Golgatha gegangen ist, der sei mit euch und euren schweren Pflichten!

Am heutigen Abend möchte ich einiges von den Erkenntnissen über den Zusammenhang unserer physischen Welt mit der geistigen Welt zur Betrachtung bringen, indem ich anknüpfe an etwas intimere Ereignisse innerhalb unserer eigenen Bewegung. Innerhalb dieses intimen, geschlossenen Kreises ist ja solches möglich. Und vor allen Dingen weiß ich, daß ich die Mitteilungen verantworten kann vor denjenigen, welche während ihres physischen Lebens unsere Mitglieder geworden sind, die sie auch während ihres weiteren Lebens bleiben werden, und auf welche sich einige der Tatsachen beziehen sollen, von denen ich heute zu sprechen gedenke.

Es war gerade in den letzten Wochen, meine lieben Freunde, wo Karma das gebracht hat, daß ich, weil ich an dem betreffenden Orte, wo die Einäscherung lieber Freunde stattfand, gerade verweilen konnte, bei dieser Einäscherung zu sprechen hatte. Und es hing dies Ganze wohl auch zusammen mit einer anderen Tatsache, mit der Tatsache, daß es mir gerade nahelag, in Anknüpfung an diese Persönlichkeiten gewisse bemerkenswerte Eindrücke aus ihrem Sein in der geistigen Welt zu erhalten, nachdem sie kurz vorher, eben tagelang vorher nur, durch die Pforte des Todes gegangen waren.

Ich habe es ja öfter erwähnt: ob man von dieser oder jener Tatsache der geistigen Welt Eindrücke bekommt, das hängt von mancherlei Umständen ab. Es hängt vor allen Dingen davon ab, wie stark es möglich ist, einen wirklich inneren Zusammenhang, einen starken inneren Zusammenhang mit den betreffenden Seelen auszugestalten. Das kann sich so herausstellen, daß manchmal man in dem Glauben lebt, mit dieser oder jener Seele müsse man einen ganz besonderen Zusammenhang haben. Und dennoch ist dann das weniger der Fall. Bei manchen Seelen lernt man erst durch dasjenige, was man dann erfährt, kennen, daß eben ein solcher Zusammenhang leichter herzustellen war.

Nun stellte sich gerade in den drei Fällen, von denen ich zuerst sprechen möchte, meine lieben Freunde, das intensivste Bedürfnis ein, Eindrücke zu empfangen unmittelbar nach dem Tode, welche mit dem ganzen Wesen dieser Seelen zusammenhingen. Ich möchte sagen, das ergab sich eben in diesen Fällen wie von selbst. Nicht wahr, man kann ja, wenn man bei einer Grabesfeier zu sprechen hat, selbstverständlich in Anknüpfung an das Mannigfaltigste sprechen, aber in diesen drei Fällen ergab sich wie eine innere Notwendigkeit, wirklich intensiv anzuknüpfen an das Wesen der betreffenden Seelen, gleichsam bei der Einäscherungsfeier dieses Wesen der betreffenden Seelen in Worte zu kleiden. Das war aber nicht so, als ob ich mir vorgenommen hätte, gerade bei diesen Todesfeiern das Wesen dieser betreffenden Seelen zu charakterisieren, sondern es ergab sich wie eine erleuchtende Notwendigkeit, daß es so sein müsse. Ich will damit gar nicht sagen, daß es in anderen Fällen ebenso sein müsse. Diese erleuchtende Notwendigkeit, die ergab sich deshalb bei einer der Seelen, weil mir – das sage ich also nicht als Gesetz, sondern als Erfahrung, als Erlebnis –, weil mir eben nach dem Tode von der geistigen Welt her die Impulse kamen, dieses Wesen der Seele zu charakterisieren. Ich brauchte keine Worte zu machen; die Worte ergaben sich, die Worte kamen. Und wir werden nachher sehen, meine lieben Freunde, warum das gerade so war, aus einigen Andeutungen, die schon gemacht werden können über das weitere Leben der betreffenden Seele nach dem Tode.

Zunächst muß ich, damit das Ganze verstanden werden kann, einiges eben bemerken über die besondere Natur solcher Erlebnisse. Wenn man hier in der physischen Welt Eindrücke haben will, dann stellt man sich den Dingen gegenüber. Man macht sich Gedanken, je nachdem man die Dinge sieht, hört oder betastet; man weiß, man ist es selbst, der sich diese Gedanken macht. Wenn man mit einer Seele, die durch die Pforte des Todes gegangen ist, zu tun hat, dann merkt man sogleich, daß alles, was man selbst macht vielleicht an Gedanken, an Worten, eigentlich einen entfernt von dem betreffenden Wesen; daß da notwendig ist, sich ganz dem hinzugeben, was sich in einem macht. Und wenn man die Eindrücke in Worte prägen will, so muß man in der Tat in sich selbst die Möglichkeit haben, daß sich diese Worte in einem bilden, daß man nichts dazu tun kann, damit sich diese Worte so gerade bilden. Man muß innerlich hinhören können auf die Worte. Und indem man innerlich hinhört, hat man zugleich die Gewißheit: diese Worte sind nicht von einem selbst ausgesprochen, sondern von der Wesenheit, die durch die Pforte des Todes gegangen ist.

So war es, als in den letzten Wochen ein an Jahren älteres Mitglied von uns von dem physischen Plan hier gegangen ist. Ein älteres Mitglied, das sich durch eine längere, größere Anzahl von Jahren wirklich tief herzlich in unsere Bewegung eingelebt hat, für ihr Gefühl, für ihr Gemütserlebnis in sich belebt hatte dasjenige, was an Ideen, an Vorstellungen unsere Geisteswissenschaft geben kann. Mit ungeheurer Hingebung hatte sich die betreffende Persönlichkeit identifiziert in ihrer Seele mit alldem, was durch unsere Geisteswissenschaft wellt und wallt. Nun kam es darauf an, gewissermaßen sich diesem Eindrucke zu überlassen, der von dieser Seele ausging. Und merkwürdigerweise war es so, das konnte konstatiert werden, daß sogar wenige Stunden, nachdem der physische Tod eingetreten war, nicht bloß gewisse Worteindrücke, sondern schon in hörbare, wirkliche Worte sich prägende Eindrücke wie eine Charakteristik der betreffenden Seele sich ergaben. Zu diesen Worten konnte nichts anderes getan werden als nur, daß möglichst der Versuch gemacht werde, rein aufzufassen dasjenige, was durch das eigene Innere die betreffende Seele sprach, denn man muß es durchaus ein solches Sprechen nennen. Und da waren es dann eben die Worte, die ich dann auch bei der Einäscherung sprach. Es waren die Worte, die, wie gesagt, nicht meine Worte waren, sondern die die Worte waren – und ich bitte genau die Worte zu erwägen, die ich nun gebrauche –, die von der betreffenden, durch den Tod gegangenen Seele herkamen:

In Weltenweiten will ich tragen
Mein fühlend Herz, daß warm es werde
Im Feuer heil'gen Kräftewirkens;

In Weltgedanken will ich weben
Das eigne Denken, daß klar es werde
Im Licht des ew'gen Werdelebens;

In Seelengründe will ich tauchen
Ergebnes Sinnen, daß stark es werde
Für Menschenwirkens wahre Ziele;

In Gottes Ruhe streb' ich so
Mit Lebenskämpfen und mit Sorgen
Mein Selbst zum höhern Selbst bereitend.

Nach arbeitsfreud'gem Frieden trachtend,
Erahnend Weltensein im Eigensein
Möcht' ich die Menschenpflicht erfüllen;

Erwartend leben darf ich dann
Entgegen meinem Seelensterne,
Der mir im Geistgebiet den Ort erteilt.

Und dann, als ich die Worte noch einmal sprach am Ende der
Leichenrede, dann mußte ich sie, ohne daß ich das vorher gewußt
hatte, am Schlusse umändern und so sprechen:

Erwartend leben darf ich dann
Entgegen meinem Schicksalssterne,
Der mir im Geistgebiet den Ort erteilt.

Nun war es klar, was das war. Es war der Versuch bei der betreffenden Persönlichkeit, dasjenige, was sie aufgenommen hatte durch
Jahre in den geisteswissenschaftlichen Gedanken, Ideen, Gefühlen
und Empfindungen in das eigene Wesen, das nun durch den Tod
gegangen war, so einzuprägen, daß die Ideen, die Empfindungen
Kräfte wurden, die diese Persönlichkeit, dieses Wesen nach dem
Tode gestalteten und prägten. Also diese Persönlichkeit hatte die
Ideen und Vorstellungen der Geisteswissenschaft verwendet, um
das eigene Wesen gleichsam zu zeichnen, zu prägen; aber so zu
prägen, wie dieses Wesen dann wirklich seelisch weitergeht in der
geistigen Welt.

Kurz darauf verloren wir für den physischen Plan eine andere
Freundin unserer Bewegung, ein anderes Mitglied. Und bei diesem
Mitglied war wiederum die intensive Notwendigkeit da, das Wesen
zu charakterisieren. Aber es konnte nicht so geschehen, wie es in
dem eben erwähnten Falle geschehen war. In dem eben erwähnten
Falle war wirklich in den Worten, wie sie geprägt waren, das ganz
so, daß man sagen konnte: Eine Seele, die da durch die Pforte des
Todes gegangen ist, sprach sich aus, als was sie sich fühlte und was
sie werden wollte; sie sprach sich selbst aus. In diesem zweiten Falle, da war es so, daß man sich mit der eigenen Seele wie gegenüber-

zustellen hatte und zu betrachten hatte geistig das Wesen der betreffenden Seele. Dann sprach sich diese Seele auch aus, aber sie sprach sich in solchen Worten aus, die eben doch aus der betrachtenden Seele heraus das Material zur Selbstcharakteristik nahmen. So daß dasjenige, was da die Seele tat, die durch die Pforte des Todes gegangen war, nur eine Anregung war, um dasjenige, was man ihrem Wesen gegenüber jetzt, nachdem sie durch die Pforte des Todes gegangen war, fühlen mußte, auszusprechen. Und da entstanden dann die folgenden Worte, die nachgesandt werden mußten bei der Einäscherungsfeier:

Du tratest unter uns,
Deines Wesens bewegte Sanftmut
Sprach aus deiner Augen stiller Kraft –
Ruhe, die seelenvoll belebt,
Floß in den Wellen,
Mit denen deine Blicke
Zu Dingen und zu Menschen
Deines Innern Weben trugen.
Und es durchseelte dieses Wesen
Deine Stimme, die beredt
Durch des Wortes Art mehr
Als in dem Worte selbst
Offenbarte, was verborgen
In deiner schönen Seele weset,
Doch das hingebender Liebe
Teilnahmvoller Menschen
Sich wortlos auch enthüllte:
Dies Wesen, das von edler, stiller Schönheit,
Der Welten-Seelen-Schöpfung
Empfänglichem Empfinden kündete.

Als nun diese Worte am Beginn und am Ende der Leichenrede gesprochen waren, begann die Einäscherung. Und es war nun möglich zu beobachten, meine lieben Freunde, daß dieser Moment – also wohlgemerkt, nicht der Moment, während dem gesprochen worden ist, sondern der Moment, wo die Wärme des Ofens den Körper ergriff –, daß dieser Moment derjenige war, wo – ich werde darüber genauer nachher sprechen – eine Art ersten bewußten Augenblickes nach dem Tode eintrat. Ich sage «bewußten Augenblikkes» und meine das so: gleich nach dem Tode ist ja eine Rückschau vorhanden auf dasjenige, was im ätherischen Leibe als ein Lebenstableau erscheint. Das geht aber nach einigen Tagen hinweg. Nun war gerade damals die Notwendigkeit gegeben, daß die Zeit ziemlich lang dauerte zwischen dem Tod und der Einäscherung. Mittwoch abends um sechs Uhr trat der Tod ein; am nächsten Montag um elf Uhr fand die Einäscherung statt. Da war also bereits eingetreten das Hinweggehen dieses Bildes, dieses Lebenstableaus. Also der erste Moment von einiger Bewußtheit nach dem Lebenstableau trat dann ein, als die Hitze des Feuerofens den Leib ergriff. Und da zeigte sich denn klar, daß die Art des Anschauens, die Art der ganzen Weltbetrachtung für ein solches geistgewordenes Wesen eine andere ist, als sie ist für die Menschenseele, solange sie im physischen Leibe ist. Im physischen Leibe sehen wir die Dinge des Raumes so, daß sie stehenbleiben, wenn wir uns von ihnen entfernen. Wenn hier ein Stuhl steht und ich sehe ihn, und ich gehe dann ein Stückchen weiter weg und ich schaue mich um, dann ist der Stuhl noch da. Ich schaue auf ihn zurück. Wenn ich weitergehe, so ist der Stuhl immer noch da, er bleibt stehen. Während wir im physischen Leibe leben, ist das für die Ereignisse, die sich in der Zeit abspielen, nicht so. Die Ereignisse, die wir in der Zeit haben an uns vorüberziehen lassen, die bleiben nicht stehen. Ein Ereignis, das an uns vorübergezogen ist, das ist vergangen, und wenn wir zurückblicken, so können wir nur in der Erinnerung zurückblicken. Nur unsere Vergangenheit verbindet uns mit dem Ereignis. So ist es nicht für ein Geistwesen. Das sieht die Ereignisse als stehengeblieben, so wie wir hier die Dinge im Raume als stehengeblieben sehen. Und so war der erste Eindruck, den die Seele hatte, von der ich sprach, der von der Leichenfeier mit alledem, was da getan und gesprochen worden ist. Diese Leichenfeier war ja eben schon fünf bis zehn Minuten vorüber, aber für die Tote war sie noch da, stand sie da, wie sonst für den physischen Menschen nur die Dinge im Raum dastehen. Und der erste Eindruck war das Zurückblicken auf dasjenige, was da gesprochen worden war; also vor allen Dingen auf die Worte, die ihr jetzt ertönten, auf die Worte, die ich eben vorgelesen habe. Es ist da wirklich so, wie Wagner aus einer tiefen Intuition gesagt hat: «Die Zeit wird zum Raum.» Es ist dasjenige, was vergangen ist, nicht vergangen für das geistige Erleben, sondern es steht da, wie für die physischen Menschen die Dinge im Raum dastehen. Das war also der erste Eindruck nach dem Tode, diese Leichenfeier und was dabei gesprochen worden ist. In diesem Falle war das nun so, daß man dieses Zurückblicken und dieses gleichsam Anschauen dessen, was bei der Leichenfeier geschehen war, nicht nennen kann ein endgültiges Aufleuchten des Bewußtseins, denn nachher trat wiederum der Dämmerzustand ein, von dem ich sprechen werde, und erst nach einiger Zeit trat wiederum ein solches Aufleuchten des Bewußtseins ein. Wiederum, langsam und allmählich, tritt das Aufleuchten des Bewußtseins ein. Das dauert Monate, bis es so völlig da ist, daß wir davon sprechen können, daß der Tote die geistige Welt voll um sich hat. Aber später, eben durch ein späteres Aufleuchten des Bewußtseins, zeigte sich gerade bei dieser Persönlichkeit ein intensives Bedürfnis, immer wiederum zu diesem Momente, gerade zu diesem Momente hinzuschauen, diesen Moment klar ins Auge zu fassen. Dieses steht in vollem Einklange, wie ich gleich auseinandersetzen werde, mit dem, was man wissen kann über das ganze Verhalten des Menschen nach dem Tode.

Ein dritter Fall ist ja derjenige, welcher insbesondere unsere lieben Berliner Mitglieder auch intensiv berühren wird, es ist der Fall unseres kürzlich verstorbenen Freundes und Mitgliedes *Fritz Mitscher*. Fritz Mitscher ging ja durch die Pforte des Todes kurz vor seinem dreißigsten Jahr, vor der Vollendung seines dreißigsten Lebensjahres. Er wäre dreißig Jahre alt geworden am 26. Februar, der jetzt kommt.

Bei Fritz Mitscher traten ja mit der Hinlenkung der Gedanken auf sein Wesen nach dem Tode vor allen Dingen die Anregungen in die eigene Seele, die betrachtende Seele hinein, die ausgingen von seiner so intensiven Hingabe an unsere geistige Bewegung. Er war ja in dieser Beziehung geradezu eine musterhafte Persönlichkeit. Eine musterhafte Persönlichkeit in der Weise, daß er, der ja eine zur Ausbildung von Gelehrsamkeit neigende Natur war, wirklich aus einer inneren Notwendigkeit, einem tieferen inneren Bedürfnis heraus, die Anlage immer mehr und mehr entfaltete, seine ganze Gelehrsamkeit, die er sich aneignen mochte, in den Dienst der geisteswissenschaftlichen Bewegung zu stellen. Er war damit gerade eine von denjenigen Persönlichkeiten, welche so notwendig sind im Gang unserer geisteswissenschaftlichen Weltanschauung. Dessen bedarf die Gegenwart, daß die äußere Wissenschaft, das äußere wissenschaftliche Streben durch die Seele so verwendet werde, daß dieses äußere wissenschaftliche Streben gleichsam einläuft in die aus der geistigen Welt heraus gewonnenen Erkenntnisse, zu denen wir uns hinneigen wollen. Und das beseelte die jugendliche Seele Fritz Mitschers. So daß das Gefühl vorhanden sein mußte, schon indem man ihn hier im Leben betrachtete: Er ist auf einer sehr, sehr rechten Bahn gegenüber unserer Bewegung.

Nun werden sich die Freunde erinnern an etwas, was ich bei Gelegenheit eines anderen Todes vor Jahren gesagt habe: Gerade bei solchen Persönlichkeiten, die gewissermaßen dasjenige, was in der Gegenwart physische Wissenschaft geben kann, in sich aufgenommen haben, stellt sich heraus, wenn sie frühzeitig durch die Pforte des Todes gehen, daß sie bedeutsame Mitarbeiter werden nach dem Tode an unserer geistigen Bewegung, die ja nicht angewiesen ist bloß auf diejenigen Seelen, die hier im Leibe weilen. Hätten wir nicht die Kräfte der Seelen, die mit Erdenwissen durch die Pforte des Todes gegangen sind und dort verbleiben in Verbindung mit dem Willen, der durch unsere Bewegung strömen soll, so könnten wir ja gewiß in unserer jetzigen materialistischen Zeit die Hoffnung nicht hegen, die wir hegen müssen in so starkem Maße, wie sie eben berechtigt ist, daß wir vorwärtskommen.

So ging denn von Fritz Mitschers Seele aus etwas, was sich zusammenfassen läßt in Worte, die ich nicht anders als eben so zum

Ausdruck bringen konnte, wie ich sie Ihnen jetzt vorlesen will, und
die auch bei der Einäscherung gesprochen worden sind:

Eine Hoffnung, uns beglückend,
So betratest du das Feld,
Wo der Erde Geistesblüten
Durch die Kraft des Seelenseins
Sich dem Forschen zeigen möchten.

Lautrer Wahrheitsliebe Wesen
War dein Sehnen urverwandt;
Aus dem Geisteslicht zu schaffen,
War das ernste Lebensziel,
Dem du rastlos nachgestrebt.

Deine schönen Gaben pflegtest du
Um der Geist-Erkenntnis hellen Weg,
Unbeirrt vom Welten-Widerspruch,
Als der Wahrheit treuer Diener
Sichern Schrittes hinzuwandeln.

Deine Geistorgane übtest du,
Daß sie tapfer und beharrlich
An des Weges beide Ränder
Dir den Irrtum drängten,
Und dir Raum für Wahrheit schufen.

Dir dein Selbst zur Offenbarung
Reinen Lichtes zu gestalten,
Daß die Seelen-Sonnenkraft
Dir im Innern machtvoll strahle,
War dir Lebenssorg' und -freude.

Andre Sorgen, andre Freuden,
Sie berührten deine Seele kaum,
Weil Erkenntnis dir als Licht,
Das dem Dasein Sinn verleiht,
Als des Lebens wahrer Wert erschien.

Eine Hoffnung, uns beglückend,
So betratest du das Feld,
Wo der Erde Geistesblüten,
Durch die Kraft des Seelenseins,
Sich dem Forschen zeigen möchten.

Ein Verlust, der tief uns schmerzt,
So entschwindest du dem Feld,
Wo des Geistes Erdenkeime
In dem Schoß des Seelenseins,
Deinem Sphärensinne reiften.

Fühle, wie wir liebend blicken
In die Höhen, die dich jetzt
Hin zu andrem Schaffen rufen,
Reiche den verlassnen Freunden
Deine Kraft aus Geistgebieten.

Höre unsrer Seelen Bitte,
Im Vertrau'n dir nachgesandt:
Wir bedürfen zu dem Erdenwerk
Starker Kraft aus Geistes-Landen,
Die wir toten Freunden danken.

Eine Hoffnung, uns beglückend,
Ein Verlust, der tief uns schmerzt:
Laß uns hoffen, daß du ferne-nah,
Unverloren unserm Leben leuchtest,
Als ein Seelenstern im Geistbereich.

Auch solche Worte, meine lieben Freunde, sind ja so geprägt,
daß sie betrachtet werden müssen als hervorgegangen aus der Identifizierung mit der durch den Tod gegangenen Seele. Sie ergeben
sich als eine Notwendigkeit, wenn sie auch nicht von der Seele selber gesprochen sind, wenn auch von der Seele selber nur die Anregung ausgeht, sie ergeben sich als eine Notwendigkeit durch die
Kräfte, die von der Seele ausgegangen sind, gerade so, bis ins ein-

zelne hinein gerade so gesprochen zu werden, wie sie gesprochen worden sind. Ich hatte wirklich nichts, nichts anderes bei diesen Worten im Sinne als die Worte, so wie ich sie Ihnen jetzt gelesen habe. Daher hatte es für mich etwas im höchsten Grade Erschütterndes, als in der Nacht, die der Bestattung folgte, die Seele unseres Fritz Mitscher, noch nicht aus seiner Bewußtheit heraus, wohl aber aus seinem Wesen heraus, gewissermaßen antwortete auf dasjenige, was also bei der Bestattung gesprochen war; antwortete, indem von ihr, also jetzt von der durch den Tod gegangenen Seele, die folgenden Worte kamen:

Mir mein Selbst zur Offenbarung
Reinen Lichtes zu gestalten,
Daß die Seelen-Sonnenkraft
Mir im Innern machtvoll strahle,
War mir Lebenssorg' und -freude.

Andre Sorgen, andre Freuden,
Sie berührten meine Seele kaum,
Weil Erkenntnis mir als Licht,
Das dem Dasein Sinn verleiht,
Als des Lebens wahrer Wert erschien.

Daß man diese beiden Strophen auch so sagen kann, daß jedes «dir» in «mir» und «dein» in «mein» verwandelt werden kann, das dachte ich nicht im entferntesten, als ich diese Strophen niederzuschreiben hatte. Es war mir nur lebendig:

Dir dein Selbst zur Offenbarung
Reinen Lichtes zu gestalten,
Daß die Seelen-Sonnenkraft
Dir im Innern machtvoll strahle,
War dir Lebenssorg' und -freude.

Andre Sorgen, andre Freuden,
Sie berührten deine Seele kaum,
Weil Erkenntnis dir als Licht,

Das dem Dasein Sinn verleiht,
Als des Lebens wahrer Wert erschien.

Und jetzt waren die Worte eben so umgesetzt, und sie konnten so umgesetzt werden, daß, ohne irgend etwas grammatikalisch zu ändern, nur das «Dir dein Selbst» in «Mir mein Selbst» und «Dir im Innern machtvoll strahle» in «Mir im Innern machtvoll strahle» und so weiter geändert werden konnte.

Da haben Sie einen merkwürdigen Zusammenhang zwischen dem, was hier gesprochen worden ist, mit der Seele, die durch die Pforte des Todes gegangen war; ein Zusammenhang, der ergibt, daß eben wirklich das, was hier gesprochen worden war, aus der Seele nun nicht als ein bloßes Echo etwa zurückkam, sondern als sinngemäß umgestaltet zurückkam. Bemerken möchte ich nur, daß, als diese Worte geprägt wurden, wirklich durch meine Seele wie durch eine Notwendigkeit eine gewisse Empfindung ging, die die Grundnuance abgab für dies: Das war die Empfindung, wie wenn es mir eine Notwendigkeit wäre, gerade dieser Seele bei ihrem Gehen durch die Pforte des Todes einen gewissen Auftrag zu geben. Wir wissen ja, wie vieles in der heutigen materialistischen Zeit unserer geistigen Bewegung widerstrebt; wie wenig die Welt heute schon geeignet ist für diese geistige Bewegung. Und man kann wirklich, gerade wenn man durchschaut dasjenige, was möglich ist im Erdenleibe zu leisten, man kann wirklich sagen: Es bedarf der Unterstützung! Und diese Empfindung war es, die durch die Worte zum Ausdruck kam:

Höre unserer Seelen Bitte,
Im Vertrau'n dir nachgesandt:
Wir bedürfen hier zum Erdenwerk
Starker Kraft aus Geistes-Landen,
Die wir toten Freunden danken.

Gleichsam wie diese Seele auffordernd, die Keime, die sie sich hier angeeignet hat, nun weiter zu verwenden gerade zur Förderung unserer geisteswissenschaftlichen Bewegung, das erschien mir eine notwendige Empfindung eben bei dieser Seele.

Nun werden Sie gesehen haben, daß in diesen drei uns so nahe-
liegenden Fällen trotz aller Verschiedenheit etwas Gleiches waltet.
Das Gleiche waltet, daß vor der betrachtenden Seele, vor derjenigen
Seele, die durch das Karma eben gerade zu einer Betrachtung
besonders angeregt war, weil sie bei der Leichenfeier zu sprechen
hatte, Gedanken angeregt wurden über das Wesen; daß gleichsam
die Notwendigkeit vorlag, dieses Wesen auszusprechen.

Bei der ersten Persönlichkeit, von der ich gesprochen habe, war
es wirklich so – Sie wissen ja, in welchem Sinne ich solche Dinge
sage: nur um der Erkenntnis zu dienen, nicht um in irgendeiner
Weise eine Renommisterei zu treiben –, daß ich die Persönlichkeit
eben auch kennengelernt habe auf dem physischen Plan, nachdem
sie in die Gesellschaft eingetreten war. Man erlebt ja einiges mit,
was sich abspielt, während die Persönlichkeiten hier in unserer Gesellschaft sind; aber unsere Freunde werden wissen, daß es nicht
meine Art ist, mich irgendwie über die Lebensverhältnisse oder
dergleichen besonders zu erkundigen oder das oder jenes zu fragen,
was die betreffenden Persönlichkeiten im physischen Leben hier gelebt haben und so weiter. Nicht eine persönliche, aber, ich möchte
sagen, eine Erkenntnisbefriedigung war es mir, als ich nun die eine
Persönlichkeit in einer kleinen Leichenrede weiterhin auch charakterisierte, wie sie ihrer Seele nach war, wie sie das Leben hier auf
Erden durchlebt hatte. Ich hatte nichts dabei vor mir als die Seele
nach dem Tode. Nicht nur, daß sie diese Worte aussprach, die ich
zuerst gelesen habe, sondern die Seele hatte ich vor mir, wie sie nun
war nach dem Tode, wie die Eigentümlichkeit war nach dem Tode.
Ich hatte nichts anderes vor mir. Ich kannte eigentlich kaum irgend
etwas, was mit ihr geschehen war, bevor sie in unsere Gesellschaft
eingetreten war, und auch nicht besonders viel von dem Leben, was
nicht in Versammlungen und so weiter verlaufen war oder den Gelegenheiten, wie man sonst ab und zu unsere Mitglieder trifft. Ich
kannte nichts weiteres. Dennoch hatte ich gerade in diesem Falle,
wie einer inneren Notwendigkeit gehorchend, bei der Bestattung
mich veranlaßt sehen müssen, über bestimmte Lebensverhältnisse
zu sprechen, Verhältnisse, die sich auf das ganze Leben bezogen;

das Verhältnis der verstorbenen Persönlichkeit, die ein hohes Alter erreichte, zu ihren Kindern und zu ihrer Arbeit im Leben. Und wie gesagt, es war mir nicht eine persönliche, sondern eine Erkenntnisbefriedigung, als dann die Verwandten mir sagten: Wir haben eigentlich die betreffende Persönlichkeit so recht erkannt aus dem, was da gesprochen wurde, denn jedes Wort charakterisiert sie ganz intensiv. Es war also das Bild auch des individuellen Lebens während des physischen Lebensganges getroffen, zu dem nur die Möglichkeit vorhanden war – nun nachdem sich dieses Leben zusammengezogen hatte in der Seele –, die in der Seele zusammengezogenen Resultate zu sehen. Was uns aber für die Erkenntnis besonders interessiert ist dieses, daß wir gerade an dieser Seele die intensive Notwendigkeit wahrnehmen, nach dem Tode den Geistesblick hinzurichten auf das eigene Leben. Denn es war wirklich nicht mein Verdienst, dieses eigene Leben der betreffenden Persönlichkeit charakterisieren zu können, sondern der Vorgang war der, daß, obwohl die Persönlichkeit damals nicht bewußt war, sie dennoch ihr Seelenwesen hinlenkte – sich vorbereitend dadurch für ihr späteres, bewußtes Nach-dem-Tode-Leben –, hinlenkte die Kräfte, die später bewußt werden sollten, auf das eigene Leben, auf das eigene Erleben. Und dasjenige, was ich zu sagen hatte, das war dann in diesen Gedankenbildern, die im Hinlenken der Seele auf ihre eigenen Erlebnisse bestanden, zu sehen. Also ich hatte zu schildern dasjenige, was die Persönlichkeit unbewußt über sich dachte nach dem Tode. Und dasjenige, was uns wichtig dabei ist, was hervorzuheben ist, das ist, daß eben die Persönlichkeit nach dem Tode die intensive Notwendigkeit fühlte, unbewußt gerade den Blick hinzurichten auf die eigene Wesenheit.

Bei der zweiten Persönlichkeit, die gewissermaßen erwacht ist, als die Hitze den Leib ergriff, da zeigte es sich dann später – bei einem solchen sporadischen Wiedererwachen – an der Art, wie sie sich benahm zu dem, was gerade Charakteristik ihres Wesens war, daß sie das Bedürfnis hatte, zu diesem Wesen, wie ich schon sagte, zu diesen Worten, die ihr Wesen charakterisierten, wie zurückzulangen, wie zurückzugreifen. Und eben in der Sprache – wenn man

Sprache nennen kann, was sich in den Beziehungen von Seelen, seien sie im Leibe oder seien sie nicht im Leibe und schon geistige Wesen, schon Tote, ausdrückt – in der Art, wie man von jenem Verkehr sprechen kann, muß man durchaus sagen: ich habe, als ich dann ein späteres Erwachen wahrnehmen konnte bei dieser Persönlichkeit, gewissermaßen empfinden müssen ein beseligendes Gefühl darüber, daß sich mir diese Worte, die ich da prägen konnte, ergeben haben. Denn es zeigte sich, daß das wirklich ein gutes Zusammenwirken mit der Toten war. Man konnte entnehmen, daß die Seele dieser Toten – Sie wissen, das ist vergleichsweise gesprochen – etwa so sich aussprach, daß sie sagte: «Es ist gut, daß das da ist. Es ist gut, daß das an diesem Orte ist.» Solch ein Gefühl zeigte sich bei diesem zweiten Erwachen, wie wenn die Tote zeigte, daß etwas da gleichsam zur Verstärkung gebracht ist in der geistigen Welt, dadurch daß es auch hier auf der physischen Erde im Menschenworte ausgesprochen ist, und daß das für sie etwas ist, was sie braucht, und bei dem es gut ist, daß es durch das physische Erdenwort noch mehr fixiert ist, als sie es selbst hat fixieren können. Also, es bestand bei ihr die Notwendigkeit, dies zu fixieren. Und es ist ihr eine Erleichterung, daß es auf diese Weise erstarkt worden ist in der Fixierung.

Und bei unserem lieben Freunde Fritz Mitscher sehen Sie es ja ganz deutlich, daß er in der Nacht, die der Feuerbestattung folgte, unmittelbar anknüpfte und das benützte, was hier gesprochen worden ist, um sich vor sich selbst sein eigenes Wesen klarzumachen, um über sich selbst ins klare zu kommen, über sein eigenes Wesen.

In allen drei Fällen also haben wir ein Hinblicken auf das eigene Wesen. Selbstverständlich sind solche Dinge zunächst diejenigen, die an unsere Seele, an unser Herz herandringen durch ihren rein menschlichen Wert, durch ihre rein menschliche Beziehung. Aber geistige Erkenntnisse gewinnt man überhaupt nur aus der unmittelbaren Welt heraus, wenn sie sich einem geben wollen durch Gnade. Man kann sie nicht erzwingen; man muß sie erwarten. Und gerade bei diesen Dingen sieht man, wie merkwürdig die karmischen Zusammenhänge wirken.

Als ich, einen Tag nachdem die zweite der genannten Persönlichkeiten in Zürich verstorben war, selbst in Zürich war, da gingen wir an einer Buchhandlung vorbei, und ich sah in der Buchhandlung ein Buch, das ich vor Jahren gelesen hatte. Wie es bei meiner Art des Lebens geht, würde ich das Buch in meiner angeblichen Bibliothek, die aber durch das Wohnen an vielen Orten in einem sonderbaren Zustande ist, nicht so leicht wieder konstatieren können. Vielleicht ist es überhaupt nicht mehr vorhanden. Vor Jahren hatte ich also ein Buch gelesen von dem Wiener Philosophen *Dr. Ernst Mach,* und das war gerade da in der Buchhandlung antiquarisch zu haben. Ich wollte es wiederum lesen, wenigstens wiederum anschauen. Und als ich auf die dritte Seite kam, da kam mir gleich etwas vor Augen, das mir längst aus den Augen verloren war, nämlich eine ganz interessante Bemerkung Ernst Machs über die Selbsterkenntnis des Menschen, über die Schwierigkeit der Selbsterkenntnis beim Menschen. Ich zitiere fast wörtlich das, was auf Seite 3 in der Anmerkung über die «Analyse der Empfindungen» des Universitätsprofessors Ernst Mach steht:

Als junger Mensch ging ich einmal auf der Straße, und es begegnete mir ein Mensch, dem gegenüber ich die Empfindung hatte: Was für ein unangenehmes, widerwärtiges Gesicht hat doch der Mensch, der mir da begegnet. Und da erschrak ich nicht wenig, als ich entdeckte, daß es mein eigenes Gesicht war, das mir da begegnete, das mir da aus einem Spiegel entgegensah. – Er ging also die Straße entlang, und durch gegeneinandergeneigte Spiegel wurde ihm sein eigenes Spiegelbild entgegengeworfen. Und er sagte, als er sich sah: Was für ein Mensch mit einem unangenehmen, widerwärtigen Gesicht begegnet mir da. – Und gleich daran fügt er eine andere solche Bemerkung über mangelnde Selbsterkenntnis. Er sagt: Ich kam eines Tages ermüdet von einer Reise zurück und bestieg einen Omnibus. Ich sah gegenüber einen anderen Mann einsteigen und dachte: Welch ein herabgekommener Schulmeister steigt denn da ein! Und siehe da, ich war es selbst. Der Spiegel im Omnibus hatte mir mein eigenes Bild gezeigt. – Und Professor Mach fügt noch hinzu: Also kannte ich meinen Standeshabitus besser als meinen eigenen.

Es ist das etwas, was wie ein Fingerzeig ist, wie schwer schon die menschliche Selbsterkenntnis mit Bezug auf die rein äußerliche Gestalt ist. Nicht einmal das, wie man räumlich aussieht, weiß man, selbst wenn man Universitätsprofessor ist. Sie sehen das an diesem sehr aufrichtig gegebenen Beispiel.

Es ist ja interessant, daß gerade dieses Beispiel in Anknüpfung an diese Fälle gegeben werden kann, denn, nicht wahr, hier im physischen Leibe zeigt Ihnen ja das Beispiel selbst, daß einem die Selbsterkenntnis nicht gerade in dem, was man für die Erde zu erreichen hat, allzu hinderlich zu sein braucht. Man kann ein berühmter Professor sein und so wenig Selbsterkenntnis haben, wie der Mann das zum Ausdruck brachte. Aber ich erwähnte dieses Beispiel aus dem Grunde, weil es merkwürdig ist, daß dieses Beispiel aus dem physischen Leben mir vor Augen trat, als die Seele hingelenkt wurde, von neuem ins Auge zu fassen, wie der Tote die Notwendigkeit fühlt, sein eigenes Wesen zu erfassen, anzuschauen. Hier in der physischen Welt, da kann man nämlich wirklich, ich möchte sagen, auskommen ohne Selbsterkenntnis für all dasjenige, was im rein Materiellen unseres Lebens aufgeht. Erkenntnis der geistigen Welten kann man ja nicht gewinnen – wir werden davon heute über acht Tage noch sprechen – ohne Selbsterkenntnis. Aber für die rein äußerlichen materiellen Verhältnisse kann man auskommen ohne Selbsterkenntnis. Sobald aber die Seele durch die Pforte des Todes gegangen ist, ist Selbsterkenntnis das allererste, was sie braucht, und das zeigen uns besonders die Erlebnisse, die ich angeführt habe. Selbsterkenntnis ist dasjenige, wovon ausgegangen werden muß.

Sehen Sie, der materialistische Denker bleibt gewöhnlich haften an der Frage: Ja, bleibt das Bewußtsein über den Tod hinaus vorhanden? – Nun ist es ein Ergebnis der Geistesforschung, daß die Seele, wenn sie durch die Pforte des Todes gegangen ist, wirklich nicht an einem Mangel des Bewußtseins leidet, sondern daß sie gerade zuviel Bewußtsein hat. Daß später erst eine Art Erwachen auftritt, rührt nicht davon her, daß man sich nach dem Tode ein neues Bewußtsein aneignen muß, sondern davon, daß man zu blendendes

Bewußtsein, daß man zuviel Bewußtsein hat und dieses erst nach und nach abgedämpft werden muß. Näheres darüber finden Sie in dem Wiener Zyklus, der ja auch gedruckt ist. Zuviel Bewußtsein, überwältigendes Bewußtsein hat der Mensch nach dem Tode, und er muß sich erst orientieren in dieser Welt des überwältigenden Bewußtseins. Und indem er nach und nach so weit kommt, wird er in einem geringeren Grade bewußt als vorher. Er muß das Bewußtsein erst abdämpfen, wie man das zu starke Sonnenlicht erst abdämpfen muß. Also ein Abdämpfen nach und nach des Bewußtseins ist es, was man zu tun hat. Man kann also nicht von einem Erwachen sprechen wie in der physischen Welt, sondern von einem Erholen von der Überfülle des Bewußtseins zu dem Grade, den man ertragen kann, je nachdem, was man hier in der physischen Welt erlebt hat. Dazu ist etwas notwendig: Um nun in diesem alles überflutenden Lichtesbewußtsein sich nach dem Tode zurechtzufinden, dazu gehört als Ausgangspunkt die Erkenntnis des eigenen Wesens; dazu gehört, daß wir zurückblicken können auf das eigene Wesen, um gleichsam die Richtlinien zu finden, um uns in der geistigen Welt zu orientieren. Der Mangel an Selbsterkenntnis ist eben das Hindernis für das Bewußtsein nach dem Tode. Wir müssen in dem überflutenden Licht uns selbst finden. Und jetzt sehen Sie, warum das Bedürfnis kommt, den Toten zu charakterisieren, um ihm entgegenzukommen in dem Sich-finden.

Dies ist etwas, was sich uns ergibt wie eine Art allgemeiner Erkenntnis aus solch intimen und uns nahegehenden Erlebnissen. Nach dem Tode, nachdem das ätherische Lebenstableau verschwunden ist, tritt eine Entwickelung, eine allmähliche Entwickelung ein, die dadurch entsteht, daß wir mit unserem Leben, das wir aus den geistigen Welten nach und nach sich herausdämmernd empfinden, daß wir mit unserem eigenen Leben hier auf der Erde bekannt werden. Denn das ist uns das einzige Streben nach dem Tode, nachdem das Tableau vorbei ist. Dasjenige, was in der geistigen Welt ist, das ist um uns. Womit wir aber vorzugsweise bekannt werden müssen, das ist unser eigenes Wesen. Und dabei kommen uns die Vorstellungen im wesentlichen zugute, die wir nur aus der

Geisteswissenschaft kennen, denn die geben uns Orientierungsmittel für die geistige Erkenntnis. Daher können Sie es sehen an dem ersten Falle: Was als Selbstkritik auftrat, es war nur möglich mit dem aus der Geisteswissenschaft Aufgenommenen; so auf das eigene Wesen hinzuschauen, daß solche Worte sich erprägen konnten: «In Weltgedanken will ich weben das eigene Denken, daß klar es werde im Licht des ew'gen Werdelebens.» Das ist ja zusammengedrängt aus dem vielen, was in der Geisteswissenschaft ausgebreitet und was hier verwendet ist, um Selbstcharakteristik des eigenen Wesens zu geben. Oder «In Seelengründe will ich tauchen ergebnes Sinnen, daß stark es werde für Menschenwirkens wahre Ziele.»

Dasjenige aber, was man eigentlich mit diesen Dingen will, das ist: unsere geisteswissenschaftliche Bewegung aus dem bloßen Theoretischen herauszuheben und sie zu etwas von der Seele lebensvoll zu Erfassendem allmählich zu machen, gleichsam zu einem Strom, in dem wir wirklich darinnen leben, weben und sind; so daß wir wissen, was in der geistigen Welt um uns herum vorgeht, so wie wir in der physischen Welt wissen, daß um uns die Luft ist, in der wir atmen, die ja von dem Ungebildeten abgeleugnet werden kann und wird. Das ist die zukünftige Bestimmung der Menschheit: etwas zu wissen davon, daß ebenso, wie die Luft für und um den physischen Körper ist, für das seelische Erleben die geistige Welt ringsum da ist, die mehr mit der Seele – wie die Luft mit dem Körper – gleichsam korrespondiert, die Seele bildet, die Seele webt, die Seele durchwest.

Nun ist es uns ja auch möglich, im einzelnen gewissermaßen auf das Schicksal der Seele nach dem Tode hinzuweisen. Und eben aus diesem Grund werden gerade in unserer Zeit solche Dinge, ich möchte sagen, intimer auseinandergesetzt, weil ja durch unsere großen, aber auch schmerzlichen Zeitereignisse gewissermaßen der Tod seinen Hauch durch die Welt leitet, und unsere Zeit eben so zahllose Todesopfer fordert. Das ist eine besondere Aufforderung dazu, sich gerade mit dem Ereignis des Todes in unserer Zeit zu befassen.

Nun wissen wir, meine lieben Freunde, daß ja der Mensch, indem er durch die Pforte des Todes geht, so da durchgeht, daß er seinen physischen Leib der Erde übergeben hat, den Elementen der Erde; dann ist aus dem physischen Leib herausgetreten Ich und Astralleib. Wir haben ja im zweiten Falle gesehen, daß bei der Verbrennung schon der Ätherleib abgelegt war; schon nach Tagen geht der Ätherleib weg. Aber nun liegt es uns gerade in unserer Zeit ja unendlich nahe, eine Frage aufzuwerfen. So viele Menschen gehen in unseren Tagen im blühendsten Alter durch die Pforte des Todes. Wir können uns, indem wir übertragen eine rein physische Vorstellung in das Geistige, wo sie noch mehr gilt als im physischen Leben, die Frage aufwerfen: Wie ist es mit dem Ätherleib dieser durch die Pforte des Todes Gegangenen, der sich nach Tagen ablöst? Wie ist es mit einem solchen jugendlichen Ätherleib? Der betreffende Mensch, der im zwanzigsten, fünfundzwanzigsten, dreißigsten, fünfunddreißigsten Jahre, oder noch früher, durch die Pforte des Todes geht, der legt seinen Ätherleib ab, aber einen Ätherleib, der noch durch Jahrzehnte hätte seinem physischen Leben dienen können, der noch hätte arbeiten können hier im physischen Leben, der noch Kräfte gehabt hätte für Jahrzehnte. Nach dem Karma konnte er nicht die Kräfte verwenden, aber die Kräfte sind dennoch in ihm. Sie hätten hier im physischen Leben noch Jahrzehnte wirken können. Der Physiker denkt mit Recht: Keine Kräfte gehen verloren; sie verwandeln sich hier. Im Geistigen gilt das noch mehr. Die Kräfte hier bei einem jugendlichen auf dem Schlachtfeld Gefallenen, die noch jahrzehntelang das physische Leben hätten versorgen können, diese Kräfte gehen ja nicht in nichts über; sie sind da. Und schon jetzt können wir sagen, gerade durch die Ereignisse unserer Zeit veranlaßt: diese Kräfte gehen über in das Wesen der Volksseele des betreffenden Volkes. Sie nimmt diese Kräfte auf, und in der ganzen Volksseele wirken diese Kräfte des Ätherleibes. Das sind wirkliche geistige Kräfte, die außerdem vom Menschen noch da sind, außer dem, was er mit seinem Ich und seinem Astralleibe, seiner Individualität, durch die Zeit trägt zwischen dem Tode und einer neuen Geburt. Es wird sich nur darum handeln, daß möglichst verstanden werde in der Zukunft, daß in der Volksseele auch diese Kräfte darinnen sind, daß sie darinnen sind in dem allge-

162

meinen Wirken, das diese Volksseele entfalten wird, als Kräfte, nicht als Wesenheiten. Sie werden da die fruchtbarsten, ich möchte sagen, die sonnenstrahlendsten Kräfte sein.

Ich möchte dazu ein nun wiederum uns naheliegendes Beispiel anführen, das ja zunächst natürlich nichts zu tun hat mit den Zeitereignissen, das aber durch die Art, wie es sich zugetragen hat und was aus ihm geworden ist, uns zugleich einen Ausblick geben kann auf alle die Fälle, wo ein unverbrauchter Ätherleib nach dem Tode, der nach einem jugendlichen Leben eingetreten ist, abgelegt wird. Wir haben ja im Herbst den Tod erlebt des Kindes eines Mitgliedes von uns, das siebenjährig war. Der Tod dieses Kindes ist gerade auf eigentümliche Weise eingetreten. Es war ein liebes Kind und ein, soweit das eben bei einem siebenjährigen Kinde möglich ist, mit sieben Jahren schon außerordentlich geistig regsames Kind; ein liebes, gutes und geistig sehr regsames Kind. Nun kam es dadurch zum Tode, daß es gerade in dem Augenblick an der Stelle war, wo ein Möbelwagen umfiel, der im Fallen das Kind erdrückte, so daß es den Erstickungstod erlitt; an einer Stelle, wo vielleicht überhaupt nicht vorher ein Wagen gefahren ist, nachher auch wieder nicht, sondern nur in diesem Augenblick. Außerdem kann man selbst äußerlich feststellen, daß dieses Kind durch allerlei Verhältnisse, die man in der äußeren materialistischen Weltanschauung Zufälle nennt, gerade in der Zeit, als der Wagen umfiel, an der Stelle war. Es holte etwas Speisevorräte für seine Mutter und ging gerade an jenem Abend etwas später weg, weil es aufgehalten worden ist. Wäre es fünf Minuten früher gegangen, so wäre es längst über die Stelle gewesen, wo der Wagen umfiel. Außerdem ging es zu einer anderen Türe hinaus, als es gewöhnt war; nur das eine Mal aus einer anderen Türe hinaus! An der anderen Türe wäre es rechts von dem Wagen gegangen. Der Wagen ist nach der anderen Seite gefallen. Es ist, wenn man den ganzen Fall wirklich geisteswissenschaftlich-karmisch verfolgt, einer jener Fälle, wo man so recht bestätigt finden kann, wie die äußere Logik, die man mit Recht im äußeren physischen Leben anwendet, fadenscheinig ist, nicht anwendbar ist. Ich habe ein Beispiel dafür schon öfter angewendet. Das Beispiel von dem Menschen, der an einem Fluß vorbeigeht und ins Wasser fällt gerade an der Stelle, wo ein Stein liegt. Die äußere Betrachtung wird selbstverständlich annehmen, daß der Mann über den Stein gestolpert und ins Wasser gefallen ist und dadurch den Tod gefunden hat; man wird auch bei der Meinung bleiben, er sei ertrunken. Aber wenn er seziert worden wäre, so würde sich herausgestellt haben, daß ihn der Schlag getroffen hat, und daß er dadurch tot ins Wasser fiel. Daß er also ins Wasser fiel, weil er tot war, und nicht tot wurde, weil er ins Wasser fiel. Ursache und Wirkung sind verwechselt. Solche Urteile finden Sie in der Wissenschaft auf Schritt und Tritt, wo Ursache und Wirkung verwechselt wird. Dasjenige, was ganz berechtigt logisch im äußeren Leben zu sein scheint, kann vollständig falsch sein. Nun wird man selbstverständlich im äußeren Anschauen den Fall des kleinen Theodor Faiß auch so beschreiben, daß man sagt: Nun ja, das ist ein unglückseliger Zufall! In Wahrheit aber war das Karma des Kindes so, daß das Ich, klar ausgedrückt, den Wagen bestellt hat, daß der Wagen umgefallen ist, um das Karma des Kindes zu erfüllen. Da haben wir einen ganz besonders jugendlichen Ätherleib. Das Kind hätte ja auch ein Mann werden können und hätte siebzig Jahre alt werden können. Die Kräfte waren im Ätherleib, die auch für siebzig Jahre ausgereicht hätten, sie waren nach sieben Jahren durch die Pforte des Todes gegangen. Das Ganze hat sich ja abgespielt in Dornach. Der Vater, der damals in das deutsche Heer eingerückt war, war gar nicht anwesend, während dies geschehen ist; er ist ja auch ganz kurz darauf gestorben, nachdem er im Kriege verwundet worden war. Der ganze Fall hat sich unmittelbar in der Nähe des Baues abgespielt, und seit jener Zeit haben wir in der Aura des Dornacher Baues die Kräfte des Ätherleibes dieses Kindes. Und derjenige, der zu arbeiten hat für diesen Bau und wahrnehmen kann die geistigen Kräfte, die an diesem Bau walten, der findet darin die Kräfte dieses Kindes. So daß also, ganz abgesehen von dem, was nun als Ich und Astralleib in die geistige Welt übergegangen ist, um zu wirken in dem Leben zwischen Tod und neuer Geburt, der Ätherleib, der übriggeblieben ist, nun sich mit der ganzen geistigen Aura des Dornacher Baues verei-

164

nigt hat. Solche Dinge sind Erkenntnisse, die zugleich verbunden sind mit tiefen, bedeutungsvollen Gefühlen, mit wichtigen, bedeutungsvollen Gefühlen. Denn es sind nicht Erkenntnisse, die man trocken, wie zahlenmäßige Erkenntnisse empfängt, sondern die man empfängt mit innig dankbarer Seele. Denn selbstverständlich werde ich, solcher Erkenntnis eingedenk, niemals außer acht lassen auch nur einen Augenblick im Bewußtsein, wenn ich selbst nur irgend etwas zu leisten habe für den Dornacher Bau, daß diese Kräfte für den Bau mir mitwirkende, mir helfende Kräfte sind. Da vereinigt sich eben dasjenige, was theoretische Erkenntnis ist, mit dem unmittelbaren Leben. Eingedenk solcher Erkenntnis, meine lieben Freunde, wird es einleuchtend sein, daß jetzt, wo so unzählige hier auf der Erde unvollendete Ätherleiber durch die Pforte des Todes gehen, wir erahnen können, was geschehen wird, wenn die Friedenssonne wieder da sein wird, nach der Dämmerung des gegenwärtigen Krieges. Da werden wirklich auch die Kräfte, die Ätherkräfte derjenigen da sein und sich vereinigen wollen zum Erdenheil und Erdenfortschritt mit denjenigen Seelen, die hier auf Erden wirken – die Ätherkräfte derer, die die Todespforte, die die Leidenspforte durchgemacht haben. Aber notwendig dazu wird sein, daß auf Erden Menschen sind, die für diese Dinge Verständnis haben, die bewußt sein können der Tatsache: da oben in der geistigen Welt sind in den zurückgebliebenen Ätherleibern diejenigen, die der Zeit das Opfer gebracht haben. Die wollen hier auf diese Erde hereinwirken. Ganz fruchtbar werden sie nur wirken können, wenn hier empfängliche Seelen sind, die selbst sich verbinden wollen in Gedanken mit dem, was ihnen aus der geistigen Welt kommt. So daß es für die Früchte dieser unserer ja großen, aber schweren und schmerzlichen Zeit unendlich wichtig ist, daß eine geistbejahende Erkenntnis Gedanken schafft, die dann sich vereinigen können mit den Gedanken, die von den Ätherleibern der Todesopfer herunterkommen. Also ist es eben, was uns darauf hinweist, daß wir schon in diesen schweren Ereignissen, die im Zeichen auch von Leiden und Tod stehen, auch im Zeichen der Größe stehen, daß wir von diesen schweren Ereignissen die Mahnung empfangen, daß sie uns heraufführen sollen eine Zeit, welche dem Geist geneigter ist, als es die verflossene Zeit war, damit nicht das eintrete, daß gewissermaßen die gebrachten Opfer herabzuschauen haben auf eine Erdenwelt, der sie sich selbst hingegeben haben, um für ihren Fortschritt und für ihr Heil zu wirken, und auf der sie nicht die Möglichkeit finden, einzugreifen, weil die Seelen nicht da sind, die ihnen die empfänglichen Gedanken entgegensenden. So müssen wir schon auch Geisteswissenschaft als etwas Lebendiges erfassen, als etwas Lebendiges, das notwendig ist für die Zeit, die da kommen soll, gerade in Anbetracht der Ereignisse unserer Tage. Und das ist es, was ich immer wiederum und wiederum zusammenfaßte im Geiste und im Sinne unserer Betrachtungen in die Worte:

Aus dem Mut der Kämpfer,
Aus dem Blut der Schlachten,
Aus dem Leid Verlassener,
Aus des Volkes Opfertaten
Wird erwachsen Geistesfrucht –
Lenken Seelen geistbewußt
Ihren Sinn ins Geisterreich.

ACHTER VORTRAG

Berlin, 2. März 1915

Meine lieben Freunde, wir gedenken wiederum zuerst derjenigen, die draußen auf den großen Feldern der Ereignisse der Gegenwart stehen:

> Geister eurer Seelen, wirkende Wächter,
> Eure Schwingen mögen bringen
> Unserer Seelen bittende Liebe
> Eurer Hut vertrauten Erdenmenschen,
> Daß, mit eurer Macht geeint,
> Unsre Bitte helfend strahle
> Den Seelen, die sie liebend sucht.

Und für diejenigen, die infolge dieser Ereignisse schon durch die Pforte des Todes gegangen sind:

> Geister eurer Seelen, wirkende Wächter,
> Eure Schwingen mögen bringen
> Unserer Seelen bittende Liebe
> Eurer Hut vertrauten Sphärenmenschen,
> Daß, mit eurer Macht geeint,
> Unsre Bitte helfend strahle
> Den Seelen, die sie liebend sucht.

Der Geist, den wir durch unsere erstrebte Geist-Erkenntnis suchen, der Geist, der zu der Erde Heil, zu der Menschheit Freiheit und Fortschritt durch das Mysterium von Golgatha gegangen ist, der sei mit euch und euren schweren Pflichten!

Wir haben vor acht Tagen hier im einzelnen betrachtet uns nahestehende Seelen, die, wenn sie jetzt aufgefunden werden sollen, in geistigen Welten aufgesucht werden müssen. Und wir haben so hingeschaut zu diesen uns nahestehenden Seelen, daß wir gerade von ihnen uns haben das oder jenes sagen lassen, was uns Licht ver-

167

schaffen kann über den Aufenthalt von Wesen in der geistigen Welt. Heute möchte ich die Betrachtung mehr auf den Weg lenken, den die Menschenseele nehmen kann, wenn sie hier im Leibe weilt, in die geistigen Welten hinein, um eben diejenigen geistigen Gefilde zu finden, von denen wir das letzte Mal als dem Aufenthalt der sogenannten verstorbenen Seelen gesprochen haben. Es muß ja immer wieder und wiederum betont werden, daß derjenige Weg in die geistigen Welten hinein, welcher nach der ganzen Entwickelung der Menschheit der Seele der Gegenwart ziemt, ein Weg ist, der durch mannigfaltige Vorbereitungen geht, die zum Teil eben schwierig sind, aber überwunden werden müssen. Und ich möchte heute von einem Gesichtspunkt, den man nennen kann den Gesichtspunkt der imaginativen Erkenntnis, auf einiges im Erkenntniswege hindeuten.

Das ist Ihnen ja ganz geläufig, meine lieben Freunde, daß die Menschenseele wirklich in der geistigen Welt nur Erfahrungen, Beobachtungen machen kann, wenn sie sich nicht bedient des Instrumentes des Leibes. Alles dasjenige, was wir durch das Instrument des Leibes gewinnen können, alles das kann uns ja nur Erfahrungen, Erlebnisse geben, die in der physischen Welt vorhanden sind. Wollen wir Erlebnisse der geistigen Welten haben, so müssen wir die Möglichkeit finden, sie mit unserer Seele außerhalb unseres physischen Leibes zu machen. Nun steht wirklich dem Menschen der Gegenwart diese Möglichkeit offen, wenn sie auch schwierig ist, außerhalb seines Leibes die Beobachtungen der geistigen Welt zu machen. Außerdem ist es immer möglich, daß solche Beobachtungen der geistigen Welt, wenn sie gemacht werden, wenn sie einmal da sind, von dem anderen, der sie nicht machen kann, nach der wirklich gesunden Vernunft beurteilt werden können, nicht nur der Vernunft, die man eine gesunde nennt, sondern nach der wirklich gesunden Vernunft. Aber es soll heute gesprochen werden von dem Wege selbst, von der Art, wie die Menschenseele, man kann auf der einen Seite sagen, herauskommt aus dem physischen Leibe, und auf der anderen Seite, wie sie hineinkommt in die geistige Welt. Und da ich, wie gesagt – heute vor acht Tagen haben wir es von einem anderen Gesichtspunkte aus betrachtet –, diesen Weg heute vom imaginativen Erkenntnisstandpunkt aus betrachten will, so wird manches bildlich zu erörtern sein, was dann Ihrer Meditation überlassen bleibt, weiter zu verfolgen. Wenn Sie das tun, dann werden Sie sehen, daß dieser Erkenntnisweg ganz besonders von Bedeutung ist.

Durch drei Tore kann man gewissermaßen in die geistige Welt eintreten. Das erste kann man nennen das Tor des Todes, das zweite Tor kann man nennen das Tor der Elemente und das dritte kann man nennen das Tor der Sonne. Derjenige, der den vollen Erkenntnisweg gehen will, der muß durch alle drei Tore den Erkenntnisweg nehmen.

Das *Tor des Todes* ist seit uralten Zeiten immer wiederum da, wo man von Mysterienwahrheiten gesprochen hat, wirklich besprochen worden. Dieses Tor des Todes kann nicht erreicht werden, wenn wir es nicht zu erreichen suchen durch dasjenige, was uns ja hinlänglich bekannt ist unter dem Namen Meditation, das heißt Hingabe an irgendwelche, gerade für unsere Individualität geeignete Gedanken oder Empfindungen, die wir so in den Mittelpunkt unseres Bewußtseins hineinstellen, daß wir uns ganz mit ihnen identifizieren. Natürlich erlahmt sehr leicht gerade auf diesem Wege die menschliche Anstrengung, weil es ja wirklich Unbequemlichkeit und Überwindung von inneren Hemmnissen gibt und geben muß, wenn man immer wiederum die stillen intimen Anstrengungen zu machen hat, sich den gegebenen Gedankenmassen, den gegebenen Empfindungen so hinzugeben, daß man die ganze Welt vergißt und nur in diesen Gedanken, in diesen Empfindungen lebt. Aber man wird eben, wenn man das immer wiederum zustandebringt, in die Lage kommen, in dem Gedanken, den man in den Mittelpunkt des Bewußtseins rückt, nach und nach etwas wahrzunehmen wie eine Art selbständigen Lebens dieses Gedankens. Man wird das Gefühl bekommen: bisher hast du diesen Gedanken immer nur gedacht; du hast den Gedanken in den Mittelpunkt des Bewußtseins gestellt; jetzt fängt er aber an, ein eigenes Leben, eine eigene innere Regsamkeit zu entwickeln. Es ist, wie wenn man in die Lage käme, ein

Wesen wirklich in sich hervorzubringen. Der Gedanke fängt an, ein innerliches Gebilde zu werden. Das ist der wichtige Moment, wenn man merkt, daß dieser Gedanke, diese Empfindung ein Eigenleben hat, so daß man sich gleichsam wie die Hülle dieses Gedankens, dieser Empfindung fühlt. So daß man sich sagen kann: deine Anstrengungen haben dich dazu gebracht, einen Schauplatz abzugeben, auf dem sich etwas entwickelt, was jetzt durch dich zu einem eigenen Leben kommt.

Dieses eigene Erwachen, dieses sich Beleben des meditativen Gedankens, das ist ein bedeutungsvoller Moment im Leben des Meditanten. Dann merkt er, daß er von der Objektivität des Geistigen ergriffen ist, daß sich gewissermaßen die geistige Welt um ihn kümmert, daß sie an ihn herangetreten ist. Natürlich ist es nicht so einfach, bis zu diesem Erleben zu kommen, denn man muß, bevor man zu diesem Erleben kommt, mancherlei Empfindungen durchmachen, die der Mensch aus einem natürlichen Gefühl heraus nicht ganz gerne durchmacht. Ein gewisses Gefühl der Vereinsamung zum Beispiel, ein Gefühl der Einsamkeit, ein Gefühl der Verlassenheit muß man durchmachen. Man kann nicht die geistige Welt ergreifen, ohne sich vorher gewissermaßen von der physischen Welt verlassen zu fühlen, zu fühlen, daß diese physische Welt manches tut, was uns wie zermürbt, wie zermalmt. Aber durch solches Gefühl der Vereinsamung hindurch müssen wir dahin kommen, erst ertragen zu können diese innere Lebendigkeit, zu der der Gedanke erwacht, ich möchte sagen, sich gebiert. Vieles, vieles widerstrebt nun dem Menschen; im Menschen selbst widerstrebt vieles dem Menschen, was zur richtigen Empfindung führen kann von diesem innerlichen Beleben des Gedankens. Namentlich ist es *ein* Gefühl, zu dem wir kommen, ein inneres Erlebnis, zu dem wir kommen und das wir eigentlich nicht haben wollen. Aber wir gestehen uns zugleich nicht, daß wir es nicht haben wollen, sondern wir sagen: Ach, das kannst du doch nicht erreichen! – Dabei schläfst du ein. Dabei verläßt dich dein Denken, die innere Spannkraft will nicht mitgehen. Kurz, man wählt unwillkürlich allerlei Ausreden, denn das, was man erleben muß, das ist, daß der Gedanke, indem er sich so belebt, eigentlich wirklich wesenhaft wird. Er wird wesenhaft, er bildet sich zu einer Art von Wesen aus. Und man hat dann die Schauung – nicht bloß das Gefühl –: der Gedanke ist zuerst wie, man möchte sagen, ein kleiner Keim, rundlich, und wächst sich dann aus zu einem bestimmt gestalteten Wesen, das von außen in unser Haupt hinein sich fortsetzt, so daß der Gedanke einem diese Aufgabe stellt: du hast dich mit ihm identifiziert, nun bist du in dem Gedanken drinnen, und nun wächst du mit dem Gedanken in dein eigenes Haupt hinein; aber du bist im wesentlichen noch draußen. Der Gedanke nimmt die Form an wie ein geflügelter Menschenkopf, der ins Unbestimmte ausläuft und sich dann hineinerstreckt in den eigenen Leib durch das Haupt. Der Gedanke wächst sich also aus wie zu einem geflügelten Engelskopf. Dies muß man tatsächlich erreichen. Es ist schwierig, dieses Erlebnis zu haben, deshalb will man wirklich glauben, in diesem Moment, wo der Gedanke sich also auswächst, alle Möglichkeit des Denkens zu verlieren. Man glaubt, man werde sich selbst genommen in diesem Augenblick. Das aber fühlt man wie einen zurückgelassenen Automaten, was man als seinen Leib bisher gekannt hat und wo hinein der Gedanke sich erstreckt.

Außerdem sind in der objektiven geistigen Welt allerlei Hindernisse vorhanden, uns dieses sichtbar zu machen. Dieser geflügelte Engelskopf wird wirklich innerlich sichtbar, aber es sind alle möglichen Hindernisse da, uns das sichtbar zu machen. Und vor allen Dingen ist der Punkt, den man da erreicht hat, die wirkliche Schwelle der geistigen Welt. Und wenn es einem gelingt, also zu sich zu stehen, wie ich es geschildert habe, dann ist man an der Schwelle der geistigen Welt, wirklich an der Schwelle der geistigen Welt. Aber da steht, zunächst ganz unsichtbar für den Menschen, diejenige Gewalt, die wir immer Ahriman genannt haben. Man sieht ihn nicht. Und daß man das, was ich jetzt auseinandergesetzt habe als das ausgewachsene Gedankenwesen, nicht sieht, das bewirkt Ahriman. Er will nicht, daß man das sieht. Er will das verhindern. Und weil es ja vorzugsweise der Weg der Meditation ist, auf dem man bis zu dem Punkte kommt, so wird es immer dem

Ahriman leicht, einem gewissermaßen das, wozu man kommen soll, auszulöschen, wenn man hängt an den Vorurteilen der physischen Welt. Und wirklich, man muß sagen: der Mensch glaubt gar nicht, wie sehr er eigentlich an diesem Vorurteil der physischen Welt hängt; wie er sich gar nicht vorstellen kann, daß es eine Welt gibt, die andere Gesetze hat als die physische Welt. Ich kann nicht alle Vorurteile, die man mitbringt an die Schwelle der geistigen Welt, heute erörtern, aber ein hauptsächlichstes will ich doch erörtern, ein etwas intimeres Vorurteil.

Sehen Sie, die Menschen reden, wenn sie von der physischen Welt reden, von monistischer Weltanschauung, von Einheit, und sagen sich sehr häufig: Ich kann die Welt nur dann begreifen, wenn mir die ganze Welt als eine Einheit erscheint. Wir haben da zuweilen gerade mit Bezug auf solche Dinge recht sonderbare Erfahrungen durchmachen müssen. Als wir hier in Berlin unsere geisteswissenschaftliche Bewegung begonnen haben mit wenigen Mitgliedern vor jetzt doch schon recht vielen Jahren, da haben sich manche Menschen hereingefunden, die dann doch nach ihrem ganzen Wesen sich nicht als zugehörig fühlen konnten. So zum Beispiel fand sich eine Dame, die nach einigen Monaten zu uns kam und sagte: Das alles tauge eigentlich für sie nicht, was die Geisteswissenschaft vorzubringen in der Lage sei, denn da müsse man zuviel denken, und das Denken, das lösche bei ihr alles aus, was ihr gerade wertvoll sei; sie komme immer in eine Art von Einschlafen beim Denken. Und außerdem meine sie, daß es ja nur *ein* Wertvolles gebe – das sei die Einheit! Nun erwies es sich, daß die Einheit der Welt, die der Monist auch sucht auf den mannigfaltigsten Gebieten – nicht bloß der materialistische Monist –, bei ihr wie zu einer fixen Idee geworden war: Einheit, Einheit, Einheit! Sie wollte durchaus die Einheit suchen. – Nun haben wir einen deutschen Philosophen, *Leibniz*, in der deutschen Geistesentwickelung, einen entschieden monadologischen Philosophen, der nicht die Einheit gesucht hat, sondern die vielen Monaden, die für ihn seelische Wesen waren –, der also das klar wußte: sobald man in die geistige Welt kommt, da kann es sich nicht um eine Einheit handeln, sondern nur um eine Vielheit. So gibt es Monisten und Pluralisten. Das sieht man als Weltanschauungen an. Die Monisten bekämpfen die Pluralisten, die von der Vielheit sprechen; sie sprechen nur von der Einheit.

Ja, sehen Sie, die Sache ist aber diese, daß Einheit und Vielheit überhaupt Begriffe sind, die nur für die physische Welt Geltung haben. Und nun glaubt man, in der geistigen Welt müßten diese Begriffe auch gelten. Da gelten sie aber nicht. Da muß man sich darauf gefaßt machen, daß man zwar eine Einheit erblickt, aber daß man diese Einheit im nächsten Augenblick überwinden muß, und daß sie sich als Vielheit zeigt. Sie ist zugleich eine Einheit und eine Vielheit. Man kann auch nicht in die geistige Welt das gewöhnliche Rechnen, die physische Mathematik hineintragen. Das gehört zu den stärksten, aber auch intimsten ahrimanischen Vorurteilen, daß man die Begriffe, die man sich angeeignet hat in der physischen Welt, so wie sie sind, in die geistige Welt hineintragen will. Aber man muß wirklich ohne Sack und Pack, ohne beschwert zu sein mit dem, was man in der physischen Welt gelernt hat, ankommen an ihrer Schwelle; bereit, es an ihrer Schwelle zurückzulassen. Alle Begriffe, gerade auch diejenigen Begriffe, um die man sich am meisten abgemüht hat, muß man zurücklassen und sich darauf gefaßt machen: da, in der geistigen Welt, da werden einem auch neue Begriffe gegeben, da wird einem ganz Neues gewährt. Dieses Hängen an dem, was die physische Welt gibt, ist ungeheuer stark beim Menschen. Er will dasjenige, was er in der physischen Welt erobert hat, hineintragen in die geistige Welt. Aber er muß die Möglichkeit haben, vor einer vollständigen Tabula rasa zu stehen, vor einer vollständigen Leerheit zu stehen, und nur den Gedanken, der anfängt sich zu beleben, seinen Führer sein lassen. Man hat diesen Eingang in die geistige Welt die Pforte des Todes genannt aus dem Grunde, weil es eigentlich wirklich ein stärkerer Tod noch ist als der physische Tod. Im physischen Tode sind die Menschen überzeugt davon, daß sie ihren physischen Leib ablegen; aber wir müssen uns entschließen bei dem Eintritt in die geistige Welt, auch wirklich unsere Begriffe, unsere Vorstellungen und Ideen abzulegen und unser Wesen neu aufbauen zu lassen.

Nun treten wir hin vor dieses geflügelte Gedankenwesen, von dem ich gesprochen habe. Wir werden schon hintreten, wenn wir uns wirklich alle Mühe geben, in einem Gedanken zu leben. Und dann brauchen wir eben nur zu wissen, wenn der Augenblick, der eintritt, andere Anforderungen, als wir sie uns vorgestellt haben, an uns stellt, daß wir ihnen wirklich auch standhalten, daß wir nicht sozusagen zurückgehen. Dieses Zurückgehen geschieht meist unbewußt. Man erlahmt, aber das Erlahmen ist eben nur der Ausdruck, daß man nicht Sack und Pack ablegen will, weil gewissermaßen die ganze Seele mit dem, was sie sich angeeignet hat auf dem physischen Plane, absterben muß, damit sie in die geistige Welt eintreten kann. Deshalb muß man dieses Tor ganz sachgemäß das Tor des Todes nennen. Und dann schaut man gerade durch dieses geflügelte Gedankenwesen wie durch ein neues geistiges Auge, das man sich angeeignet hat; oder auch durch ein geistiges Ohr, denn man hört auch, man fühlt auch, man vernimmt gerade durch dieses dasjenige, was in der geistigen Welt vorhanden ist.

Es ist eben möglich, meine lieben Freunde, zu sprechen von besonderen Erfahrungen, die man machen kann, damit man in die geistige Welt hineintritt. Daß man diese Erfahrungen machen könne, dazu ist eben wirklich nichts anderes notwendig als Ausharren im vorgezeichneten Meditieren. Namentlich ist es notwendig, sich klar zu werden, daß gewisse Empfindungen, die man heranbringt an die Schwelle der geistigen Welt, wirklich vorher abgelegt werden müssen. Empfindungen, die sich wirklich ergeben daraus, daß man diese geistige Welt gewöhnlich anders haben möchte, als sie einem entgegentritt.

Das ist also das erste Tor, das Tor des Todes.

Das zweite Tor nun ist das *Tor der Elemente*. Dieses Tor der Elemente, das wird derjenige, der wirklich eifrig der Meditation sich ergibt, als zweites durchmachen. Aber man kann auch gewissermaßen durch seine Organisation begünstigt sein und sogar an das zweite Tor kommen, ohne durch das erste gegangen zu sein. Das ist nicht gut für ein wirkliches Erkennen, aber es kann sein, daß man dahin gelangt, ohne durch das erste Tor hindurchgegangen zu

174

sein. Ein wirklich sachgemäßes Erkennen ergibt sich nur, wenn man durch das erste Tor gegangen ist und dann an das zweite Tor bewußt tritt. Dieses zweite Tor, das ergibt sich in der folgenden Weise. Sehen Sie, wenn man durch das Tor des Todes gegangen ist, so fühlt man sich zunächst in gewissen Zuständen, von denen man sehen kann: sie sind wirklich äußerlich, in ihrer Wirkung auf den Menschen, in der Art, wie der Mensch sie darlebt, dem Schlafe ähnlich, innerlich aber sind sie ganz verschieden. Äußerlich ist der Mensch wie schlafend während solcher Zustände. Gerade dann, wenn der Gedanke begonnen hat zu leben, wenn er anfängt, sich zu regen, sich zu vergrößern, dann ist der äußere Mensch wirklich wie im Schlafe dabei. Er braucht nicht zu liegen, er kann sitzen, aber er ist wie im Schlafe dabei. Und so wenig, wie man äußerlich unterscheiden kann diesen Zustand vom Schlafe, so sehr ist er innerlich zu unterscheiden. Denn wenn man dann übergeht aus diesem Zustand in den gewöhnlichen Lebenszustand, dann merkt man erst: du hast nicht geschlafen, sondern du warst im Gedankenleben, genau so wie du darinnen bist jetzt, wo du wie gewöhnlich in der physischen Welt erwacht bist und durch deine Augen hinausschaust auf das, was leuchtet. Aber man weiß auch: Jetzt, wo du wach bist, denkst du, du machst die Gedanken, du setzest sie zusammen; aber kurz vorher, als du in jenem Zustande warst, machten sich die Gedanken durch sich selbst. Der eine kam an den anderen heran; sie klärten einander auf; es tritt der eine von dem anderen hinweg, und das, was man sonst macht im Denken, das hat sich da selbst gemacht. Aber man weiß: während man sonst ein Ich ist, das einen Gedanken an den anderen ansetzt, so schwimmt man gleichsam während dieses Zustandes in dem einen, schwimmt zu dem anderen hin, man ist damit vereinigt; dann ist man fort in einem dritten und schwimmt dann wiederum herbei; man hat das Gefühl: der Raum besteht eigentlich nicht mehr.

Nicht wahr, im physischen Raum würde es so sein, wenn man hingezogen wäre zu einem Punkt und zurückblickte und dann von ihm sich entfernte, und wenn man dann von neuem an ihn herankommen wollte, dann müßte man erst den Weg wieder hin machen; man müßte den Weg hin und zurück machen. Das ist dann in dem anderen Zustand nicht der Fall. Da ist der Raum nicht so; da durchspringt man den Raum gleichsam. In einem Augenblick ist man an einem Punkt; im anderen ist man wieder weg. Man geht nicht durch den Raum durch. Die Gesetze des Raumes haben aufgehört. Man lebt und webt jetzt selbst in dem Gedanken darinnen. Man weiß: das Ich ist nicht erstorben, es webt im Gedankenleben darinnen, aber man kann noch nicht gleich, wenn man in den Gedanken lebt, Herr sein der Gedanken; die Gedanken machen sich selbst. Man wird gezogen. Man schwimmt nicht selbst in den Gedankenströmen, sondern die Gedanken nehmen einen gleichsam auf den Rücken und tragen einen. Der Zustand muß auch aufhören. Und er hört auf, wenn man durch das Tor der Elemente geht. Dann bekommt man das Ganze in seine Willkür hinein, dann kann man aus Absicht einen bestimmten Gedankenweg machen. Man lebt dann mit seinem Willen drinnen in dem ganzen Gedankenleben. Das ist wiederum ein ungeheuer bedeutungsvoller Moment. Und deshalb habe ich sogar exoterisch in öffentlichen Vorträgen darauf hingewiesen: das zweite erreicht man dadurch, daß man sich mit seinem Schicksal identifiziert. Dadurch erlangt man die Gewalt, in dem Gedankenweben mit Willen darinnen zu sein.

Zuerst, wenn man gegangen ist durch das Tor des Todes, erreicht man das, daß mit einem in der geistigen Welt das oder jenes getan wird. Daß man selbst tun lernt in der geistigen Welt, das erlangt man eben, indem man sich mit seinem Schicksal identifiziert. Man erlangt es erst allmählich. Dann gewinnen eben die Gedanken eine Wesenheit, die mit unserer eigenen Wesenheit identisch ist. Die Taten von unserer Wesenheit kommen in die geistige Welt hinein. Aber um dies in der richtigen Weise zu tun, hat man eben durch das zweite Tor zu gehen. Indem man beginnt, mit der Kraft, die einem wird aus der Identifikation mit dem Schicksal, im Gedanken weben zu wollen so, daß man nicht bloß mitgeht mit dem Gedanken wie mit einem Traumbild, sondern daß man unter Umständen diesen oder jenen Gedanken auslöschen kann und einen anderen heraufholen kann, daß man also mit Willen hantieren kann, wenn das so beginnt, muß man wirklich diese Erfahrung durchmachen, die man das Durchgehen durch das zweite Tor nennen kann. Und da zeigt sich, daß sich dasjenige, was man nun als Willenskraft braucht, wie ein eigentlich furchtbares Ungeheuer darstellt. Man hat es immer in der Mystik seit Tausenden und Tausenden von Jahren die Begegnung mit dem «Löwen» genannt. Diese Begegnung mit dem Löwen muß man durchmachen. Sie besteht darin, in bezug auf das Fühlen, daß man vor dem Tun in der Gedankenwelt, vor diesem Lebendig-sich-Verbinden mit der Gedankenwelt, eigentlich wirklich – man kann es so nennen – eine heillose Furcht bekommt, die man ebenso überwinden muß wie die Einsamkeit an der Pforte des Todes. Furcht bekommt man. Diese Furcht, die kann einem in der mannigfaltigsten Weise sich als dieses oder jenes Gefühl vortäuschen, das gar nicht Furcht ist. Aber es ist doch im wesentlichen Furcht vor dem, wo man da hineinkommt. Und das, worauf es ankommt, ist, daß man wirklich die Möglichkeit findet, dieses Tier, dem man begegnet, diesen Löwen zu beherrschen. Denn in der Imagination stellt sich einem das richtig so dar, als wenn er sein riesenhaftes Maul aufsperrte und einen verschlingen wollte. Jene Willenskraft, die man anwenden will in der geistigen Welt, sie droht einen eigentlich zu verschlingen. Man ist fortwährend von dem Gefühl beherrscht: du sollst wollen, du mußt etwas tun, mußt dieses oder jenes ergreifen. Aber von all diesen Elementen des Wollens, in die man hineingeht, hat man das Gefühl: wenn du es ergreifst, verschlingt es dich, löscht dich aus in der Welt. Das ist das Verschlingen durch den Löwen. Also, man muß wirklich – bildlich kann man es so nennen –, statt sich der Furcht hinzugeben, daß darinnen in der geistigen Welt einen die Willenselemente ergreifen und verschlingen und erwürgen, sich auf den Rücken des Löwen schwingen und diese Willenselemente ergreifen, muß von sich aus zum Handeln sie benützen. Das ist es, worauf es ankommt.

Nun sehen Sie ja, was das Wesentliche dabei ist. Ist man zuerst durch die Pforte des Todes gegangen, dann ist man draußen außer dem Leibe, und dann kann man nur draußen die Kräfte des Willens benützen. Man muß sich in die Weltenharmonie einfügen. Solche Kräfte aber, die man draußen benützen muß, hat man auch in sich, nur walten sie unbewußt. Die Kräfte, die unser Blut bewegen, die unser Herz pochen machen, die rühren von geistigen Wesen her, in die man untertaucht, wenn man in das Willenselement hineintaucht. Wir haben diese Kräfte in uns. Wenn also jemand, ohne daß er den geordneten esoterischen Weg durchmacht, ergriffen wird vom Willenselement – ohne daß er durch die Pforte des Todes gegangen ist –, dann ergreifen ihn diejenigen Kräfte, die sonst in seinem Blut zirkulieren, in seinem Herzen pochen. Dann verwendet er die Kräfte nicht, die außerhalb seines Leibes, sondern die Kräfte, die in ihm sind. Das würde graue Magie sein. Das würde den Menschen veranlassen, von sich aus in die geistige Welt einzugreifen mit den Kräften, mit denen wir nicht in die geistige Welt eingreifen dürfen. Und daß man nun den Löwen sieht, daß man dieses Untier wirklich vor sich hat, daß man weiß, so sieht es aus, so wollen einen die Willenskräfte erfassen, und man muß sich ihrer draußen außer dem Leibe bemächtigen – darauf kommt es an. Tritt man nicht an das zweite Tor heran, sieht man ihn nicht, den Löwen, so steht man immer in Gefahr, aus dem menschlichen Egoismus heraus die Welt beherrschen zu wollen. Daher ist der richtige Erkenntnisweg der: zuerst heraus aus dem physischen Leibe und dem physischen Menschensein, und dann erst draußen herantreten an das Verhältnis, in das man einzugehen hat mit den Wesenheiten, die draußen sind.

Nun, dem steht ja gegenüber der Hang der meisten Menschen, wirklich auf eine bequemere Weise als durch gute Meditation in die geistige Welt hineinzukommen. So zum Beispiel kann man die Pforte des Todes vermeiden und, wenn die inneren Anlagen günstig sind, an das zweite Tor herantreten. Das erreicht man dadurch, daß man sich besonderen Vorstellungen, insbesondere inbrünstigen Vorstellungen hingibt, die so ein allgemeines Aufgehen in dem ganzen All darstellen sollen. Vorstellungen, die angeraten werden von dem oder jenem halbwissenden Mystiker, in gutem Glauben angeraten werden. Dadurch betäubt man sich über das Gedankenstreben hinweg und regt direkt das Gefühl an. Man peitscht das Gefühl an, man enthusiasmiert das Gefühl. Dadurch kann man allerdings zunächst an das zweite Tor gelangen und wird auch den Willenskräften übergeben, aber man beherrscht den Löwen nicht, sondern man wird von ihm verschlungen, und der Löwe tut mit einem, was er will. Das heißt: es geschehen im Grunde genommen okkulte, aber im wesentlichen egoistische Dinge. Daher ist es wirklich immer wieder notwendig, aber auch, man möchte sagen, etwas riskant, vom Gesichtspunkte wahrer echter Gegenwarts-Esoterik nicht zu verweisen auf all das, was eine nur Gefühl und Empfindung aufpeitschende Mystik ist. Dieses Appellieren an das, was den Menschen innerlich aufpeitscht, was ihn herauspeitscht aus seinem physischen Leibe, aber ihn doch im Zusammenhang läßt mit den Blut- und Herzenskräften, den physischen Blut- und Herzenskräften, bewirkt eine gewisse Art von Wahrnehmen der geistigen Welt, die dann nicht abzuleugnen ist, die auch viel Gutes enthalten kann, aber die den Menschen zu einem in der geistigen Welt unsicher tappenden Wesen macht und ihn gar nicht fähig macht, Egoismus und Altruismus voneinander zu unterscheiden.

Man ist gerade, wenn man das betonen muß, bei einem schwierigen Punkt, denn bei der eigentlichen Meditation und alledem, was sich auf sie bezieht, schlafen die Gemüter der Gegenwart noch vielfach ein. Sie lieben es, das Denken doch nicht so straff anzuspannen, wie es notwendig ist, um sich mit dem Denken zu identifizieren. Sie lieben es vielmehr, wenn man ihnen sagt: Vertiefe dich in eine alliebende Hingabe zum Weltengeiste oder dergleichen, wobei mit Umgehung des Denkens das Gemüt aufgepeitscht wird. Dann werden die Menschen wirklich in geistige Wahrnehmungen hineingeführt; sie sind aber nicht mit vollem Bewußtsein darinnen und können nicht unterscheiden, ob die Dinge, die sie darinnen erleben, die sie bei sich erleben, dem Egoismus entspringen oder nicht dem Egoismus entspringen. Gewiß, es muß parallelgehen der selbstlosen Meditation die Enthusiasmierung aller Empfindungen, aber eben parallelgehen dem Gedanken. Es muß der Gedanke nicht ausgeschaltet werden. Aber gerade darin, den Gedanken vollständig zu

179

unterdrücken und sich nur dem aufgepeitschten erglühten Gefühl hinzugeben, suchen gewisse Mystiker etwas.

Man ist deshalb hier an einem schwierigen Punkt, weil es ja nützt, weil ja diejenigen viel schneller vorwärtskommen, die so ihre Gefühle aufpeitschen. Sie kommen hinein in die geistige Welt, sie erleben darin allerlei, und das wollen ja die meisten Menschen. Es handelt sich bei den meisten Menschen nicht darum, in der richtigen Weise in die geistige Welt zu kommen, sondern überhaupt nur hineinzukommen. Die Unsicherheit, die dabei eintritt, ist diese, daß wir ja, wenn wir nicht zuerst durch die Pforte des Todes gehen, sondern gewissermaßen direkt an die Pforte der Elemente gehen, dort von Luzifer noch verhindert werden, den Löwen wirklich wahrzunehmen; daß wir gleichsam, bevor wir ihn wahrnehmen, von ihm verschlungen werden. Das Schwierige ist, daß wir nicht mehr unterscheiden können, was sich auf uns bezieht und was draußen ist in der Welt. Wir lernen geistige Wesenheiten kennen, Elementargeister. Eine ganz umfängliche geistige Welt kann man erkennen lernen, auch ohne durch die Pforte des Todes zu gehen, aber es sind zumeist geistige Wesenheiten, welche die Aufgabe haben, den menschlichen Blutlauf, die menschliche Herztätigkeit zu unterhalten. Solche Wesenheiten sind in der geistigen, der elementaren Welt um uns herum ja immer da. Es sind Geister, die ihr Lebenselement in der Luft, in der uns umfließenden Wärme und auch im Licht haben, die auch ihr Lebenselement in den ja physisch nicht mehr wahrnehmbaren Sphärentönen haben, geistige Wesenheiten, die alles Lebendige durchweben und durchziehen. In diese Welt kommen wir dann natürlich hinein. Und verführerisch wird die Sache, weil ja wirklich die wunderbarsten geistigen Entdeckungen gemacht werden können in dieser Welt. Nicht wahr, wenn jetzt von einem, der nicht durch die Pforte des Todes gegangen ist, sondern der direkt an das Löwentor herangerückt ist und den Löwen nicht gesehen hat, wahrgenommen wird ein Elementargeist, der die Aufgabe hat, die Herztätigkeit zu unterhalten, so kann dieser Elementargeist, der auch zugleich die Herztätigkeit anderer Menschen unterhält, unter Umständen Nachricht bringen von anderen Menschen, sogar von Menschen aus der Vergangenheit, oder er kann aus der Zukunft prophetische Nachrichten bringen. Also von großem Erfolg kann die Sache begleitet sein, aber es ist dennoch nicht der richtige Weg, weil er uns nicht frei macht in unserer Beweglichkeit in der geistigen Welt.

Das dritte Tor, das zu durchwandern ist, ist das *Tor der Sonne*. Und da müssen wir, wenn wir an dieses Tor kommen, wiederum eine Erfahrung machen. Während wir am Tor des Todes einen geflügelten Engelskopf, am Tor der Elemente einen Löwen wahrzunehmen, zu schauen haben, müssen wir am Tor der Sonne einen Drachen, einen wilden Drachen wahrnehmen. Und dieser wilde Drache, den müssen wir richtig anschauen. Aber Luzifer und Ahriman zusammen bemühen sich nun, den unsichtbar zu machen, ihn uns nicht zum geistigen Gesicht zu bringen. Wenn wir ihn wahrnehmen, dann nehmen wir aber wahr, daß dieser wilde Drache im Grunde genommen das allermeiste mit uns selbst zu tun hat, denn er ist gewoben aus unseren Trieben und Empfindungen, die sich im Grunde auf das, was wir im gewöhnlichen Leben unsere niederste Natur nennen, beziehen. Dieser Drache enthält alle die Kräfte, die wir zum Beispiel brauchen – verzeihen Sie das Prosaische des Ausspruches – zum Verdauen und noch zu manchem anderen. Das, was in uns steckt und die Kräfte abgibt, daß wir verdauen, und manches andere, was im engsten Sinne an unsere allerniederste Persönlichkeit gebunden ist, das erscheint uns in Form des Drachen. Wir müssen ihn anschauen, wenn er sich aus uns herauswindet. Schön ist er nicht, der Drache, und daher haben Luzifer und Ahriman es leicht, unser unterbewußtes Seelenleben so zu beeinflussen, daß wir unbewußt nichts wissen wollen vom Sehen dieses Drachen. Es sind ja in ihn auch hineingewoben alle Albernheiten, alle unsere Eitelkeiten, unsere Stolzheit und unsere Selbstsucht, aber auch die niedersten Triebe.

Wenn wir den Drachen nicht schauen am Tor der Sonne – man nennt es das Tor der Sonne, weil gerade in den Sonnenkräften die Kräfte leben, aus denen auch der Drache gewoben ist, denn die Sonnenkräfte sind es, die bewirken, daß wir verdauen und die anderen organischen Verrichtungen vollziehen, es ist wirklich durch das Zusammenleben mit der Sonne –, wenn wir also den Drachen nicht schauen am Tor der Sonne, dann verschlingt er uns, dann werden wir in der geistigen Welt eins mit ihm. Dann sind wir nicht mehr unterschieden von dem Drachen, dann sind wir eigentlich der Drache, der erlebt in der geistigen Welt. Und er kann Bedeutungsvolles erleben, er kann gewissermaßen großartige Erfahrungen machen. Erfahrungen, welche, ich möchte sagen, einschmeichelnder sind als diejenigen, die man macht am Tor des Todes oder hinter dem Tor des Todes. Die Erfahrungen, die man macht am Tor des Todes, sind zunächst farblos, schattenhaft, intim, so leicht und intim, daß sie uns leicht entschwinden, daß wir gar nicht sehr geneigt sind, die Aufmerksamkeit zu entfalten, um sie festzuhalten. Und wir müssen immer wiederum uns anspannen, dasjenige, was da leicht im Gedanken sich belebt, sich vergrößern zu lassen. Es vergrößert sich zuletzt zu einer Welt. Aber, bis es auftritt als farben-, töne-, lebensdurchdrungene Wirklichkeit, das fordert langes, energisches Arbeiten und Streben. Denn man muß gewissermaßen diese farb- und tonlosen Gestalten sich beleben lassen überall aus der Unendlichkeit her. Will man zum Beispiel den einfachsten Luft- oder Wassergeist entdecken durch, man kann es jetzt nennen, Kopfhellsehen – gemeint ist das Hellsehen, was entsteht durch Belebung des Gedankens –, dann ist zunächst dieser Luft- oder Wassergeist etwas, was so leicht und schattenhaft über den Horizont der geistigen Welt hinhuscht, daß es einen gar nicht interessiert. Und wenn er farbig oder tönend werden soll, dann muß aus dem ganzen Umkreis des Kosmos die Farbigkeit an ihn heranrücken. Das geschieht aber erst in langer innerer Arbeit. Das geschieht erst durch Warten, bis man begnadet wird. Denn denken Sie, wenn Sie also – bildlich gesprochen – solch einen kleinen Luftgeist haben, wenn er jetzt in Farben herankommen soll, wenn er gefärbt erscheinen soll, so muß von einem mächtigen Teil des Kosmos die Farbe hereinstrahlen. Man muß die Kraft haben, sie hereinstrahlen zu machen. Diese Kraft kann aber nur durch Hingabe erreicht werden, erworben werden. Die strahlenden Kräfte müssen von außen hereinkommen durch Hingabe. Ist man mit seinem Drachen einerlei, ist man eins mit ihm, dann wird man, wenn man einen Luft- oder Wassergeist sieht, geneigt sein, die Kräfte, die in einem drinnen sind, und gerade in den im gewöhnlichen Leben niedrig genannten Organen drinnen sind, hinauszustrahlen. Das ist viel leichter. Unser Haupt ist an sich ein vollkommenes Organ, aber in dem astralischen Leibe und dem Ätherleib des Hauptes, da ist nicht viel Farbiges darinnen, weil die Farben verwendet sind zum Beispiel um das Gehirn, namentlich die Gehirnschale, zu bilden. So daß, wenn Sie aus dem Haupte heraus durch Kopfhellsehen an der Schwelle der geistigen Welt den Astralleib und Ätherleib herausheben aus dem physischen Leibe, so hat er nicht viel Farbe in sich. Die Farben sind verwendet, um das vollkommene Organ, das Gehirn, zu bilden. Wenn Sie aber im – wir können es nennen – Bauchhellsehen aus den Organen des Magens, der Leber, der Galle und so weiter den Astralleib und Ätherleib herausheben, da sind die Farben noch nicht so verwendet, um vollkommene Organe zu bilden. Diese Organe sind erst auf dem Wege zur Vollkommenheit. Dasjenige, was vom Astralleib und Ätherleib des Bauches ist, das ist wunderschön gefärbt, das glänzt und glitzert in allen möglichen Sonnenfarben. Und heben Sie da den Ätherleib und Astralleib heraus, so verleihen Sie den Gestalten, die Sie sehen, die wunderbarsten Färbungen und Tönungen. So daß es vorkommen kann, daß jemand Wunderbares sieht und ganz großartige farbige Gemälde entwirft. Es ist gewiß interessant, denn für den Anatomen ist es ja auch interessant, Milz, Leber und Gedärme zu untersuchen, und es ist dies vom Standpunkte der Wissenschaft auch notwendig. Aber wenn es derjenige, der kundig ist, untersucht, so ist das, was in so schönen farbigen Bildern erscheint, dasjenige, was zwei Stunden nach dem Essen dem Verdauungsprozeß zugrunde liegt. Dagegen ist gewiß nichts einzuwenden, daß man das untersucht. So wie der Anatom die Dinge untersuchen muß, so wird die Wissenschaft einmal viel davon haben, diese Dinge zu untersuchen, zu wissen, was der Ätherleib macht, wenn der Magen verdaut. Aber darüber müssen wir uns ganz klar sein: Wenn wir nicht bewußt an das Tor der Sonne gehen, und dadurch nicht wissen: wir laden all dasjenige, was im Äther- und Astralleib unseres Bauches ist, in diesen Drachen hinein, wir sondern das ab –, dann strahlen wir es hinaus in die Hellseher-Gebilde, dann bekommen wir allerdings eine wunderbare Welt. Das Schönste und leichtest zu Erreichende kommt zunächst nicht von den höheren Kräften, vom Kopfhellsehen, sondern vom Bauchhellsehen. Und das ist durchaus wichtig zu wissen. Denn für den Kosmos gibt es nichts im absoluten Sinne Niedriges, es gibt nur relativ Niedriges. Der Kosmos muß mit ungeheuer bedeutsamen Kräften arbeiten, um das zustande zu bringen, was zum menschlichen Verdauungsapparat notwendig ist. Aber es handelt sich darum, daß wir uns keinen Irrtümern hingeben, keinen Täuschungen uns hingeben, sondern daß wir wissen, was die Dinge sind. Wenn wir wissen, daß irgend etwas, was einen wunderbaren Aspekt darbietet, nichts anderes ist als der Verdauungsprozeß, so ist das außerordentlich wichtig. Wenn wir aber glauben, daß uns durch ein solches Bild vielleicht eine besondere Engelswelt sich offenbare, dann sind wir eben in einem Irrtum befangen. Also nicht dagegen, daß eine Wissenschaft gepflegt wird aus diesem Wissen, kann sich der Vernünftige wenden, sondern nur dagegen, daß etwa solche Dinge in ein falsches Licht gerückt werden. Das ist es, um was es sich handelt. So kann es zum Beispiel vorkommen, daß jemand eben gerade durch einen Vorgang innerhalb des Verdauungsprozesses in einer bestimmten Etappe der Verdauung immer einen bestimmten Teil des Ätherleibes heraushebt; dann kann er ein natürlicher Hellseher sein. Man muß da nur wissen, um was es sich handelt.

Der Mensch wird also schwer dazu kommen, durch Kopfhellsehen, wo alles Farbige des Äther- und Astralleibes dazu verwendet ist, um das wunderbare Gefüge des Gehirns zustande zu bringen, das Farblose und Tonlose zum Vollgefärbten, Tönenden zu bringen. Aber er wird verhältnismäßig leicht dazu kommen, mit Bauchhellsehen die wunderbarsten Dinge der Welt zu sehen. Dabei liegen natürlich in diesem Bauchhellsehen auch Kräfte, die der Mensch verwenden lernen muß. Diejenigen Kräfte, die da verwendet werden zu unserem Verdauungsprozeß, sind ja nur verwandelte Kräfte, und richtig erleben wir sie, wenn wir immer mehr und mehr ausbilden lernen die Identifizierung mit dem Schicksal. Das ist auch auf diesem Felde dasjenige, was uns lehrt: dem, was zuerst als geflügelter Engelskopf heraufkam, müssen wir ja nachziehen den anderen Teil, und da handelt es sich darum, daß wir nicht nachziehen nur die Kräfte, die zur Verdauung dienen, sondern auch diejenigen, die höherer Art sind; das sind diejenigen, die in unserem Karma, unserem Schicksal liegen. Wenn wir uns damit identifizieren, dann gelingt es uns, hinauszutragen die geistigen Wesen, die wir um uns sehen, die jetzt die Tendenz haben, daß die Töne und Färbungen hereinfließen aus dem Weltenraum. Dann wird natürlich die geistige Welt eine vollinhaltliche, eine konkrete, ebenso wirklich und konkret, daß wir uns darin befinden, wie wir uns in der physischen Welt befinden.

Eine besondere Schwierigkeit am Tor des Todes macht das, daß wir wirklich die Empfindung haben – und die müssen wir auch überwinden –, du verlierst dich selbst eigentlich da! Aber wenn man wirklich sich angestrengt hat und sich mit dem Gedanklichen identifiziert, kann man sogleich auch das Bewußtsein haben: Du verlierst dich, aber du findest dich wieder. Das ist eine Erfahrung, die man macht. Man verliert sich, wenn man eintritt in die geistige Welt, aber man weiß, daß man sich auch wiederfindet. Den Übergang hat man zu machen: an den Abgrund zu kommen, im Abgrund sich zu verlieren, aber mit dem Vertrauen, daß man sich drüben wiederfindet. Das ist eine Erfahrung, die man durchmachen muß. Alles, was ich geschildert habe, sind eben durchaus innere Erlebnisse, die man durchzumachen hat. Und daß man erfährt, was da eigentlich mit der Seele geschieht, das ist wichtig. Es ist das gerade, wie wenn man etwas sehen soll; wird man hingewiesen von einem Freund, dann ist das besser, als wenn man es sich selbst ausdenkt. Aber erreichen kann man alles das, was geschildert worden ist, indem man sich wirklich hingebungsvoll immer wiederum der inneren Arbeit und inneren Überwindung durch Meditation hingibt, wie Sie es geschildert finden in den Büchern «Wie erlangt man

Erkenntnisse der höheren Welten?» und im zweiten Teil der «Geheimwissenschaft».

Dies ist von ganz besonderer Wichtigkeit, daß man diese andersartigen Erfahrungen machen lernt jenseits der Schwelle der geistigen Welt. Wenn man, wie es ja naturgemäß ist beim Menschen, bloß den Drang hat, in der geistigen Welt eine Fortsetzung, eine Verdoppelung nur der physischen Welt zu finden, wenn man meint, in der geistigen Welt müsse alles ebenso aussehen wie hier in der physischen Welt, dann kann man nicht hineinkommen. Man muß wirklich das durchmachen, was man wie eine Umkehrung empfindet von alledem, was man hier in der physischen Welt erfahren hat. Hier in der physischen Welt ist man gewöhnt, zum Beispiel die Augen aufzumachen und Licht zu sehen, durch das Licht beeindruckt zu werden. Wenn man das erwartet in der geistigen Welt, daß man ebenso ein geistiges Auge aufmachen kann, um durch das Licht beeindruckt zu werden, dann kann man nicht hineinkommen, denn man erwartet etwas Falsches. Das webt etwas wie einen Nebel, der sich vor die geistigen Sinne legt, der einem die geistige Welt verdeckt, so wie ein Nebelmeer einem ein Gebirge verdeckt. In der geistigen Welt kann man zum Beispiel nicht von Licht beschienene Gegenstände sehen, sondern da muß man sich klar sein darüber, daß man mit dem Lichte selbst strahlt in der geistigen Welt. Wenn in der physischen Welt der Lichtstrahl auf einen Gegenstand fällt, sieht man ihn; in der geistigen Welt aber ist man in dem Lichtstrahl selber darinnen und berührt damit den Gegenstand. So daß man sich selbst schwimmend mit dem Lichtstrahl in der geistigen Welt weiß; man weiß, daß man im strahlenden Licht drinnen ist. Das ist dasjenige, was einem einen Fingerzeig geben kann, wie man sich Begriffe aneignen kann, die geeignet sind, einem in der geistigen Welt vorwärtszuhelfen. Es ist zum Beispiel ungeheuer nützlich, sich einmal vorzustellen: Wie wäre es, wenn du jetzt in der Sonne wärest? Dadurch, daß du nicht in der Sonne bist, siehst du die Gegenstände, wenn die Sonnenstrahlen die Gegenstände beleuchten, durch die zurückgeworfenen Strahlen. Man muß sich vorstellen, man ist in den Sonnenstrahlen drinnen und berührt

186

damit die Gegenstände. Diese Berührung ist ein Erlebnis in der geistigen Welt; darin besteht gerade das Erleben in der geistigen Welt, daß man sich darinnen lebendig weiß. Man weiß sich lebendig im Weben der Gedanken. Gerade wenn dieser Zustand anfängt, daß man sich bewußt im Weben der Gedanken darinnen weiß, dann geht das unmittelbar über in ein Sich-Wissen im hellstrahlenden Licht. Denn der Gedanke ist aus dem Licht. Der Gedanke webt im Licht. Aber das erfährt man erst dann, daß man eigentlich wie untertaucht in das Licht, wenn man in diesem Gedankenweben darinnen ist.

Die Menschheit ist jetzt auf einer Stufe, wo sie sich solche Vorstellungen aneignen muß, damit sie nicht durch die Pforte des Todes geht, wo sie ja in der geistigen Welt darinnen ist, und dann in ganz ungewohnte Welten hineinkommt. Das Kapital, das die Menschen mitbekommen haben von den Göttern im Erdenurbeginn, ist allmählich aufgezehrt. Die Menschen tragen jetzt das nicht mehr mit durch die Pforte des Todes, was noch Reste waren eines alten Erbgutes. Sie müssen sich jetzt allmählich hier in der physischen Welt Begriffe aneignen, die auch dann, wenn die Menschen durch die Pforte des Todes geschritten sind, dazu dienen, die ihnen nach Überschreitung als versucherische und verführerische, als gefährlich entgegentretende Wesen sichtbar zu machen. Mit diesen großen kosmischen Zusammenhängen ist es verbunden, daß eben jetzt Geisteswissenschaft der Menschheit mitgeteilt werden muß, daß Geisteswissenschaft unter die Menschen treten muß. Und man kann beobachten, wie gerade in unseren Tagen, in unseren so schicksalsbewegten Tagen, Übergänge wirklich geschaffen werden. Es gehen Menschen in jungen Jahren jetzt durch die Pforte des Todes, vom großen Zeitenschicksale gefordert, die gewissermaßen mit vollem Bewußtsein in jungen Jahren den Tod an sich haben herankommen lassen. Ich meine jetzt nicht so sehr den Moment, bevor der Tod zum Beispiel auf dem Schlachtfelde eingetreten ist. Da mag ja vieles da sein an Begeisterung und dergleichen, die das Erlebnis des Todes zu keinem so eminenten, so von Aufmerksamkeit durchtränkten machen, als man sonst glauben möchte. Aber wenn er eingetreten ist, der Tod, dann ist es ein Tod, der übrigläßt einen noch unverbrauchten Ätherleib, in unserer Zeit übrigläßt einen unverbrauchten Ätherleib, auf den der Tote nun hinschauen kann; so daß nun der Tote dieses Phänomen, diese Tatsache des Todes, mit einer viel größeren Deutlichkeit sieht, als er es dann sieht, wenn der Tod durch Krankheit oder durch Altersschwäche eintritt.

Dieser Tod auf dem Schlachtfeld ist ein intensiveres, ein stärker wirkendes Ereignis in unseren Tagen als ein Tod, der auf andere Weise eintritt. Dadurch wirkt das auf die Seele, die durch die Pforte des Todes gegangen ist, und wirkt belehrend. Der Tod ist schrecklich oder kann wenigstens schrecklich sein für den Menschen, solange er im Leibe weilt. Wenn der Mensch aber durch die Pforte des Todes gegangen ist und zurückblickt auf den Tod, so ist der Tod das schönste Erlebnis, das überhaupt im menschlichen Kosmos möglich ist. Denn dieses Zurückblicken auf dieses Hineingehen in die geistige Welt durch den Tod ist zwischen Tod und neuer Geburt das allerwunderbarste, das schönste, großartigste, herrlichste Ereignis, auf das der Tote überhaupt zurückschauen kann. So wenig wie von unserer Geburt in unserem physischen Erleben jemals wirklich steht – es erinnert sich ja kein Mensch mit den gewöhnlichen, nicht ausgebildeten Fähigkeiten an seine physische Geburt –, sicher steht immer der Tod da für die Seele, die durch die Pforte des Todes gegangen ist, von dem Auftauchen des Bewußtseins an. Er ist immer vorhanden, aber er steht da als das Schönste, als der Auferwecker in die geistige Welt hinein. Und er ist ein Belehrer wunderbarster Art, ein Belehrer, der wirklich für die empfängliche Seele beweisen kann, daß es eine geistige Welt gibt, weil er das Physische durch seine eigene Wesenheit vernichtet und aus dieser Vernichtung eben nur hervorgehen läßt dasjenige, was geistig ist. Und diese Auferstehung des Geistigen, mit dem vollständigen Abstreifen des Physischen, das ist ein Ereignis, das immer dasteht zwischen Tod und neuer Geburt. Das ist ein tragendes, ein wunderbar großes Ereignis, und in sein Verständnis wächst die Seele nach und nach hinein; wächst hinein in einer ganz einzigartigen Weise dann, wenn nun dieses Ereignis in dem Grade, man möchte sagen, ein selbstgewähltes Ereignis ist, wenn der Mensch sich diesen Tod natürlich nicht gesucht, aber zum Beispiel dadurch, daß er gewissermaßen freiwillig sich eingereiht hat, ihn doch freiwillig gefunden hat. Dadurch gewinnt dieser Moment wiederum an Deutlichkeit. Und ein Mensch, der sonst nicht viel über den Tod nachgedacht hat, der wenig oder nur zum Teil sich um die geistige Welt gekümmert hat, der kann nun gerade in unserer Zeit an dem Tode, nach seinem Tode, einen wunderbaren Belehrer bekommen. Und das ist für den Zusammenhang der physischen mit der geistigen Welt etwas, was gerade in diesem Kriege als etwas ungeheuer Bedeutsames steckt. Ich habe es schon in einigen Vorträgen dieser schweren Zeit betont: es reicht nicht aus dasjenige, was wir tun können durch die bloße Belehrung, durch das Wort; aber ungeheure Belehrung wird für die Menschen der Zukunft kommen dadurch, daß so viele Tode eingetreten sind. Die wirken auf die Toten, und die Toten wiederum greifen ein in den Zukunftskulturprozeß der Menschheit.

So kann ich gerade von einem solchen Toten, der in jungen Jahren in unseren Tagen durch die Todespforte gegangen ist, Worte mitteilen, die, ich möchte sagen, durchgekommen sind; Worte, die gerade deshalb einem überraschend sind gewissermaßen, weil sie bezeugen, wie der Tote, der den Tod mit besonderer Deutlichkeit fühlte als auf dem Schlachtfelde erlebt, nun sich hineinfindet in dieses andersartige Erleben nach dem Tode; wie er sich herausarbeitet aus den Erden-Vorstellungen und sich hineinarbeitet in die geistigen Vorstellungen. Ich will Ihnen auch diese Worte hier mitteilen. Sie sind, wenn ich das so charakterisieren darf, aufgefangen, als ein solcher auf dem Schlachtfelde Verstorbener sie wie heranbringen wollte an diejenigen, die er zurückgelassen hat.

> Im Leuchtenden,
> Da fühl' ich
> Die Lebenskraft.
> Der Tod hat mich
> Vom Schlaf erweckt,
> Vom Geistesschlaf.

Ich werde sein,
Und aus mir tun,
Was Leuchtekraft
In mir erstrahlt.

Das ist gewissermaßen von dem Hinblicken nach dem erlittenen Tode von dem Toten erlernt, im Erlernen erlebt, so wie wenn das Wesen sich erfüllte mit dem, was es nach dem Tode eben leben lernen muß am Anblick des Todes, und wovon es auch Kunde geben, was es offenbaren will.

Im Leuchtenden, da fühl' ich die Lebenskraft.

Also er fühlt, daß er im höheren Grade lebendig ist in bezug auf das Erfassen der geistigen Welt, als er es hier war vor dem Tode. Er fühlt den Tod als eine Art Erwecker und Belehrer:

Der Tod hat mich vom Schlaf erweckt,
Vom Geistesschlaf.

Und nun fühlt er auch schon, daß er ein Handelnder wird in der geistigen Welt:

Ich werde sein, und aus mir tun . . .

Aber er fühlt, daß dieses Tun in ihm die Leuchtekräfte tun, er fühlt das Licht in ihm erleben:

Ich werde sein,
Und aus mir tun,
Was Leuchtekraft
In mir erstrahlt.

Man kann eben überall sehen, richtig sehen, wie dasjenige, was erschaut werden kann in der geistigen Welt, immer wieder und wiederum von neuem die reinste Bestätigung desjenigen abgibt, was auch wiederum durch die sogenannte Imaginationserkenntnis aus dieser geistigen Welt heraus eben im allgemeinen bekannt werden kann. Und das ist es, was man so möchte, daß es belebt werde, so recht belebt werde durch unsere geisteswissenschaftliche Bewegung: daß wir es nicht bloß zu tun haben mit einem Wissen von der geistigen Welt, sondern daß dieses Wissen in uns wirklich so lebendig werde, daß wir eine andere Art mit der Welt zu fühlen, mit der Welt zu empfinden uns aneignen, indem die Begriffe der Geisteswissenschaft in uns lebendig werden. Dieses innerliche Beleben der Gedanken der Geisteswissenschaft, das ist ja dasjenige, wie ich schon oft gesagt habe, schon wiederholt gesagt habe, was von uns im Grunde genommen gefordert wird, so gefordert wird, daß es unser Beitrag sein soll für die Weiterentwickelung der Welt, damit zusammenfließen die aus der Geisteswissenschaft heraus geborenen spirituellen Gedanken, die sich in die geistige Welt hinauferheben wie Leuchtekräfte, die dem leuchtenden Weltall zurückgegeben werden; damit das Weltall sich vereinige mit dem, was die durch die Pforte des Todes Gegangenen in unseren schicksalsschweren Tagen der geistigen Kulturbewegung der Menschheit einverleiben. Dann wird das eintreten, was einbegriffen ist in die Worte, mit denen wir auch heute wieder unsere Betrachtungen schließen wollen:

Aus dem Mut der Kämpfer,
Aus dem Blut der Schlachten,
Aus dem Leid Verlassener,
Aus des Volkes Opfertaten
Wird erwachsen Geistesfrucht –
Lenken Seelen geistbewußt
Ihren Sinn ins Geisterreich.

Meine lieben Freunde, wir gedenken wiederum zuerst derjenigen, die draußen auf den großen Feldern der Ereignisse der Gegenwart stehen:

Geister eurer Seelen, wirkende Wächter,
Eure Schwingen mögen bringen
Unserer Seelen bittende Liebe
Eurer Hut vertrauten Erdenmenschen,
Daß, mit eurer Macht geeint,
Unsre Bitte helfend strahle
Den Seelen, die sie liebend sucht.

Und für diejenigen, die infolge dieser Ereignisse schon durch die Pforte des Todes gegangen sind:

Geister eurer Seelen, wirkende Wächter,
Eure Schwingen mögen bringen
Unserer Seelen bittende Liebe
Eurer Hut vertrauten Sphärenmenschen,
Daß, mit eurer Macht geeint,
Unsre Bitte helfend strahle
Den Seelen, die sie liebend sucht.

Der Geist, den wir durch unsere erstrebte Geist-Erkenntnis suchen, der Geist, der zu der Erde Heil, zu der Menschheit Freiheit und Fortschritt durch das Mysterium von Golgatha gegangen ist, der sei mit euch und euren schweren Pflichten!

Wir haben heute vor acht Tagen eine Art Betrachtung über das imaginative Meditieren angestellt, und wir haben gesehen, daß auch diese Betrachtung uns zeigt, wie alle Erkenntnis, die eine wirkliche Erkenntnis der übersinnlichen Welten sein soll, gewonnen werden muß durch ein leibfreies Weltenbetrachten, dadurch, daß die gewöhnliche, die Alltagserkenntnis sich frei macht von den Bedingungen, die durch den Leib, durch die Sinne, durch das Nervensystem und so weiter gegeben sind. Die gewöhnliche Tageserkenntnis kommt ja dadurch zustande, daß sich das menschliche Geistig-Seelische der leiblichen Werkzeuge bedient. Nun besteht diese geistige Erkenntnis in gewissen feineren Prozessen, die sich mit dem Menschen abspielen, und auf diese Prozesse wollen wir zunächst heute im ersten Teil unserer Betrachtung etwas hinweisen. Feinere Prozesse, sagte ich. Feiner sind die Prozesse deshalb, feiner als die gewöhnlichen Alltagsprozesse des Erkennens, der Beobachtung, der Wahrnehmung, weil der Mensch ja nur ausgehen kann von dem, woran er im Alltag gewöhnt ist, und sich allmählich nur zu feineren, intimeren Prozessen erheben kann. Nun würden wir ja alle die befriedigendsten, die höchsten Erkenntnisse der geistigen Welt gewinnen können, wenn wir imstande wären, ohne weiteres wenigstens einen Teil, ja nur einen kleinen Teil, meinetwillen nur eine Minute, von demjenigen Zustand unseres Lebens, den wir zubringen zwischen Einschlafen und Aufwachen, vollbewußt zuzubringen; nicht bloß träumend-bewußt, sondern vollbewußt. Denn alle Initiation besteht ja darin, daß dasjenige von uns, was unbewußt außer unserem Leibe verweilt in der Nacht im Schlafe, bewußt gemacht wird.

Niemals besteht ein wirklich höherer Erkenntnisprozeß eigentlich in etwas anderem als in einem Bewußtmachen desjenigen, was sonst unbewußt vom Einschlafen bis zum Aufwachen im schlafenden Zustand verweilt.

Nun gibt es allerdings, was Sie vielleicht verwundern wird, einen Teil des Menschen, des leiblichen Menschen, der im Grunde immer im schlafenden Zustand ist, der immer schläft. Auf diese Dinge braucht man sich ja nicht gleich im Eingang des anthroposophischen Lebens einzulassen; gewissermaßen die Feinheiten der geisteswissenschaftlichen Forschung können uns erst langsam und allmählich zum Bewußtsein kommen. Wir denken ja natürlich, wenn geschildert wird, daß der Mensch bei Tage wacht und bei Nacht schläft, daß bei Tage sein Ich und sein Astralleib mit dem physischen Leibe und dem Ätherleib voll vereinigt seien, und daß bei

Nacht Ich und Astralleib außerhalb des physischen Leibes und des Ätherleibes ihr Wesen haben. Wir denken auch zunächst ganz richtig so, denn nur allmählich können wir uns von der gröberen Auffassung der geisteswissenschaftlichen Tatsachen zu den spezielleren Wahrheiten hinwenden. Im groben also ist das richtig, daß der Mensch mit seinem Ich und Astralleibe im Schlafe außerhalb seines Ätherleibes und physischen Leibes ist. Aber für einen Teil des Leibes gilt es doch, daß im wesentlichen auch vom Aufwachen bis zum Einschlafen dieser Teil des Leibes schläft, wenigstens im wesentlichen schläft. Und das ist gerade merkwürdigerweise derjenige Teil des menschlichen Leibes, den wir das Haupt, den Kopf nennen. Der schläft gerade dann, wenn wir wachen. Und obwohl man leicht glauben könnte, daß der Kopf das Allerwachste sei, so ist er in Wirklichkeit dasjenige, was am wenigsten wach ist. Denn die wache Tätigkeit des menschlichen Denkens, überhaupt der Kopfverrichtungen, beruht gerade darauf, daß auch im Wachen das Ich und der Astralleib gegenüber den Kopforganen ein solches Verhältnis haben, daß sie nicht vollständig – also der Ichteil des Kopfes, der Astralteil des Kopfes – mit dem physischen und dem ätherischen Teile des Kopfes sich verbinden können, sondern immer gewissermaßen ein Eigenleben außerhalb des physischen und des ätherischen Teiles des Kopfes erleben. Nur dann findet eine innigere Verbindung noch statt zwischen dem astralischen Kopfleib und zwischen dem physischen, wenn man Kopfschmerzen hat. Und wenn man recht starke Kopfschmerzen hat, dann ist am allermeisten Verbindung zwischen dem astralischen Teil des Kopfes und dem physischen Teil des Kopfes. Dann kann man gerade am schlechtesten denken, wenn man Kopfschmerzen hat. Das rührt davon her, weil dann eine zu starke Verbindung eintritt zwischen dem astralischen, dem physischen und dem ätherischen Teile des Kopfes. Nun beruht aber unser waches Denken und auch das übrige wache Seelenleben eben gerade darauf, daß in einer gewissen Beziehung das Ich und der Astralleib des Kopfes außerhalb des physischen und Ätherleibes sind und sich gerade dadurch in dem physischen und ätherischen Leibe des Kopfes spiegeln; wie wir uns

194

ja auch nur im Spiegel sehen können, wenn wir außerhalb sind. Diese Spiegelung gibt ja die Bilder unseres Alltagsbewußtseins. Das sind Spiegelbilder, die wir im Alltagsleben erleben, erkennend wahrnehmen. Und durch dieses Außerhalb-des-Kopfes-Leben, durch dieses Schlafen des Kopfes, und durch die durch die Härte des Schädels bewirkte Zurückwerfung der Tätigkeit des Ich und Astralleibes wird gemacht, daß wir eben das Innere des Ich und das Innere des Astralleibes empfinden als unser eigenes. Würde so, wie es bei den anderen Teilen des Organismus der Fall ist, die Tätigkeit des Ich und Astralleibes noch mehr hineinarbeiten in die Tätigkeit des physischen und Ätherleibes, dann würden wir verdauungsorganische Tätigkeit, vielleicht auch rhythmische Tätigkeit wie im Herzen, im Kopfe wahrnehmen, vielleicht auch nicht wahrnehmen – aber von einer Denktätigkeit würde nicht die Rede sein können, denn diese beruht darauf, daß diese Tätigkeit nicht aufgenommen, sondern zurückgestrahlt wird. Das Herz, die anderen Organe, welche absorbieren, die nehmen die Tätigkeit des Ich und Astralleibes auf. Die Kopforgane nehmen sie nicht auf, sie strahlen sie vielmehr zurück; daher kann sie dann erlebt werden im seelischen Innern.

Nun, in der Nacht, vom Einschlafen bis zum Aufwachen, da ist gewissermaßen das ganze Ich und der ganze Astralleib – auch das ist nicht einmal ganz richtig, aber ungefähr –, es ist also ein viel größerer Teil des Ich und des Astralleibes außerhalb des physischen und Ätherleibes. Der Mensch ist da in der Lage, vom Einschlafen bis zum Aufwachen, in bezug auf ein viel größeres Stück von Ich und Astralleib, sich so zu verhalten, wie er sich beim Wachen gegenüber seinem Kopfe verhält. Aber nun ist noch nicht der übrige Organismus so weit wie der Kopf; er ist noch nicht so weit gediehen, daß er zurückstrahlen könnte, wie es der Kopf kann. Daher kann keine Bewußtheit eintreten im Schlafe. Wenn wir die Bewegung unserer Hände betrachten, so müssen wir uns sagen: In diesen Händen haben wir, soweit wir sie bewegen können, wenn wir wach sind, natürlich die betreffenden Glieder, Ich, Astralleib, Ätherleib und physischen Leib. Das alles ist vorhanden, das alles ist in Tätigkeit, wenn wir die Hände bewegen. Nun denken Sie sich einmal, es würde ein Mensch in die Lage versetzt, daß seine Hände angebunden würden an seinen Organismus, und zwar so, daß er sie niemals würde bewegen können, sondern daß sie fest wären an dem Organismus, daß sie fest an den Organismus angebunden wären. Und nehmen wir an, es würde dem Menschen zugleich die Gabe verliehen, während er jetzt seine angebundenen physischen Hände nicht bewegen kann, daß er den Ätherleib oder wenigstens den Astralleib der Hände allein bewegen könnte. Das würde etwas sehr Bedeutendes zur Folge haben. Er würde dann gleichsam hinausstrecken seine Astral- beziehungsweise Ätherhände aus den physischen Händen, die er nicht bewegen könnte, die angebunden wären. Wir bemühen uns nicht, diese Prozedur überhaupt je auszuführen; wenn wir etwas vom Astralischen und Ätherischen der Hände bewegen, so bewegen wir eben die physischen Hände mit. Nun kann man das auf der Erde so ohne weiteres nicht gut durchführen als etwas Natürliches, aber im Laufe der Evolution wird es durchgeführt, nur etwas anders als in der groben Weise, wie ich es jetzt besprochen habe. So wird es durchgeführt, daß, indem sich der Mensch im Laufe der Erdenevolution weiter entfalten und zum Jupiter hinüberwachsen wird, in der Tat das eintreten wird, daß seine Hände, die physischen Hände, unbeweglich werden. Auf dem Jupiter wird der Mensch schon so erscheinen, daß seine physischen Hände nicht mehr bewegliche Organe sind, sondern festliegen, dafür aber eben die astralischen und auch die Ätherhände zum Teil sich heraus bewegen können. Also es wird auf dem Jupiter von den physischen Händen nur noch unbewegliche Andeutungen geben, dagegen werden sich die astralischen, respektive Ätherhände frei bewegen wie Flügel. Darauf wird es beruhen, daß dieser Jupitermensch nicht bloß ein Gehirndenker ist, sondern daß ihm dann seine festliegenden Hände die Möglichkeit geben, zurückzustrahlen in das, was jetzt mit den physischen Händen verbunden ist, und er wird dadurch ein viel lebendigeres, ein viel umfassenderes Denken haben. Dadurch, daß ein physisches Organ zur Ruhe kommt, dadurch kann das entsprechende geistig-seelische Glied, das zu dem physischen Organ dazugehört, befreit werden und kann dann eine geistig-seelische Tätigkeit entfalten. Es ist nämlich wirklich so mit unserem Gehirn: als wir noch Mondmenschen waren, da hatten wir solche Organe, die sich hier wie Hände bewegten, und diese Organe sind festgemacht worden. Auf dem Monde hatten wir noch keine feste Gehirnschale; da konnten sich die Organe, die jetzt im Gehirn zusammengefaltet sind, bewegen wie Hände. Dafür konnte der Mensch auf dem Monde noch nicht so denken wie auf der Erde. Aber für denjenigen, der hellsichtig das Denken prüft, ist es klar, daß sich da die im schlafenden Gehirn befindlichen Organe tatsächlich beim wachenden Menschen flügelartig bewegen, wie ich Ihnen beschrieben habe, daß sich Astral- und Ätherhände bewegen würden, wenn die physischen Hände festliegen könnten. Das ist also vom Übergang des Mondenzustandes zum Erdenzustand wirklich geschehen, daß hier gleichsam Hände gebändigt worden sind und jetzt noch festgehalten werden durch die feste Gehirnschale, und daß dadurch das Ätherische und Astralische frei ist. Aber die Organe müssen fortentwickelt werden. Diese Hände können nicht bleiben wie sie sind, wenn wir uns zum Jupiter entwickeln, sondern diese Hände werden in substantieller Beziehung eine Abänderung erfahren, wie sie unser Gehirn erfahren hat, so daß es zum Rückstrahlorgan geworden ist. Dieser Prozeß ist der, den man bezeichnen könnte als den der naturgemäßen Evolution.

Ein anderer Prozeß ist nun der Initiationsprozeß. Er besteht darin, daß wir in den Mittelpunkt unseres Bewußtseins irgendeine mantrische Meditation gedanklich stellen und darinnen ganz aufgehen. Wenn wir das tun, so liegt wirklich viel daran, daß wir nun nicht unser Leibliches benützen, um diesen Gedanken zu bilden, um den Gedanken zu haben, sondern daß wir wirklich uns von dem Leiblichen, dem Physisch-Sinnlichen mit diesem Gedanken zurückziehen, daß wir in ihm verharren, daß wir beim Meditieren keine Hilfe haben an der physischen Welt. Beim gewöhnlichen Alltagsdenken hilft uns der physische Leib, hilft uns die physische Welt. Wir denken, wenn durch die Sinne auf uns Eindrücke gemacht werden. Dadurch wird uns das Denken bequem. Denn die Welt macht auf uns zugleich einen ätherischen und einen physischen Eindruck. Das ist eine Unterstützung für unser Denken. Wenn wir meditieren, müssen wir uns gerade abseits stellen von allem Physischen, auch von allen Vorstellungen. Wir müssen ganz aus dem eigenen freien Willen einen Gedanken in den Mittelpunkt unseres Bewußtseins stellen. Dadurch geschieht nun etwas höchst Eigentümliches, das dem Wahrnehmungsprozeß gegenüber ein feinerer Prozeß ist. Wenn wir es dahin bringen, daß wir gleichsam im Vergessen der ganzen übrigen Welt – als wenn die übrige Welt nicht da wäre, es eigentlich nichts geben würde in Raum und Zeit als den einzigen Gedanken –, wenn wir es dahin gebracht haben, daß uns die ganze Welt gleichgültig ist und wir nur leben im Meditationsgedanken, dann tritt dasjenige ein, was selbstverständlich keine physische Wissenschaft konstatieren kann: durch diesen feinen Prozeß des Meditierens wird gewissermaßen ein feiner Wärmeverbrauch erzielt; Wärme wird verbraucht, wird weggebracht. Es ist ein Prozeß, den man selbstverständlich nicht physisch konstatieren kann, aber der Verbrauch findet statt, und wir werden einmal darüber bei Gelegenheit sprechen. Dann werden wir sehen, wie durch Vorgänge, die jeder beobachten kann, man nachweisen kann der physischen Wissenschaft, daß der Meditationsprozeß mit einem feinen Wärmeprozeß und mit einem feinen Lichtprozeß verknüpft ist.

Von dem Licht, das wir aufgenommen haben, verbrauchen wir innerlich etwas; wir verbrauchen Licht. Wir verbrauchen auch noch etwas anderes, aber wir wollen dabei stehenbleiben, daß wir Wärme und Licht verbrauchen. Das, was wir verbrauchen, das macht eben, daß dasjenige eintritt, was ich vor acht Tagen hier besprochen habe, daß aus dem Prozeß des Meditierens sich etwas bildet wie ein feines Lebendiges. Wenn wir im gewöhnlichen Alltagsprozesse denken, lebt auch in uns etwas, was sich eindrückt in unseren Organismus und einen Prozeß bewirkt, der auch mit Wärme zu tun hat; das drückt sich da ein, und das, was sich da abspielt, das bewirkt, daß wir Erinnerung haben. Aber dazu darf es beim Meditieren nicht kommen. Wenn wir abgeschlossen leben in dem reinen Gedanken- oder Empfindungsinhalte, dann drückt sich nicht in unserem Leib dasjenige ab, was wir da verbrauchen, sondern das drückt sich ab im allgemeinen Äther. Das verursacht außerhalb einen Prozeß. Ja, meine lieben Freunde, wenn Sie wirklich ernstlich, wahrhaftig meditieren, dann drücken Sie dem allgemeinen Äther Ihre Gedankenform ein; die ist da drinnen. Und wenn Sie dann auf einen Meditationsprozeß zurückschauen, ist es nicht ein gewöhnliches Erinnern, sondern ein Zurückschauen zu dem, was sich eingedrückt hat dem Weltenäther. Das ist wichtig, daß wir das beachten. Das ist ein feiner Prozeß, den wir so ausführen, daß er eine Beziehung darstellt zwischen uns und der umgebenden ätherischen und astralischen Welt. Der Mensch, der das gewöhnliche, alltägliche Wahrnehmen und Denken entwickelt, hat nur mit sich selbst etwas zu tun; es ist ein Prozeß, der sich in uns nur abspielt. Derjenige aber, der sich einläßt auf das wahre, echte Meditieren, lebt in einem Prozeß, der zugleich ein Weltenprozeß, ein kosmischer Prozeß ist. Da geschieht etwas, wenn es auch etwas außerordentlich Feines nur ist. Und was geschieht, ist das folgende: Beim Meditieren wird etwas Wärme verbraucht. Wenn sie verbraucht wird, entsteht Kälte; es wird der allgemeine Weltenäther, wenn wir meditieren, abgekühlt. Und da auch Licht verbraucht wird, wird er gedämpft; es entsteht Dunkelheit, abgedämpftes Licht. So daß, wenn ein Mensch an einer Stelle der Welt meditiert und dann weggeht, er an dieser Stelle zurückläßt eine schwache Abkühlung und zu gleicher Zeit eine Dämpfung des Lichtes. Der allgemeine Lichtzustand ist herabgedämpft, ist dunkler geworden. Hellsichtig kann man immer verfolgen, wenn ein Mensch an einer Stelle meditiert hat, wo er wirklich den Meditationsprozeß ausgeführt hat. Wenn er wieder weggeht, ist ein Schattenbild von ihm da, das sogar kühler ist als die Umgebung. Es ist also ein kühles dunkles Gespenst an die Stelle hingebracht; das haben wir dort eingraviert. Und es ist im feinen, im ganz feinen wirklich etwas vollzogen an der Stelle, was Sie vergleichen können im groben mit dem, was auf der photographischen Platte entsteht. Es ist wirklich eine Art Gespenst da gebildet. Es ist das also ein Prozeß, der sich nicht bloß im Menschen, sondern kosmisch wirklich abspielt, wodurch der Mensch sich einfügt in den Kosmos.

Nun gibt es allerdings einen Gedanken, den der Mensch meditiert, auch wenn er gar nicht Meditant ist, wenn er gar nichts weiß von irgendwelcher Geisteswissenschaft. *Einen* Gedanken meditiert der Mensch schon. Und dieser eine Gedanke, es ist ja scheinbar ein recht kleiner, aber ein für das Leben unendlich wichtiger, das ist der Gedanke des Ich. Der Gedanke des Ich wird nämlich immer so gefaßt, daß er leibfrei gefaßt wird. Und insofern wir mit unserem Ich ein Verhältnis zur Welt haben, werden auch gewisse Dinge, die mit unserem Ich zusammenhängen, wenn es auch der Mensch nicht merkt im Leben, so gedacht, daß sie eben, ich möchte sagen, wie Zweige an einem Baume sind. So werden gewisse Gedanken, Empfindungen, Willensimpulse wie Zweige oder auch wie Fühlhörner, bewegliche Fühlhörner; die werden um das Ich herumgruppiert sein. So daß in der Tat der Mensch immerfort, sein ganzes Leben hindurch, hinter sich hergehen läßt dasjenige, was er als Ich denkt und was solche bewegliche Fangarme nach allen Seiten ausstreckt. Eine gespensterartige Qualle läßt der Mensch immer hinter sich, sein ganzes Leben hindurch. Aber das ist eine sehr reale Sache, denn die enthält zu gleicher Zeit alles das, was der Mensch – insofern er es in seinem Ich erdenkt, erfühlt – durchlebt hat. Das bleibt bestehen. Und wenn der Mensch durch die Pforte des Todes gegangen ist, lernt er allmählich auf dieses Zurückgelassene zurückschauen, und das macht die Möglichkeit, daß ein Zusammenhang besteht zwischen dem, was er nach dem Tode erlebt und was er zurückgelassen hat.

Im Meditieren müssen wir als Erdenmenschen zunächst erreichen das Festhalten unserer Organe durch den Willen; und es beruht ja die Möglichkeit, richtig zu meditieren, darauf, daß wir wirklich unser Denken, Fühlen und Empfinden in der Meditation freimachen, so daß der Leib nicht mittut und wir dadurch so stark uns innerlich konzentrieren können, daß bloß das, was wir wollen, nicht was wir nicht wollen, sich eingräbt, sich abphotographiert gleichsam in den Weltenäther. Das müssen wir immer betonen, daß wirkliches, richtiges Meditieren ein realer Prozeß ist, ein wirklich realer Prozeß ist.

Wenn wir bedenken, daß der Mensch das zurückläßt und im Grunde die ganzen Erlebnisse in dem drinnen sind, was er zurückläßt, und daß das bleibt, so werden wir auch einsehen, daß, wenn der Mensch durch die Zeit hindurchgegangen ist, die zwischen dem Tod und einer neuen Geburt liegt, und wieder herunterkommt auf die Erde –, daß er dann noch im Weltenäther drinnen das vorfindet, was er da zurückgelassen hat. Da haben wir das real, wie sich Karma bewirkt. Es ist ja da dasjenige, was der Mensch erzeugt hat als sein Gespenst und was auf ihn nun wirkt und im Zusammenhang mit dem späteren Leben eben das bildet, was im Karma sich abspielt.

Man kann erst langsam und allmählich zu der Erkenntnis dieser Dinge kommen. Weil das so ist, weil ein wirklicher Prozeß sich abspielt, der über uns hinausgeht, der in den Kosmos eingreift, daher bekommt der Meditant das Gefühl: es ist das Meditieren etwas anderes als das gewöhnliche Denken. Bei dem letzteren haben wir das Gefühl: wir sind es, die die Gedanken zusammenfügen, die den einen Gedanken zum anderen bringen; wir sind es, die da urteilen. Beim Meditieren bekommt man allmählich das Gefühl: das bist nicht bloß du, der da denkt, der meditiert, sondern da geschieht etwas, worin du zwar stehst, was aber auch sich außerhalb von dir als etwas bleibend Geschehenes abspielt. Und dieses Gefühl muß man bekommen. Gerade so, wie wenn man das Gefühl hat, daß, wenn man einen zerbrechlichen Gegenstand an die Wand wirft, nicht nur dasjenige geschieht, was vor dem Fliegen geschehen ist, sondern nachher etwas, was damit im Zusammenhange steht: er zerbricht, das geschieht, wenn er sich losgelöst hat von uns –, so bekommt man das Gefühl im Meditieren: das bist nicht du, der denkt, sondern du fachst zwar deine Gedanken an, aber dann wirbeln sie weiter, sie wirbeln und wesen. Du bist dann nicht mehr bloß der Herr von ihnen, sondern sie beginnen ein selbständiges Eigenleben und Eigenwesen. Und dieses sich wie in der Atmosphäre, wie in der Webe- und Wesens-Atmosphäre seiner Gedanken Darinnenfühlen, wie wenn die Gedanken sich sogar wie Wellen durch unser Gehirn hindurchbewegen würden –, anfangen dieses zu fühlen, das ist das, was das feste, sichere Gefühl ergibt: du stehst in einer geistigen Welt darinnen; du bist selbst nur ein webendes Glied in dem allgemeinen Weben darinnen. Und das ist wichtig, daß wir wirklich zu solcher Stille, zu solcher Seelenruhe im Meditieren kommen, daß wir zu diesem bedeutsamen Gefühl kommen: du bist nicht allein, der das macht; es wird gemacht. Du hast angefangen, diese Wellen zu bewegen, aber sie breiten sich aus um dich herum. Sie haben ein Eigenleben, dessen Mittelpunkt du nur bist.

Sie sehen daran, meine lieben Freunde, daß es ein Erlebnis ist, das eigentlich die Erkenntnis der geistigen Welt gibt. Und dieses Erlebnis, das muß man in aller Ruhe abwarten. Er ist von außerordentlicher Bedeutung, aber es gehört Geduld, Ausdauer, Entsagung dazu, es in aller Ruhe abzuwarten. Denn es genügt dieses Erlebnis, um die volle Überzeugung zu bekommen von dem objektiven Vorhandensein der geistigen Welt.

Was Sie entnehmen können den Auseinandersetzungen, die wir eben gepflogen haben, das ist, daß diese Abwechslungszustände von Wachen und Schlafen im Grunde recht allgemein notwendige sind. Hier schlafen und wachen wir in der Weise, wie es uns eben bekannt ist. Aus dem Grunde schlafen und wachen wir, damit unser während des ganzen Tages tätiges Gehirn auch untertauchen kann in den Teil, der bei Tage die Organe versorgt und bei Nacht heraus ist und unbewußt bleibt. Dieser Rhythmus von Schlafen und Wachen muß stattfinden; aber wir haben gesehen, daß er auch stattfindet im großen Entwickelungsgange des Weltenwesens. Wenn wir jetzt unser Gehirn eigentlich schlafend haben, damit wir denken können, und die Hände wachend, das heißt unser ganzes Verhältnis mit den Händen frei, wachend haben, während wir sie im Schlafe nicht rühren, so waren wir auf dem Monde mit Bezug auf unser Gehirn recht wach, und wir haben das Schlafen gelernt; wir können gerade dadurch das Erdendenken entwickeln, daß wir das Schlafen des Gehirns gelernt haben. Während es auf dem Monde noch wach war, erreichte es hier die Möglichkeit zu schlafen; und dadurch kann der Mensch denken. Der Mittelleib wird lernen, auf dem Jupiter zu schlafen, dadurch wird das Denken ein weiteres Erlebnis werden. So gehen die Zustände zwischen Schlafen und Wachen durch die Entwickelung hindurch. Aber diese Zustände sind ganz allgemeine, sie zeigen sich auf allen möglichen Gebieten. Man kann sagen: Wo man hinschaut, sieht man, daß schlafende und wachende, abwechselnde Zustände richtig notwendig sind. Ich werde ein absonderliches Beispiel einmal dafür anführen, ein absonderliches Beispiel, das uns aber doch in unserer Zeit etwas naheliegen kann.

Nicht wahr, Sie können, wenn Sie sich unterrichten wollen, was sich im literarischen Geistesleben im Anfang des neunzehnten Jahrhunderts in der Kultur abspielte, in einem literaturhistorischen Werk nachsehen, welcher Dichter bedeutend, welcher unbedeutend war; und das Bild hört auch auf an einer Stelle: nämlich die Dichter, die dann ganz unbedeutend waren, werden gar nicht erwähnt. Und der Mensch, wenn er überhaupt etwas gegenwärtig weiß, weiß nun, welche Dichter in der ersten Hälfte oder in der Mitte des neunzehnten Jahrhunderts bedeutend oder unbedeutend waren. Das weiß man; und von manchen, die – das ist ja nicht zu leugnen – auch geschrieben haben im neunzehnten Jahrhundert, wissen viele Menschen – ich will nicht sagen alle – jetzt gar nichts mehr. Nicht wahr, es gibt schon Menschen, von denen man gar nichts mehr weiß. Nun, es wird aber gewiß eine Zeit kommen, wo man ein anderes Bild haben wird, ein völlig anderes Bild von dem, was man zum Beispiel das literarische Geistesleben des neunzehnten Jahrhunderts nennt; wo man gewiß Dichtern, denen man heute viele Seiten widmet, nur eine halbe Seite widmen wird, und einem, den man heute gar nicht erwähnt, zehn bis zwanzig Seiten. Diese Dinge werden sich ändern. Und es besteht sogar die Notwendigkeit, daß diese Dinge sich gründlich ändern. Insbesondere, wenn man mit Rücksicht darauf, daß Geisteswissenschaft etwas sein muß, was jetzt in den Kulturprozeß der Menschheit einzieht und das menschliche Wissen ergreift und durchsetzt, wenn man dies in Betracht zieht, dann wird man wissen, wie die Menschen werden umlernen, werden denken lernen müssen. Eines will ich anführen.

Nicht wahr, an die Stelle der heutigen Erkenntnis, welche eigentlich nur gewonnen wird dadurch, daß man gelten läßt als einzige wirkliche Erkenntnis dasjenige, was der Mensch mit Hilfe der Leibesorganisation gewinnt, muß sich ein anderes entwickeln, ein anderes, das auch gelten läßt dasjenige, was man auf dem geistigen Initiationswege sich erringen kann. Heute steht die Sache so, daß der wahre Wissenschafter dasjenige allein gelten läßt, dasjenige allein als gesichert hält, was durch das Erkennen gewonnen wird, welches durch die Werkzeuge des Leibes gewonnen wird. Alles andere ist Phantasiegebilde. Eventuell läßt er es noch als Hypothese gelten. Aber das darf nicht sehr weit gehen, sonst nennt er auch die Hypothese schon etwas höchst Phantastisches. Also das gilt heute. Eine Zeit muß kommen, in welcher nicht nur gelten gelassen wird dasjenige, was auf dem Wege geistiger Erkenntnis errungen wird, sondern wo auch dasjenige, was in der physischen Welt erkannt wird, durchleuchtet wird und im rechten Sinne erst ergründet wird durch die geistige Erkenntnis. Das muß so kommen.

Nun, man kann nicht nur vergleichsweise, sondern aller Wirklichkeit nach sagen: Wir leben jetzt in einer Zeit, in der der Mensch mit Bezug auf die Erkenntnis schläft, wenigstens die Menschen im allgemeinen; höflich zu sein ist ja sehr leicht, da ja der für Geisteswissenschaft sich Interessierende ausgeschlossen ist, der wacht also mit Bezug auf die geistige Erkenntnis. Aber die übrige Menschheit schläft mit Bezug auf die geistige Erkenntnis: sie ist schlafmützig. Und gerade das, was die allerverehrteste Wissenschaft ist, entsteht dadurch, daß sie in Wirklichkeit schlafend ist. Wir stehen in einer Zeit, wo diese wahre Wirklichkeit im allerintensivsten Sinne von der Menschheit verschlafen wird. Das hat sich vorbereitet seit langer Zeit, und, man möchte sagen, wie immer sich ein Einschlafen vollzieht vor dem Schlafe, so können wir auch beobachten, wie eine Art Traumzustand und ein Ringen mit dem Schlafe gerade im neunzehnten Jahrhundert da war. Jetzt leben wir ja in dem Zeitalter, wo mit Bezug auf das geistige Erkennen die Menscheit am meisten schläft. Jetzt schlummert sie süß. Aber es ist nicht leicht geworden, diesen Schlaf ganz völlig zu erringen, und wir sehen zum Beispiel, wie in einzelnen großen Erscheinungen in der ersten Hälfte des neunzehnten Jahrhunderts ein Ringen mit dem Schlafe stattfindet, indem in gewissen Menschen noch ein gewisses Ahnen, ein inneres Erleben aufgeht von geistigen Wahrheiten, von geistigen Verhältnissen. Das neunzehnte Jahrhundert konnte dann in seinem weiteren Verlaufe ja nichts anderes tun, um in diesen süßen Schlummerzustand zu kommen, als Dichter, welche von der geistigen Welt noch etwas Besonderes gewußt haben, zu vergessen. Da passen sie nicht herein, in diesen geistigen Schlummerzustand.

Aber ich habe schon einmal aufmerksam gemacht auf einen Dichter, *Julius Mosen,* der in seinem «Ritter Wahn», sogar auch in seinem «Ahasver» wirklich Dichtungen geliefert hat, aus denen wir sehen, daß in Julius Mosen ein lebendiger Zusammenhang mit der geistigen Welt lebte. Ritter Wahn, den Julius Mosen darstellt, den er einer älteren Sage nachbildete, aber den er durchdrungen hat mit gewissen Ideen, aus denen man sieht, er hatte noch einen Zusammenhang mit der geistigen Welt –, Ritter Wahn sucht auf der Erde denjenigen, der ihn aufklären kann über die Besiegung des Todes. Das ist im wesentlichen das Thema des Gedichtes von Julius Mosens «Ritter Wahn», daß der Ritter Wahn, also der, der in der gewöhnlichen Erkenntnis ist, die eine Wahnerkenntnis ist, daß dieser Ritter Wahn aufsucht jemand, der ihn aufklären kann: Wie kommt man über die Wahnerkenntnis des physischen Lebens hinaus? Und er hat eine hohe Meinung von demjenigen, der ihn darüber aufklärt. Julius Mosen gibt dann Schilderungen, die sich beziehen darauf, wie der Ritter Wahn den finden will, der ihn aufklären will über die leibfreien Erkenntnisse:

Ich will von nun durch alle Länder streifen,
Ostwärts, so weit das tapf're Roß mich trägt,
Von Schloß zu Schloß, von Land zu Ländern schweifen

Bis unverbrüchlich einer mir kann sagen:
Ich kann den Leib dir retten vor dem Tod,
Ich kann die Macht ihm brechen und ihn schlagen.

Dem will von Ewigkeit zu Ewigkeiten
Ich dienen mit der kampferstarkten Hand,
Arbeiten ihm, gewaltig für ihn streiten.

Dieser Ritter Wahn sucht also Aufklärung darüber, wie man eine Erkenntnis erlangt, die nicht vom Leibe bezwungen ist, sondern die selbst den Leib bezwingt, die Ewigkeiten währt. Also diese Sehnsucht ist schon vorhanden. Und nun kämpft der Ritter Wahn – wie Julius Mosen sagt – erstens mit einem Greise «Ird». Nun, das haben die Leute nicht verstanden: Ird. Aber man hätte können im Original nachlesen den Namen, so würde man Ird nicht mit «Tod» übersetzt haben, wie der Leipziger Literaturprofessor *Rudolf von Gottschall* es gemacht hat. Man hätte es übersetzen müssen mit «Erde» oder mit «Welt». Nun, mit diesem Greise Ird kämpft der Ritter Wahn zuerst. Er überwindet ihn. Wir haben gesprochen das letzte Mal über die Überwindung des Irdischen durch das Geistige, den Sieg des Geistigen über Erde, Zeit und Raum. Er überwindet dann den Greis «Raum» und gelangt an die Pforte des Himmels, das heißt der geistigen Welt. Dann bekommt er die Sehnsucht, auf die Erde zurückzukommen, weil er das Leben nicht voll ausgelebt hat. Diese ganze schöne Dichtung «Ritter Wahn», die stellt uns dar, daß schon einer dagewesen ist, der gerungen hat mit dem Initiationsproblem, der etwas wußte davon, daß es ein solches Initiationsproblem gibt. Und in seinem «Ahasver» stellt Julius Mosen wiederum so etwas dar.

Nun gibt es einen anderen deutschen Dichter, *Wilhelm Jordan*, der öfter genannt wird, das Werk aber am wenigsten, durch das er sein Geistigstes gegeben hat: «Demiurgos.» Dieser «Demiurgos» – in den fünfziger Jahren ist das Werk erschienen – ist ein recht bedeutendes Werk, denn in diesem «Demiurgos» kommt wirklich zum Ausdruck, wie geistige Wesenheiten, geistige Mächte, gute und böse, herankommen an den Menschen, die die Menschenseele durchdringen und mit Hilfe der Menschen sich auf der Erde hier manifestieren. So daß, wenn wir einen Menschen vor uns haben, wir daran zu denken haben: dieser Mensch ist ja gewiß aus alledem bestehend, was wir kennen, aber herein in ihn wirkt das, was von höheren geistigen Wesen kommt. Und «Demiurgos» beruht zum großen Teil darauf, daß dieser Zusammenhang des Menschen mit der geistigen Welt dargestellt wird. In drei schönen Bänden stellt Jordan in seinem «Demiurgos» dies dar, wie geistige Wesenheiten hereinspielen in die Menschenseele. Das ist das Ringen mit dem Schlafe, der dann vollständig eintritt. Das sind Menschen, in deren Träume noch hereinkommt dasjenige, was sich die Menschheit durch Geisteswissenschaft erringen muß, aus dem süßen Schlummer der rein äußerlichen, positivistischen Erkenntnis heraus. Das müssen wir wirklich als einen solchen Prozeß ansehen, daß sich da die Menschen durch spirituelle Träume in die Faulheit, in den Faulschlaf hineinbringen.

Wenn wir uns nun fragen: Worauf beruht es denn nun eigentlich, daß es doch noch einen Menschen gibt wie Julius Mosen, der imstande ist, spirituelle Prozesse darzustellen, der so etwas wie den Initiationsprozeß in der Reise seines «Ritter Wahn» darstellt, woher kommt denn das? Es ist sehr merkwürdig: Julius Mosen wurde krank und verbrachte einen großen Teil seines Lebens fast ganz gelähmt. Was bedeutete aber diese Lähmung? Daß der physische Leib gleichsam vertrocknend sich loslöste vom Ätherleib und Astralleib. Durch diese Lähmung war der astralische und der Ätherleib freier. Dasjenige, was wir mühevoll uns erringen müssen durch den Initiationsprozeß, das wurde bei ihm durch einen Krankheitsprozeß bewirkt. Natürlich darf dieser Krankheitsprozeß nicht als ein echter Erkenntnisprozeß aufgefaßt werden oder als wünschenswert gar herbeigeführt werden; aber gleichsam in einer Zeit, die in die Faulheit hineinging, setzte die Weltordnung einen Menschen hinein in die Welt, dem sie ein solches Verhältnis gab zwischen den physischen und den geistig-seelischen Gliedern. So lag er da, gelähmt, er konnte kein Glied rühren, aber mit reger Seele, mit regem Geiste, die dadurch gerade frei wurden und hineindrangen in die geistige Welt. Dasjenige, was die Initiation sucht auf gesunde Weise, das wurde hier durch eine Krankheit heraufgerufen. Da lag ein Mensch einen großen Teil seines Lebens gelähmt im Bett, aber triumphierend über die Lähmung des Leibes löste sich los das Geistig-Seelische. Daher konnte dieser Mensch so etwas, was uns so spirituell anmutet, wirklich hervorbringen. Es wäre ja auch noch auf gesündere Weise zu erreichen als bei Julius Mosen, aber vielleicht gerade dadurch weniger tief.

Es war auch noch auf gesündere Weise zu erreichen. Es war einem Dichter möglich noch in der ersten Hälfte des neunzehnten Jahrhunderts, den kulturhistorischen Prozeß der Menschheit wirklich so darzustellen, daß er überall in seine Gestalten hereinleuchten läßt den Zusammenhang zwischen den geistigen Welten und dem, was auf der Erde als Mensch herumgeht. Da ist eine schöne Dichtung in den dreißiger Jahren des neunzehnten Jahrhunderts, «Alhambra» von *Auffenberg*. Dieser Auffenberg ist ein spiritueller Dichter, und «Alhambra» ist ein bedeutendes Werk, so daß wir drei Werke, mit «Ahasver» vier Werke: «Ritter Wahn», «Ahasver», «Demiurgos» und «Alhambra» – es müßte aber noch vieles gesagt werden von solchen, die gar nicht leicht heute zu haben sind –, so daß wir vier solche Werke haben, welche uns zeigen, wie in dieser Zeit gleichsam traumhaft schwindet gegenüber dem allgemeinen materialistischen Schlummerdasein dasjenige, was des Menschen Zusammenhang mit der geistigen Welt ist. Vorher war die Menschheit schon offen der geistigen Welt gegenüber; nur natürlich diejenigen, die sie jetzt hinterher beschreiben, die geistige Welt, die lassen die Menschen aus, diejenigen, welche ein völliges Bewußtsein von der geistigen Welt hatten. Wenn man heute eine Philosophiegeschichte schreibt, läßt man es auch aus, wenn jemand ein Bewußtsein der geistigen Welt hat, oder man erwähnt nicht dieses Zusammenwirken mit der geistigen Welt bei den hervorragendsten Gestalten.

Nun ist ganz interessant ein Vergleich zwischen dem «Ritter Wahn», in dem wirklich spirituelles Leben pulst, und Jordans «Demiurgos», bei dem auch spirituelles Leben anklingt. Jordan war wohl gesund; da konnte sich nicht trennen wie bei Mosen, der den gelähmten Leib hatte, das Geistig-Seelische von dem Leibe. Die Folge davon war, daß Jordan nur während seiner beweglicheren Jugendzeit, wo er noch durch innere Energie und Elastizität und Logik das Geistig-Seelische erfaßte, zu dem Gedanken des «Demiurgos» kam; später kam er in einen grob-materialistischen Darwinismus der Kulturgeschichte hinein, der dann als ein Zug geht durch seine «Nibelungen» und so weiter. Der muß also mitmachen den Gang in das Schlummerlied des Materialismus hinein. Das ist aber das Bedeutsame, daß wir einsehen, daß unsere Zeit die Aufgabe hat, die Erkenntnis in den geistigen Prozeß, den Entwickelungsprozeß der Menschheit hineinzuschaffen, welche einem wirklich geistigen Erkennen entspringt – die Erkenntnis, daß der Weltengeist gewissermaßen durch das tragische Geschick eines Julius Mosen angedeutet hat: Unwillkürlich kann der Mensch nicht mehr ohne weiteres in die geistige Welt hineinkommen; früher gab es die Zeiten, wo er das konnte, wo durch die rein natürliche Beschaffenheit des Menschen Geistig-Seelisches, Astralleib und Ätherleib auch freier und unabhängiger waren von dem physischen Leibe; aber diese Zeit ist vorüber. Im natürlichen Zustand muß der Mensch in unserem heutigen materialistischen Zeitalter – und das muß für den Rest des Erdendaseins so bleiben und noch immer intensiver werden – einen kompakten Zusammenhang haben zwischen Geistig-Seelischem und Physisch-Leiblichem. Der läßt aber nicht zu, daß durch natürliche Verhältnisse selber der Mensch zu irgendeinem Bewußtsein der spirituellen Welt kommt. Das muß aber gerade aus dem Grunde eintreten, damit das der Wille tun kann; damit durch die Durchdringung mit dem Moment der Geisteswissenschaft der Mensch aus inneren Willensimpulsen, aus der Freiheit heraus, in der Meditation, in der Konzentration loslöst das Geistig-Seelische von dem Physisch-Leiblichen. Denn würde man auf dieselbe Weise, wie früher der Mensch, zu spirituellen Erkenntnissen kommen, so müßte man krank sein, gelähmt sein, die zweite Hälfte des Lebens mit gelähmten Gliedern zubringen. Bei der jetzigen Organisation war das notwendig. Das war früher nicht notwendig. Der Mensch brauchte da nicht gelähmt zu werden, sondern der Verband zwischen dem astralischen Leibe, dem Ätherleibe, dem physischen Leibe war so, daß hellsichtige Erkenntnis da war. Heute war sie nur möglich durch Erkrankung. Das wurde gewissermaßen als ein Wahrzeichen hingesetzt, was bei Julius Mosen zutage trat.

So muß man den tiefen geistigen Zusammenhang der Weltenerscheinungen gerade durch die Geisteswissenschaft sich vor die Seele rufen, muß aber auch sich klarmachen, mit welchen tiefen geisthistorischen Impulsen innig zusammenhängt dasjenige, was notwendig macht, daß die Menschen allmählich zur Geisteswissenschaft übergehen. Das wird nicht erfordert durch irgendeine Willkür eines einzelnen, sondern durch den großen Gang, den eben die weltengeistige Entwickelung durch das ganze Erdenwerden nehmen muß. Des Menschen Mission und Aufgabe ist: gegen die Zukunft hin immer mehr und mehr wirklich in spirituelles Erleben überzugehen, damit die Menschheit nicht mit der ganzen Erdenkultur vertrocknet, damit der Geist wirklich weiterleben kann auf der Erde.

Unter den vielen Dingen, welche solch eine Erkenntnis dem Menschen nahelegen können, ist auch das, was ich schon wiederholt ausgesprochen habe: daß zahlreiche Menschen jetzt in verhältnismäßig kurzem Zeitraum hinauftragen ihr seelisches Wesen, hinauftragen so, daß sie unverbrauchte Ätherleiber haben, die noch Kräfte enthalten, die noch durch Jahrzehnte hindurch hätten die physischen Leben versorgen können, und die dadurch, daß sie jetzt durch das furchtbare historische Ereignis durch die Pforte des Todes gehen, ihre Ätherleiber unverbraucht hinaufbringen in die geistige Welt. Das werden aber die großen Mitarbeiter werden in der Spiritualisierung der menschlichen Kultur. Und neben allem übrigen hat dieses große Zeitereignis eben diese ungeheuer tiefe Bedeutung in der Menschheitsentwickelung, daß durch das Schaffen unverbrauchter Ätherleiber Kräfte hinausströmen können in unsere Erdenentwickelung, die das Geistige zu bewahrheiten in der Lage sein werden. Aber so wie es nichts helfen würde, meine lieben Freunde, wenn noch so viele Sonnen in der Welt wären, wenn die Menschen nicht aufnehmen würden durch Augen das Sonnenlicht, so wie das Wort wahr ist, das Goethe ausgesprochen hat: «Wär' nicht das Auge sonnenhaft, nie könnt' die Sonne es erblicken», wie eben die Sonne vergeblich scheinen würde, wenn nicht Augen da wären, ihr Licht aufzunehmen – so müssen eben aus Erdenmenschenseelen heraus die Organe erwachen, um dasjenige wirklich aufzunehmen, was als geistiges Leben herunterströmt aus dem Kosmos und auch aus der Welt, in der die Menschen das Leben zwischen dem Tod und einer neuen Geburt zubringen und in der auch die unverbrauchten Ätherleiber sind. Verbinden muß sich so dasjenige, was geopfert wird durch die großen Kriegsopfer, dem geistigen kosmischen Dasein, aufgenommen muß es werden durch Menschenseelen, welche für das Geistige empfänglich sind. Und ein Furchtbares wäre es, wenn nur fortleben würde diejenige Wissenschaft, die heute sich als die einzige dünkt, die nichts anderes tut, als die äußerlich wahrnehmbaren Tatsachen registrieren, und sie verwendet, um Verstandesurteile darüber zu fällen. Wenn die Wissenschaft nur Wiederholung ist desjenigen, was ohne die Wissenschaft da ist, so kann sie sich nicht mit Göttlich-Geistigem verbinden. Nur dasjenige, was in der Menschenseele wirklich über das Sinnlich-Wahrnehmbare hinaus erwachen kann, nur das kann sich mit dem realen Göttlich-Geistigen verbinden, so daß der Entwickelungsprozeß der Erde selber geistig, spirituell-lebendig bleibt. Aller Fortschritt der Menschheit beruht auf dem Eindringen des Spirituellen in den menschlichen Seelenentwickelungsprozeß, und allein vom Geiste aus ist es zu entscheiden, ob irgend etwas wahr oder falsch ist. Man glaubt heute, man könne ohne den Geist dieses oder jenes entscheiden, dieses oder jenes beweisen; die letzte Instanz, auch über sinnliche Wahrheiten zu entscheiden, ist aber das geistige Erleben.

Als das alte geistige Erleben in der ersten Hälfte des neunzehnten Jahrhunderts untergegangen ist, da wurde wiederum als ein Wahrzeichen, so möchte man sagen, hingestellt dasjenige, was der Geist wirken konnte in gewissen Menschen, um das Wesenlose einer bloß auf das Äußerlich-Sinnliche gerichteten Beweisführung zu zeigen. Ein Mann, der unter dem Namen *Dr. Mises* schreibt, er hat gerade in dieser Zeit manches geleistet, um zu zeigen, wie man alles, alles beweisen kann und auch das Gegenteil davon beweisen kann, und wie die letzte Instanz doch nur der Zusammenhang mit dem geistigen Leben ist. Zum Beispiel hat dieser Mann mancherlei erlebt von seiten der Naturwissenschaft, der medizinischen Wissenschaft her – er war selbst Mediziner –, er hat erlebt, daß alle Augenblicke ein neues Heilmittel auftaucht für diese oder jene Krankheit. Und so hat er gerade die Zeit erlebt, als man anfing, gegen den Kropf Jodin zu verschreiben. Es war nun die Zeit, in der dieses Heilmittel ganz besondere Triumphe feierte, in der man beweisen wollte – es war in den zwanziger Jahren des neunzehnten Jahrhunderts – welches kostbare Mittel eigentlich Jodin ist. Da hat sich denn einmal der Dr. Mises dahintergesetzt und hat gezeigt, daß man gut beweisen kann, nach all den naturwissenschaftlichen Grundsätzen, daß das Jodin etwas Ausgezeichnetes aus dem Grunde sei, weil man eben wirklich belegen könne, daß der Mond aus Jodin besteht. Und er hat den unwiderleglichen Beweis geliefert, daß das so sei. Er wollte damit zeigen, daß man alles, was man will, beweisen kann. Und das kann man auch. Der Verstand, der an das Gehirn gebunden ist, kann wirklich Ja und Nein mit Bezug auf jede Sache beweisen. Und es ist fast immer so, daß irgendeine wissenschaftliche Ansicht auftaucht und das Gegenteil zu einer anderen Zeit da ist; daß die Menschen das Ja ebensogut beweisen können auf der einen Seite wie das Nein auf der anderen. Dasjenige aber, was nicht ein solches ahrimanisches Auf- und Absteigen der Ja-Nein-Woge, sondern der wirkliche Fortschritt der guten Göttlichkeit der Menschheitsevolution ist, das beruht auf dem Spirituellen. Und klar müssen wir uns darüber sein, daß die Gegenwart ihre besonders charakteristischen Kulturtatsachen dadurch hervorgebracht hat, daß sie die Schlafenszeit der geistigen Wissenschaft ist und daß über alledem, was sich vielfach als Wissenschaft dünkt, eben gerade der geistige Schlummer in besonderem Maße sich ausbreitet. Er ist notwendig, dieser geistige Schlummer. Das ist keine Kritik, die ich liefere, sondern nur die Konstatierung einer Tatsache. In aller Liebe muß eben erzählt werden, muß betont werden, daß es schon notwendig war, daß eine Zeit hindurch die ganze Wissenschaft sich schlafen legte mit Bezug auf die geistige Welt. Aber jetzt ist auch wiederum die Zeit, wo heraufkommen muß das lebendige Erwachen des geistigen Lebens, dieses geistigen Lebens, dessen Sehnsucht wir ja wirklich überall empfinden. Und das ist dasjenige, was die Empfindung begründen kann, meine lieben Freunde, die uns jetzt in dieser schmerzdurchwühlten Zeit beleben muß. Insofern wir nur eine Ahnung uns verschaffen können, daß der Mensch den Weg finden kann in die geistige Welt, müssen wir diesen Weg suchen; müssen wir suchen, daß sich begegnen unsere spirituellen Gedanken mit dem, was herunterströmt von den unverbrauchten Ätherleibern. Und das wird wirklich in der Zukunft geben können ein Zurückschauen auf unsere schmerzbewegten und schicksaltragenden Tage von einer gewissen spirituellen Höhe aus. Diese spirituelle Höhe wird kommen, wenn immer mehr und mehr Menschen aus ihrem wahrhaftigen Lebensbewußtseinsinhalt die geisteswissenschaftlichen Impulse finden. Und dann wird sich eben das zutragen, was ich aus tiefster Seele immer als einen Schlußgedanken Ihnen anführte in diesen Beobachtungen hier an dieser Stelle in den letzten Zeiten, was wir als eine Hoffnung aufnehmen wollen, als eine Hoffnung, die derjenige haben kann, aber auch haben sollte, der mit Geisteswissenschaft verbunden unsere schicksalschweren Tage durchlebt:

Aus dem Mut der Kämpfer,
Aus dem Blut der Schlachten,
Aus dem Leid Verlassener,
Aus des Volkes Opfertaten
Wird erwachsen Geistesfrucht –
Lenken Seelen geistbewußt
Ihren Sinn ins Geisterreich.

ZEHNTER VORTRAG

Berlin, 16. März 1915

Wir gedenken wiederum zuerst derjenigen, die draußen auf den
großen Feldern der Ereignisse der Gegenwart stehen:

Geister eurer Seelen, wirkende Wächter,
Eure Schwingen mögen bringen
Unserer Seelen bittende Liebe
Eurer Hut vertrauten Erdenmenschen,
Daß, mit eurer Macht geeint,
Unsre Bitte helfend strahle
Den Seelen, die sie liebend sucht.

Und für diejenigen, die infolge dieser Ereignisse schon durch die
Pforte des Todes gegangen sind:

Geister eurer Seelen, wirkende Wächter,
Eure Schwingen mögen bringen
Unserer Seelen bittende Liebe
Eurer Hut vertrauten Sphärenmenschen,
Daß, mit eurer Macht geeint,
Unsre Bitte helfend strahle
Den Seelen, die sie liebend sucht.

Der Geist, den wir durch unsere erstrebte Geist-Erkenntnis suchen, der Geist, der zu der Erde Heil, zu der Menschheit Freiheit
und Fortschritt durch das Mysterium von Golgatha gegangen ist,
der sei mit euch und euren schweren Pflichten!

Meine lieben Freunde, wir können heute wiederum einige apho-
ristische Betrachtungen anstellen, die nach der einen oder anderen
Seite Ergänzungen sein können zu dem, was in den letzten Zeiten
gesprochen worden ist. Das erste, worauf ich aufmerksam machen
möchte, ist die Art, wie wir beim Aufstieg in die geistigen Welten,

214

nachdem wir die ersten Schritte in die geistigen Welten hinein getan haben, die Tatsachen, das Wesenhafte dieser geistigen Welten finden. Ausgehen möchte ich davon, worin die Schwierigkeiten liegen, um in die geistigen Welten hinaufzukommen. Diese Schwierigkeiten sind in der Tat beträchtliche, und so sicher es auch ist, daß der Weg, den wir durch unsere Meditation, durch die ganze innere Arbeit unserer Seele einschlagen, in die geistige Welt führen muß, so sicher dies ist, so leicht ist es auch, gewissermaßen zu verkennen, worin die Eigentümlichkeit dieser Seelenerfahrungen liegt, welche die Seele in die geistigen Welten hinaufführt. Es liegt erstens die Schwierigkeit vor, daß wir gewohnt sind, alles, was wir mit der Seele erfahren, nach den Erlebnissen zu beurteilen, die wir uns aus der äußeren Sinneswelt angeeignet haben. Gewissermaßen kennen wir gar nichts anderes als das, was wir uns aus der äußeren Sinneswelt angeeignet haben. Nun kommen wir in die geistige Welt hinein, und da ist wirklich alles anders als in der sinnlichen Welt. Nun, da alles anders ist, so liegt vor allen Dingen die Schwierigkeit vor, das, was wir da sehen sollen, überhaupt in den Bereich unserer Aufmerksamkeit hineinzuziehen. Es ist so, daß sozusagen die ganze geistige Welt vor uns ausgebreitet werden könnte, aber wir würden nichts sehen. Das ist aus dem Grunde der Fall, weil wir, solange wir wachend im Erdenleibe weilen, nicht in der Lage sind, unsere Geistorgane abzuziehen von diesem Erdenleibe, sie herauszuziehen aus ihrer Verbindung mit dem Erdenleibe.

Nehmen wir einen Vergleich, den ich schon öfter gewählt habe, um die Lostrennung des Seelischen vom Leiblichen ins Auge zu fassen. Ich sagte öfter: man kann aus dem, was der Mensch im gewöhnlichen Leben hier ist, sein Unsterbliches ebensowenig erkennen, wie man aus dem Wasser erkennen kann, welche Eigenschaften der Wasserstoff und der Sauerstoff haben. Der Wasserstoff, der im Wasser darinnen ist in Verbindung mit dem Sauerstoff, so wie wirklich unser Unsterbliches im Leiblichen darinnen ist, zeigt uns nichts von seinen Eigenschaften, wenn er nicht abgetrennt ist; er verbirgt alle diese Eigenschaften. So verbirgt die Seele ihre Eigenschaften, indem sie mit dem Leibe vereinigt ist.

Das gewöhnliche Leben zwischen Geburt und Tod erzieht uns so für unser Verhalten zur äußeren Sinneswelt, daß wir immer im wachenden Zustande unsere Geistorgane so gebunden haben an das Leibliche, wie der Wasserstoff an den Sauerstoff gebunden ist im Wasser. Es ist daher unserer Seele während unseres Lebens zwischen Geburt und Tod nicht anders möglich, vom Leibe wegzugehen, als dann, wenn sie herausgeht vom Einschlafen bis zum Aufwachen in die geistigen Welten. In dieser Zeit vom Einschlafen bis zum Aufwachen dringt die Seele wirklich in die geistigen Welten ein, ist darinnen. Da zieht sie sich neue Kräfte zum Tagesverlauf aus den geistigen Welten heraus, aber es bleibt in ihr die Gewohnheit, nur mit den leiblichen Organen wahrzunehmen, und in dem Augenblicke, wo die Seele ihre Kraft so erstarkt haben würde, daß sie im Geistigen darinnen nun wahrnehmen könnte, da wacht sie auf. Denn die Seele hängt durch ihre Kräfte mit dem Leibe zusammen, die Seele hängt durch ihr Begehrungsvermögen mit dem Leibe zusammen. In dem Augenblicke, wo ihr die Kräfte wiederum so erstarkt sind, daß sie nun sich regen kann, begehrt sie zum Leibe zurückzukommen, wenn der Leib noch lebensfähig ist. Daher müssen wir nach dem Tode uns erst nach und nach orientieren lernen.

Vergleichen wir jetzt einmal dasjenige, was als die letzte Seelentätigkeit schon in einem öffentlichen Vortrage angedeutet worden ist, das Erinnerungsvermögen, mit dem, was eintritt, wenn der Mensch in die geistige Welt hineinschauen lernt. Es ist etwas, was uns in einem gewissen Sinne frei macht von dem Leiblichen. Das wird gerade die Naturwissenschaft, wenn sie immer weiter entwickelt wird, zeigen, daß wir im Erinnerungsvorgang einen rein geistigen Vorgang haben, daß in der Tat das Zurückblicken auf ein früheres Erlebnis ein geistiger Vorgang ist. Aber dieser geistige Vorgang hat eine mächtige Hilfe, nämlich die Hilfe unseres Leibes, die Hilfe, die der Leib bringt. Das geschieht so: Wenn wir im Leibe mit der Seele weilen, so ist in der Tat dasjenige, was wir unserem Erinnerungsvermögen anvertrauen, zunächst wirklich bildhaft, es ist etwas, was dem ganz ähnlich ist, was wir eine imaginative Erkenntnis nennen. Aber so, wie wir im gewöhnlichen Leben eben verfahren, so prägen wir das, was wir als Erinnerung behalten sollen, in das Leibliche hinein. Wenn wir irgendein Erlebnis haben, so stehen wir zunächst diesem Erlebnis mit den Sinnen gegenüber, wir haben das Bild, das wir uns gemacht haben. Dieses Bild prägt sich zunächst in unser Leibliches ein; in unserem Leibe entsteht ein Abdruck, und zwar ein Abdruck, den wir vergleichen können mit einem Siegelabdruck. Es ist wichtig, sich klarzumachen, daß ein solcher Abdruck zurückbleibt. Aber kindlich ist die Vorstellung, die sich oft die äußere Naturwissenschaft hiervon macht. Man hat bei manchen lesen können, daß die eine Vorstellung in irgendeiner Partie des Gehirns aufgezeichnet wird, die andere Vorstellung in einer anderen Partie und dergleichen. So geschieht es nicht, sondern so, daß der Abdruck, der in unserem Leiblichen von einer Erinnerung gemacht wird, wirklich recht unähnlich ist dem, was wir etwa später erinnern. Denn hellsichtig angeschaut ist das im Grunde genommen eine Art Abdruck in der Form vom menschlichen Kopf und noch etwas fortgesetzt in den übrigen Menschen hinein. Ganz gleichgültig, was wir erleben, wir machen einen solchen Abdruck in uns; namentlich in den Ätherleib hinein wird der Abdruck gemacht. Wenn wir diesen Abdruck herausnehmen könnten, so würden wir in der Tat ein dünnes, schattenhaftes Gespenst unseres Kopfes und seiner Fortsetzung haben. Und wenn wir eine andere Erinnerung haben, so würden wir wieder ein Schattenbild eines Kopfes mit Fortsetzung sehen. Sie sind aber jedenfalls ganz unähnlich dem, was wir erleben, wenn wir eine Erinnerung erleben. So viel wir Erinnerungen haben, so viel schattenhafte Gespenster stecken in uns darinnen. Die gehen alle ineinander und durchdringen sich. Und das, was bleibt, würde etwa, von außen angesehen, ein solches Schattenbild sein, und man würde nur beschreiben können, das eine sieht so aus, das andere so.

Damit die Erinnerung wirklich zustande kommt, muß des Menschen Seele diesem im Leibe gebliebenen Abdrucke erst entgegentreten und muß ihn so entziffern, wie wir diese eigentümlichen Zeichen entziffern, die auf dem Papiere sind, die ganz unähnlich sind dem, was wir in der Seele nachher erleben, wenn wir etwas lesen.

Einen solchen Leseprozeß, einen unterbewußten, muß die Seele ausführen, um diese Siegelabdrücke umzusetzen in das, was wir dann in der wirklichen Erinnerung erleben. Nehmen Sie an, Sie haben im achten Lebensjahre etwas erlebt und erinnern sich heute daran. Der reale Vorgang ist der, daß Sie, durch etwas veranlaßt, hingewiesen werden mit Ihrer Seele auf dieses Köpfchen mit seinen Fortsetzungen, das sich damals abgedruckt hat; das entziffert Ihre Seele heute. Und von dem, was das Erlebnis ist, bleibt so wenig im Leibe als von dem, was Sie erleben, wenn Sie ein Buch gelesen haben, in dem Buche bleibt. Wenn Sie das Buch wieder lesen, dann müssen Sie wiederum seelisch die ganze Sache neu konstruieren. Das geschieht alles, ohne daß man es merkt. Aber derjenige, der nicht lesen gelernt hat, kann das, was diese Schriftzeichen ausdrükken sollen, nicht aus den Zeichen herausfinden. Und so ist es wirklich mit unserem Erinnerungsprozeß; er ist ein innerliches Lesen. Es geschieht vieles in der Menschenseele, was sich unter der Schwelle des Bewußtseins abspielt und was gar nicht von den Menschen beachtet wird. Indem wir uns unserer Erinnerung hingeben, geht ein unendlich komplizierter Prozeß im Menschen vor sich. Da steigen fortwährend aus dem Dämmerdunkel des sonstigen finsteren Lebens die ätherischen Siegelabdrücke auf, und in diesem Aufsteigen und in dem Entziffern liegt das, was der Mensch als seinen inneren Erinnerungsprozeß erlebt.

Was ich Ihnen sage, ist nichts Ausgedachtes, sondern etwas, was die okkulte Beobachtung wirklich ergibt. Wenn wir nun beginnen unsere Seele durch das, was wir genannt haben Meditations- und Konzentrationsprozesse, in ihren inneren Kräften zu verstärken, dann tritt das ein, was ich angedeutet habe, dann bildet sich nicht das, was wir Erinnerung nennen müssen, sondern wir entwickeln innere Kräfte, aber das, was jetzt als Abdruck gebildet wird, wird draußen in dem die Welt durchwebenden Äther abgedrückt, wird objektiv hinein abgedrückt in die Welt. Während wir meditieren, konzentrieren, drücken wir in den objektiven Weltenprozeß hinein ab. Ebenso ist es im Grunde genommen, wenn wir nur uns studiengemäß hingeben dem, was die Geisteswissenschaft geben kann, denn sie handelt von übersinnlichen Dingen. Wenn wir nun die Gedanken, die die Geisteswissenschaft gibt, wirklich erfassen, so lösen wir uns schon so weit von uns los, daß unsere gedankliche Arbeit ein Mitarbeiten mit dem Weltenäther ist, während, wenn wir die gewöhnlichen Gedanken denken, wir sie nur in uns selber hinein abdrücken.

Nun werden Sie einsehen, wie es darauf ankommt, daß derjenige, der wirklich in seiner Seele vorwärtskommen will, unendlich viel gibt auf das, was man nennen muß die Wiederholung desselben Gedankenprozesses. Wenn wir einmal auf irgendeinen Gedanken uns konzentrieren, so macht das einen flüchtigen Eindruck in den Weltenäther. Wenn wir aber Tag für Tag denselben Gedanken immer wieder und wieder in unserer Seele hegen, dann wird der Eindruck immer und immer wieder gemacht. Und jetzt werden wir uns die Frage vorlegen müssen: Wenn wir immer wieder einen Eindruck machen in den Weltenäther, die Meditation immer wiederholen, was geschieht dann eigentlich, wohin machen wir den Eindruck? – Zur Beantwortung dieser Frage muß ich auf etwas anderes eingehen.

Wenn jemand wirklich den Weg sucht in die geistige Welt hinein, dann ist das so, daß dann, wenn er einmal beginnt, wirklich hellsichtig zu werden, diese hellsichtigen Erlebnisse ganz merkwürdig auftreten, so nämlich, daß man deutlich dabei merkt, ja das, was da ist, ist erlebt, aber im Grunde genommen fehlt diesen Erlebnissen etwas. Ich setze voraus, daß man wirklich hellsichtige Erlebnisse schon hat. Hinterher, wenn man wiederum aus den hellsichtigen Erlebnissen heraus ist und sich an diese hellsichtigen Erlebnisse erinnert, dann sagt man sich: es könnte sein, daß ich mit alledem gar nichts zu tun habe. Es macht den Eindruck, als wenn das, was man da hellsichtig erlebt hat, von uns losgelöste Dinge wären. Und vor allen Dingen, man kann gar nicht herausbekommen, inwiefern man selber etwas mit diesen Erlebnissen zu tun hat. Das ist das Bedeutsame. Daher ist es so leicht, diese Erlebnisse als bloße Träumereien anzusehen. Man merkt erst, daß man etwas damit zu tun hat, wenn man sieht, daß gewissermaßen einem da entgegengetreten ist eine andere Gestalt des eigenen Selbstes, wenn man merkt: ja, was du da erlebt hast, das ist eigentlich ähnlich deinen eigenen Erlebnissen, und was da erlebt worden ist, könnte nicht erlebt werden, wenn du nicht da wärst. Um es noch deutlicher zu machen, will ich mich in der folgenden Weise aussprechen. Nehmen Sie an, Sie haben einen Traum, der ein Erlebnis aus frühester Jugend wiedergibt. Wenn Sie von ihm erwachen, so werden Sie nur daran erkennen, daß das Ihre Traumerlebnisse sind, weil da in der Masse der Bilder das auftritt, was Sie früher erlebt haben; und Sie wissen dann, es muß der Traum mit Ihnen etwas zu tun haben. So ist es mit den ersten hellseherischen Erlebnissen. Wir kommen nach und nach darauf: eigentlich ist das zugleich ein ganz anderer, der da träumt, und dennoch bist du es selber. Wir lernen uns erkennen in der Masse der hellsichtigen Erlebnisse.

Das ist auch ein gewisses bedeutsames Ereignis, wenn wir die Erfahrung machen: wir waren in einer Summe von Erlebnissen darin, aber wir waren es selber, die darin waren. Man muß sich in den hellsichtigen Erlebnissen erst entdecken. Und dann kommt man darauf: du bist nicht bloß in deinem Leibe, sondern du bist auch draußen in der Welt. Und es ist ein unendlich bedeutsames Erlebnis, das Erlebnis, das uns zeigt: du hast etwas, was die Geister der höheren Hierarchien halten und tragen, was sie hegen und pflegen. Hier bin ich, sagt man sich, in meinem Leibe, ich wohne in meiner Leibeshülle, und ich bin gleichzeitig in der geistigen Welt, gehalten und getragen von den Geistern der höheren Hierarchien. Da darf einem dann das Gesetz, daß ein Wesen nicht an zwei Orten zugleich sein kann, nicht stören, denn diese Gesetze gelten in der geistigen Welt nicht mehr. Ich bin in mir darinnen und bin zugleich derselbe, der in der geistigen Welt die Erlebnisse in sich abspielen läßt. Man entdeckt sich geborgen innerhalb der höheren Hierarchien. Man weiß, man ist ein solches Doppelwesen, und man kommt allmählich darauf, daß dasjenige, was man geistig wesenhaft ist, im Grunde genommen doch gar nicht in der Sinnenwelt ist, sondern in der geistigen Welt, und daß das, was in der Sinnenwelt ist, ein Schatten ist, der hereingeworfen wird aus der geistigen Welt. Man schlüpft in eine geistige Leiblichkeit hinein, dadurch ist man außer sich und schaut sich von außen an. Wer sich nicht vertraut machen will mit solchen scheinbaren Widersprüchen, der kann nicht zu Begriffen kommen, die ihm die geistige Welt erklärlich machen können. Das ist das Wichtige, daß man sich entdeckt außerhalb seiner selbst, insofern man ein sinnliches Wesen ist.

Und nun sind wir soweit, daß wir sagen können, wohin werden unsere Meditationen geschrieben? Unsere gewöhnlichen Erinnerungen werden abgedruckt in uns selber, da entsteht immer ein Siegelabdruck, der mit dem Oberen des Menschen, mit dem Kopf und einigen Anhängseln, gleich ist. Wenn wir meditieren oder uns Vorstellungen der Geisteswissenschaft vor die Seele rufen, dann machen wir auch Abdrücke, aber diese gehen nach dem andern hin, den ich eben beschrieben habe, der wir selber sind. Nach dem andern gehen diese Vorstellungen hin. Ob wir irgend etwas in Berlin oder in Nürnberg erfahren, wie das alles den Abdruck in demselben Leibe verursacht, so geht beim geistig innerlichen Erleben alles hin nach diesem Einen, der wir selber sind. Da wird alles hineingeprägt. So daß wir, insofern wir wirklich im Sinne des geisteswissenschaftlich Gedachten oder Gefühlten oder Erlebten uns verhalten, wir geradeso an unserem übersinnlichen Menschen arbeiten, wie wir arbeiten an unserem physischen Menschen, wenn wir dem gewöhnlichen Erleben gegenüberstehen. Nun werden Sie begreifen, daß starke, innere Kräfte notwendig sind zum Arbeiten am übersinnlichen Menschen. Wenn wir uns erinnern an diejenigen Dinge, die äußerlich durch Farbe, Ton und so weiter auf uns gewirkt haben, dann ist es begreiflicherweise leichter, weil wir vom Leibe unterstützt sind. Dadurch, daß irgendeine Farbe auf uns Eindruck macht, ist ein leiblicher Prozeß in uns ausgelöst. Wenn wir der rein geistigen Vorstellung uns hingeben sollen, dann müssen wir auf alle solche leiblichen Unterstützungen verzichten, wir müssen die Seele innerlich anstrengen, sie muß immer stärkere Kräfte bekommen, daß sie in sich so erstarkt, daß sie wirklich Eindruck machen kann auf den äußeren Weltenäther.

Da kommen wir dann, wenn wir auf diese Art unsere Verbindung suchen mit unserem eigentlichen Menschen, der immer da ist, in eine Beziehung zu unserer menschlichen Individualität, zu dem, was wir wirklich als Menschen sind. Nun, das, was wir da in Wirklichkeit als Menschen sind, das lebt so in den Wesenheiten der höheren Hierarchien darinnen wie unser Leib in den Sinnes-Naturprozessen. So wie wir ein Stück unseres Erdendaseins sind, so sind wir ein Stück auch des Geistesdaseins, in dem, was in den Vorgängen innerhalb der Welt der höheren Hierarchien stattfindet.

Nun möchte ich auf etwas anderes ergänzend hinweisen. Indem wir so mit der geistigen Welt in Beziehung stehen, stehen wir mit den mannigfaltigsten Geistern der höheren Hierarchien in Beziehung. Dazu gehören diejenigen Geister, zu denen wir nur eine Beziehung haben als menschliche Individualität, die nicht für irgendeine Weltfunktion bestimmte Wesen sind. Aber wir gehören auch zu den Wesenheiten, die irgendeine Weltfunktion haben; es gehört jeder zu einem Volksgeiste zum Beispiel. Wie wir in unserem ganz sinnlichen Prozeß mit der sinnlichen Natur zusammenhängen, so hängen wir nach oben zusammen mit all diesen Geistern, die übersinnlich herunterlangen in die physisch-sinnliche Welt. Und wie wir hier zu den äußeren Dingen stehen und uns Gedanken und Vorstellungen machen, so machen sich die Wesenheiten der höheren Hierarchien ihre Gedanken und ihre Vorstellungen dadurch, daß wir für sie die Objekte sind. Wir sind die Objekte für die Wesenheiten der höheren Hierarchien, wir sind ihr Reich, über das sie sich Gedanken machen. Diese Gedanken sind mehr willenshaft.

Durch die Art, wie diese höheren Hierarchien zu uns stehen, unterscheiden sich diese Wesenheiten, und ein wichtiger Unterschied kann uns klar werden, wenn wir beachten, wie die Entwickelung solcher Wesenheiten der höheren Hierarchien, zum Beispiel der Volksgeister, geschieht. Wir machen hier zwischen Geburt und Tod auch eine Entwickelung durch, indem unser Ich immer reifer und reifer wird, immer mehr von der Welt erfahren hat. Ein Mensch, der noch jung ist, kann nicht soviel erfahren haben wie der, der älter geworden ist. So ist es auch bei den Wesenheiten der höheren Hierarchien, nur ist der Gang ihrer Entwickelung etwas anders als unser Entwickelungsgang.

Wir können ein Wesen der höheren Hierarchien ansprechen, wenn wir sprechen von dem italienischen Volksgeist. Dieser italienische Volksgeist macht seine Entwickelung durch, und wir können wirklich genau einen Zeitpunkt angeben, in dem dieser Volksgeist eine wichtige Etappe überschritten hat. Wir wissen ja, daß der Zusammenhang zwischen dem italienischen Volksgeist und dem einzelnen Italiener so ist, daß der italienische Volksgeist durch die Empfindungsseele des Italieners wirkt. Nun ist aber dieses Wirken durch die Empfindungsseele zuerst so, daß der Volksgeist gleichsam nur auf das Seelische wirkt, und dann erst später, in seiner weiteren Entwickelung, greift dieser Volksgeist mit seinem Willen immer mehr und mehr ein in das, wie die Seele sich auslebt auch durch das Leiblich-Physische. Wenn Sie die italienische Geschichte verfolgen, so finden Sie ein wichtiges Jahr, etwa 1530. Dieses Jahr ist dasjenige, wo der italienische Volksgeist so mächtig wird, daß er jetzt anfängt, auch auf das Leibliche zu wirken, und von da anfängt, den Nationalcharakter ganz spezifiziert zu entwickeln. Okkult stellt sich das so dar, daß der Volksgeist einen mächtigeren Willen bekommt; er fängt an, seine Eingravierungen auch in das Leibliche zu machen und bis in das Leibliche hinein den Volkscharakter auszubilden. Während unser Ich immer unabhängiger vom Leibe wird, macht der Volksgeist die entgegengesetzte Entwickelung durch. Wenn er auf das Seelische eine Zeitlang gewirkt hat, fängt er an, bis in das Leibliche hinein zu wirken.

Bei dem französischen Volksgeiste finden wir dasselbe, wenn wir etwa in das Jahr 1600 gehen, und beim englischen Volksgeiste ungefähr um das Jahr 1650. Während vorher der Volksgeist mehr nur das Seelische ergriffen hat, greift er von da ab ins Leibliche über. Sein Wille wird mächtiger, und die Seele kann weniger Widerstand leisten einer Konfiguration ins Nationale hinein. Daher beginnt um diese Zeiten der Nationalcharakter sich scharf auszuprägen. Das rührt davon her, weil der Volksgeist heruntersteigt. Er ist höher gelagert, wenn er mehr ins Seelische hineinwirkt; er steigt herunter, wenn er mehr ins Leibliche hineinwirkt. So haben wir ein Senken des Volksgeistes bei der italienischen Halbinsel etwa um das Jahr

1530, in Frankreich im Beginne des siebzehnten Jahrhunderts und in England in der Mitte des siebzehnten Jahrhunderts. *Shakespeare* hat gewirkt, bevor der Volksgeist diese Etappe durchgemacht hat. Das ist das Bedeutsame. Daher dieser eigentümliche Bruch, der in bezug auf die Auffassung der Engländer gegenüber Shakespeare Platz gegriffen hat und der zur Folge hatte, daß gerade innerhalb Deutschlands Shakespeare mehr gepflegt wird als in England selber. Wir haben es zu tun mit einem immer mehr zu den einzelnen Menschen Heruntersteigen des Volksgeistes.

Wenn wir nun auf die Entwickelung des deutschen Volksgeistes sehen, so nehmen wir etwas Ähnliches wahr in der Zeit ungefähr zwischen den Jahren 1750 bis 1850. Aber wir müssen hier kurioserweise sagen: dieser Volksgeist steigt da herunter, aber er steigt wieder hinauf. Und das ist das Bedeutsame. Einen Prozeß, der sich abgespielt hat bei den westlichen Völkern, können wir nur so verfolgen, daß wir die Volksgeister sich senken und die Völker ergreifen sehen. Beim deutschen Volke sehen wir, wie der Volksgeist sich auch senkt um die Mitte des achtzehnten Jahrhunderts, wie aber dieser Volksgeist in der Mitte des neunzehnten Jahrhunderts wieder hinaufsteigt, so daß hier ein ganz anderes Verhältnis da ist. Es wird nur ein Anlauf genommen, den deutschen Charakter zu einem eminenten Volkscharakter auszubilden, aber das wird nur eine Weile gemacht. Nachdem einiges hierin getan ist, steigt der Volksgeist wiederum zurück, hinauf, um wiederum bloß auf das Seelische zu wirken.

Die Blütezeit des deutschen Geisteslebens fällt in die Zeit, wo der Volksgeist am tiefsten heruntergestiegen war. Selbstverständlich bleibt der Volksgeist seinem Volke. Aber er hält sich jetzt wieder in geistigen Höhen auf. Das ist das Eigentümliche des deutschen Volksgeistes. Auch früher ist er schon heruntergestiegen, hat aber dann wieder abgelassen von einem zu starken Nationalisieren. Ein solches Kristallisieren in der Nationalität, wie bei den westlichen Völkern, kann beim deutschen Volke durch die Eigentümlichkeit des deutschen Volksgeistes gar nicht eintreten. Daher muß das deutsche Wesen immer universeller bleiben als andere Volkswesen.

Es hängen diese Dinge in der Tat mit tiefen Wahrheiten der geistigen Welten zusammen. Würde man in der Zeit *Goethes* den deutschen Volksgeist gesucht haben, würde man ihn etwa auf demselben Niveau gefunden haben, wo man den englischen oder französischen oder italienischen Volksgeist gefunden hätte. Sucht man ihn heute, dann muß man höher hinaufsteigen. Es werden wieder Zeiten kommen, wo er heruntersteigt, es werden wieder Zeiten kommen, wo er hinaufsteigt. Das Hin- und Herschwingen ist das Eigentümliche des deutschen Volksgeistes.

Beim russischen Volksgeist ist es so, daß er überhaupt nicht heruntersteigt, um das Volk durchzukristallisieren, sondern immer etwas bleibt wie eine über dem Volkstum schwebende Wolke, so daß man ihn immer wird oben zu suchen haben, und daher kann dieses Volk erst dann eine geistige Entwickelung durchmachen, wenn es sich bequemen wird, das, was erarbeitet wird im Westen, mit seinem eigenen Wesen zu vereinigen, um im Zusammenhange mit dem Westen eine Kultur zu begründen, weil es aus sich selbst niemals eine Kultur entfalten kann.

Alles das muß auf diese Weise verstanden werden. Und die ganze Beweglichkeit des deutschen Wesens rührt davon her, daß der Deutsche mit seinem Volksgeist nicht so zusammengewachsen ist, wie das im Westen von Europa der Fall ist. Daher auch die ungeheure Schwierigkeit, deutsches Wesen wirklich zu verstehen. Man kann es nur dann verstehen, wenn man zuzugeben in der Lage ist, daß es ein Volkswesen geben kann, dessen Volksgeist eigentlich immer nur sporadisch in die Entwickelung des Volkes eingreift. Was ich hiermit ausführe, gehört zu den schwierigsten Kapiteln in bezug auf Verständnis des geschichtlichen Werdens, daher darf man gar nicht trostlos darüber sein, wenn es einem widerspruchsvoll erscheinen wird. Aber wir leben in einem Zeitalter, in dem wir versuchen müssen, wirklich zu verstehen, worauf die Gegnerschaft beruht, welche doch so deutlich gerade in unseren schicksalschweren Tagen in Europa zutage tritt. Denn zu allem, was wir erleben, wenn man genauer zusieht, gesellt sich im Grunde genommen etwas, was man wirklich recht unbegreiflich nennen könnte, was sich erst herausstellt, wenn man genauer zusieht. Gewiß, die Deutschen werden jetzt erst merken, daß sie im Grunde genommen ungeheuer gehaßt werden. Aber man wird, wenn man genauer prüft, bemerken, daß demjenigen, was man am meisten haßt, zugrundeliegt dasjenige, was gerade die besten Eigenschaften des deutschen Wesens sind. Die schlechteren Eigenschaften haßt man gar nicht besonders.

Man muß schon, wenn man in die Geheimnisse hineinblicken will, die Dinge ein wenig im Zusammenhange betrachten. Man könnte sagen: wenn jemand in Deutschland solch eine Sache sagt, dann beweist das auch, daß es einen deutschen Chauvinismus gibt: Warum sollte sonst der Deutsche anerkennend und lobend über deutsches Wesen sprechen?! – Wenn das so läge, dann würden diese Vorträge nicht gehalten werden und ich würde nicht über deutsches Wesen so sprechen. Aber daß nicht gerade deutscher Chauvinismus nötig ist, um dieses deutsche Wesen in einer gewissen Weise so zu charakterisieren, daß man aus der Charakteristik sieht, es unterscheidet sich von dem übrigen europäischen Wesen nicht zu seinem Nachteil, das möge eine Charakteristik veranschaulichen des deutschen Wesens, die ich Ihnen hier mitteilen möchte. *Ernest Renan* schreibt an David Friedrich Strauß: «Ich war im Seminar zu St-Sulpice, ums Jahr 1843, als ich anfing, Deutschland kennenzulernen durch die Schriften von Goethe und Herder. Ich glaubte in einen Tempel zu treten, und von dem Augenblick an machte mir alles, was ich bis dahin für eine der Gottheit würdige Pracht gehalten hatte, nur noch den Eindruck welker und vergilbter Papierblumen. ... Deutschland hat den besten nationalen Rechtstitel, nämlich eine geschichtliche Rolle von höchster Bedeutung, eine Seele, möchte ich sagen, eine Literatur, Männer von Genie, eine eigentümliche Auffassung göttlicher und menschlicher Dinge. Deutschland hat die bedeutendste Revolution der neueren Zeiten, die Reformation, gemacht; außerdem hat sich in Deutschland seit einem Jahrhundert eine der schönsten geistigen Entwicklungen vollzogen, welche die Geschichte kennt, eine Entwicklung, die, wenn ich den Ausdruck wagen darf, dem menschlichen Geist an Tiefe und Ausdehnung eine Stufe zugesetzt hat, so daß, wer von dieser neuen Entwicklung unberührt geblieben, zu dem, der sie durchgemacht hat, sich verhält wie einer, der nur die Elementarmathematik kennt, zu dem, der im Differentialcalcul bewandert ist.»

So also schreibt Ernest Renan an David Friedrich Strauß im Jahr 1870. Ich will auf diesen Briefwechsel nicht weiter eingehen, der außerordentlich interessant ist. Ich will nur noch erwähnen, daß Renan damals schrieb, daß man nur zwei Möglichkeiten hätte: Erstens, man würde Frankreich Land wegnehmen. Das würde bedeuten: Rache bis auf den Tod allem Germanentum, Verbrüderung mit allen möglichen Bundesgenossen. Die andere Möglichkeit: man läßt Frankreich, wie es ist, dann würde die Friedenspartei die Oberhand bekommen und sagen, wir haben große Torheiten begangen, wir wollen unsere Fehler verbessern, dann wird das Heil der Menschheit gerettet sein.

Diese Nebenbemerkung habe ich aus dem Grunde gemacht, um Ihnen zu zeigen, daß Renan das, was ich Ihnen eben aus seinem Briefe vorgelesen habe, in einer Stimmung geschrieben hat, in der er nicht besonders geneigt war, allzuviel zuzugeben über das, was im Laufe der Menschheitsentwickelung das deutsche Wesen geworden ist. Aber er war geneigt, dasjenige, was die Menschheit innerhalb des deutschen Wesens erobert hat, zum andern hinzustellen wie die höhere Mathematik zur Elementar-Mathematik. Man braucht nicht Chauvinist zu sein, sondern nur wiederholen das, was von Renan im Jahre 1870 geschrieben worden ist.

Wir müssen wissen, wenn wir also von den Beziehungen des Menschen zu den höheren Welten sprechen, daß im Konkreten, im Wirklichen diese Beziehungen eben so sind, daß der Mensch diese Beziehungen haben kann dadurch, daß er diesen anderen in sich trägt, daß dieser andere lebt, der zur höheren geistigen Welt im selben Verhältnis steht, wie wir zur Sinneswelt stehen im Leiblichen. Wir stehen durch dasjenige, was in uns übersinnlich ist, eben zu allem, was übersinnlich ist, in einem bestimmten Verhältnis. So ist es wirklich und wahrhaftig nicht bloß eine theoretische, sondern eine lebendige Entwickelung, die wir durchmachen, wenn wir das, was

als Meditationsprozeß beschrieben worden ist, in der Seele durch-
erleben. Unsere Seele schreibt dadurch wirklich in die geistigen
Welten etwas hinein. Und sie schreibt es hinein in dasjenige, was
wir im Grunde genommen selber sind. Wenn man das im richtigen
Maße bedenkt, dann verbindet sich der Begriff «Darinnenstehen im
lebendigen Strome der Geisteswissenschaft» mit dem Begriffe
«menschliche Verantwortlichkeit», mit diesem Begriff «menschliche
Verantwortlichkeit», der wirklich sich einstellen muß in der Seele
des Geisteswissenschafters. Denn wir wissen, daß die Menschheit in
ihrer geschichtlichen Entwickelung eben etwas durchmacht, daß sie
sich wandelt. Das alte Hellsehen ist bis in unsere Tage geschwun-
den, und wir wissen, daß das, was an Zusammenhang mit der geistigen Welt früher vorhanden war, wieder errungen werden muß
und daß Geisteswissenschaft der Weg ist, das wiederzuerringen. In
den alten Zeiten, da wurde der Mensch auf rein natürliche Weise so
zu seinem Leiblichen gestellt, daß er gleichsam mit einem Teil seines Wesens in den geistigen Welten darinnenstand. Weil er heute
viel inniger verbunden ist mit seinem Leibe, muß er eben trachten,
abseits von seinem Leibe sich ein Verständnis von der geistigen
Welt zu holen. Gewissermaßen hatte der Mensch ein Erbgut in
sich, das immer schwächer wurde, bis es in unserer Zeit vollständig
abflutete. Deshalb muß in unserer Zeit beginnen die Arbeit, welche
die Seele hinaufführt in die geistige Welt.

Und nun denken Sie sich, das Wesen des deutschen Volksgeistes
sei so, daß dieser Volksgeist fortwährend den Weg hinunter zum
Volk und wieder hinauf in die höhere Welt durchmacht. Warum
tut er das gerade bei einem Volkstum? Aus dem Grunde, weil dadurch gerade innerhalb dieser Volkswesenheit die Kräfte hervorgerufen werden sollen, welche in die Geisteswissenschaft im eminentesten Sinne hineinführen. Wenn der Volksgeist hinuntersteigt,
dann wird durch den Volksgeist in der physischen Welt ein stram-
mer Volkscharakter bewirkt. Wenn er wieder zurückgeht, der
Volksgeist, und den Nationalcharakter fluktuierend läßt, dann wird
das Volk immer wieder und wieder jenes Auf- und Abfluten des
Volksgeistes in den eigenen Leibern mitmachen müssen, lernt er-

kennen, daß alles Sein verfließt zwischen sinnlicher und übersinnlicher Welt.

Erinnern Sie sich an das, was ich vor acht Tagen hier gesagt habe, daß die ganze Literaturgeschichte der letzten Jahrzehnte umgeschrieben werden muß, weil gewisse geistige Persönlichkeiten heute vergessen sind, die viel größere Bedeutung besitzen als solche, von denen man etwas weiß. Das ist in der Zeit, in der der Volksgeist wieder hinaufgegangen ist. Nun müssen wir im eminentesten Sinne uns mit der Geisteswissenschaft verbinden, um den Volksgeist da in seinem Wiederhinaufsteigen zu finden, das heißt mit anderen Worten, der Deutsche muß sein Wesen kennenlernen, nicht bloß in der physischen Welt, sondern auch in der übersinnlichen Welt, denn in beiden ist es darinnen. Das ist wieder einer der Gründe für das, was auch in öffentlichen Vorträgen gesagt worden ist, daß eine gewisse innere Verwandtschaft besteht zwischen deutscher Geisteskultur und dem Streben nach Geisteswissenschaft. *Fichte* hat sich nur entwickeln können in einer Zeit, in der der Volksgeist heruntergestiegen war. Daher wird Fichte in seiner Philosophie kaum verstanden werden können oder nur falsch. Dieses ganze Leben und Weben in solchen Begriffen und Ideen, daß in diese die Ich-Wesenheit so hereingekommen ist wie in der Fichteschen Philosophie, das war in der Zeit möglich, in der der Volksgeist auf ein tieferes Niveau heruntergekommen war. Nun müssen wir ihn höher suchen und können ihn nur mit der Geisteswissenschaft finden. Das entspricht dem Verhältnis des Volksgeistes zum deutschen Volke. Es ist in der ganzen Natur der deutschen Entwickelung das darinnen, was ich genannt habe ein tiefes verwandtschaftliches Verhältnis zwischen dem deutschen Geistesleben und dem Weg, der in die Geisteswissenschaft hineinführt. Man möchte so sehr wünschen, daß wirklich diese Dinge nach und nach immer mehr und mehr verstanden werden können.

Wahrhaftig, wenn man den Blick so wirft auf das, was in der Gegenwart geschieht, auf die ungeheuren Opfer, die gebracht werden müssen, auf alle die Sorgen, die die Menschen durchleben müssen gegenüber den Ereignissen, dann müßte man daraufkommen, daß sich hierin noch etwas weit, weit anderes auslebt, als was man so mit äußerem Verständnis verstehen kann. Und in einer anderen Form könnte man den Paulinischen Ausspruch zitieren: Wäre der Christus nicht auferstanden, so wäre unsere Lehre tot und tot auch unser Glaube! Für Paulus war es zur Bekräftigung desjenigen, was er der Welt zu bringen hatte, daß er hinschauen konnte auf die wirkliche Auferstehung des Christus. Man hat vielfach dieses Wort mißverstanden. Demgegenüber, was jetzt geschieht, muß man sagen: Wie drückt sich in diesen Toden doch aus der Glaube, das feste Bekenntnis, daß der Mensch mit etwas anderem zusammenhängt als mit dem, was in der Sinnenwelt bloß da ist. Nicht nur eine wirkliche religiöse Vertiefung findet statt, sondern man kann sehen, wie die Seelen, wenn sie auch nicht das volle Bewußtsein davon haben, gerade in unserer Zeit kräftigen Protest einlegen gegen allen Materialismus durch die Art, wie sie in den Tod eingehen. Wir müssen sagen: Neben allem, was die Ereignisse sonst sind, sind sie eine Arbeit in der Überwindung der materialistischen Denkweise und des materialistischen Lebens, wie es sich nach und nach entwickelt hat. Und aus einem tiefen Gefühl der Zeitentwickelung heraus muß sich die Menschenseele sagen: Wenn nun etwa dann, wenn wieder die Sonne des Friedens leuchtet, materialistische Gesinnung, materialistische Denkweise über die Erde hinziehen würde, müßte man dann nicht sagen, diese Tode alle, sie wären wahrhaftig vergebens gewesen, wenn sich nicht auf dem Felde, auf das die Verstorbenen herunterblicken können, spirituelle, geistige Gesinnung entwickeln wird? So könnten wir den Paulinischen Ausspruch umändern, und wir könnten sagen: Vergeblich wäre das Unendliche, was gelitten wird, vergeblich der Durchgang durch den Tod im physisch-jugendlichen Alter für so viele Persönlichkeiten, wenn sich dann auf den Gefilden des Friedens ausbreiten würde eine materialistische Weltanschauung und materialistisches Leben. Und wie eine mahnende Fackel müssen diese Tage auf diejenigen wirken, die in sie hineingestellt sind und tief, tief hineinleuchten in die menschlichen Gemüter und in die menschlichen Seelen, so daß ein wirklicher Wille zum Leben im Geistigen innerhalb der

Menschheit entstehen könne. Wir können nicht tief genug dasjenige erleben, was in unseren Tagen geschieht. Und gerade deshalb möchte man, daß im Kreise derjenigen, die sich zur Geisteswissenschaft bekennen, der Blick erweitert werde aus dem engen Horizont, in den er heute so vielfach gebannt ist, auf einen immer weiteren Horizont. Wirklich nur dann, wenn man den ganzen Zusammenhang einsieht desjenigen, was hier auf der physischen Erde geschieht, mit dem, was in der geistigen Welt sich abspielt, kann man ein Gefühl für die Aufgaben bekommen, welche uns durch die gegenwärtige schwere Zeit gestellt werden.

Es gibt Leute, die so leichthin betonen, daß das, was jetzt sich abspielt, nichts zu tun zu haben brauche mit dem, was die einzelnen Völker als ihre geistige Entwickelung durchmachen. Für denjenigen, der die Dinge in ihrem wirklichen Gange zu durchschauen vermag, für den ist alles das, was sich in der äußeren Welt abspielt, ein Ausdruck des Geistigen. Und daran wollen wir immer mehr und mehr festhalten, wollen immer mehr versuchen, gerade durch diejenigen Empfindungen, die uns aus der Geisteswissenschaft kommen können, unser Selbst loszulösen vom engeren Kreise und gerade dieses unser durch die Geisteswissenschaft sich loslösende Selbst vereinigen mit den großen Ereignissen, die geschehen; vergessen das, was uns nur angeht als Persönlichkeiten, und zusammenwachsen mit dem, was die ganze Menschheit heute Erschütterndes erleben muß.

Das ist es, was ich auch durch die verschiedenen Auseinandersetzungen dieser Vorträge hier habe in Ihnen hervorrufen wollen und wovon ich gern möchte, daß es weiter durchgedacht wird, bis wir uns wohl im April hier wiedersehen werden. Denn nur dann, wenn wirklich demjenigen, was jetzt geprüft durch die großen Ereignisse hinaufgeht in die geistige Welt und von dort herunterwirkt, Verständnis begegnet, wie es aus Geist-Erkenntnis gewonnen werden kann, kann das erreicht werden, wozu uns diese Ereignisse auffordern. Wahr ist es:

Aus dem Mut der Kämpfer,
Aus dem Blut der Schlachten,
Aus dem Leid Verlassener,
Aus des Volkes Opfertaten
Wird erwachsen Geistesfrucht –
Lenken Seelen geistbewußt
Ihren Sinn ins Geisterreich.

ELFTER VORTRAG

Berlin, 20. April 1915

Wir gedenken wiederum zuerst derjenigen, die draußen auf den großen Feldern der Ereignisse der Gegenwart stehen:

> Geister eurer Seelen, wirkende Wächter,
> Eure Schwingen mögen bringen
> Unserer Seelen bittende Liebe
> Eurer Hut vertrauten Erdenmenschen,
> Daß, mit eurer Macht geeint,
> Unsre Bitte helfend strahle
> Den Seelen, die sie liebend sucht.

Und für diejenigen, die infolge dieser Ereignisse schon durch die Pforte des Todes gegangen sind:

> Geister eurer Seelen, wirkende Wächter,
> Eure Schwingen mögen bringen
> Unserer Seelen bittende Liebe
> Eurer Hut vertrauten Sphärenmenschen,
> Daß, mit eurer Macht geeint,
> Unsre Bitte helfend strahle
> Den Seelen, die sie liebend sucht.

Der Geist, den wir durch unsere erstrebte Geist-Erkenntnis suchen, der Geist, der zu der Erde Heil, zu der Menschheit Freiheit und Fortschritt durch das Mysterium von Golgatha gegangen ist, der sei mit euch und euren schweren Pflichten!

Meine lieben Freunde, zunächst möchte ich Sie heute erinnern an etwas, was ich wohl zu der größten Zahl von Ihnen in gelegentlichen früheren Betrachtungen schon ausgesprochen habe. Wir kommen, wenn die Seele des Menschen sich in dem Sinne entwickelt, der ja auch durch die öffentlichen Vorträge hinlänglich angedeutet wurde, zu einer anderen Art von Weltbild. Das Wesentliche ist, daß wir mit unserer Seele gleichsam den Weg aus der Sinnenwelt hinein in die geistige gehen.

Indem wir mit unserer Seele uns vorwärts entwickeln, verwandelt sich für unseren Anblick die physische Welt allmählich in die geistige Welt. Man könnte sagen, nach und nach verschwinden die Eigentümlichkeiten der sinnlich-physischen Welt, und es treten auf innerhalb unseres Bewußseinshorizontes die Gebilde und Wesenheiten und Tatsachen der geistigen Welt. Nun könnte man ein Wichtiges, das in dem, was so aufsteigt, an unser Bewußtsein herantritt, in der folgenden Weise bezeichnen: Wir selbst werden andere – selbstverständlich für unser Anschauen –, wir werden selber andere, und die Welt, die für das sinnliche Anschauen um uns herum ist, wird nun auch eine andere. Bleiben wir zunächst einmal bei dem, was uns am nächsten liegt, bei der Welt unserer Erde. Im Grunde genommen weiß der Mensch von der Welt außerhalb der Erde innerhalb des irdischen Lebenslaufes wahrhaft recht wenig, wenn wir stehenbleiben innerhalb der Art und Weise, wie wir mit unserem Erdenleben zusammengewachsen sind. Da stellt sich beim Vordringen in die geistige Welt – wir sind ja dann außerhalb unseres Leibes –, da stellt sich heraus, wenn wir auf unsern Leib oder unser ganzes physisches Leben oder überhaupt unseren ganzen Menschen zurückblicken, daß er im Grunde genommen immer reicher und reicher wird; er wird immer inhaltsvoller, dieser Mensch, er erweitert sich zu einer Welt. Es wächst geradezu der Mensch selber zu einer Welt aus, indem wir so auf ihn zurückblicken. Das ist die Wahrheit dessen, was oftmals betont wird: daß der Mensch, indem er geistig sich entwickelt, identisch wird mit der Welt. Er sieht eine neue Welt, eine Welt, innerhalb welcher er sonst steht, wie aus ihm selber hervorkommend. Er erweitert sich zu einer Welt. Von der Erde dagegen verschwindet das Feste oder dasjenige, was uns im gewöhnlichen physischen Anschauen als die Berge, Flüsse und so weiter erscheint. Das verschwindet, und wir lernen uns allmählich fühlen innerhalb der Erde, ich sage ausdrücklich innerhalb der Erde, wie in einem großen Organismus drinnen. Aus unserer eigenen Welt sind wir heraus, und diese Innenwelt, diese innere Wirklichkeit wird zu einer weiten Welt, und das, was uns als irdische Welt umgeben hat, wird wesenhaft, wird zu einem Wesen, in dem wir uns darinnen befindlich denken müssen, uns vorstellen können. Während wir aus uns herauswachsen, erweitert sich zugleich unsere Menschenwelt zu einer weiten Welt; sogleich wachsen wir dann hinein in den Erdorganismus und fühlen uns darinnen so, wie, sagen wir, wenn unser Finger Bewußtsein bekäme, er an unserem Organismus sich fühlen würde.

Diese Erfahrung macht der Mensch, und sie kommt bei etwas tiefer fühlenden Menschen, bei poetisch veranlagten Naturen sehr häufig einmal zum Ausdruck. So vergleicht der Mensch sehr häufig sein Aufwachen am Morgen mit dem Aufwachen der Natur draußen, selbst sein Leben am Tage mit dem Hinaufgehen der Sonne, die Abenddämmerung mit dem Bedürfnis zum Schlafen, das mit Müdigkeit eintritt. Solche Vergleiche kommen aus dem Gefühl heraus, daß der Mensch darinnensteht in der irdischen Natur. Aber solche Vergleiche sind nicht viel wert, denn sie treffen das Eigentliche nicht. Ich habe deshalb schon öfters ausgesprochen, daß, wenn wir einen Vergleich wählen wollen, der wirklich den Tatbestand ausdrückt, wir einen anderen wählen müssen als den, bei welchem wir mit dem Verlauf der Natur draußen den Verlauf beim Einschlafen und Aufwachen vergleichen. Wir müssen vielmehr unser Leben binnen vierundzwanzig Stunden vergleichen mit dem Jahreslauf der Erde. Nur dann, wenn wir den ganzen Jahreslauf nehmen, ist das ein berechtigter Vergleich mit dem, was in uns vorgeht durch einmaliges Wachen und Schlafen im Verlaufe von vierundzwanzig Stunden. Und es ist falsch, den Wachzustand des Menschen vom Aufwachen bis zum Einschlafen etwa mit dem Sommer zu vergleichen; sondern man muß gerade diesen Wachzustand in der Erdennatur draußen vergleichen mit dem Winter und muß den Sommer vergleichen mit dem Schlafzustand des Menschen. So daß wir sagen könnten, wenn wir den Vergleich anstellen: der Mensch schläft ein, das heißt er geht in den Sommer seines persönlichen Daseins, und indem er aufwacht, entwickelt er sich in den Winter seines persönlichen Daseins; und der Wachzustand würde ungefähr entsprechen dem letzten Herbst, dem Winter und dem ersten Frühling. Warum würde das den Tatsachen entsprechen? Weil, wenn wir uns auf die angedeutete Weise wirklich hinentwickeln zu einem Gliede des ganzen Erdenorganismus, wir in der Tat zu beachten haben, wie im Sommer das, was der Geist der Erde ist, schläft; das ist der wirkliche Schlafzustand der Erde, da tritt das große Bewußtsein des Geistes der Erde zurück. Mit dem Frühling beginnt der Erdgeist einzuschlafen, und er wacht auf im Herbst, wenn die ersten Fröste sind; er denkt dann, er hat seinen wachen Denkzustand. Das ist der Gang des Tages des Erdgeistes durch das Jahr hindurch.

Wenn wir auf den schlafenden Menschen zurückschauen, dann sehen wir in der Tat, wie dieses Einschlafen des Menschen bedeutet, indem er mit dem Ich und dem astralischen Leib herausgeht, ein wirkliches Entstehen einer Art pflanzlicher Tätigkeit im Organismus, aus dem der astralische Leib und das Ich herausgegangen sind. Das fängt an, im Innern des Menschen eine Tätigkeit hervorzurufen. Wir empfinden wirklich die ersten Zustände des Schlafes wie den Beginn eines vegetativen Prozesses, und der Schlaf verläuft so, daß sich der Körper gleichsam für den hellseherischen Anblick durchsetzt mit einem Pflanzenwachstum, das wir wirklich dann durch imaginative Erkenntnis sehen. Nur wächst diese Vegetation anders als die Vegetation der Erde. Solche Dinge können erzählt werden, und man kann viel darüber meditieren und man kommt dann immer weiter.

Bei der Erde wachsen die Pflanzen vom Boden herauf. Anders ist es, wenn wir dieses «Pflanzenwachstum» beim Menschen beobachten. Da wachsen die Pflanzen so, daß sie die Wurzeln draußen haben, und sie wachsen in den Menschen hinein; die Blüten also müssen wir suchen innerhalb des Menschen. Dieser Mensch ist wirklich sehr schön, ich meine so, wie ihn der hellsehend Gewordene im Schlafe sieht. Er ist gleichsam eine ganze Erde, die sprießt und sproßt, in die hinein eine Vegetation wächst. Dasjenige, was den Anblick beeinträchtigt, das ist, daß wir zu gleicher Zeit den

Eindruck haben, daß der Astralleib die Wurzeln benagt. Und das stellt sich als der Verlauf des Schlafes dar. Während die Tierwelt dasjenige, was während des Sommers wächst, verbraucht, aufzehrt von oben herunter, finden wir, daß unser Astralleib in der Tat wie die Tierwelt wirkt, nur benagt er die Wurzeln. Würde das nicht sein, so würden wir jenen Kern nicht entwickeln können, den wir durch die Pforte des Todes hinüberführen. Das, was sich der Astralleib auf diese Weise aneignet, stellt dasjenige vor, was wir als Erträgnis des Lebens in Wahrheit durch die Pforte des Todes tragen. Ich beschreibe die Dinge, wie sie vor dem hellsichtigen Bewußtsein auftauchen. Und geradeso wie der Winter über die Erdenfrüchte kommt und diese Erdenfrüchte hinwegfrostet, möchte ich sagen, so ist das, wenn der Astralleib und das Ich untertauchen in den ätherischen und physischen Leib, ein Wegfrosten desjenigen, was während der Nacht an Vegetation, an geistigem Pflanzenwachstum in unserem Organismus aufgetreten ist.

In dem, was ich als den Erdgeist bezeichnet habe, der wirklich eine solche persönliche Wesenheit ist wie wir selber, nur daß er ein anderes Dasein führt – denn für ihn ist ein Jahr ein Tag –, innerhalb dieses Erdgeistes wird uns alles das anschaulich, was ich auseinandergesetzt habe von dem Impuls von Golgatha, denn da drinnen findet man die belebende Kraft, die vor dem Mysterium von Golgatha nicht in der Erde war; in ihr findet man sich geborgen, aufgenommen durch den Geist, der durch das Mysterium von Golgatha gegangen ist. Und man bekommt dadurch die Gewißheit, daß dieser Geist wirklich ausgeflossen ist in die Erde durch das Mysterium von Golgatha. Das wird uns bewußt, wenn wir uns wirklich versenken können in den Zustand, in dem für uns die Erde ein Wesen ist, dem wir selber angehören, wie ein Fingerglied unserem Organismus angehört. So kann es gar nicht anders sein, als daß für den Menschen unserer Zeit die okkulte Vertiefung in die Welt einen Zug annimmt religiöser Versenkung in das, was als das Göttliche die Welt durchströmt und durchgeistigt. Daher ist es so, daß wirkliche Erkenntnis der geistigen Welt niemals das religiöse Fühlen nehmen, sondern im Gegenteil nur vertiefen kann.

Ich wollte eine Andeutung geben von dem, wie es wirklich aussieht, wenn man in die Bilderwelt des Geistig-Realen hineinkommt; denn das, als was wir uns im alltäglichen, physischen Bewußtsein erscheinen, ist nur ein Scheinbild, ist nur ein innerer Kern. Aber ich werde gleich schon sagen müssen, daß dies falsch ist, weil Worte ja nicht leicht zu prägen sind für diese bedeutsamen Tatsachen, und das, als was wir uns erscheinen, ist immer an uns, wenn wir mit unserem Seelischen außerhalb unseres Leibes sind. Deswegen ist es nicht richtig, zu sprechen: es ist ein Kern, weil eine Frucht die Schale außen, und das, was wertvoll ist, darinnen hat. Aber wie es so vielfach beim Geistigen umgekehrt ist, so ist beim Menschen das Wertvolle draußen, und was Schale ist, das ist innen: das Innere ist das Schalenhafte, und das Geistige ist das, was man räumlich als das Schalenhafte bezeichnen kann. Man erfährt, wenn man den Weg in die geistige Welt hinein geht, daß der Mensch nicht ein einfaches Wesen, sondern ein kompliziertes Wesen ist. Das haben wir uns schon hinlänglich angeeignet, daß der Mensch mit dem, was er in sich trägt, teilnimmt an allen Welten, die dem Menschen zugänglich sind. Mit unserem physischen Leib gehören wir der physischen Welt an; mit dem Seelischen gehören wir der seelischen Welt an; mit unserem Geiste der geistigen Welt. Wir reichen in die drei Welten hinein. Wir wissen, daß, wenn der Mensch den Weg in die geistige Welt hinein macht, er sich in der Tat wie in einer Art Vervielfachung erlebt. Das ist das Beängstigende, daß die bequeme Einheit sich verteilt, daß man tatsächlich eine Empfindung dafür empfängt, man gehöre mehreren Welten an. Nun kann man die verschiedensten Gesichtspunkte geltend machen. Ich will heute einen besonderen Gesichtspunkt geltend machen, indem ich Sie noch hinweise auf das, was meinen letzten Vorträgen wiederholt zugrunde gelegt worden ist.

Wenn wir das menschliche Leben nach innen hin anschauen, so müssen wir es uns gegliedert denken, und wenn wir heraustreten aus dem Leibe, so zeigt sich der Mensch wirklich in die vier Glieder auseinandergelegt. Da ist zunächst die Kraft, die unserer Erinnerung zugrunde liegt. In der Erinnerung lassen wir dasjenige auferstehen vor unserem Bewußtsein, was wir in früheren Zeiten schon erlebt haben. Diese Erinnerung bringt in unser Leben einen Zusammenhang hinein, so daß dieses Leben zwischen Geburt und Tod eine Einheit ist. Ein Zweites ist dann dasjenige, was wir unser Denken, was wir Vorstellen nennen. Ich kann hier diese Begriffe nicht weiter auseinandersetzen, darauf kommt es jetzt nicht an; aber was Vorstellungstätigkeit ist, ist das, was in der Gegenwart verläuft. Und wenn wir noch weiter vorrücken, so bekommen wir das Fühlen, und noch weiter das Wollen. Indem wir in uns hineinschauen, erscheint uns unser eigenes Innere als Erinnern, als Denken, als Fühlen, als Wollen. Nun können wir die Frage aufwerfen: was ist der wesentliche Unterschied zwischen diesen vier Verrichtungen der Seele? Die gewöhnliche Psychologie zählt diese Verrichtungen der Seele auf, und sie unterscheidet nicht weiter. Aber auf die Wahrheit kommt man erst dann, wenn man auf das Wesen dieser vier Seelenverrichtungen eingehen kann, und da kommt man darauf, daß das Wollen gewissermaßen das Baby unter unseren Seelentätigkeiten ist; das Fühlen ist schon älter, das Denken ist noch älter, und die Tätigkeit, die in der Erinnerung ausgeübt wird, ist der Greis, ist das Älteste unter unseren Seelentätigkeiten. Sie werden noch klarer das einsehen, wenn ich Ihnen den folgenden Gesichtspunkt geltend mache.

Wir haben wiederholt davon gesprochen, wie der Mensch sich nicht nur entwickelt hat auf der Erde, sondern wie dieser Entwickelung vorangegangen sind die alte Mondentwickelung, die alte Sonnenentwickelung und die alte Saturnentwickelung. Der Mensch ist nicht erst auf der Erde entstanden, er hat gebraucht, um das zu werden, was er jetzt ist, diese Entwickelung durch Saturn, Sonne und Mond hindurch. Nun sehen Sie, dasjenige, was wir in unserem Wollen entwickeln, so wie wir diesen Willen jetzt kennen, das ist Erdenprodukt für den Menschen, das ist eigentlich noch nicht einmal abgeschlossen in seiner Entwickelung, das ist vollständiges Erdenprodukt. Während der Mondentwickelung war der Mensch noch nicht ein selbständig wollendes Wesen; Engel haben für ihn gewollt. Das Wollen hat gleichsam erst eingestrahlt seit der Erdenentwickelung. Dagegen ist das Fühlen schon angeeignet worden während der Mondentwickelung, das Denken während der Sonnenentwickelung und die Erinnerung während der alten Saturnentwickelung. Und wenn Sie das, was ich jetzt sage, mit anderem zusammenbringen, was in der «Akasha-Chronik» und in der «Geheimwissenschaft» ausgedrückt ist, so wird sich Ihnen ein wichtiger Zusammenhang ergeben. Während der Saturnentwickelung ist die erste Anlage entstanden zum physischen Leib des Menschen, während der Sonnenentwickelung zum menschlichen Ätherleib, während der Mondentwickelung zum menschlichen Astralleib, und während der Erdenentwickelung bildet sich das menschliche Ich aus.

Nun betrachten wir einmal für sich das, was wir die Erinnerungstätigkeit nennen. Was ist das Erinnern? In der Seele bleibt ebenso irgend etwas von dem Bilde eines Ereignisses, das wir durchlebt haben, wie in dem Buch, das wir lesen, etwas bleibt von dem, was der gedacht hat, der das Buch geschrieben hat. Wenn Sie ein Buch vor sich haben, so können Sie alles lesen, alles das denken – manchmal auch nicht, aber das rechne ich jetzt nicht –, was der gedacht hat, der das Buch geschrieben hat. Das Erinnern ist eine unterbewußte Lesetätigkeit; was bleibt, sind Zeichen, die der Ätherleib in den physischen Leib eingegraben hat. Wenn Sie vor Jahren ein Erlebnis gehabt haben, so haben Sie das, was in dem Erlebnis zu erfahren war, durchgemacht. Was bleibt, sind Eindrücke, die der Ätherleib in den physischen Leib hinein macht; und wenn Sie sich jetzt erinnern, so ist das Erinnern ein unterbewußtes Lesen.

Die geheimen Vorgänge, die im Organismus vor sich gehen, damit der Ätherleib die Zeichen eingraben kann, die der Erinnerung zugrunde liegen, die sind hineingebildet worden während der alten Saturnentwickelung. Es ist in der Tat so, daß wir in unserem Organismus eben diesen geheimen Saturnorganismus tragen; der lebt sich so aus, daß wir in ihm eine Wesenhaftigkeit sehen können, in welche der Ätherleib das einzutragen vermag in Zeichen, was er äußerlich an Erlebnissen hat, um es dann wieder herauszuholen in der Erinnerung. Daß der Mensch diese unterbewußte Schreibetätigkeit ausübt, das hat er im wesentlichen davon her, daß in seinen ersten sieben Lebensjahren der Körper, gerade dasjenige im physischen Leib, was die Einprägungen empfangen soll, noch geschmeidig ist. Deshalb soll man nicht, wie ich zum Beispiel in meiner Schrift über «Die Erziehung des Kindes» aufmerksam gemacht habe, das Kind dadurch malträtieren, daß man sein Gedächtnis ausbildet. In den ersten sieben Jahren handelt es sich darum, daß der geschmeidige Organismus seinen eigenen, elementaren Kräften überlassen bleibt, daß wir ihn da nicht malträtieren. Wir sollen daher dem Kinde möglichst viel erzählen, aber nicht einen allzu großen Wert darauf legen, daß das Kind jetzt schon künstlich das Gedächtnis ausbilden soll, sondern sich selbst überlassen bleibt in bezug auf die Gedächtnisausbildung. In dieser Weise wird Geisteswissenschaft für das pädagogische Leben von ungeheurer Wichtigkeit sein.

Ebenso wie die Erinnerungsfähigkeit zu den ältesten Bestandteilen der Menschennatur gehört, so gehört die Tätigkeit, die dem Denken zugrunde liegt, zu dem, was man das auf der Sonne Gebildete nennen kann. Das ist verhältnismäßig auch alt. Die Sonnenkräfte enthalten das, was im Menschen den ätherischen Leib so organisiert, daß er diese eigentümliche Tätigkeit des Denkens, des Vorstellens ausüben kann. Sie sehen daraus, daß man weit, weit in den Kosmos zurückgreifen muß, wenn man die Frage beantworten will: warum kann der Mensch sich erinnern, und warum kann er denken? Man muß zurückgreifen bis in die Saturn- und Sonnenentwickelung.

Wenn man die Gefühlstätigkeit des Menschen ins Auge faßt, braucht man nur zurückzugreifen bis zur Mondentwickelung und bei der Willenstätigkeit bis zur Erdenentwickelung. Sie werden dadurch manches verstehen. Menschen, welche ganz besonders geprägt sind von ihren früheren Inkarnationen her, nicht geschmeidig sind, sondern scharf geprägt sind, bei denen wird sich viel hineinpressen in den Organismus. Es werden Menschen sein, die ein fast automatisches Gedächtnis haben, aber produktiv werden sie nicht viel aus ihrem Denken heraus entwickeln. Während Sie also vorzugsweise mit dem physischen Leib zusammenbringen müssen die Erinnerungstätigkeit des Menschen, mit dem ätherischen Leib die Denktätigkeit, mit dem astralischen Leib die Gefühlstätigkeit des Menschen, werden Sie daher mit dem Ich zusammenbringen müssen vorzugsweise die Willenstätigkeit des Menschen. Der Mensch sagt nur dadurch zu sich Ich, daß er ein Willenswesen ist. Wenn er nur denken würde, so würde das Leben doch nur wie ein Traum ablaufen. Nun sind wir auf diese Weise, ich möchte sagen, ein organischer Zusammenhang von inneren Seelenbetätigungen, die sich im Laufe der Entwickelung in unser Seelenwesen hineingeprägt haben. Ich sagte mit Bezug auf unser Wollen, es habe sich erst während der Erdenentwickelung herausgebildet, auf dem Monde haben noch die geistigen höheren Hierarchien für den Menschen gewollt, die Angeloi. Dadurch war das ganze Wollen des Menschen während der Mondentwickelung ein solches, daß man, wenn man es wiederum in das hellseherische Bewußtsein zurückruft, zwar eine höhere Stufe erblickt, aber doch ein unwillkürliches Wollen beim Menschen, wie wir auf der Erde es bei der Tierentwickelung haben. Das Tier folgt notwendig dem, was in ihm kocht und brodelt, es ist in dem gemeinsamen Willen seiner Gattungswesenheit darinnen.

Wie während der Mondentwickelung geistige Wesen höherer Art, also die Angeloi, für uns gewollt haben, so wirken jetzt die geistigen Wesen höherer Art, indem sie unser Karma von einer Inkarnation zur anderen bestimmen. Nicht in unserem Willen wirken die Angeloi, wohl aber wirken sie im fortgehenden Strom unseres Karma. Geradeso wie der Mensch der Mondentwickelung den Willen nicht als den seinen gefühlt hat, sondern als den des Engels, so leben wir nicht als Menschen der Erde in der Meinung, daß wir unser Karma machen: geregelt wird es von den Geistern der höheren Hierarchien. Nur dann, wenn unser Wille gewissermaßen einmal schweigen kann, dann kann es vorkommen, daß etwas durchscheint auch für das nicht hellseherisch gewordene Bewußtsein von dem, was sonst verborgen bleibt von dem Gang des Karma.

Halten Sie das fest, was ich ausgeführt habe, daß sich im Menschen ein Kern bildet, der durch die Pforte des Todes in das geistige

Reich eingeht: dieser Kern ist der Träger unseres Karma. Was jeder von uns morgen tun wird, das ist karmisch schon heute in ihm bestimmt. Wir könnten, wenn wir nicht auf der Erde die Aufgabe hätten, den Willen zu entwickeln, unser Karma durchschauen. Wir würden es so weit durchschauen können, daß wir unter Umständen für die nächste Zeit unser Leben voraussehen könnten. Aber indem in den karmischen Strom der Wille hineinschlägt, verdunkelt uns der den Ausblick auf das, was mit uns, sagen wir, am nächsten Tage geschieht. Nur dann, wenn der Wille vollständig schweigt, dann kann es sein, daß etwas durchblickt von dem, was nicht durch uns, sondern mit uns geschieht. Ein Beispiel will ich dafür anführen, das von *Erasmus Francisci* erzählt wird und auf Wahrheit beruht. Erasmus Francisci wohnte als junger Mensch bei seiner Tante; und da träumte ihm einmal, daß ein Mann, dessen Name ihm auch im Traume zugerufen wurde, auf ihn schießen werde, aber er werde nicht erschossen, sondern seine Tante werde ihm das Leben retten. So träumte er. Am nächsten Tage, bevor irgend etwas geschehen war, erzählte er den Traum seiner Tante. Diese beunruhigte sich sehr über diesen Traum, sagte ihm, daß ganz kürzlich erst wirklich jemand in ihrer Nachbarschaft erschossen worden sei, und riet ihrem Neffen dringend, lieber zu Hause zu bleiben, damit ihm nichts zustoße. Sie gab ihm noch den Schlüssel zur Apfelkammer, damit er jederzeit hinaufgehen könne, sich Äpfel zu holen. Er ging nun zu seiner Stube hinauf und setzte sich an seinen Tisch, um etwas zu lesen. Das, was er da gelesen hatte, war jedoch etwas, was ihn in diesem Momente weniger interessierte als der Schlüssel zur Apfelkammer in seiner Tasche, den ihm seine Tante gegeben hatte. Er entschloß sich, hinaufzugehen zur Kammer. Kaum war er aber aufgestanden, als ein Schuß krachte, der gerade so gerichtet war, daß die Kugel die Stelle traf, an der sein Kopf sich befunden hatte, während er las. Wäre er nicht aufgestanden, so wäre die Kugel mitten durch ihn durchgegangen. Der Diener des benachbarten Hauses, dessen Name tatsächlich so lautete, wie er dem Erasmus Francisci im Traum zugerufen worden war, und der ihm unbekannt war, dieser Diener wußte nicht, daß die zwei Gewehre, die er zu behandeln hatte, geladen waren, und als er anfing herumzuhantieren, ging das Gewehr los, und wäre Francisci nicht in jenem Augenblick aufgestanden, um zur Apfelkammer zu gehen, deren Schlüssel ihm seine Tante gegeben hatte, wäre er unfehlbar erschossen worden. Der Traum ist also absolut eine Wiedergabe desjenigen, was sich am nächsten Tage abgespielt hat.

Sie sehen, hier liegt ein Ergebnis vor, von dem wir sagen können, daß bei demselben der Wille gar nichts zu tun hat, denn mit dem Willen konnte Francisci nichts tun; er konnte sich nicht selber schützen, es brach etwas herein, das in das Karma des Menschen so hineinfällt, daß der Mensch weiterleben sollte. Da war es so, daß der das Karma bewirkende Geist schon den rettenden Gedanken hatte. Es ist der Traum die Voraussicht des das Karma lenkenden Geistes, der hinschaut auf das, was am nächsten Tage geschieht, und weil bei diesem jungen Menschen eine solche Seelenanlage da war, daß gleichsam durch natürliche Meditation die Seele schon eine bestimmte Vertiefung erfahren hatte, trat dadurch etwas ein, was ich vergleichen könnte mit etwas im äußeren Leben. Nicht wahr, der Mensch ist ja nur im eingeschränkten Maße ein Prophet in bezug auf das äußere irdische Leben. In gewissem Sinne sind wir alle Propheten, denn Sie alle wissen, daß es morgen zu einer bestimmten Zeit hell werden wird und so weiter, oder daß jemand, der heute übers Feld geht, voraussagen kann, wie es morgen über diesem Felde aussehen wird; aber was er nicht voraussehen wird, ist, ob es zum Beispiel morgen regnen wird auf diesem Felde und so weiter. So ist es auch mit Bezug auf das Innere. Der Mensch lebt gemäß seinem Willen, und das Karma steckt in diesem Willen darinnen. Wie man sich aneignen kann eine empfindende Erkenntnis für das Nächste, so kann bei gewissen Menschen, die eine innere Vertiefung der Seele erleben, ein solcher Lichtpunkt für das Innere gerade für diejenigen Ereignisse eintreten, wo der Wille zu schweigen hat. Für das Studium der Geisteswissenschaft ist es wichtig, manchmal den Blick auf solche Dinge hinzuwerfen, weil es uns zeigt, wie im Menscheninnern durchaus etwas lebt, was in die Zukunft hineinweist und was der Mensch nicht überschauen kann mit dem gewöhnlichen Bewußtsein. Durch den schweigenden Willen kommt das Karma durch.

Alle die Dinge, die uns auf diese Weise durch die geisteswissenschaftliche Forschung vor die Seele treten können, sind geeignet, uns zu zeigen, wie das, was man die große Täuschung nennt, vorzugsweise darin besteht, daß der Mensch mit seinem gewöhnlichen Bewußtsein nicht überschauen kann das, was er ist: daß der Mensch der ganzen Welt angehört, während durch das gewöhnliche Bewußtsein ihm eigentlich nur die Schale wie eingeschlossen gezeigt wird innerhalb der Haut und so weiter. Aber was da innerhalb dieser Eingeschlossenheit ihm gezeigt wird, ist nur ein Ausschnitt dessen, was der Mensch in Wahrheit ist, und das ist so groß wie die Welt. Und eigentlich schauen wir auf unseren Menschen schon im gewöhnlichen Leben von außen zurück. Wir können uns, wenn wir uns solche Dinge klar zum Bewußtsein bringen, ein Gefühl allmählich aneignen, wie das im Menschen vorhanden ist, was man den Ätherleib des Menschen nennt. Und wirklich, schon im gewöhnlichen Leben lassen sich Beobachtungen anstellen, welche uns zeigen, wie wenigstens dieser zweite Mensch, der ätherische Mensch im physischen Menschen darinnensteckt; nur müssen wir das Leben feiner beobachten, als es gewöhnlich beobachtet wird. Denken Sie sich einmal, Sie liegen morgens so recht faul im Bett, sind noch gar nicht geneigt aufzustehen, sondern Sie möchten liegen bleiben, und es kommt Sie schwer an, den Entschluß zu fassen, aufzustehen. Wenn Sie das nur zu Hilfe nehmen, was in Ihnen ist, so kommt es Sie schwer an, aufzustehen. Denken Sie aber, es fiele Ihnen ein, daß in dem anderen Zimmer etwas liegen könnte, was Sie seit ein paar Tagen erwarten. Es tritt ein Gedanke an etwas auf, was draußen ist: da werden Sie sehen, daß dieser Gedanke ein kleines Wunder wirken kann. Sie werden sehen, daß, wenn Sie sich diesem Gedanken etwas hingeben, Sie sogar herausspringen aus dem Bett! Was ist da geschehen? Indem Sie aufwachend untergetaucht sind in den physischen Leib, empfinden Sie das, was der physische Leib Sie empfinden läßt – das ist nicht geeignet, den Aufstehegedanken in Ihnen zu erzeugen; der Ätherleib ist in eine selbständige Verrichtung gekommen, da Sie ihn durch etwas Auswärtiges engagiert haben: da können Sie in der Tat sehen, wie Sie ihrem physischen Leib den ätherischen Leib entgegengestellt haben, und wie der Ätherleib Sie faßt und heraushebt aus dem Bett. Man kommt zu einem ganz bestimmten Gefühl gegenüber sich selbst, nämlich zu dem Gefühl, zuzuschauen und zu unterscheiden zwischen zwei Arten von menschlichen Verrichtungen, die man durchmacht. Es sind die Verrichtungen, die man im gewöhnlichen Trödel des Lebens tut, und solche Verrichtungen, bei denen man spürt, daß innere Aktivität sich geltend macht. Das sind feinere Beobachtungen, die man natürlich, wenn man will, immer ableugnen kann. Man muß seine Beobachtungen dem Leben anpassen und das Leben wirklich durchschauen in der Art, wie es sich stellt: dann wird das ganze Empfinden des Menschen in die rechte Richtung gedrängt. Man muß sich klar sein, daß der Weg in die geistige Welt hinein nicht auf einmal geschehen kann, sondern allmählich aus der Welt herausführt und wir so aufsteigen zu dem, was ich eben angeführt habe, wo für uns das, was uns früher Welt war, sein Totes verliert und selbst zu einer Wesenheit wird.

Auf diese Weise wächst der Mensch erkennend mit der geistigen Welt zusammen. Er wächst zusammen mit demjenigen, von dem wir sagen können, daß es seinTeil ist, wenn er von sich abgelegt hat das, was er durch das Instrument des physischen Leibes hat und was im wesentlichen sein Leben ist zwischen Geburt und Tod. Wir wachsen, indem wir durch die Todespforte schreiten, hinein in die Welt, die sehr ähnlich ist derjenigen, von der jetzt eben gesprochen worden ist als der, die sich der höheren Erkenntnis ergibt. Und dann merken wir das eine unendlich Wichtige: Wir brauchen in dieser Welt, die wir betreten, wenn wir durch die Pforte des Todes schreiten, wenn wir in diese Welt uns in der richtigen Weise einleben wollen – so, wie wir in einem finsteren Zimmer, um es zu erhellen, ein Licht brauchen –, wir brauchen dort dasjenige, was wir im intimsten Innengrunde unserer Seele hier auf der Erde entwickeln können. Das Erdenleben ist nicht etwas, was wir bloß als ein Gefängnis, als einen Kerker zu betrachten haben. Gewiß, es gehört zum naturgemäßen Fortgang der Entwickelung, daß der Mensch durch die Pforte des Todes schreitet. Leben kann der Mensch selbstverständlich in dem Leben zwischen Tod und neuer Geburt; aber das Gesamtleben ist dazu da, daß jeder Teil von uns etwas Notwendiges, etwas Neues hinzugibt, und, indem wir durch diesen Zyklus hindurchgehen, der jetzt da ist, soll uns das Leben hier dasjenige geben, was wie eine Fackel sich entzündet, wodurch wir nicht nur leben in diesem Leben des Geistes, sondern wodurch wir erkennen und dieses Leben durchleuchtend leben. Das Licht, das uns erleuchtet, das ist dasjenige, was von uns gleichsam als das Bleibende erobert wird zwischen Geburt und Tod für das Leben zwischen Tod und neuer Geburt.

Das ist es, wovon immer gesagt werden soll, daß gerade in unserer Zeit möglichst viele Menschen es begreifen sollen: daß für das geistige Leben wie eine erleuchtende Flamme dasjenige sein muß, was man hier von der geistigen Welt begreift in der physischen Welt, im physischen Leib. In gewisser Beziehung sollte gerade alles das Schwierige, was in der Gegenwart der entwickeltste Teil der Menschheit durchzumachen hat, eine Mahnung sein zur Vertiefung des seelischen Lebens, und es muß das sein, daß aus den Tiefen der menschlichen Seele herausgeholt wird eine Sehnsucht nach den Welten, denen der Mensch als Seele angehört. Möge in der Zeit, in der wir jetzt leben, vorbereitet werden jene Sehnsucht, wodurch jede Seele sich sagt: der Mensch ist noch etwas ganz anderes, als was er uns erscheint dadurch, daß er von einem Leibe umkleidet ist. Möge das, was erlebt wird, als eine Mahnung dastehen für die Vertiefung, für die Versenkung der Seele zum geistigen Empfinden, zum geistigen Sehen. Und auch wiederum aus diesem Bewußtsein der Notwendigkeit geisteswissenschaftlicher Vertiefung in unserer Zeit und aus dem Bewußtsein, daß die Schwierigkeit unserer Zeit eine Mahnung sein soll, soll auch heute geschlossen werden mit dem, womit wir immer geschlossen haben, bevor wir auseinandergehen. Hoffentlich werden wir diese Betrachtungen in nicht allzu ferner Zeit wiederum hier fortsetzen können, heute seien sie beschlossen mit den Worten:

Aus dem Mut der Kämpfer,
Aus dem Blut der Schlachten,
Aus dem Leid Verlassener,
Aus des Volkes Opfertaten
Wird erwachsen Geistesfrucht –
Lenken Seelen geistbewußt
Ihren Sinn ins Geisterreich.

Berlin, 10. Juni 1915

Wir gedenken wiederum zuerst derjenigen, die draußen auf den großen Feldern der Ereignisse der Gegenwart stehen:

> Geister eurer Seelen, wirkende Wächter,
> Eure Schwingen mögen bringen
> Unserer Seelen bittende Liebe
> Eurer Hut vertrauten Erdenmenschen,
> Daß, mit eurer Macht geeint,
> Unsre Bitte helfend strahle
> Den Seelen, die sie liebend sucht.

Und für diejenigen, die infolge dieser Ereignisse schon durch die Pforte des Todes gegangen sind:

> Geister eurer Seelen, wirkende Wächter,
> Eure Schwingen mögen bringen
> Unserer Seelen bittende Liebe
> Eurer Hut vertrauten Sphärenmenschen,
> Daß, mit eurer Macht geeint,
> Unsre Bitte helfend strahle
> Den Seelen, die sie liebend sucht.

Der Geist, den wir durch unsere erstrebte Geist-Erkenntnis suchen, der Geist, der zu der Erde Heil, zu der Menschheit Freiheit und Fortschritt durch das Mysterium von Golgatha gegangen ist, der sei mit euch und euren schweren Pflichten!

Meine lieben Freunde, wenn das Karma der Zeit, das Karma unserer Bewegung einmal es gestatten werden, daß der Bau, der zur Pflege unserer Bewegung in Dornach aufgerichtet werden soll, fertiggestellt werden kann, dann wird an einem bedeutungsvollen Orte, an dem Orte, der nach dem Osten zu gerichtet ist, eine plastische Gruppe stehen.

249

Es ist ja das Bestreben, durch künstlerischen, und zwar im geisteswissenschaftlichen Sinne künstlerischen Ausdruck, innerhalb unseres Baues uns auch wirklich vor die Augen, vor die physischen Augen hinzustellen, was Inhalt und Substanz unserer geistigen Bewegung sein soll, und vor allen Dingen dasjenige, was sie bedeuten soll der Zeit und der Fortentwickelung der Menschheit auf geistigem und kulturellem Gebiet überhaupt. Ich möchte sagen: alles einzelne soll so eingerichtet werden, daß es erscheint als Teil nicht nur einer geisteswissenschaftlichen Gesamtheit, sondern erscheint als Teil von künstlerischen Formen, aber auch sogar von künstlerischen Einrichtungen. So versuchen wir ja das Problem der Akustik in diesem Bau zu lösen. Gewiß werden solche Probleme nicht gleich auf den ersten Anhieb gelöst werden, aber Richtung wird wenigstens gegeben werden, indem gezeigt werden wird, wie man durch geometrische Berechnung oder durch die gewöhnlichen architektonischen äußeren künstlerischen Regeln das Problem der Akustik nicht lösen kann, sondern nur auf dem Wege des geisteswissenschaftlichen Denkens.

Der kuppelförmige Überbau wird ein doppelter sein, und er wird nach dem Prinzip des Violinresonanzbodens wirken und damit einen Teil des akustischen Gedankens des Raumes zum Ausdruck bringen. Vieles einzelne würde in Betracht kommen, wenn man die Einrichtungen klarlegen wollte gerade mit Bezug darauf, daß das Wort oder auch der Ton in einer anderen Weise zur Geltung kommen, als sie so häufig zur Geltung kommen können in unserer Zeit, wo ja zuallermeist nicht Rundbauten, die für das Akustische gedacht sind, geschaffen werden, sondern Bauten, wo vor allen Dingen die Geltung des einzelnen Tones neben seinem Vor- und Nachton gar nicht zur Geltung kommen kann, weil dabei an gewissen Punkten der Räume immer der eine in den anderen hineinschwimmen kann. Es wird versucht werden, daß ein Ton klar auseinandergelegt zur Geltung kommen kann von allen Punkten des Raumes, und auch zur Geltung kommen kann das klar gesprochene Wort. Aber das will ich nur andeuten. Hauptsächlich möchte ich sprechen über die Gruppe, welche gegen Osten zu an einer wichtigen Stelle des Baues stehen wird. Sie soll darstellen zunächst eine Gruppe von drei Wesenheiten. Was noch dazukommt, das wird vielleicht bei einer späteren Gelegenheit einmal erwähnt werden können, weil diese Dinge ja nicht nach einem von vornherein gefaßten abstrakten Gedanken gearbeitet werden, sondern nach den Intuitionen der geistigen Welt, wie sie sich im Laufe der Arbeit ergeben.

Zunächst kommen drei Wesenheiten in Betracht. Eine steht aufrecht da. Sie drückt aus, wenn ich so sagen darf – aber nun nicht auf sinnbildliche, symbolische Weise, wie man das so oft auch in unseren Kreisen auszulegen versucht hat, sondern sie drückt aus in einer wirklichen künstlerischen Weise dasjenige, was der Mensch als solcher ist.

Gewiß wird man in dieser Gestalt sehen können, daß das Irdisch-Menschliche am konzentriertesten in derjenigen Gestalt zum Ausdruck gekommen ist, in welcher gewohnt hat während dreier Jahre der Christus – gewiß wird man in dieser Gestalt auch sehen können, der Ausdruck sei der des Christus. Aber man wird die ganze Sache nicht pressen dürfen, nicht mit der Idee vor die Gruppe treten können: ich werde jetzt mir den Christus ansehen. Wenn jemand auf die Idee kommt, aus seinem eigenen Empfinden heraus und aus künstlerischer Intuition heraus, so wird es gut sein; aber richtig ist es nicht, gleich mit der Idee, das sei der Christus, an die Gruppe heranzutreten. Nicht darauf kommt es an, gleich wiederum mit der Symbolik an die Sache heranzutreten, das sei der Christus.

Da steht diese Figur an einem kleinen Hang eines Felsens; hinter ihr erhebt sich der Fels in die Höhe. Sie steht mit den Füßen an einer Ausladung des Felsens. Diese Ausladung hat eine tief hineingehende Höhle. In dieser Höhle sitzt eine andere Wesenheit; ich möchte sagen, sie ist dort hingekauert; eine Wesenheit, die zum Ausdruck bringen soll etwas, was zusammenhängt mit der Wesenheit, die darüber steht. Diese Wesenheit, die sieht man so, daß sie etwas wie Kräfte von ihren Händen ausstrahlen, ausströmen läßt. Man sieht dann noch in der Felsenhöhle, wie diese Kräfte hineinstrahlen. Es ist die Hand in der Felsenhöhle drinnen; Kräfte strahlen aus und drücken sich in der Form einer Hand in dem Felsen ab. Es ist die Hand noch zu sehen, aber es ist nicht die Hand, es sind die Kräfte da und drücken sich in Form einer Hand ab.

Es ist eine Wesenheit, die eigentlich nur dem Kopf nach eine an den Menschen erinnernde, eine dem Menschen ähnliche Gestalt hat. Sonst hat sie große, mächtige fledermausartige Flügel und einen drachen- oder wurmförmigen Leib. Man sieht etwas, was sich um die Gestalt herumwindet und unter dem sich die Gestalt selbst windet. Und man sieht, daß das, was sich um die Gestalt herumwindet, zusammenhängt mit der aufrechtstehenden Gestalt, daß es mit der ausgestreckten Hand der Gestalt in Verbindung steht. Von der strahlen Kräfte hinein, und die bringen etwas zum Umwinden. Man wird, wenn man ein wenig den Eindruck auf die eigene Seele spielen läßt, zu der Empfindung kommen, daß das das Gold ist, das da innen in den Klüften der Erde fließt, und daß die Gestalt da innen durch das Gold in den Klüften der Erde gefesselt ist.

Die andere Hand ist nach aufwärts gerichtet. Und dort oben auf dem Felsen ist nun wieder eine, dem Kopf nach menschliche Gestalt, nicht mit Fledermausflügeln, sondern mit zu Boden hängenden Flügeln; und der Körper ist in einer Weise gestaltet, daß man eine Ahnung haben kann: ja, was ist dieser Körper? Der Körper ist so etwas, als wenn der ganze Mensch Gesicht geworden wäre; als wenn ein Gesicht in die Länge gezogen wäre, elastisch ausgezogen und dadurch Körperformen entstanden wären. Diese Gestalt ist oben auf dem höchsten Gipfel des Felsens, und sie stürzt hinunter. Im Hinuntersturz werden die Flügel gebrochen. Und man sieht, daß die von der Hauptgestalt hinauflangende Hand sich abdrückt im Flügel.

So haben wir drei Gestalten: der Mensch steht da in seiner Wesenheit; unter ihm, Sie ahnen es wohl, Ahriman, der in den Klüften der Erde gefesselt wird durch jene Wirkung, die ausgeübt wird von der ausgestreckten Hand der Hauptgestalt auf das in den Klüften der Erde befindliche Gold, durch das er sich selbst fesselt. Die andere Hand greift nach oben, und sie bringt die Flügel Luzifers zum Bruch, der dadurch in die Tiefe stürzt.

Nun kommt es darauf an, daß niemand – wie das auch ein bißchen gleich versucht worden ist, als in einem Vortrag diese Idee ausgesprochen war – in der Gegenwart schon aus den Gesetzen der Bildhauerkunst heraus diese Sache macht. Auf bloße Versinnbildlichung kommt es nicht an, sondern darauf, daß jeder einzelne Zug in den drei Wesenheiten in den aller-, allerminutiösesten Einzelheiten aus der geisteswissenschaftlichen Anschauung heraus geschaffen ist. Da wird man zu sehen haben an der Bildung der zwei ans Menschliche erinnernden Antlitze von Ahriman und Luzifer, wie man diesen Gegensatz zu denken hat. Bei Luzifer wird man es zu tun haben mit einer eigentümlichen Art der oberen Kopfbildung, an die die menschliche nur erinnert. Da ist alles Bewegung des Geistigen, da ist nichts, was uns zwingt, die einzelnen Glieder der Stirn in festen Grenzen zu halten, wie das beim Menschen der Fall ist, sondern da ist jedes einzelne am oberen Kopf so beweglich, wie die Finger und die Hände an dem Arm beweglich sind. Selbstverständlich kann man das nur hinstellen, wenn die Bewegungen die wirklichen Bewegungen sind, wie sie sich bei Luzifer finden. Und dann ist vor allem zu bemerken, daß an dieser Gestalt dasjenige da ist, was in dem Luziferwesen von dem Mondendasein zurückgeblieben ist. Das stülpt sich über das eigentliche Antlitz, das sehr tief hinein zurücktritt.

Sie können sich aus dieser Beschreibung schon denken, daß wir es mit ganz anderem zu tun haben als mit dem gewöhnlichen menschlichen Antlitz. Es ist, wie wenn der Schädelkopf für sich wäre und unten hineingesteckt dasjenige, was beim Menschen das Antlitz ist. Und dann kommt noch etwas hinzu: daß eine gewisse Verbindung gerade bei Luzifer hinzutritt zwischen dem Ohr und dem Kehlkopf. Ohr und Kehlkopf sind ja beim Menschen erst seit seinem Erdendasein auseinandergeschnitten; sie waren im Mondendasein ein einziges Organ. Was die kleinen Flügel am Kehlkopf sind, das waren mächtige Verbreiterungen, die dann die untere Ohrmuschel bildeten. Mächtige Ohrmuscheln bildeten sich etwa da, während das obere Ohr, was jetzt nach außen geht, von der Stirn aus gebildet ist. Und was heute getrennt ist, so daß, wenn wir sprechen und singen, dieses nach außen geht und wir nur mit dem Ohr zuhören, das ging während der Mondenzeit nach innen und von da in die Sphärenmusik. Der ganze Mensch war Ohr. Das kommt daher, daß das Ohr die Flügel waren; so daß Sie haben Ohr, Kehlkopf und Flügelbildungen, die nach den Schwingungen des Weltenäthers sich harmonisch-melodisch bewegen, die dann hervorbringen die eigentümliche Erscheinung des Luzifer; die heranbringen, was makrokosmisch ist, denn Luzifer hat nur lokalisiert, was eigentlich nur kosmisch ist.

Sie werden da sehen, daß man Konzessionen machen muß, damit die Menschen nicht erschrecken, wenn sie ein Gesicht sehen, das uns nicht Menschengestalt zeigt. Dann werden Sie sehen, daß sein Gesicht langgestreckt sein muß. Luzifer muß aussehen wie ein in die Länge gezogenes Antlitz, denn er ist ja ganz Ohr, die Flügel sind ja ganz Ohr, eine in die Länge gezogene Ohrmuschel. Der Ahriman dagegen ist genau das Gegenteil, und natürlich ist, daß in der Modellierung überall da, wo bei Luzifer etwas mächtig ausgedehnt ist, wo wir bei Luzifer völlig ausgestalten, bei Ahriman nur Andeutungen sind. Während bei Luzifer der Stirnflügel mächtig ausgebildet ist, ist es bei Ahriman der Unterkiefer. Der ganze Materialismus der Welt drückt sich in der Bildung des Kau- und Zahnsystems aus.

Natürlich kann man das alles nicht nach der Beschreibung machen, sondern man muß die Beschreibung hinterher geben. Dasjenige aber, was besonders wichtig ist, meine lieben Freunde, das ist: es hat sich die Notwendigkeit ergeben, bei der Hauptgestalt einmal abzugehen von dem, was jedem so natürlich erscheint, daß man ein menschliches Antlitz symmetrisch macht. In der Regel erscheint ein Antlitz symmetrisch. Im kleinen sind ja Asymmetrien bei jedem vorhanden, es ist nur nicht so stark sichtbar, daß man es bemerkt. Aber bei dieser Hauptgestalt kommt das in Betracht, daß die ganze linke Seite hinauftendiert zu Luzifer, und daß die linke Stirnbildung eine andere ist als die rechte Stirnbildung, die nach Ahriman hintendiert. Es folgt die linke Hälfte des Gesichtes der nach oben bewegten Hand und die rechte Hälfte der nach unten bewegten

Hand. Und das kommt nun zum Ausdruck, daß in die Hauptgestalt eine größere innere Beweglichkeit gelegt werden mußte, als für den Menschen da sein kann.

Über dieser plastischen Gestalt wird das ganze Motiv malerisch dargestellt sein, so daß man beides nebeneinander sehen kann und einsehen, wie nach der Verschiedenheit der Künste die Malerei nicht in derselben Weise das geben kann, sondern alles, alles anders sein muß in der Ausgestaltung.

Was ich hervorheben will, ist das Folgende: Etwas ganz Wesentliches wird sein, daß wir bildhauerisch herausbekommen die Handbewegung der Hauptgestalt, diese Hinaufbewegung der linken Hand nach oben und die andere Handbewegung nach unten. Denn das, was jeder beim ersten Blick als selbstverständlich empfinden könnte, daß die Hauptfigur mit der Linken nach Luzifer hinauflangt und durch seine Ausstrahlung dem Luzifer die Flügel bricht und mit der Rechten dem Ahriman die Goldadern umwindet, das muß vermieden werden, und zwar gerade aus dem Grunde, weil wir, besonders in unserer Zeit, durch die Geisteswissenschaft erst daran sind, den Christus wirklich zu begreifen. Der Christus ist weder ein Hassender noch ein ungerecht Liebender. Er streckt nicht die Hand aus, um dem Luzifer die Flügel zu brechen, sondern der Christus ist derjenige, der die Hand ausstreckt, weil er es muß aus seiner inneren Wesenheit heraus. Er zerbricht nicht dem Luzifer die Flügel, aber Luzifer oben verträgt nicht das, was von dieser Hand ausstrahlt und bricht sich selbst die Flügel. Es muß daher in der Gestalt des Luzifer ausgedrückt werden, daß ihm nicht von dem Christus die Flügel gebrochen werden, sondern daß er sich selbst die Flügel bricht. Es ist im Leben eine häufige Erscheinung, daß Menschen, die in der Umgebung von guten Menschen leben, es nicht aushalten können, weil sie sich durch das, was von guten Menschen ausgeht, unbehaglich berührt fühlen. Luzifer fühlt in seinem Innern etwas, was macht, daß er sich selber die Flügel bricht. Selbsterkenntnis in Luzifer, Selbsterlebnis ist dies. Ebenso in Ahriman. Christus tut den beiden nichts, so daß weder die linke noch die rechte Hand so ausgestreckt ist, als wenn er dem Luzifer oder Ahriman etwas täte. Er tut ihnen nichts, sondern sie tun sich selbst, was mit ihnen geschieht.

Und damit stehen wir auf dem Boden, auf dem Geisteswissenschaft eingreift in unserer Zeit, um eine erst richtig geartete Christus-Auffassung zu geben. Und wenn man so etwas versteht, so muß man folgendes sagen. Es werden diese Dinge in aller Bescheidenheit gesagt, denn dieser Bau ist nur ein Anfang, ein allererster Anfang, ein schwacher, fehlerhafter Anfang, der nur zeigen soll, wohin der Weg, der in keiner Hinsicht vollkommen sein will, geht. Daher soll, was gesagt wird, nicht als etwas Hochmütiges, sondern nur als ein rein Sachliches aufgefaßt werden.

Die Weltgeschichte hat viele Christus-Darstellungen gesehen; unter anderen ist eine der größten diejenige, die in der Sixtinischen Kapelle sich befindet: Michelangelos «Jüngstes Gericht». Wenn Sie den Christus studieren in diesem «Jüngsten Gericht», wie er da oben in seiner napoleonischen Größe, aber zugleich mit einer ungeheuren Kraft in den Lüften schwebt und nach einer Seite weist die Guten und nach der anderen Seite die Bösen, da haben Sie einen Christus, der in der Zukunft kein Christus sein kann, weil er auf der einen Seite die Guten belohnt und auf der anderen Seite die Bösen verdammt; während es für den Christen der Zukunft so sein muß, daß jeder sich durch das, was durch den Christus da ist, selber lohnt und selber verdammt. Michelangelo lebte eben in einer Zeit, wo man etwas Tiefstes in bezug auf den Christus noch gar nicht ausdrücken konnte. Die Gestalt, die Michelangelo zeichnet, hat vielmehr auf der einen Seite Luziferisches, auf der anderen Seite etwas Ahrimanisches. Das ist heute ausgesprochen etwas wie ein schmerzhaftes Wort. Aber nur dadurch schreitet die Menschenentwickelung in ihrer Kultur weiter, indem man zeigt, wie die Ideale vergangener Zeiten nicht mehr die Ideale der Zukunft sein können. Es wird über die Ideale der Zukunft kommen, daß man die Christus-Wesenheit auffaßt nach dem, was sie ist, nicht nur nach dem, was sie tut oder tun wird, wenn das Ende der Erdenentwickelung dasein wird: Eine Wesenheit, die durch ihr Sein bewirkt, was in den Seelen selbst geschehen muß. Insofern ist die

Gruppe, die wir hinstellen an den bedeutsamen Ort unseres Baues, ein Ausdruck dafür, daß die bisherige Christus-Auffassung keine in die Zukunft hineingehende sein kann, weil man das richtige Verhältnis zwischen Christus, Luzifer und Ahriman gar nicht eingesehen hat. Man kann den Christus nicht verstehen, wenn man nicht das richtige Verhältnis zu den Mächten hat, die man auf der einen Seite als luziferische, auf der anderen Seite als ahrimanische ins Auge faßt, und die wirkliche Weltenmächte sind.

Man kann diese Sache durch einen Vergleich klarmachen, indem man immer wieder auf das Pendel hinweist. Das Pendel schwingt nach links und rechts. Indem es nach einer Seite ausschlägt, ist es nicht in der Gleichgewichtslage, und indem es nach der anderen Seite ausschlägt, ist es nicht in der Gleichgewichtslage. Aber es wäre nur in Nichtstun, in Trägheit, im Faulenzen, wollte es immer in der Gleichgewichtslage sein, wollte es nicht ausschlagen. Die richtige Lage hat es, wenn es in der Mitte steht; aber es kann nicht bloß in der Mitte stehen, es muß nach rechts und links ausschlagen.

So ist das Menschenleben. Es ist nicht so, daß man sagen kann: Ich fliehe Luzifer, ich fliehe Ahriman. – Wollte man sagen, ich fliehe Luzifer, ich fliehe Ahriman, das wäre nicht Leben. Das wäre wie ein Pendel, das nicht ausschlägt. Das Menschenleben schlägt wirklich aus; auf der einen Seite nach Luzifer, auf der anderen Seite nach Ahriman. Und daß man nicht Furcht hat davor, das ist das Wichtige. Würde man Luzifer fliehen, so gäbe es keine Kunst; würde man Ahriman fliehen, gäbe es keine äußere Wissenschaft. Denn alle Kunst, die nicht von Geisteswissenschaft durchdrungen ist, ist luziferisch, und alle äußere Wissenschaft, insofern sie nicht Geisteswissenschaft ist, ist ahrimanisch. So pendelt der Mensch hin und her. Und daß er einsieht, daß er im Gleichgewicht und nicht in der Ruhe sein will, das ist das Wichtige. Es hat eine Zeit gegeben, wo man gesagt hat: man muß das Luziferische fliehen und asketisch sich frei davon machen. Das Luziferische nicht fliehen, sondern wirklich dem luziferischen Antlitz gegenüberstehen, das ist es, worauf es ankommt, wirklich nach der einen Seite hin zu Luzifer, nach der anderen Seite hin zu Ahriman ausschlagen. Das ist es, daß es wirklich einander entgegengesetzte Kräfte sind, wie andere Natur-kräfte, zum Beispiel die beiden Elektrizitäten oder die beiden Pole des Magnetismus und so weiter. Also darauf wird es ankommen, daß man diese Dreiheit, das Luziferische, das Ahrimanische und das, was die Christus-Wesenheit ist, erkennt, und daß man inner-lich die wirkliche in sich gebaute Größe des Christus erkennt, die der Michelangelosche Christus noch nicht hat. Das, meine lieben Freunde, ist die Aufgabe der geisteswissenschaftlichen Arbeit. Aber wir stehen damit erst am Anfang einer Erkenntnis, die wirklich erst die gewöhnliche werden muß.

Sehen Sie, es ist ja von mir auch in den letzten Wochen an diesem Orte erwähnt worden, daß man von gewissen Gesichtspunkten aus von keiner größeren Dichtung sprechen kann als von *Goethes* Faust-Dichtung. Goethes «Faust» drückt ja wirklich, weil er das Menschliche aus einer solchen Tiefe herausholt, ein Größtes aus, was die Menschheit je hervorgebracht hat. Nun hat ja Goethe ver-sucht, in dem Faust einen wirklichen Repräsentanten der Mensch-heit darzustellen.

Ich habe ja schon öfters ausgeführt, daß Mephisto im Grunde nichts anderes ist als Luzifer und Ahriman durcheinandergemischt. Aber wie lag die Sache bei Goethe? Bei Goethe lag die Sache so, daß er noch nichts gewußt hat von dieser Zweiheit des Luzifer und Ahriman und daß er in dem Mephistopheles Ahriman und Luzifer zusammengebraut hat. Beides ist in seinem Mephisto darin, und dadurch ist dieser ganze Goethesche «Faust» trotzdem nicht das-jenige geworden, was er hätte werden können, wenn Goethe in der Lage gewesen wäre, neben Faust auf der einen Seite den Luzifer, auf der anderen Seite den Ahriman hinzustellen, so daß man die durch die ganze Menschheit gehende Dreiheit hätte sehen können. Darin lag ja die ganze Schwierigkeit, die Goethe in bezug auf seinen «Faust» hatte. Sehen Sie, als Goethe seinen «Faust» begann, da hat er diesen «Faust» nur so weit bringen können, als er in den sieb-ziger Jahren des achtzehnten Jahrhunderts selber war. Er fühlte: mit dieser äußeren Wissenschaft, die sich ausdrückt in der Vierheit Philosophie, Juristerei, Medizin und, wie er sagt, leider auch

Theologie, geht es nicht. Dieses ahrimanische Wissen, das befriedigt Faust nicht; er kommt dadurch nur in eine ahrimanisch-verstandesmäßige Verbindung mit dem Weltenzusammenhang, er will diesen Weltenzusammenhang wirklich haben, durch die Quellen des Lebens erleben das Lebendige, was nicht ein Erdachtes ist. Das Lebendige: der Erdgeist kommt. Allein, Faust kann ihn nicht ertragen. Und nachher kommt durch die Tür herein – im allerersten Entwurf ist es so –, durch die Tür herein kommt Wagner. Ja, wenn heute viele Leute oftmals über den Faust reden, auch über Wagner reden, dann hat man so das Gefühl, der Wagner redet über den Wagner, denn über den Bühnen-Faust wird in unserer Gegenwart zumeist «wagnerisch» geredet. Was ist denn eigentlich dieser Wagner? Ja, was kommt denn in dem Erdgeist herein?

Wir wissen ja, daß alle Welterkenntnis Selbsterkenntnis ist. Es ist ein Stück von Faust selber, was in dem Erdgeist hereinkommt, allerdings von der erweiterten Seele, die sich mit dem Kosmos identifiziert. Aber Faust kann sie noch nicht begreifen. Er langt noch nicht hinauf zu dem, was auch Teil seines Selbstes ist. Nun wird gezeigt, bis wohin er gekommen ist. Und wenn man den Faust einmal richtig darstellen würde, richtiger als das vielleicht Goethe selbst getan hat, so würde man heute Wagner als ein etwas karikiertes Konterfei mit der Maske und dem Kostüm des Faust hereinkommen lassen müssen, denn ein anderes Glied, ein anderer Teil des Faust kommt in dem Wagner herein. Faust spricht selber nachdem: er war «ein furchtsam weggekrümmter Wurm». Jetzt begreift er sich selbst. «Du gleichst dem Geist, den du begreifst, nicht mir!» hat ihm der Erdgeist zugerufen. Jetzt kommt der Geist, den er begreift, der Wagner kommt. Und so geht es, ich möchte sagen, fort. Und nachdem der Erdgeist nicht begriffen worden ist, kommt eigentlich nur eine andere Gestalt des Erdgeistes: der Mephisto, der jetzt auftritt sowohl als Luzifer – wenn er Faust führt durch alles, was der Mensch durchleben kann, indem er bloß seiner Leidenschaft folgt, niederen Leidenschaften in Auerbachs Keller, edleren Leidenschaften, die aber bis ins Hexenwesen und in schwarze Magie hineingeführt werden – bis im zweiten Teil an Stelle von Luzifer

Ahriman treten müßte. Alles dies kann man ja sehen, wenn man den «Faust» wirklich verständig liest. Aber es gibt auch äußere Beweise genug dafür. Ich habe das schon gesagt, daß es unter den Dingen, die Goethe später ausgeschaltet hat, eine Stelle gab, wo Mephisto einmal Luzifer genannt wird.

Goethe hatte immer ein Unbehagliches in seinem Gefühl, wenn er diese Gestalt hinstellt, die eigentlich aus zweien besteht. Insbesondere sieht man das Luziferische da, wo auch die religiösen Empfindungen des Faust auftreten, die in den Wagner-Gesprächen als etwas besonders Kurioses in die Höhe geschraubt werden. Wenn Faust, von Gretchen katechisiert, in den Gesprächen über Gott sagt:

Gefühl ist alles,
Name ist Schall und Rauch,
Umnebelnd Himmelsglut!

so wird das als die höchste Darstellung des Göttlichen angesehen, als die höchste Darstellung des Religiösen gefeiert. Man braucht nicht nachzudenken: «Gefühl ist alles»; damit sagt man, das einzige, was man als Religiöses haben will, ist das, was ein Gretchen fassen kann, und vergißt nur immer, daß Faust diesen Unterricht dem sechzehnjährigen Gretchen gibt und daß er darin nur gibt, was Gretchen fassen kann. Nicht für Philosophen ist das da, was Faust sagt über «Umnebelnd Himmelsglut», und das wird nur schlecht verstanden, wenn man die Gretchen-Wissenschaft im professoralen Gewande immer wiederum sieht.

Das alles zeigt, daß Goethe zunächst die luziferische Wesenheit in seiner Doppelmaske zum Ausdruck gebracht hat. Im zweiten Teil ist es mehr die ahrimanische, wo Mephisto zur Zeugung des Homunculus führt, zur Heraufbeschwörung der Helena und zu alledem, was Faust nun wirklich zur Kenntnis der Welt bringt, die ganz anders ist als alles das, was Faust «durchaus studiert mit heißem Bemühn».

Nun muß man sagen: mancherlei ist ja schon in den Einzelheiten immer wiederum und wiederum schlecht verstanden auch in unserer Zeit. So, wenn ausdrücklich hingedeutet wird, daß Homunculus etwas im Inneren des Menschen will, das entwickelt werden muß zur vollen Menschlichkeit: «und bis zum Menschen hast du Zeit», da es ja durch Niederes erst geht; es wird ja gesagt: «Nur strebe nicht nach höheren Orden.» Was da schon erklärt worden ist, ist ganz kurios. In Wirklichkeit heißt es ja selbstverständlich – denn Goethe hat da mal wieder Frankfurterisch gesprochen – «Nur strebe nicht nach höheren Orten» und ist nicht ein Hinweis, daß solche Wesen wie Homunculus mit menschlichen Ehrenzeichen geschmückt werden.

Ein anderes ist, wo Homunculus erzeugt wird, wo Wagner beschreibt, wie sich etwas regt in der Retorte:

> Es wird! Die Masse regt sich klarer,
> Die Überzeugung wahrer, wahrer!

Überzeugung ist von Zeugung gebildet, wie Übermensch von Mensch. Erst seit Nietzsche vom Übermenschen gesprochen hat, reden die Menschen davon, daß es einen Übermenschen gibt, Goethe hat schon lange vorher vom Übermenschen gesprochen. Und so lesen sie, die Menschen, hier Über*zeugung,* aber im Gegenteil von Zeugung ist es eine *Über*zeugung, wie man sagt: Mensch und Übermensch.

Das sind Dinge, die erst im einzelnen begriffen werden müssen, damit man einsieht, was Goethe hat sagen wollen. Aber man muß den großen, freien Standpunkt gewinnen, man muß wirklich die Sendung unserer Zeit in bezug auf Geisteswissenschaft einsehen und einsehen, daß ein Geist wie Goethe gesucht hat, seine Zeit vorzubereiten auf diese Sendung.

Als Schiller ihn im Jahre 1797 aufmerksam gemacht hat, daß er den «Faust» vollenden soll, da sagt Goethe, er habe den alten Tragelaphen – das ist ein Wesen, halb Tier, halb Mensch – wieder hervorgeholt. Goethe nennt ihn einen Tragelaphen, und er nennt ihn am Ende des achtzehnten Jahrhunderts eine barbarische Komposition. Das muß man sehr ernst nehmen, denn Goethe hat schon verstanden, wie gut und wie schlecht sein «Faust» war. Das alles gehört zu dem, was Geisteswissenschaft heranziehen soll, daß wir uns zu einem freien Standpunkt gegenüber diesen Dingen erheben. Daß Goethe darstellen wollte das Arbeiten des spirituellen Selbstes, des Unsterblichen im Menschen hinauf zum Höheren, das zeigt er dadurch, daß er eine Skizze gemacht hat um die Wende des achtzehnten und neunzehnten Jahrhunderts zu dem, was der Faust werden sollte, wo er zuerst gesagt hat: «Lebensgenuß der Person, von außen gesehen»; dann schreibt er auf: «Schöpfungsgenuß von innen», und zum Schluß, nachdem er den ganzen Weg des Faust genommen hat, hat er aufgeschrieben: «Epilog im Chaos auf dem Weg zur Hölle.»

Was alles ich da an Diskussionen habe anhören müssen, das ist wirklich etwas, was einem innerste Überraschung bereiten kann; denn die Leute haben darüber nachgedacht: Ja, hat denn Goethe noch geglaubt um die Wende des achtzehnten und neunzehnten Jahrhunderts, daß sein Faust zur Hölle fahren muß? Die Lösung ist einfach die, daß es nicht Faust ist, der spricht, sondern daß der abziehende Mephisto den Epilog hält, nachdem Faust den Weg zu seinem unsterblichen Selbst gegangen ist.

So sehen wir auch in Goethes «Faust» etwas, was auf dem Wege liegt, aber erst auf dem Wege zu dem, was durch die Hauptgruppe unseres Baues zum Ausdruck gebracht werden soll: eine wirklich konkrete Auffassung der menschlichen Gestalt, indem auf der einen Seite erscheint, wonach die Seele immer ausschlagen muß, und auch auf der anderen Seite, wonach die Seele ausschlagen muß. Solange man alles zusammenhält oder nur eine Zweiheit sucht, kann man zu einer wirklichen Erkenntnis des Menschen nicht kommen. Das ist das Wesentliche, was festzuhalten ist. Festzuhalten ist, daß es wirklich aus der deutschen Kultur heraus sich ergibt, gerade diese Idee zu verkörpern. Es gibt auf der Erde zwei Gegenpole der Kultur, die ihre Berechtigung haben, die nicht in ihrer Unberechtigung dargestellt werden, sondern in ihrer Berechtigung, wenn man hinweist auf sie. Da haben wir auf der einen Seite die rein orientalische Kultur. Worin besteht diese orientalische Kultur? Das Orientalische in der Kultur besteht darin, daß gesucht wird eine bloß innerliche Vertiefung, mit Abstreifung alles dessen, was äußerer Prozeß des

Daseins ist. Und so sehen wir, wie in der höchsten Blüte dieser orientalischen Kultur, in der indischen Kultur, alle Anweisungen, alles Wissen dahin geht, die Seele so zu bilden, daß sie frei wird von dem, was physischer Leib ist. Es ist eine rein luziferische Kultur, eine bloß luziferische Kultur. Je weiter wir nach dem Osten kommen, kommen wir zu dem Luziferischen.

Und kommen wir nach dem Westen, wohin kommen wir da? Nehmen wir gleich den äußersten Westen. Uns ist es natürlich, namentlich, wenn wir etwas von Geisteswissenschaft aufgenommen haben – und ich möchte es Ihnen an einem Beispiel zeigen –, uns ist es klar, daß, wenn wir sehen, daß ein Mensch aus einer mehr materialistischen Weltanschauung in eine mehr spirituelle Weltanschauung kommt, wir uns fragen: was geht in der Seele eines solchen Menschen vor? Wir müssen gerade dann, wenn wir bei einem solchen Menschen einen solchen Umschwung in seiner Seele wahrnehmen, uns in das Innere dieses Menschen begeben, um das, was er in seiner Seele durchgemacht hat, mit ihm mitzuerleben. Und nichts erscheint uns bedeutsamer, als solches mitzuerleben mit einem Menschen.

Sehen Sie, in Amerika hat man auch gesehen, daß Menschen etwas durchmachen, was man dort Bekehrung nennt, daß heißt einen Umschwung von einer materialistischen Anschauung zu einer spirituellen. Was tut man da? Man setzt sich hin – wenn ich auch die Sache etwas radikal erzähle, es ist schon so –, man setzt sich hin und schreibt an die Menschen, die so etwas durchgemacht haben, einen Brief und läßt sich die Frage beantworten, aus welchen Gründen sie diesen Umschwung durchgemacht haben. Und dann, na dann macht man ein Schema, dann stellt man Kategorien auf, zum Beispiel:

1. Kategorie: Furcht vor dem Tode und der Hölle (und legt solche Briefe auf einen Haufen zusammen).
2. Kategorie: Altruistische Beweggründe, Selbstlosigkeit.
3. Kategorie: Egozentrische Motive.
4. Kategorie: Streben nach dem sittlichen Ideal.

5. Kategorie: Gewissensbisse und Sündenbewußtsein.
   1, 2, 3 Briefe.
6. Kategorie: Befolgung von Lehren. 1, 2, 3 Briefe.
7. Kategorie: daß Leute gekommen sind in dieses oder jenes Alter.
   1, 2, 3 Briefe. Dann
8. Nachahmung. 1, 2, 3 Briefe. Wieder eine Kategorie Leute, die
   gesehen haben, daß Menschen an einen Gott geglaubt haben,
   und dies nachgeahmt haben. Dann
9. Hiebe.

   14% Furcht vor der Hölle.
   6% andere Motive.
   7% Streben nach dem Ideal.
   8% Sündenbewußtsein.
   13% Nachahmung und Beispiel.
   19% Hiebe.

Jetzt hat man eine Bekehrung.

So haben wir das Gegenteil. Im Indischen keine Rücksicht auf
das, was außen vorgeht. Einem Inder würde das verkehrt vorkommen; er würde das Wort «verrückt» gebrauchen, wenn man äußerlich Prozente derer angeben wollte, die sich bekehrt haben; daß sie
aus diesen oder jenen Motiven sich bekehrt haben. Im Westen
kümmert man sich nicht um das Innere, da im Westen ist alles aus-
gewischt von diesem Inneren. Äußerlichstes Äußerliches zusam-
mengestellt, rein ahrimanisch. Gehen wir nach dem Osten: Inner-
lichstes Inneres, rein luziferisch. So stellt uns, ich möchte sagen, die
Erdkugel selber dar den Gegensatz des Ahrimanischen und Luziferischen. Und zwischen diesem Ahrimanischen und Luziferischen ist
man nicht in einer Ruhe, sondern im Gleichgewichte. Es handelt
sich nicht darum, daß man das eine oder das andere bloß abweist,
sondern daß man sich bewußt wird, daß eine wirklich in die Zukunft hineinreichende Kultur darin besteht, daß man beides in das
richtige Maß zu bringen weiß, was eines haben muß gegen das andere.

Und da sehen Sie ausgedrückt, ich möchte sagen, das ganze Er-
denschicksal in unserer Gruppe. Es ist einmal Aufgabe Europas,

den Ausgleich zu bringen zwischen dem Osten und dem Westen. Im Osten schlägt das Pendel nach der einen Seite aus, im Westen nach der anderen Seite. Uns in Europa kommt es nicht bloß zu, etwa die Affen des Ostens oder die Affen des Westens zu sein, sondern uns kommt es zu, ganz selbständig auf dem eigenen Boden zu stehen und die Berechtigung des einen wie die Berechtigung des anderen voll anzuerkennen. Das ist ausgedrückt in unserer Gruppe. Und so hängt das, was an besonderem Orte unseres Baues aufgestellt ist, auch in geographischer Weise mit unserer Aufgabe zusammen. Es ist aufgestellt nach dem Osten, aber mit dem Rücken nach dem Osten, es blickt nach dem Westen, aber es steht im Gleichgewicht da, trägt in sich das, was es auf langer Wanderung im Osten erfahren hat, und läßt sich nicht genügen an dem, was der Westen an rein ahrimanischer Kultur über die Menschheit bringen kann.

Wenn unsere Zeit, meine lieben Freunde, diese Dinge einmal einsehen wird, aber denkend, fühlend, mit Empfinden durchdringen wird – es braucht ja kein Hochmut dabei zu sein –, dann wird es dieser Zeit klar sein, wie auch die schmerzlichsten, niederdrückendsten Ereignisse der Gegenwart eben nur da sind, um an die Menschheit heranzubringen das Gefühl von der Aufgabe, die diese Menschheit für die nächste Zukunft zu erfüllen haben wird. Man möchte nur hoffen, daß Großes, Schmerzliches, das die Menschheit erlebt, auch eine wirkliche und auch wahre Vertiefung der Gemüter hervorbringen kann. Wahr ist es schon, daß man leider in dem, was zum Ausdruck gebracht wird, namentlich in dem gesprochenen und literarisch Geschriebenen, den großen Ernst, den unsere Zeit von uns fordert, keineswegs erkennt, daß da noch vieles, vieles in die Menschengemüter hinein muß, damit dieser große Ernst, ich möchte sagen, dieser trostvolle Ernst die Gemüter wirklich so erfülle, daß der Mensch getragen werden kann durch die Aufgaben, die ihm gestellt werden. Ernst ist es auf der einen Seite, was uns zur Aufgabe gestellt wird, aber es ist ein trostvoller, hoffnungsvoller, Zuversicht einflößender Ernst von der anderen Seite. Man braucht nur einzusehen, daß wir in einer Zeit leben, in der Großes von uns gefordert wird, daß aber auch dieses Große von uns erfüllt werden kann. Und man wird auch in dieser Zeit zu einer pessimistischen Weltanschauung nicht kommen können.

Um alle diese Dinge in intimerer, in eindringlicherer Weise auseinanderzusetzen, und was die nächste Zukunftsaufgabe der Menschheit ist, und wie Geisteswissenschaft diese Aufgabe zu lösen helfen wird, werde ich am Dienstag, den 22. Juni, das heute Besprochene fortsetzen.

DREIZEHNTER VORTRAG

Berlin, 22. Juni 1915

Meine lieben Freunde, wir gedenken wiederum zuerst derjenigen, die draußen auf den großen Feldern der Ereignisse der Gegenwart stehen:

> Geister eurer Seelen, wirkende Wächter,
> Eure Schwingen mögen bringen
> Unserer Seelen bittende Liebe
> Eurer Hut vertrauten Erdenmenschen,
> Daß, mit eurer Macht geeint,
> Unsre Bitte helfend strahle
> Den Seelen, die sie liebend sucht.

Und für diejenigen, die infolge dieser Ereignisse schon durch die Pforte des Todes gegangen sind:

> Geister eurer Seelen, wirkende Wächter,
> Eure Schwingen mögen bringen
> Unserer Seelen bittende Liebe
> Eurer Hut vertrauten Sphärenmenschen,
> Daß, mit eurer Macht geeint,
> Unsre Bitte helfend strahle
> Den Seelen, die sie liebend sucht.

Der Geist, den wir durch unsere erstrebte Geist-Erkenntnis suchen, der Geist, der zu der Erde Heil, zu der Menschheit Freiheit und Fortschritt durch das Mysterium von Golgatha gegangen ist, der sei mit euch und euren schweren Pflichten!

Es wird heute meine Aufgabe sein, einiges zusammenzufassen von dem, was wir zum Teil schon wissen, was aber immer zusammengefaßt werden kann, so daß es uns wiederum gewisse Richtlinien gibt für unser geisteswissenschaftliches Streben. Wir müssen uns vor allen Dingen öfter mit dem Gedanken bekanntmachen, daß unser Erdenleben, so wie wir es führen zwischen der Geburt und dem Tode, im Grunde ein Zwischenleben ist zwischen dem, was vorangegangen ist an zahlreichen Erdenleben und an zahlreichen Leben, die verlaufen sind zwischen Tod und neuer Geburt, und wiederum zwischen dem, was in der Zukunft liegt an zahlreichen Erdenleben und an zahlreichen Leben zwischen Tod und neuer Geburt. Ein Zwischenleben sage ich, ist dieses unser Leben. Danach können wir erwarten, daß sich in unserem Leben etwas zeigt, was wir gewissermaßen ansehen können wie eine Wirkung des Vorhergehenden, daß aber auch in unserem Leben etwas liegt, was wir ansehen können wie etwas, was uns nun hinweist auf Zukünftiges. Insbesondere in bezug auf das letztere sei heute einiges besprochen.

Der Mensch könnte nämlich leicht glauben, wenn er so sein Leben betrachtet, daß eigentlich nichts in diesem Leben ihn hinweist darauf, daß in uns schon die Keime, gleichsam die Samenkörner für ein zukünftiges Leben liegen. Nun ist das aber doch der Fall. Es ist wirklich der Fall, daß in uns sich vorbereitet dasjenige, was mit uns in der Zukunft geschehen soll. Wir müssen nur unser Leben in der richtigen Weise deuten, dann werden wir darauf kommen können, was in uns gleichsam so für die Zukunft verborgen liegt, wie in der gegenwärtigen Pflanze das Samenkorn für die zukünftige Pflanze liegt, für die Pflanze, die erst entstehen soll. Etwas Unverständliches im gegenwärtigen Leben bildet ja vielfach das uns allen sattsam bekannte Traumleben. Dieses Traumleben, gewiß, es hat etwas als einen Teil in sich, von dem wir ja wirklich sagen können, er ist uns bis zu einem gewissen Grade verständlich. Wir träumen von Dingen, die uns an dies oder jenes erinnern, das wir im Leben durchgemacht haben. Gewiß, es kommt sehr häufig vor, daß dann jene Dinge, die wir gestern oder vor Zeiten durchgemacht haben und von denen wir träumen, dann verändert sind, daß sie eine andere Gestalt haben im Traum, daß sie sich irgendwie verwandeln. Aber wir werden doch in einem solchen Fall oftmals mit einer gewissen Leichtigkeit einsehen können, daß in dem, was wir träumen, wenn es sich auch verändert hat, da drinnen Teile unseres Lebens stecken, so wie wir es hinter uns haben. Aber ich glaube, kein Mensch, der nur einige Aufmerksamkeit auf sich und seine Traumwelt wendet, wird andererseits sich verhehlen können, daß es Träume gibt, welche uns so Merkwürdiges vorführen, daß wir wirklich nicht sagen können, das sei nur zurückzuführen auf dasjenige, was wir im Leben da oder dort durchgemacht haben. Es ist wirklich so, daß der Mensch sich nur ein wenig auf seine Träume zu besinnen braucht, und er wird schon deutlich merken können, daß ihm, wenn man so sagen darf, Sachen träumen, welche wahrhaftig nicht von ihm, nach allem, woran er sich erinnern kann, jemals hätten eigentlich ausgedacht werden können, auf die er jemals hätte kommen können.

Verstehen werden wir diesen ganzen Zusammenhang, wenn wir uns die Natur desjenigen einmal genauer vergegenwärtigen, was im Träumen eigentlich geschieht. Im schlafenden Zustande sind wir, wie uns bekannt ist, mit unserem astralischen Leib und mit unserem Ich ja außer unserem physischen und Ätherleib. Der physische und ätherische Leib liegt auf der Lagerstätte; mit dem astralischen Leib und dem Ich sind wir heraußen. Nun ist es für den Menschen, so wie es gegenwärtig auf der Erde steht – wenn er sich nicht irgendwie besondere Fähigkeiten erwirbt –, nicht möglich, dasjenige bewußt zu erleben, was der Astralleib und das Ich durchmachen, wenn der Mensch schläft. Das geht im Unbewußten vor sich. Aber die hellseherische Erkenntnis zeigt uns, daß dasjenige, was da durchlebt wird, ebenso mannigfach, daß ebenso ausgeprägt ist, was da außerhalb des physischen Leibes ist, wie das, was erlebt wird von dem physischen Leibe, daß es ebenso mannigfaltig, ebenso vielgestaltig ist wie manches, was hier auf dem physischen Plan erlebt wird; nur das Bewußtsein kann es nicht in sich hineinfassen, aber vorhanden ist es, erlebt wird es. Das Träumen nun entsteht dadurch, daß der astralische Leib und das Ich, die sonst gewissermaßen so weit außer dem physischen und Ätherleib sind, daß der physische und der Ätherleib nichts merken von den Vorgängen, die mit dem astralischen Leib und dem Ich geschehen, in solche Nähe des physischen und Ätherleibes kommen, daß der Ätherleib imstande wird, als solcher jetzt Eindrücke zu empfangen von den Vorgängen im astralischen Leib und im Ich. Wenn Sie aufwachen und wissen: ich habe geträumt, so ist es eigentlich ganz genau gesprochen so, daß dasjenige, was der Inhalt Ihres Traumes ist, dadurch zu Ihrem Bewußtsein kommt, daß der astralische Leib und das Ich untertauchen; und bevor der physische Leib fähig ist, zum Bewußtsein zu kommen, daß er den Astralleib und das Ich wieder in sich hat, wird es der Ätherleib; und indem der Ätherleib rasch aufnimmt, was der Astralleib und das Ich erlebt haben, entsteht der Traum. Es ist also eine Wechselwirkung zwischen astralischem und Ätherleib, wodurch der Traum entsteht.

Dadurch aber bekommt der Traum eine ganz bestimmte Färbung. Er bekommt, ich möchte sagen, eine Art von Überzug. Sie wissen ja, daß, wenn im Tode der Mensch mit dem Astralleib und Ich und dem Ätherleib herausgeht, der Mensch im Ätherleib eine unmittelbare Rückschau hat auf das Erdenleben. Diese Rückschau ist eigentlich am Ätherleib haftend; wenn er aufgelöst ist, hört die Rückschau auf. In diesem Ätherleib steckt also die Möglichkeit, all die Ereignisse unseres Lebens in sich abzudrücken. Im Ätherleib ist wirklich also abgedrückt, was wir im Leben durchgemacht haben.

Dieser Ätherleib ist ein sehr kompliziertes Gebilde. Wenn wir diesen Ätherleib herauspräparieren könnten so, daß wir ihm seine Gestalt lassen, so wäre er uns ein Spiegel unseres gegenwärtigen Lebens, ein Bild unseres Lebens bis zu dem Punkte, bis zu dem Momente, wo wir uns erinnern können. Dadurch, daß wir untertauchen mit dem Astralleib und Ich in den Ätherleib hinein und der Ätherleib entgegenkommt dem untertauchenden astralischen Leib, bringt er Dinge, Erinnerungen von Dingen, die er erlebt hat, dem entgegen, was da im Astralleib hereinkommt, kleidet das, was im Astralleib wirklich ist, in seine eigenen Bilder.

Ich will mich genauer aussprechen. Nehmen wir einmal an, jemand erlebt draußen im schlafenden Zustande im astralischen Leib und im Ich, sagen wir, eine Begegnung mit einer Persönlichkeit. Davon weiß der Mensch dann nichts. Er erlebt eine solche Begegnung; er erlebt, daß er zu dieser Persönlichkeit ein gewisses freundschaftliches Gefühl haben wird, daß er mit dieser Persönlichkeit ein Gemeinschaftliches unternehmen werde. Nehmen wir an, das erlebt er außerhalb seines Ätherleibes. Das kann sein; aber er weiß nichts davon. Jetzt kommt der Moment des Aufwachens. Da geht der astralische Leib und das Ich zurück in den Ätherleib, bringt sein Erleben entgegen dem Ätherleib. Der Ätherleib bringt das, was in ihm ist, seine Bilderwelt, dem Astralleib entgegen und der Mensch träumt. Er träumt ein Ereignis, das er unternommen hat vor vielleicht zehn, zwanzig Jahren. Da sagt sich der Mensch: Ja, ich habe geträumt von dem, was ich vor zehn, zwanzig Jahren erlebt habe. Vielleicht aber ist das, wenn er sich genau besinnt, ganz verändert. Aber es erinnert ihn doch an etwas, was er früher erlebt hat. Was ist da eigentlich vorgegangen? Wenn wir genau mit Hilfe hellseherischer Erkenntnis den Vorgang verfolgen, sehen wir, das Ich und der Astralleib haben etwas erlebt, was eigentlich erst in der nächsten Inkarnation sich abspielen wird: die Begegnung mit einer Persönlichkeit, irgend etwas, was man mit dieser Persönlichkeit zu tun hat. Aber der Mensch kann das noch nicht fassen in seinem Ätherleib, der in sich nur enthält, der nur fassen kann die Bilder des gegenwärtigen Lebens. Taucht jetzt der astralische Leib unter, dann kleidet der Ätherleib das, was eigentlich dem zukünftigen Leben angehört, in die Bilder des gegenwärtigen Lebens. Dieser eigentümliche komplizierte Vorgang geschieht eigentlich fortwährend mit dem Menschen, indem er träumt.

Wenn Sie alles das zusammennehmen, was Sie bisher schon gehört haben in der Geisteswissenschaft, dann wird es Ihnen nicht absonderlich vorkommen. Dessen müssen wir uns bewußt sein, daß wir in dem, was herausgeht aus unserem physischen und dem Ätherleib, in unserem Astralleib und dem Ich, dasjenige darinnen haben, was in die nächste Inkarnation hinüber will, was sich in uns vorbereitet für die nächste Inkarnation. Und lernt man allmählich die Träume trennen von dem, was Bilder sind vom gegenwärtigen Leben, so lernt man die prophetische Natur der Träume kennen. Die prophetische Natur der Träume kann sich einem wirklich enthüllen, man muß nur lernen, die Träume von den gegenwärtigen

Bildern, in die sie eingekleidet sind, zu entkleiden. Man muß bei den Träumen mehr sehen auf die Art und Weise, wie man erlebt, als auf das, was man erlebt und sich zum Beispiel sagen: Daß ich von einer Persönlichkeit träume, das kommt von der Art meines Ätherleibes, von der Art, wie mein Ätherleib mit seinen gegenwärtigen Bildern den Erlebnissen des Astralleibes entgegenkommt. Bei dem, was man erlebt, muß man, um das zu erkennen, was schon vorbereitet ist für das nächste Leben, mehr die Art und Weise ins Auge fassen, um es zu trennen von dem Bilde in unserem Ätherleib. In der Tat, in den Träumen haben wir wirklich in uns steckende Propheten unserer zukünftigen Erlebnisse. Das ist außerordentlich wichtig, daß wir das gehörig ins Auge fassen. Das Menschenleben enthüllt sich überhaupt immer mehr und mehr, je mehr wir es als etwas Kompliziertes betrachten. Man möchte es einfacher haben, das wäre ja bequemer, aber es ist nun schon einmal so, daß es kompliziert ist.

Sehen Sie, der Mensch, der in der äußeren physischen Welt steht, wird sich nicht bewußt, daß in ihm Allerlei steckt. Jetzt haben wir kennengelernt, was in uns steckt als ein Prophet zukünftiger Leben. Aber mancherlei anderes steckt noch in uns, und Selbsterkenntnis beruht darauf, daß wir immer mehr und mehr erkennen, was in uns steckt, was in uns arbeitet, uns glücklich und unglücklich macht, denn alle Dinge, die in uns stecken, machen uns glücklich und unglücklich. So werden die Menschen sich gewöhnlich nicht klar, daß sie ja durchgemacht haben vor diesem Erdenleben – nicht sie selbst, aber das, was sie zum Erdenmenschen gemacht hat – das Mondenleben. Wir wissen einiges von dem Mondenleben, auch von dem vorangegangenen Sonnenleben und dem alten Saturnleben. Blicken wir zuerst auf das Mondenleben! Gegenwärtig führen wir allerdings das Erdenleben, aber das Mondenleben war nötig, damit das Erdenleben zustande kommen konnte. Im Mondenleben bereitete sich die Ursache für das Erdenleben vor, und in einer gewissen Weise steckt dieses Mondenleben noch in uns. Auf dem Monde war der Mensch ein traumhafter Hellseher. In Traumesbildern hat er die Wirklichkeit in sich aufgenommen. Dasjenige aber, was wir auf dem Monde waren, das tragen wir heute noch in uns, das steckt in uns. Gewiß, der Mondenmensch ist zum Erdenmenschen geworden. Aber in dieser Wirkung steckt die Ursache noch drinnen, den Mondenmenschen tragen wir noch in uns. Wenn wir auf diesen Mondenmenschen hinblicken, so können wir sagen: er ist das in uns, was wir den Träumer nennen. In der Tat, wir tragen alle einen Träumer in uns, einen Träumer, der eigentlich zwar, ich möchte sagen, weniger dicht, der dünner denkt und fühlt und will, aber der eigentlich weiser ist, als wir als Erdenmensch sind. Wir tragen einen Träumer in uns. Einen subtilen Menschen tragen wir alle in uns. Indem wir so herumgehen als Erdenmenschen mit unseren Gedanken, unserem Fühlen und Wollen, ist es das, was die Erdenentwickelung uns gegeben hat. Von der Mondenentwickelung ist etwas geblieben in uns, was ein träumender Mensch ist. In dem Träumer ist uns aber mehr gegeben als in dem, was wir in unseren Gedanken, Gefühlen und Willensimpulsen haben können, und dieser Träumer ist nicht ganz untätig. Diesen Träumer berücksichtigen wir nicht, aber wir tun vieles, sehr vieles, was wir eigentlich nur halb selber kennen, was der Träumer in uns richtet und lenkt. Wir legen es zurecht, der Träumer aber tut auch etwas in uns, der lenkt unser Denken dahin und dorthin; zum Beispiel denken wir einen Satz aus; der Träumer macht, daß wir den Satz in einer ganz bestimmten Weise aussprechen, daß wir ihm eine Spitze geben, ihn in irgendeine Gefühlsnuance kleiden. Dieser Träumer ist das, was vom Monde in uns geblieben ist. Ich möchte auf eine hervorragende Persönlichkeit hinweisen und aufmerksam machen darauf, wie dieser Träumer in ihr zu bemerken ist. Wenn die Menschen im Leben einander kennenlernen oder wenn sie hervorragende Menschen durch das Schrifttum kennenlernen, so kümmern sich die Menschen zumeist um das, was der andere als Erdenmensch ist und nicht um das, was er als Träumer, als Dichter ist. In dem aber spricht er sich tiefer aus.

Da ist ein großer Schriftsteller: *Emerson*. Emerson hatte wirklich die Eigentümlichkeit, daß er sich immer so in den Gegenstand vertiefte, den er gerade behandelte, daß man ihm leicht wird manchmal

Widersprüche nachweisen können, weil er immer in dem Gegenstand, den er gerade behandelt, ganz darinnen steht und in dem Gegenstand dann ganz aufgeht und nicht Rücksicht nimmt, daß das, was er dann charakterisiert, Widersprüche hat gegen das, was er charakterisiert hatte, als er in einem anderen Gegenstande darinnen steckte. Aber gerade bei Emerson ist immer bemerklich, daß, wenn er sich ganz in einen Menschen oder in einen Gegenstand vertieft, dann leise Unterklänge von Emersons Mondenmenschen, daß der Träumer mitspricht. Nun hat Emerson zwei schöne Abhandlungen geschrieben: eine über *Shakespeare* als den charakteristischen Repräsentanten des Dichters; eine über *Goethe* als Repräsentanten des Schriftstellers. Nun ist es so, daß die Menschen herumlesen in der Betrachtung Emersons über Shakespeare, herumlesen in der Betrachtung über Goethe und dann zufrieden sind, sich damit zufriedengeben. Aber man kann weitergehen und sich sagen: Fühlt man nicht leise da mitschwingen etwas Besonderes bei Emerson? Und da entdeckt man etwas höchst Merkwürdiges: Emerson will Shakespeare nicht bloß als Shakespeare charakterisieren, sondern will ihn als Exempel, als Beispiel für den Dichter hinstellen, und es ist nun sehr eigentümlich, indem sich Emerson genau in Shakespeare vertieft, was da zustande kommt, wenn man das leise Geklinge von Untertönen, die mitschwingen, vernimmt.

Sie werden mir nicht zutrauen, daß ich aus Chauvinismus, aus nationalen Gründen heraus irgend etwas Abfälliges über Shakespeare sagen will. Natürlich ist Shakespeare für mich der große Dichter, ich sehe ihn selbstverständlich als einen der größten Dichter aller Zeiten an. Aber ich will die leisen Untertöne einmal herausholen, die Emerson geltend macht, indem er Shakespeare charakterisiert. Er sagt, Originalität ist eigentlich nicht dasjenige, was einen Menschen zum großen Mann macht. Man sollte nicht, wenn man einen großen Dichter charakterisieren will, fordern, daß diese große Persönlichkeit durchaus originell wäre.

Und nun sieht man, daß Emerson, um Shakespeare zu charakterisieren, hervorhebt, daß der Dichter überall hingeht, um das zu nehmen, was ihm gefällt, und das in seine Dichtung aufzunehmen.

Emerson bemüht sich gleichsam zu entschuldigen, daß Shakespeare nicht originell ist, daß er von überall her, aus italienischen, spanischen, französischen und deutschen Quellen und natürlich aus der englischen Geschichte, alles das zusammengetragen hat, was er in seiner Dichtung verarbeitet hat. Es ist sehr eigentümlich, daß Emerson, der sich so liebevoll vertieft in Shakespeare, gegenüber Shakespeare die folgenden Worte braucht, um Shakespeare zu charakterisieren: «Große Männer zeichnen sich mehr durch umfassenden Geist und durch die Höhe des Standpunktes aus, von dem sie herabschauen, als durch Originalität. Fordern wir jene Originalität, welche wie eine Spinne aus ihren eigenen Eingeweiden das eigene Gewebe zieht, welche selbst den Lehm findet, Steine daraus formt und das Haus aufrichtet, dann sind große Männer keineswegs original. Das Wesen wahrhaft wertvoller Originalität liegt nicht in der Unähnlichkeit mit andern.»

Also er entschuldigt Shakespeare, daß er so wenig originell ist, daß er überall alles zusammengesucht hat. Ja, er geht so weit, zu sagen: um Shakespeare zu verstehen, muß man auf das ganze englische Publikum der damaligen Zeit blicken, dessen Geschmack entgegenzukommen Shakespeare sich bemüht. Merkwürdige Worte spricht Emerson über Shakespeare: «Leicht ist es, zu erkennen, daß alles, was in der Welt jemals am besten geschrieben und getan ward, nicht eines Mannes Werk war, sondern durch weitverzweigte, gemeinschaftliche Arbeit, wo tausend wie einer, alle von einem Impulse getrieben, die Hand anlegten, zustande kam.» Und das Merkwürdigste, was Emerson über Shakespeare sagt, der ihn liebevoll charakterisiert, das Merkwürdigste, bitte, hören Sie: «Es ist bei den Schriftstellern eine Art praktischer Regel geworden, daß, wer sich einmal befähigt gezeigt hat, selbst Originales zu schaffen, hinfort auch die Werke anderer auf diskrete Weise bestehlen dürfe.»

Also Emerson versucht, Shakespeare gerade dadurch so recht seine Weltstellung anzuweisen, daß er zeigt, daß große Menschen andere bestehlen. Daß eigentlich zusammengestohlen sind die Motive seiner vielen Arbeiten. Das kann man zunächst als leichten Unterton in Emersons Shakespeare-Charakterisierung finden.

Und jetzt wenden wir uns an die liebevolle Betrachtung Goethes. Goethe charakterisiert Emerson als den, der den Schriftsteller repräsentiert. Aber gegenüber Goethe sagt Emerson: Die Natur ist überall darauf angewiesen, daß ihre Wunderwerke ausgesprochen werden. Jeder Stein, jede Pflanze, jedes Wesen in der Natur wartet darauf, einmal durch des Menschen Seele ausgesprochen zu werden. Der Schriftsteller wird immer mit der Natur in unmittelbarem Zusammenhange stehen. Es ist, als wenn der Schöpfer selbst vorbereitet hätte den Gedanken, daß der Schriftsteller einmal auftrete. Es ist merkwürdig, sagt nun Emerson in bezug auf Goethe, wie dieser Mann in bezug auf seine Begabung gar nichts seinem Volke, seinem Land, seiner Umgebung verdankt, sondern wie alles hervorsprudelt aus ihm selber. Auch über Wahrheit und Irrtum entscheidet Goethe allein, stammt alles aus ihm selbst.

Wenn Emerson Goethe charakterisiert, sucht er von allen Seiten die Begriffe zusammenzutragen; während er aber Shakespeare als großartigen Räuber charakterisiert, stellt er Goethe dar wie eine Person aus dem Zentrum der Welt, als die Natur selbst. Hören wir einige Stellen, die Emerson über Goethe spricht: «Das Geheimnis des Genius ist, nicht zu dulden, daß eine Lüge für uns bestehen bleibe. Alles, dessen wir bewußt sind, zu einer Wahrheit zu machen, im Raffinement des modernen Lebens, in Kunst und Wissenschaft, in den Büchern und in den Menschen Glauben, Bestimmtheit und Vertrauen zu erwecken, und zu Anfang wie am Schluß, mitten auf dem Wege wie für endlose Zeiten jede Wahrheit dadurch zu ehren, daß wir sie nicht allein erkennen, sondern sie zu einer Richtschnur unseres Handelns machen.» Oder er sagt von Goethe: «In meinen Augen steht der Schriftsteller als ein Mann da, dessen Stellung beim Aufbau der Welt vorgesehen ward.»

Shakespeare charakterisiert er so, daß er so ist, wie das Publikum will; Goethe als einen Mann, der von Anfang der Welt vorgedacht war; dem Beruf, der Stellung, «welche er einnahm, verdankt er nichts, sondern er trat in die Welt von seiner Geburt an als ein freier überwachender Genius . . .» oder: «Er ist ganz Auge und wendet sich instinktmäßig dahin, wo die Wahrheit liegt. Sage etwas, er wird sogleich wissen, ob es wahr oder falsch sei. Es ist ihm verhaßt, die Altenweibergeschichten, und wenn sie tausend Jahre lang den guten Glauben der Menschheit für sich hatten, noch einmal nachzubeten und sich von ihnen zum Narren haben zu lassen.» Dieser Satz steht in der Charakteristik Goethes. In der Charakteristik Shakespeares steht, daß er überall nicht genug tun kann, besonders alles, was geschrieben ist, zu sammeln. Es ist, ich möchte sagen, in ganz wunderbarer Weise Emerson gelungen, herauszuarbeiten in der Charakteristik Shakespeares und Goethes den Unterschied zwischen Shakespeare und Goethe. Aber dann kann gefunden werden aus dem Gefühl heraus, was der Träumer in den beiden gestaltet, das heißt wie Emerson dazu gekommen ist, Shakespeare zu charakterisieren als einen großen Räuber und Goethe zu charakterisieren als einen großen Verbündeten der Wahrheit. Das ist äußerst interessant, denn es ist nicht vom Bewußtsein gewollt; aber dieser Hauch ist ausgebreitet über die beiden Betrachtungen.

Sie sehen, es gibt noch ein Lesen, das anders ist, als das Buch sich einfach vornehmen und es durchgehen. Das Wichtige über die Dinge erfährt man überhaupt nicht dann, wenn man sie bloß einzeln in sich aufnimmt, sondern wenn man sie vergleicht, wenn man das eine neben dem anderen auf sich wirken läßt.

Ich durfte dieses Beispiel anführen, weil bei Emerson wirklich häufig der Träumer spricht. So könnte man wirklich handgreiflich finden, wie zwei Persönlichkeiten in ihm sprechen, denn dasjenige, was Alltagsleser als Widersprüche finden, das wußte ja schließlich Emerson auch. Schließlich sind doch so grobklotzige Widersprüche bei Emerson da, daß es jedem auffallen muß. Auf der einen Seite nennt er die Engländer das erste Volk der Welt, auf der anderen Seite stellt er die Deutschen höher. Einmal ist das aus dem Oberbewußtsein, einmal aus dem Träumer heraus gesprochen. Und ganz besonders interessant ist es, wenn Sie die beiden Schlüsse der Betrachtungen über Shakespeare und Goethe einfach als Schlüsse hintereinanderlesen. Bei Shakespeare kommt Emerson darauf zu sagen: Alle, die bisher gewirkt haben, haben noch nicht erreicht, was der Dichter in der Welt ist: «Noch wartet die Welt auf den Dichterpriester.» Es ist etwas wie Verzicht, was als Gefühl am Schlusse durch die Shakespeare-Betrachtung hindurchgeht. Am Schlusse der Goethe-Betrachtung steht gerade das Gegenteil: daß man durch ihn angeeifert werde, jede Wahrheit dadurch zu ehren, daß wir sie nicht allein erkennen, sondern sie zu einer Richtschnur unseres Handelns machen. Während ein Verzichtssatz steht am Schlusse der Shakespeare-Betrachtung, steht ein Zuversichtssatz am Schlusse der Goethe-Betrachtung.

Wir leben jetzt in einer Zeit, wo es gilt, diese Dinge ein wenig zu berücksichtigen, diese Dinge ein wenig zu erkennen. Wir werden dann finden, daß in jedem Menschen dieser Träumer lebt, er kündigt sich an in den Handlungen der Menschen, und während er im hellsichtigen Bewußtsein geschaut wird, können wir ihn im gewöhnlichen Leben erkennen, wenn wir die Menschen studieren. Das können wir bei Emerson. Emerson zu studieren ist von Interesse.

Dieser Träumer in uns ist dasjenige, auf welches nun wirkt alles, was, ohne daß wir es wissen, aus der geistigen Welt auf uns wirken soll. In dem, was wir als Erdenmenschen erleben, machen wir Gedanken, bilden uns Willensimpulse. Was wir so wissen, das ist, was wir finden aus unserem Leben. Aber in unsere Träume hinein spielen die Inspirationen der Engel, die Wesen der Angeloi, und diese sind wieder inspiriert von Wesenheiten der höheren Hierarchien. In unsere Träume kommt hinein, bei dem einen Menschen mehr, bei dem anderen weniger, was gescheiter ist als dasjenige, was wir aus unserem Alltagsleben in uns haben, als alles, was wir im Alltagsleben im Denken, Fühlen und Wollen überschauen. Dasjenige, wovon wir geleitet werden, dasjenige, was mehr ist, als der Erdenmensch ist und war, das geht in unseren Träumer hinein.

Sehen Sie, dieser Träumer, er ist auch dasjenige, was vieles, aber jetzt Unbewußtes in uns hervorrufen kann. Gewiß, alles dasjenige, was aus der höheren Welt auf dem Umwege durch die Wesenheiten, die den Hierarchien der Angeloi angehören, auf uns hereinwirkt, wirkt auf den Träumer; aber auch alles Ahrimanische, alles Luziferische wirkt zunächst auf den Träumer, wirkt wirklich in den

Träumer hinein, und ein großer Teil dessen, was die Menschen, ich möchte sagen, nicht so ganz aus ihrem Bewußtsein heraus, aber aus Instinkten heraus geltend machen, das ist hineingewirkt aus der geistigen Welt in den Träumer hinein.

Auch dafür möchte ich Ihnen ein Beispiel geben. Ich möchte dieses Beispiel aus der etwas größeren Zeitgeschichte vorführen. Ich habe Ihnen öfters gesagt, daß man die europäischen Völker dadurch erkennt, daß man versteht, wie die Volksseele spricht zu den Italienern durch die Empfindungsseele, zu den Franzosen durch die Verstandes- oder Gemütsseele, zu den Engländern durch die Bewußtseinsseele, zu den Deutschen durch das Ich, zu den Russen durch das Geistselbst. Aber dieses Sprechen durch das Geistselbst bedingt, daß bei den Russen heute Instinkte sind, welche sich erst entwickeln werden in der Zukunft. In einer fernen Zukunft wird erst zutage treten, was die russische Volksseele zu sagen hat, wenn einmal die Menschenseele hinentwickelt ist bis zum Geistselbst. Darum hat alles, was im Osten zutage tritt, noch etwas Keimhaftes. Nun fühlen aber diese Völker des Ostens instinktiv, daß sie einer anderen Kulturströmung angehören. Sie fühlen, daß sie zu warten haben. Aber kein Mensch wartet gern, wenn er sich auf sein Gegenwartsbewußtsein besinnt. Das ist ja dasjenige, daß sie warten sollen und bewußt aufnehmen, was europäische Kultur ist. Dagegen lebt in ihnen der Instinkt, daß sie zu lenken und zu leiten haben, daß sie nicht schnell genug Europa totmachen können, während der natürliche Gang ist, daß sich in Mitteleuropa entwickelt, was sich entwickeln kann aus dem Zwiegespräche der Volksseele mit dem Ich.

Bei der russischen Volksseele liegt es so, daß sie in die Schule zu gehen hat bei Mitteleuropa, und wenn sie verarbeitet hat, was in Mitteleuropa vorgearbeitet wird, dann wird sie einmal beitragen können, was sie beizutragen hat zur europäischen Kultur. Statt dessen kommt in ungeordneten, chaotischen Instinkten etwas ganz Sonderbares zustande, woraus wir ersehen können, daß diese Instinkte in dem Träumer angeregt werden von allerhand ahrimanischen und luziferischen Impulsen. Diese ahrimanischen und luziferischen Impulse sind überhaupt die Ursache, daß sich der Osten jetzt in solch schauerlicher Weise gegen Deutschland gewendet hat.

Sehen Sie, da ist ein Geist, aus dem sein Träumer spricht: *Jushakow*. Ich möchte Sie auf die Ideen dieses Geistes, der 1885 über die Beziehungen der russischen Kultur zur englischen Kultur sich ausgesprochen hat, aufmerksam machen, und man möchte jetzt gern, daß recht vielen Leuten der Gegenwart aufgingen solche Ideen, die vor nicht sehr langer Zeit aus einem russischen Kopf entsprungen und von ihm aufgeschrieben sind. Wir müssen diese Ideen betrachten nicht ihrem Inhalt nach, sondern als Symptome dessen, was im ganzen russischen Volke lebt.

Jushakow sagt: Da haben wir den verfaulten Westen, der reif ist zum Untergange. Alles, was im Westen ist, hat seine Zeit überstanden, muß sich auflösen. Da muß Rußland eintreten. Aber Rußland muß nicht allein den Westen kultivieren, den Westen erlösen von seiner Barbarei, sondern Rußland muß überhaupt die ganze Welt, insbesondere Asien, erlösen. Und diese Erlösung Asiens für die Seele stellt Jushakow in folgender Weise dar.

Sehen wir hinüber nach Asien. Die eigentlich asiatische Kultur ist von Iran ausgegangen. Diese Iran-Kultur ist von Ormuzd ausgegangen, diese Iraner haben erkannt den Kampf zwischen Ormuzd und Ahriman, und man hat da immer gesehen, wie die Iraner alles getan haben, um die Segnungen des Ormuzd in Iran zu verbreiten. Da aber kamen die turanischen Völker, die abhängig waren von Ahriman, und die haben fortwährend die Ormuzd-Kultur bedrängt, bekämpft, überwunden. Erst kämpften Ormuzd und Ahriman im Iran. Aber wenn wir sehen, wie sich die Völker Europas benommen haben gegen diese Ormuzd-Kultur, da sehen wir, wie die schöne Ormuzd-Kultur sich ausgebreitet hat in den Gegenden, derer sich vor allen die Engländer bemächtigt haben. Die Engländer haben sich gegen die Ormuzd-Kultur als die schlimmsten Barbaren gezeigt. Da hat Rußland in Asien viel gutzumachen an dem, was diese verruchten Engländer in Asien verbrochen haben. Die Engländer sind dahin gegangen, haben sich ganzer Teile Asiens bemächtigt, haben die Ormuzd-Kultur ausgenutzt und ausgesogen. Was haben sich die Engländer vorgestellt? So ein Engländer, er hat sich vorgestellt, daß diese Kultur für ihn da ist, ein solcher Engländer sagt, daß dieses ganze Asien für nichts anderes da sei, als sich in englische Gewebe zu kleiden, untereinander mit englischen Waffen zu kämpfen, mit englischen Werkzeugen zu arbeiten, aus englischen Gefäßen zu essen und mit englischem Flitter zu spielen. Asiens Kultur sei für nichts anderes da. Ganz Asien wäre eine Beute Englands. Er drückt sich sehr genau aus: «England beutet Millionen von Hindus aus, seine ganze Existenz aber hängt von dem Gehorsam der verschiedenen Völker ab, von denen die reiche Halbinsel bewohnt wird; ich wünsche meinem Vaterlande nichts Ähnliches – ich kann mich nur freuen, daß es von diesem so glänzenden wie traurigen Zustande hinreichend entfernt ist.» 1885 in russischer Sprache geschrieben von Jushakow. Was haben die Russen getan? – sagt Jushakow – die Russen konnten es bisher nicht so machen, wie es die westeuropäischen Völker, wie es die Engländer gemacht haben, daß sie widerrechtlicherweise hergefallen sind und sich angemaßt haben das, was in Asien als Ormuzd-Kultur war. Sie sind nur da hingegangen, wo Ahriman-Kultur war und haben die Völker, in denen Ahriman gewirkt hat, zurückgehalten, daß sie nicht weiter schädlich werden konnten für das, was Ormuzd für Asien geleistet hat. Nachdem die Russen die Völker Asiens von dem bösen Ahriman befreit haben, haben sie sie zu befreien von dem, was die Engländer in jenen Gegenden an der Ormuzd-Kultur gesündigt haben. Damit sie vorbereiten können, was sie weiter als Aufgabe haben für Asien, nachdem sie Asien von Ahriman befreit haben, haben sie noch gutzumachen, was die europäischen Völker, namentlich die Engländer, der Ormuzd-Kultur getan haben. Und fragt man, warum diese Völker die Ormuzd-Kultur nicht fortsetzen können, so beantwortet er diese Frage damit, daß diese Völker dem Industrialismus und dem Individualismus verfallen sind, daß sie zuerst nur immer an sich selbst denken, während die Russen erst zuletzt an sich selbst denken. Solche Menschen könne man nicht brauchen; und indem sie den Industrialismus mit ihrem Individualismus verwoben, wurden sie die Blutsauger Asiens. Rußland wird andere Verbindungen bringen; die Verbindung der glänzenden militärischen Kosaken mit dem die Natur bebauenden Landmann. Und aus dieser Verbindung werden die Befreier der Menschheit in Asien entstehen. Der Befreier der Menschenentwickelung wird in Asien entstehen. – Das ist das Ideal Jushakows, daß aus der Verbindung der Kosaken mit dem die Erde bebauenden Landmann der Befreier der Welt entsteht.

Sie sehen, meine lieben Freunde, ein Ideal aufgebaut, das Sie kaum in Zweifel darüber lassen wird, daß von dem Geiste des Ahriman etwas in den eigenen Geist des Jushakow, und zwar in den Träumer, hineingewirkt hat. Aber dieses Hineinwirken in den Träumer hat nach und nach als ganze Volksstimmung dasjenige hervorgerufen, was eben in diesem Osten Europas als Volksstimmung jetzt zu finden ist; denn man hat es hier mit einer solchen Volksstimmung zu tun, wie sie in den Worten des Jushakow zum Ausdruck gekommen ist.

Sehen Sie, ich wollte auch darauf hinweisen, daß es mit der Geisteswissenschaft etwas ist, was uns immer näher hineinschauen, immer mehr hineinblicken läßt in das, was die Menschen sagen und träumen; denn diesen Träumer tragen wir alle in uns, dieser Träumer ist in uns allen. Auf diesen Träumer haben die guten, auf diesen Träumer haben die bösen Mächte Einfluß.

So wie wir diesen Träumer in uns haben, der die Mondennatur in uns hineingetragen hat, so tragen wir auch in uns den Sonnenmenschen aus der Sonnenentwickelung. Der allerdings kann nicht mehr träumen. Der ist aufgebaut in seinem Bewußtsein nach Art der Pflanzen. Einen schlafenden Pflanzen- oder Sonnenmenschen tragen wir in uns. Und dann auch tragen wir in uns einen vollständig toten, den wie Stein toten Saturnmenschen. Ebenso wie den Sonnenmenschen, der nun schläft, tragen wir in uns den, der noch tiefer in seinem Bewußtsein, der unter dem Schlafbewußtsein steht, den Saturnmenschen. Was in uns Träumer ist, ist Mondenmensch, was in uns lebt mit dem ständigen Schlafbewußtsein, ist Sonnenmensch; und der Saturnmensch liegt, ich möchte sagen, als unsere älteste Ursache, als der innerste Kern in uns. Aber dieser Saturnmensch hat eine tiefe Bedeutung in unserem ganzen Leben. Alle die

Erkenntnisse, die der Mensch heute gewinnt, sei es im äußeren Leben, sei es in der Wissenschaft, entstehen dadurch, daß die Außenwelt wirkt auf den Menschen als auf den Saturnmenschen. Diese Wirkung kommt dem Menschen nicht zum Bewußtsein, aber sie ist da. Dasjenige, was wir denken, fühlen, wollen, das geht bis zu dem Saturnmenschen hinein. Und dieser Saturnmensch ist dasjenige, was unserer Erde zuletzt bleibt von uns, gleichgültig, ob wir verbrannt werden in bezug auf den physischen Leib, gleichgültig, ob wir verwesen.

Dasjenige, was der Träumer ist, das bleibt nicht; dasjenige, was der Sonnenmensch ist, das bleibt nicht. Der Saturnmensch geht in feinen, feinen Staubkörnchen in die elementarische Welt der Erde über, das bleibt, und sie trägt immer die Spuren dessen, was in uns war. Sie können heute finden, wenn Sie die elementarische Welt prüfen, dasjenige, wenn auch in feinen Körnchen, was die Überreste Abrahams, Platos, Sokrates', Aristoteles' gewesen sind, Sie können finden, was ihr Saturnmensch war. Das, was der Saturnmensch war, wird der Erde gegeben, das verbleibt der Erde, bleibt mit unserem ständigen Charakter in der Erde.

Das war in früheren Zeiten noch nicht so. Das ist gerade in der jetzigen Zeit, seit dem fünfzehnten und sechzehnten Jahrhundert so. Früher löste sich der ganze Mensch auf; nur diejenigen, die wie Abraham, Plato, Sokrates ihrer Zeit vorausgeeilt waren, gaben ihre Reste der Erde. Jetzt natürlich ist es allmählich bei allen Menschen so. Das ist nämlich das Eigentümliche: alles das, was gegenwärtig auf dem Wege der äußeren Wissenschaft errungen wird, drückt sich in diesem Saturnmenschen ab und geht mit diesem Saturnmenschen hinein in die Erde.

Alles, was der Mensch sonst hat, geht verloren, löst sich im Weltall auf, wenn die Erde einmal an ihrem Ziel angelangt ist. Was Sie als Mineralien, Pflanzen, Tiere um sich herum haben, vergeht, nur was Sie als Saturnmensch waren, bleibt als feine Staubteilchen vorhanden, geht hinüber von der Erde zum Jupiterdasein und bildet dann das feste Gerüste des Jupiter. Das sind die wirklichen Atome für den Jupiter. Diejenigen Menschen, die heute äußere

Wissenschaft studieren, die heute äußerlich denken, die wirken auf ihren Saturnmenschen so, daß sie in diesem Saturnmenschen die Atome für den Jupiter bilden. Dadurch bekommt der Jupiter seine Atome. Aber wenn nur das wäre, so würde der ganze Jupiter so entstehen, daß er eigentlich nur eine mineralische oder mineralähnliche Kugel wäre, daß keine Pflanze auf ihm wüchse. Dasjenige, was wir durch unseren Saturnmenschen hinübertragen können auf den Jupiter, bewirkt nur, daß der Jupiter eine mineralische Kugel sein würde. Pflanzen könnten da nicht auf ihm wachsen. Wenn Pflanzen wachsen sollen auf dem Jupiter, dann muß der Sonnenmensch in uns auch etwas bekommen. Dieser Sonnenmensch in uns, der bekommt aber erst so recht etwas von jetzt ab und in die Zukunft hinein dadurch, daß die Menschen Begriffe der Geisteswissenschaft in sich aufnehmen, denn diejenigen Begriffe, die wir draußen aufnehmen, die wir aufnehmen von der äußeren Wissenschaft, die gehen in den Saturnmenschen hinein. Was wir aufnehmen als Gedanken der Geisteswissenschaft, das geht in den Sonnenmenschen hinein. Darum erfordert die Geisteswissenschaft mehr Aktivität. Dadurch unterscheiden sich ja ihre Gedanken von den Gedanken der äußeren Wissenschaft, daß sie aktiv sind. Sie müssen lebendig erfaßt werden, man kann sich nicht wie draußen in der Welt passiv verhalten gegenüber dem Denken. In der Geisteswissenschaft, da muß alles aktiv erdacht werden, da müssen wir innerlich tätig sein. Das wirkt auf unseren Sonnenmenschen. Und wenn kein Sonnenwesen im Menschen wäre, so würde ein Jupiter entstehen, auf dem alles mineralisch ist, wo es aber keine Pflanzenwelt gäbe. Die Menschen, die sich geistig entwickeln, tragen etwas hinüber, was auf dem Jupiter zu einer Pflanzenwelt führt. Mit dem Sonnenwesen in uns tragen wir hinüber, was als Pflanzenwelt entsteht; und man braucht nur, um den Jupiter kahl zu machen, Geisteswissenschaft zurückzuweisen. Wir können jetzt diese Geisteswissenschaft begründen, damit es auf dem Jupiter Vegetation gibt.

Wir Geisteswissenschafter sind jedoch nicht so, daß wir wie andere Menschen davon sprechen, daß wir es «so herrlich weit gebracht haben». Hören Sie nur einmal einen Arzt der Gegenwart, der so recht auf dem gegenwärtigen Standpunkte steht, oder hören Sie einen Philosophen der Gegenwart und so weiter, sie sagen: Wir brauchen gar nicht so weit zurückzugehen, da treffen wir Leute, die eigentlich gar nichts waren; ein Mann wie Paracelsus war eigentlich ein Idiot, und der Gymnasiallehrer von heute ist gescheiter als Plato. Das ist eine Philosophie, die schon von *Hebbel* durchgehechelt ist. Als dramatische Idee in seinem Tagebuch verzeichnet findet sich die Idee, daß ein Gymnasiallehrer den wiederverkörperten Plato in seiner Klasse hatte. Das wollte Hebbel als dramatische Figur darstellen und zeigen, wie der Schulmeister den wiederverkörperten Plato vornimmt, der absolut nichts begreifen kann von dem, was der Schullehrer über den Plato sagt. Das wollte Hebbel in einem Drama darstellen. Es ist wirklich schade, daß er diese Idee nicht dargestellt hat in einem Drama, denn es ist wirklich eine sehr schöne Idee.

Wir stehen aber nicht auf dem Standpunkt, daß wir es «so herrlich weit gebracht haben». Wir stehen auf einem anderen Standpunkt. Das, was jetzt Philosophie heißt, steht auf dem erhebenden Standpunkt: Was zehn Jahre zurückliegt, ist schon ein überwundener Standpunkt. Wir wissen zwar, daß wir heute Geisteswissenschaft so aussprechen müssen, wie wir sie aussprechen; wir wissen aber auch, daß eine Zeit kommen wird, wo das, was wir jetzt als Geisteswissenschaft aussprechen, ein Unsinn sein wird in der Zukunft, wo ganz anders wird innerhalb der Menschheit gewirkt werden müssen. Dasjenige, was wir jetzt als Geisteswissenschaft aussprechen müssen, hat die Form der Gegenwart, sucht heraus aus der Ewigkeit, was der Gegenwart zu Heil und Frommen ist. Aber eine Zeit wird kommen, die es nötig haben wird, daß wir ebenso, wie wir den Sonnenmenschen beeinflussen, auch auf den Träumer zu wirken suchen, wie unsere ganze äußere Wissenschaft auf den Saturnmenschen wirkt. Was äußere Wissenschaft aus dem Saturnmenschen macht, begründet den Jupiter als mineralische Masse; was Geisteswissenschaft aus dem Sonnenmenschen macht, begründet seine Vegetation. Dasjenige, was tierisches Leben sein wird auf dem Jupiter, wird durch etwas herausgebildet, was auf unsere jetzige Geisteswissenschaft folgen wird, wird begründet werden durch das, was Zukunft der Geisteswissenschaft sein wird. Dann folgt noch etwas, was auf den Menschen auf dem Jupiter wirkt; das wird noch ausgebildet werden, und das wird uns die Grundlage für die eigentliche Jupiterkultur geben.

So stehen wir im Leben jetzt in der Periode darinnen, wo wir vorbereiten für den Jupiter durch die äußere Wissenschaft den mineralischen Kern, und wo Geisteswissenschaft auf sein Pflanzendasein einwirkt und die Vegetation auf dem Jupiter begründet. Kommen wird etwas, was auf den Träumer einwirkt, was dann die Tierwelt des Jupiters bewirken wird. Und dann erst das, was dem entspricht, was jetzt der Mensch durch Denken, Fühlen, Wollen hervorbringt, was durch eine höhere Weisheit so geleitet wird, wenn die Erdenentwickelung beendet ist, daß der Mensch selbst sich hineintragen kann als Mensch auf den Jupiter.

So stehen wir in der Entwickelung der Erde darinnen, so sehen wir aus unserem eigenen Menschlichen heraus, wie wir hineingestellt sind in die große Welt, in den Makrokosmos. Und so wissen wir, daß wir nichts treiben, was nicht wichtig ist. So wissen wir, daß, indem wir zusammen Geisteswissenschaft treiben, wir die Vegetation des Jupiter fördern, daß wir durch das, was wir in Worte prägen, dasjenige schaffen, was im Jupiterdasein der Welt der Zukunft übergeben wird.

Denken Sie einmal, meine lieben Freunde, ich habe ja gesagt, alles, was mineralische Welt ist, verflüchtigt sich in der Welt, alles, was Pflanzenwelt ist, verflüchtigt sich, alles, was tierische Welt ist, verflüchtigt sich. Nichts geht von der Erde hinüber als die mineralischen Atome vom Menschen, von den Saturnteilen der Menschen. Von den Mineralien, Pflanzen und Tieren geht nichts hinüber auf den Jupiter. Nur das geht hinüber, was jetzt in uns Saturnmensch ist; das wird Mineralreich auf dem Jupiter.

Ich weiß nicht, ob sich einige unserer Freunde erinnern an unseren Ausgangspunkt, wie wir vor vielen Jahren in Berlin – zuerst in einem kleinen Häuflein, einige sind noch darunter, die es miterlebt haben – Betrachtungen über diese Dinge angestellt haben. Versetzen wir uns auf den späteren Jupiter. Was sind die Jupiteratome? Das sind die Saturnteile des gegenwärtigen Menschen. Und Unsinn ist es, von solchen Atomen zu sprechen, wie die Physiker es tun. Dasjenige, was der Mensch auf der ganzen Erde gewinnt, geht in den Saturnmenschen hinein und wird zu Jupiteratomen. Zu sprechen davon, daß in unseren Mineralien, Tieren und Pflanzen das steckt, was der Physiker darin sucht, ist der reine Unsinn. Dasjenige, was jetzt Erdenatome sind, hat sich im Mondendasein vorbereitet, ist das, was uns zu Sonnenmenschen zubereiten wird, wie wir jetzt unseren Saturnmenschen zubereiten. Ich habe über das Atom, als zubereitet aus dem ganzen Kosmos heraus, früher einmal gesprochen. In jenen älteren Vorträgen können Sie das wiederfinden, die ganz im Anfang unseres Berliner Wirkens gehalten wurden. Jetzt kann ich es nur kurz machen, nach Voraussetzung dessen, was wir in der Zwischenzeit durchgemacht haben.

Aber dasjenige auch, was unsere Sterne sind, die äußeren physischen Sterne, die physische Sonne, der physische Mond, die wir draußen im Weltenall erblicken – so wie der Physiker es ansieht, so ist es nicht. Die Physiker würden sich sehr wundern, wenn sie einmal zu der Sonne hinaufkommen könnten und da ganz und gar nicht finden würden, was sie sich konstruiert haben. Sie würden sich sehr wundern über das, was sie da zu sehen bekämen. Was man da finden würde, wenn man einmal hinauffahren könnte – zeitgemäß würde das in einem Luftballon der Zukunft, in einem Ätherballon sein –, es wäre apart, was man da finden würde. Was die Physiker konstruieren, das würde man nicht finden; ganz und gar keinen physischen Leib würde man finden. Das sieht nur so aus. Dasjenige nämlich, was uns als Sonne, Mond und Sterne umgibt, gehört zu dem Ganzen, was einmal nach der Mondenentwickelung entstanden ist. Nach der Mondenentwickelung ist nicht nur der Mond zugrunde gegangen, sondern alles, was sichtbares Weltall ist, ist damals in die Nacht hineingegangen. Und alles, was da ist im Weltenall, gehört zur Erde eigentlich hinzu, so daß, wenn einmal die Erde untergehen wird, nicht nur Pflanzen- und Tierreich mit der Erde untergehen wird, sondern alles, was da draußen im Kosmos ist, wird mit untergehen; die gegenwärtige Form der Sterne wird untergehen in die Nacht hinein. Und dann baut sich auf, was der Jupiter sein wird. Seine Atome werden die Saturnteile der Menschen sein. Seine Umgebung wird ganz anders aussehen als unsere Erdenumgebung.

Betrachten Sie das alles, so könnte ein Mensch, der dieses alles heute auffaßt, das Folgende sagen: Was bleibt also von der gegenwärtigen Welt, wenn die Erdenentwickelung zu Ende sein wird? Mineral-, Pflanzen-, Tierreiche, alles das verteilt sich, vergeht. Was der Mensch heute als Mensch gewinnt, was er heute aus der äußeren Urteilskraft bildet, das geht über in das Mineralreich des Jupiter, was er als Geisteswissenschaft gewinnt, geht hinüber als Sonnenmensch und begründet die Vegetation; was wir sprechen – die Worte – geht hinüber; was an Moralischem vorgeht, geht hinüber.

Konnte nun derjenige, der der ganzen Erdenentwickelung Sinn und Richtung geben sollte, nicht ein ganz besonderes Wort aussprechen, konnte er nicht sagen: «Himmel und Erde werden vergehen, aber meine Worte werden nicht vergehen»? – Beginnen wir jetzt nicht zu begreifen den ganz ungeheuer tiefen Sinn der Christus-Worte: «Himmel und Erde werden vergehen, aber meine Worte werden nicht vergehen»? Ist das nicht wörtlich wahr?

Worte, die aus der äußeren Wissenschaft fließen und auf den Saturnmenschen wirken, die gehen hinüber und bilden die Atome des Jupiter. Worte, die der Geisteswissenschaft entspringen und auf den Sonnenmenschen wirken, die gehen hinüber und bilden die Vegetation des Jupiter; was dann auf den Träumer wirkt, das geht hinüber und bildet das Tierreich des Jupiter; und was der Mensch an Moralischem und durch Worte der Geisteswissenschaft der Zukunft gewinnt, das wird zum Menschen des Jupiter. Worte werden es sein, Gedankenweisheit wird es sein. Das wird bestehen. Was rings herum ist im Kosmos, das vergeht. «Himmel und Erde werden vergehen, aber meine Worte werden nicht vergehen.»

So merken wir nach und nach, wie von dieser zentralen Werkstätte, die wir das Mysterium von Golgatha nennen, tiefe Weisheitsworte fließen. Sie fließen da her. Ich habe einmal gesagt: die ganze folgende Erdenentwickelung wird da sein, um das nach und nach zu verstehen, was der gesagt hat, der durch das Mysterium von Golgatha gegangen ist. Heute versuchte ich, Ihnen aus der ganzen Geisteswissenschaft, die wir bisher getrieben haben, ein Wort zu erklären, das Christus-Wort: «Himmel und Erde werden vergehen, aber meine Worte werden nicht vergehen.» Immer wiederum und wiederum werden Leute kommen, welche andere Christus-Worte aus dem, was Geisteswissenschaft zu erklären weiß, deuten werden. Vieles wird kommen müssen, um den ganzen Sinn der Christus-Worte zu verstehen, weil sie Richtworte sind, Worte, die gegeben sind aus dem Geiste, die aber erst im Laufe der Zeit aus alledem, was aufgebracht wird aus der Wissenschaft des Geistes, verstanden werden können.

Wenn wir das in ein Gefühl umsetzen, dann bekommen wir erst eine Empfindung von der ungeheuren Einzigkeit des Mysteriums von Golgatha, bekommen durch die Wahrnehmung, die aufblickt zu dem Unendlichen, jene wunderbare Erkenntnis von dem, was der Erde Sinn gibt vom Weltenanfang bis zum Weltenende – dem Mysterium von Golgatha.

Ich hatte heute, meine lieben Freunde, die Aufgabe, weil ja wiederum ein paar Wochen kommen werden, wo wir nicht miteinander werden sprechen können, zu sprechen von etwas, was wir in unsere Seelen aufnehmen können und in den nächsten Wochen viel, viel darüber meditieren. Ich wollte einige Gedanken in Ihre Seele legen, die Sie dann weiter ausbauen können. Das ist ja immer unsere sommerliche geisteswissenschaftliche Aufgabe gewesen, daß wir uns, was in unseren Seelen Platz gegriffen hat, weiter ausbauen und daß dadurch unsere Seelen lebendiger und reifer gemacht werden; denn nicht dadurch, daß wir Geisteswissenschaft aufnehmen wie etwas Theoretisches, nicht nur dadurch, daß wir bloß aufnehmen Ideen, kommen wir weiter in der Geisteswissenschaft, sondern dadurch, daß wir verwandeln diese Gedanken in unser ganzes Seelenleben, in unser lebendiges Empfinden. Ja, wenn wir diesen Gedanken von dem Darinnenstehen des Menschen im Makrokosmos so auf unsere Seelen wirken lassen, fühlen wir uns als Menschen in dem Ganzen darinnen. Aller Kleinmut, alle Zaghaftigkeit, alle Hoffnungslosigkeit muß schwinden gegenüber der Größe dieses Gedankens. Wir müssen uns als Menschen so erst fühlen in aller Bescheidenheit. Und alles dasjenige, was wir als Geisteswissenschaft in uns aufnehmen können und was als Lebendiges von der Geisteswissenschaft in uns wirken kann und soll – was bisher immer unser Prinzip war –, wir müssen es in der Gegenwart ganz besonders betonen; denn immer wiederum und wiederum müssen wir bei unseren Betrachtungen in der Gegenwart an dasjenige erinnern, was so mahnend dasteht in den großen Ereignissen der Zeit, immer wieder müssen wir denken an diejenigen, die uns ihre Ätherleiber zurücklassen in jungen Jahren, die eine große Hilfe sein werden für die Durchgeistigung der zukünftigen Kultur. Wenn diese Vergeistigung eintreten soll, dann müssen Seelen da sein, die etwas von diesen geistigen Zusammenhängen verstehen, die hinaufschauen in diese Welt und wissen, da oben ist nicht nur, was man im abstrakten Sinne Anziehung nennt, sondern da droben sind die lebendigen Toten, dasjenige, was sie aus ihrem eigenen Leben heraus einer Erdenmenschheit gegeben haben, die unverbrauchten Ätherleiber. Zusammenwirken werden müssen die Seelen, die etwas verstehen von diesen Dingen, deren Gedanken hinaufgehen zu dem, was herunterströmt von den unverbrauchten Ätherleibern der vor der Zeit Dahingeschiedenen.

Daß wir unsere Seelen durchdringen müssen von dieser Zusammenströmung des Geistigen mit dem Irdischen, vor allem mit all unseren Gedanken, mit dem, was in uns selber schon geistig ist, zum Geistigen hinaufschauen, das fasse ich zum Schlusse immer in die Worte zusammen, die auch heute den Schluß unserer Betrachtung bilden sollen:

> Aus dem Mut der Kämpfer,
> Aus dem Blut der Schlachten,
> Aus dem Leid Verlassener,
> Aus des Volkes Opfertaten

Wird erwachsen Geistesfrucht –
Lenken Seelen geistbewußt
Ihren Sinn ins Geisterreich.

VIERZEHNTER VORTRAG

Berlin, 6. Juli 1915

Meine lieben Freunde, wir gedenken wiederum zuerst derjenigen, die draußen auf den großen Feldern der Ereignisse der Gegenwart stehen:

> Geister eurer Seelen, wirkende Wächter,
> Eure Schwingen mögen bringen
> Unserer Seelen bittende Liebe
> Eurer Hut vertrauten Erdenmenschen,
> Daß, mit eurer Macht geeint,
> Unsre Bitte helfend strahle
> Den Seelen, die sie liebend sucht.

Und für diejenigen, die infolge dieser Ereignisse schon durch die Pforte des Todes gegangen sind:

> Geister eurer Seelen, wirkende Wächter,
> Eure Schwingen mögen bringen
> Unserer Seelen bittende Liebe
> Eurer Hut vertrauten Sphärenmenschen,
> Daß, mit eurer Macht geeint,
> Unsre Bitte helfend strahle
> Den Seelen, die sie liebend sucht.

Der Geist, den wir durch unsere erstrebte Geist-Erkenntnis suchen, der Geist, der zu der Erde Heil, zu der Menschheit Freiheit und Fortschritt durch das Mysterium von Golgatha gegangen ist, der sei mit euch und euren schweren Pflichten!

An mancherlei möchte ich in dieser heutigen außerordentlichen Betrachtung erinnern, was den Gegenstand unserer verschiedenen Auseinandersetzungen bildete und was wir heute unter einem bestimmten Gesichtspunkt zusammenfassen wollen, indem wir von da und dort auf schon Betrachtetes Lichtstrahlen, die sich uns ergeben werden, werfen werden. Das ist es ja, was als ein Vorurteil, als eine Vorempfindung, ein Vorgefühl der Annahme geisteswissen-

292

schaftlicher Erkenntnis in unserer Zeit gegenübersteht, daß so wenig geahnt wird, welch ein geringer Teil von dem, was der Mensch eigentlich im Grunde genommen in jeder Stunde, in jedem Augenblick vollbringt, dasjenige ist, was der Mensch in seinem gewöhnlichen Bewußtsein als Mensch der physischen Welt hat. Man braucht ja nur zu bedenken, wie wenig man imstande wäre, als Mensch überhaupt zu leben, wenn man alles dasjenige im Bewußtsein haben wollte, was man nötig hat, um als Mensch zu leben. Es wird mit Recht immer wieder und wieder betont, wie wenig der Mensch heute noch weiß – nehmen wir nur zunächst die rein physischen Verrichtungen seines Lebens –, wie Gehirn, Leber, Herz und so weiter eigentlich arbeiten, um das zustande zu bringen, was der Mensch eben zustande bringen muß, damit er als ein physisches Wesen auf der Erde lebt. Das alles aber, was der Mensch auf diese Weise bloß zur Entwickelung seines äußeren physischen Lebens zustande bringen muß, das alles muß er ja tun. Und bedenken Sie, wie wenig das der Mensch mit seinem Bewußtsein begleiten kann. Man braucht nur das allergeringste Geschehnis des Lebens ins Auge zu fassen, so sieht man schon: der Mensch als Weltwesen, als Erdenwesen ist eines, und das, was man den bewußten Menschen nennen kann, ist etwas ganz anderes; das ist etwas, was im Verhältnis zu dem, was der Mensch in seinem ganzen Umfange ist, etwas sehr Kleines, wirklich recht Kleines ist. Und so könnte es eigentlich niemand wundern, daß in der menschlichen Natur der Trieb entsteht, immer zu erweitern diesen kleinen bewußten Menschen über dasjenige Gebiet hin, das sich eröffnet, wenn man den Menschen als Weltenwesen ins Auge faßt. Wir wollen dies heute tun eben nach Gesichtspunkten, die sich uns schon dargeboten haben, die wir nur noch einmal in anderem Zusammenhang ins Auge fassen wollen.

Unser bewußtes Dasein als Mensch beginnt ja in einer gewissen Beziehung durch unsere Sinneswahrnehmungen, durch das, was wir mit unseren Sinnen an der Außenwelt wahrnehmen. Daß unsere Sinne wahrnehmen, das heißt, daß Eindrücke auf unsere Sinne gemacht werden, und diese Eindrücke durch gewisse Vorgänge entstehen, das ist etwas ganz anderes, als daß wir ein Bewußtsein davon haben. Denken Sie sich einmal, Sie würden – Hasen tun es ja – nicht mit zugemachten, sondern mit offenen Augen schlafen, so würde die Umgebung des Auges, wenn es nicht gerade stockfinster ist, immer Eindrücke auf die Augen machen, und nur das Bewußtsein von diesen Eindrücken würde fehlen. So sind ja im Grunde genommen die Ohren immer offen, und jedes Geräusch, alles, was bei Tag im wachen Zustand von Bewußtsein begleitet wird, spielt sich selbstverständlich in den Vorgängen des Ohres ebenso ab, wenn der Mensch schläft. Alle unsere Sinnesorgane können immer eingespannt sein in den ganzen Prozeß des Erdenlebens; aber dasjenige, was sie als Bedeutung für uns haben, hängt davon ab, daß wir diesen Prozeß der Sinnesorgane mit dem Bewußtsein begleiten. Denn nur das, was wir in unser Bewußtsein aufnehmen, ist unser als Erdenmensch.

Hat nun dasjenige, was wir unsere Sinneswahrnehmungen nennen, die Wahrnehmungsfähigkeit unserer Augen, Ohren und so weiter, nur eine Bedeutung für uns als Erdenmenschen oder hat das noch irgendeine andere Weltenbedeutung? Diese Frage kann man nur beantworten, wenn man versucht, sich mit Hilfe der hellseherischen Erkenntnis eine Ansicht zu bilden darüber, was es eigentlich ist, was wir von den Sternen des Weltenraumes sehen. Nicht wahr, derjenige, der auf dem Standpunkt unserer materialistischen Physik steht, der sagt: Nun, wenn wir den Planeten sehen, so ist es das Licht der Sonne, das dort hinfällt und wieder zurückgeworfen wird, und auf diese Weise sieht man den Planeten. – So sieht man Gegenstände unserer Erde. Daß man so auch Planeten sieht, das wird bloß aus einer Analogie heraus von den Physikern geschlossen, denn es ist gar nicht irgendein auch nur im geringsten irgendwie gelten könnender Grund da, daß das, was für unsere Erde anwendbar ist – der Schluß, daß das Licht die Gegenstände bestrahlt und, wenn es zurückgeworfen wird, die Gegenstände sichtbar werden –, daß das auch für Himmelskörper gilt. Gar kein Grund ist vorhanden, diesen Schluß auf das Weltall auszudehnen. Bei den Fixsternen sagen nun diese Physiker: Nun ja, sie leuchten eben selber. Ich weiß noch, als ich ein ziemlich junger Bursche war, da hatte ich einen ehemaligen Kameraden der Dorfschule gefragt: Wie lernt man denn bei euch über das Licht? Ich hatte dazumal schon mit einer etwas kindlichen Skepsis gehört von der sogenannten realen Ursache des Lichts, nämlich von all den tanzenden kleinen Ätherkügelchen und Lichtwellen, aber der Junge, der dazumal auf dem Seminar ausgebildet war, der hatte davon noch nichts gehört und sagte: Wir haben immer nur sagen hören, wenn die Frage entstanden war: Was ist das Licht? Licht ist die Ursache des Leuchtens der Körper. – Nun sehen Sie, damit ist selbstverständlich etwas riesig «Gewaltiges» gesagt über das Licht, wenn man sagt: Licht ist die Ursache des Leuchtens der Körper. Aber im Grunde ist es nicht viel mehr, wenn die heutige materialistische Physik sagt: Man sieht eben die Weltkörper, wenn sie Licht ausstrahlen. Es ist im Grunde ganz dasselbe.

Nun habe ich bei einer anderen Gelegenheit schon erwähnt, daß es für die materialistischen Physiker recht sehr überraschend sein würde, wenn sie nach der Sonne fahren könnten und dort nachsehen könnten, was die Sonne eigentlich ist. Das habe ich gesagt, weil in der Tat dort gar nichts ist, wo die Sonne ist. Sondern das, was man finden würde, würde ein Zusammenhang von rein geistigen Wesenheiten und Kräften sein; etwas Materielles ist dort überhaupt nicht. Nun, wenn man mit diesem hellseherischen Bewußtsein die Sterne untersucht und nach dem Grunde ihres Leuchtens fragt, dann findet man, daß das, was da eigentlich vorhanden ist und von uns als ihr Leuchten bezeichnet wird, eigentlich in der Wahrnehmungsfähigkeit, in der mehr oder weniger groben, wie es bei den Erdenmenschen ist, oder feiner gestalteten Wahrnehmungsfähigkeit von Wesen besteht. Und wenn irgendein Wesen auf Venus oder Mars auf die Erde herunterschauen würde, so würde dieses Wesen, wenn es die Erde leuchten sähe, sich sagen müssen: diese Erde leuchtet, nicht weil da Sonnenstrahlen zurückgeworfen werden, sondern weil auf der Erde Menschen sind, die durch ihre Augen wahrnehmen. Dieser Vorgang des Sehens bedeutet nicht nur etwas für unser Bewußtsein, sondern er strahlt hinaus in den ganzen Weltenraum, und was die Menschen tun, indem sie sehen, ist das Licht des betreffenden Weltkörpers. Wir sehen nicht nur, damit wir mit unserem Bewußtsein die Resultate des Gesehenen aufnehmen, sondern wir sehen, damit durch unseren Prozeß des Sehens die Erde hinausleuchte in den Weltenraum. So hat in der Tat jedes unserer Sinnesorgane die Aufgabe, nicht nur das zu sein, was es für uns ist, sondern hat außerdem eine Weltaufgabe. Der Mensch ist durch seine sinnliche Wahrnehmung ein Weltenwesen. Er ist nicht nur das Wesen, das er durch sein Bewußtsein als Erdenmensch ist, er ist ein Weltenwesen.

Wenn wir weiter in die Innenformation unserer Seele hineingehen, so haben wir das Denken. Dieses Denken, das fassen wir noch mehr eigentlich als unser bloßes Eigentum auf, denn nicht nur, daß das Sprichwort besteht, Gedanken seien zollfrei, womit angedeutet werden soll, daß Gedanken wirklich nur Bedeutung haben für unser Einzelindividuum, sondern es besteht ja auch in weitesten Kreisen das Bewußtsein, daß jeder mit seinem Denken nur einen inneren Vorgang ausführt, daß dieses Denken mehr oder weniger nur eine Bedeutung für ihn selbst hat. Die Wirklichkeit ist aber eine ganz andere. Dieses Denken ist eigentlich ein Vorgang unseres Ätherleibes. Und von dem, was eigentlich geschieht beim Denken, weiß der Mensch das Allerwenigste. Das Allerwenigste von dem, was geschieht in seinem Denken, begleitet der Mensch mit seinem Bewußtsein. Indem der Mensch denkt, weiß er ja einiges von dem, was er denkt. Aber unendlich viel mehr wird als begleitendes Denken entfaltet schon beim Tagesdenken. Und dazu kommt, daß wir in der Nacht, wenn wir schlafen, fortdenken. Es ist nicht wahr, daß das Denken mit dem Einschlafen aufhört und mit dem Aufwachen wieder anfängt. Das Denken dauert fort. Und unter den mancherlei Traumesvorgängen, Vorgängen des Traumlebens, sind auch diese, daß der Mensch beim Aufwachen mit seinem Ich und astralischen Leib in seinen Ätherleib und physischen Leib untertaucht. Da taucht er unter und kommt in ein Gewoge hinein, in ein webendes Leben, von dem er, wenn er nur ein wenig zuschaut, wissen kann: das sind webende Gedanken, da tauche ich unter wie in ein Meer, das nur aus webenden Gedanken besteht. Mancher hat schon beim Aufwachen dann sich gesagt: Wenn ich mich nur erinnern könnte, was ich da gedacht habe, das war etwas sehr Gescheites, das würde mir ungeheuer viel helfen, wenn ich es mir jetzt erinnern könnte! Das ist kein Irrtum. Da unten ist wirklich etwas wie ein wogendes Meer; das ist eben die wogende, webende, ätherische Welt, die nicht so bloß eine etwas dünnere Materie ist, wie es so gerne die englische Theosophie darstellt, sondern die webende Gedankenwelt selbst ist, wirklich Geistiges ist. Man taucht in eine webende Gedankenwelt unter.

Das, was wir als Menschen sind, ist wirklich viel gescheiter als das, was wir als bewußte Menschen sind. Da bleibt nichts übrig, als es zu gestehen. Es wäre auch traurig, wenn wir nicht unbewußt gescheiter wären, als wir bewußt sind, denn sonst könnten wir nichts tun, als uns in jedem Leben auf der gleichen Stufe der Gescheitheit zu wiederholen. Aber wir tragen in der Tat schon im gegenwärtigen Leben mit uns, was wir werden können im nächsten Leben; denn das wird die Frucht sein. Und würden wir wirklich immer imstande sein, das zu erhaschen, in das wir da untertauchen, so würden wir viel erhaschen von dem, was wir im nächsten Leben sein werden. Also da unten wogt es und webt es; da ist der Keim für unsere nächste Verkörperung, und das nehmen wir in uns auf. Daher das Prophetische des Traumlebens. Das Denken ist etwas ungeheuer Kompliziertes, und nur einen Teil von dem, was da im Denken vor sich geht, nimmt der Mensch in sein Bewußtsein auf. Denn im Gedanken geht vor sich, was einen Zeitenprozeß bedeutet. Indem wir wachen Sinnes wahrnehmen, sind wir zugleich kosmische Menschen. Unser Vorgang des Sehens bewirkt das Leuchten, da sind wir kosmische Raumesmenschen. Durch das, was im Denken sich vollzieht, sind wir kosmische Zeitenmenschen, da wirkt alles mit, was schon vor unserer Geburt geschehen ist, was nach unserem Tode geschieht und so weiter. So nehmen wir durch unser Denken am ganzen kosmischen Prozeß der Zeit teil, durch unser Sinneswahrnehmen am ganzen kosmischen Prozeß des Raumes. Und nur der irdische Prozeß des Sinneswahrnehmens ist für uns selber.

Nun schreiten wir zum Fühlen vor. Vom Fühlen haben wir noch viel weniger als vom Sinneswahrnehmen und vom Denken in unserem Bewußtsein. Dieses Fühlen ist ein tiefer, tiefer Prozeß. Will man nämlich die eigentliche Bedeutung des Denkens kennenlernen, will man kennenlernen das wirklich Wahre, daß das Denken diese kosmische Bedeutung hat, dann muß man sich erheben zu der imaginativen Anschauung, wie es in «Wie erlangt man Erkenntnisse der höheren Welten?» beschrieben ist. Sowie man dem Denken jene Abstraktheit abstreift, die es für unser Bewußtsein hat, und untertaucht in jenes Meer der webenden Gedankenwelt, kommt man in die Notwendigkeit, dadrinnen nicht nur solche abstrakte Gedanken zu haben wie der Erdenmensch, sondern dadrinnen Bilder zu haben. Denn aus Bildern ist alles geschaffen, Bilder sind die wahren Ursachen der Dinge, Bilder liegen hinter allem, was uns umgibt, und in diese Bilder tauchen wir ein, wenn wir in das Meer des Denkens eintauchen. Diese Bilder hat Plato gemeint, diese Bilder haben alle gemeint, die von geistigen Urgründen gesprochen haben, diese Bilder hat Goethe gemeint, wenn er von seiner Urpflanze sprach. Diese Bilder findet man im imaginativen Denken. Aber dieses imaginative Denken ist eine Wirklichkeit, und darin tauchen wir ein, wenn wir in das wogende, im Strom der Zeit dahingehende Denken eintauchen.

In das Fühlen versenken wir uns erst, wenn wir zur sogenannten Inspiration kommen, die die höhere Art von Erkenntnis ist gegenüber der Imagination. Alles das, was unserem Fühlen zugrunde liegt, ist eigentlich ein Gewoge von Inspirationen. Und so wie das Bild, das der Spiegel zurückwirft, nur ein Bild ist von dem, was draußen in der Welt als Gegenstand vorhanden ist, so sind unsere Gefühle auch nur durch unseren eigenen Organismus zurückgeworfene Spiegelbilder der Inspirationen, die aus dem Weltall an uns herankommen. Aber so wie der Spiegel nicht imstande ist, alles wiederzugeben – er kann nur äußere Formen wiedergeben, spiegelt nur das Unorganische, nicht das Leben –, so können auch unsere Gefühle nicht das wiedergeben, was in dem Element der Welt als Inspiration liegt, sondern sie sind ein Spiegelbild, das sich nur so verhält zu dem, was da strömt in der Welt, wie sich das tote Spiegelbild verhält zu dem lebenden Wesen, das es spiegelt. Denn in jedem dieser Bilder spiegeln sich die Eigenschaften der Wesen der höheren Hierarchien, die sich in der Welt aussprechen durch Inspiration. Und so wie wir nicht bei Gefühlen stehenbleiben, sondern fortschreiten zu dem hellhörenden Erkennen, nehmen wir wahr die Welt, wie sie zusammenwirkt aus einer großen Mannigfaltigkeit von lauter Wesen der höheren Hierarchien. Die Welt ist diese Wesenheit, dieses Zusammenwirken der Wesen der Hierarchien. In der Welt geschehen die Taten der höheren Hierarchien. Und wir sind eingespannt, sind im Spiegel darinnen, und die Taten der höheren Hierarchien werden durch unseren Spiegel zurückgeworfen. Wir nehmen dieses Zurückgeworfene dann durch unser Bewußtsein wahr. So leben wir im Schoße der Eigenschaften der Hierarchien als fühlende Menschen und nehmen die Eigenschaften durch unser Bewußtsein wahr. Noch kleiner ist der Mensch, der die Gefühle mit seinem Bewußtsein begleitet, gegenüber dem, was er durch seine Gefühle eigentlich ist, als das in den anderen Fällen beim bewußten Menschen mit seinen Sinneswahrnehmungen und seinem Denken war. Denn dadurch, daß wir fühlende Menschen sind, sind wir auch Wesen der Hierarchien, wirken auch dadrinnen, wo die Hierarchien wirken. Wir wirken in diesem Gewebe, tun Taten, die nicht nur für uns sind, sondern durch die wir mitwirken an dem ganzen Aufbau der Welt. Wir sind durch unsere Gefühle Diener der die Welt bauenden höheren Wesenheiten. Und während wir glauben, daß wir, ich will sagen, der Sixtinischen Madonna gegenüberstehen und nur unser Gefühl befriedigen, das in uns aufsteigt, ist es eine Tatsache, daß hier ein Mensch steht vor der Sixtinischen Madonna, und indem er seine Gefühle auf sie richtet, ist da ein realer Prozeß vorhanden – ein realer Vorgang! Würde dieses Gefühl nicht da sein, würden solche Gefühlselemente nicht da sein, so würden diejenigen Wesenheiten, die einstmals mitwirken sollen an dem Aufbau des Himmelskörpers Venus, nicht die Kräfte haben, die sie dazu brauchen. Unsere Gefühle sind notwendig für das Haus, das die Götter als Welt aufbauen, wie die Ziegelsteine, die verwendet werden zum Aufbauen des Hauses; und was wir wissen über unsere Gefühle, ist wiederum nur ein Teil. Wir wissen, was es uns für eine Freude macht, wenn wir vor der Sixtinischen Madonna stehen –, das aber, was da geschieht, ist Teil im Weltenganzen, ganz einerlei, wie wir es mit unserem Bewußtsein begleiten.

Und wenn wir auf unser Wollen blicken, ist das auch wieder nur Spiegel, aber nun der Wesenheit der einzelnen Mitglieder der Hierarchien. Wir sind ebenso ein Wesen der Hierarchien, nur auf einer anderen Stufe. Unsere Realität besteht in unserem Willen, wir geben der Welt Substanz, indem wir unseren Willen irgendwie in der Wirklichkeit leben lassen. Wieder ist es so: Daß wir unser Wollen mit dem Bewußtsein begleiten, das hat nur Bedeutung für uns als Menschen; daneben steht unser Wollen als Realität, das ist der Stoff für die Götter, um daraus die Welt aufzubauen.

Sie sehen, wie unsere Sinneswahrnehmungen, unser Denken, Fühlen und Wollen kosmische Bedeutung haben, wie sie sich hineinfügen in das ganze kosmische Leben. Und es scheint doch, als wenn der Mensch schon in der Gegenwart wirklich nicht gar zu wenig Verständnis haben sollte, um bei gutem Willen dieses aufzunehmen. Manchmal kommt es heraus, daß Menschen ein Bewußtsein dafür haben, daß ein kleiner Mensch da ist, der bewußte, und ein großer Mensch, die kosmische Realität. *Friedrich Nietzsche* in seinem Zarathustra sprach auch von dieser Tatsache, ahnte etwas von dieser Tatsache. Und so ist es bei vielen, nur daß sie nicht die Mühe sich nehmen, um die Wege zu gehen, durch die man erkennt, wie man vom kleinen Menschen in den größeren Menschen hinauf kommt. Aber es ist wirklich notwendig, daß eine größere Zahl von Menschen einsieht, daß die Zeiten vorüber sind, wo man auskommen kann ohne diese Einsicht. Die alte Zeit hat noch Überbleibsel gehabt vom alten Hellsehen, durch das in uralter Zeit die Menschen hineingeschaut haben in die geistige Welt, wo sie wirklich gesehen haben, wie es der Mensch tut, wenn er mit Ich und astralischem Leib draußen ist aus dem physischen und Ätherleib und im Kosmos draußen. Da würde der Mensch nie zur vollen Freiheit gekommen sein, zur Individualität; Unselbständigkeit wäre eingetreten, wenn es beim alten Hellsehen geblieben wäre. Der Mensch mußte das alte Hellsehen verlieren; er mußte gleichsam Besitz ergreifen von seinem physischen Ich. Das Denken, das er entwickeln würde, wenn er das ganze Gewoge unter dem Bewußtsein sehen würde, das als Denken, Fühlen, Wollen dort vorhanden ist, das würde ein himmlisches Denken sein, aber nicht das selbständige Denken. Wie kommt der Mensch zu diesem selbständigen Denken?

Nun, denken Sie sich, daß Sie in der Nacht schlafen, Sie liegen im Bette. Das heißt, im Bette liegt der physische Leib und Ätherleib. Nun kommen beim Aufwachen von außen das Ich und der astralische Leib herein. Da wird fortgedacht im Ätherleib. Da tauchen jetzt das Ich und der astralische Leib unter, die fassen nun zunächst den Ätherleib. Aber es dauert nicht lange, denn in diesem Augenblick kann aufblitzen jenes: Was habe ich da nur gedacht, was war das doch Gescheites? Aber der Mensch hat die Begierde, gleich auch den physischen Leib zu ergreifen, und in diesem Moment entschwindet das alles; jetzt ist der Mensch ganz in der Sphäre des Erdenlebens darinnen. Es kommt also daher, daß der Mensch gleich den Erdenleib ergreift, daß er das feine Gewoge des ätherischen Denkens sich nicht zum Bewußtsein bringen kann. Der Mensch muß eben, um das Bewußtsein entwickeln zu können «ich bin es, der da denkt», seinen Erdenleib als Instrument ergreifen, sonst würde er nicht das Bewußtsein haben «ich bin es, der da denkt», sondern «der mich beschützende Engel ist es, der da denkt». Dieses Bewußtsein «ich denke» ist nur möglich durch das Ergreifen des Erdenleibes. Darum ist es notwendig, daß im Erdenleben der Mensch befähigt wird zum Gebrauche seines Erdenleibes. In der nächsten Zeit wird er immer mehr und mehr durch das, was die Erde ihm gibt, diesen Erdenleib ergreifen müssen. Sein berechtigter Egoismus wird immer größer und größer werden. Dem muß eben das Gegengewicht geschaffen werden dadurch, daß man auf der anderen Seite die Erkenntnisse gewinnt, die die Geisteswissenschaft gibt. Im Ausgangspunkt dieser Zeit stehen wir. Nun könnten die Leute sagen: Darüber wollen wir uns nicht weiter Skrupel machen, was kümmert uns das, was die Götter mit uns wollen. Wollen wir nicht erst den Willen der Götter erforschen! Was uns die Götter geben im Laufe des Erdenlebens, das nehmen wir an; da geben sie uns den physischen Leib als ein immer stärkeres Instrument des physischen Denkens; aber sich da erst Skrupel darüber zu machen, daß wir erst anfangen sollen, irgend etwas anderes als Kraft uns zu erwerben, das ist recht unbequem. Und man muß es ja nicht gerade; mögen die Götter einen anderen Weg einschlagen! So sagen die Menschen auch, nur sagen sie es so, daß sie Philosophien und so weiter erfinden.

Man muß sich klar sein, daß es in der Welt wirklich nicht davon abhängt, daß man das, was geschehen muß, nach seiner subjektiven Bequemlichkeit einschränken will; es ist ganz unmöglich, daß ein gewisses Maß desjenigen, was dem Menschen zugeteilt ist, verkleinert wird. Und wenn der Mensch in einem bestimmten Zeitalter bestimmte Kräfte entwickeln soll und er entwickelt nur einen Teil, so kommen die anderen doch heraus. Es ist nicht wahr, daß sie nicht herauskommen! So wenig wie, wenn Sie eine Maschine heizen, das, was darüber geheizt wird, verschwindet, sondern hinausstrahlt, ebensowenig kann im Menschenleben das, was da ist, verschwinden. So ist es nicht wahr, daß das, was der Mensch heute so verachtet, die mystischen Kräfte, nicht vorhanden wäre. Der Mensch kann es verleugnen. Aber in dem, was zur Welt gehört, bleibt es vorhanden. Das können Sie ableugnen, Sie können ein großer Materialist sein in Ihrem Bewußtsein, aber Sie können es nicht als ganzer Mensch sein. Das wird sich dann, ohne daß er es weiß, so entwickeln, daß er das, was er sonst den regulären Göttern darreichen würde, Ahriman und Luzifer darreicht. Denn alles, was Sie in Ihrem Bewußtsein unterdrücken, nicht zur Entfaltung kommen lassen, reichen Sie Ahriman und Luzifer dar.

Sehen Sie, meine lieben Freunde, es kann gewiß keine zeitgenössische Kultur in der Gegenwart geben, die bis in die innersten Fasern des Seelenlebens hinein einen intensiveren Materialismus getrieben hat als die italienische Kultur. Die italienische Kultur der Gegenwart, sie ist ja als nationale Kultur eine Kultur, die dadurch entstand, daß die Volksseele durch die Empfindungsseele der Men-

schen wirkt. Wenn die englische Kultur Materialismus hervorbringt, so ist das ihre Mission; der Materialismus wird dort Oberfläche sein, wird aber so sein, wie er sein soll. Da kommt das zustande, was die Erde einmal an Materialismus braucht. Das ist die
Mission des britischen Volkes, der Erdenentwickelung den Materialismus zu geben. Da kann sich das nicht so tief in die Seele hinein-
nisten wie beim Italiener, der alles in die tiefsten Empfindungen
aufnimmt, da lebt sich der Materialismus bis in die tiefsten Gründe
hinein. Darum hat die italienische Zeitkultur gegenwärtig förmliche
Tobsuchtsanfälle des nationalistischen Materialismus mit ganzer
Seele, während sich der Materialismus eben nicht mit ganzer Seele
ergreifen läßt. Man kann ihn vertreten gegenüber der Welt, aber
man kann sich nicht für ihn begeistern, außer man ist ein Angehö-
riger der italienischen Volksseele. Aber so wahr es ist, daß unsere
Zeit überhaupt die materialistischste ist, ebenso wahr ist es, daß bei
den südlichen Völkern gerade aus der Empfindungsseele heraus die
materialistischsten Empfindungen kommen. Denken Sie, was *Fichte*
ausgesprochen hat: Wer an Freiheit der Geistigkeit glaubt, der gehört eigentlich zu uns! – Bei ihm ist ganz und gar durch den Geist
charakterisiert das, was Nationalität in seinem Sinne sein soll: ein
Geistbegriff. Nichts von dem ist im italienischen Nationalitätsbe-
griff; die Materie des Blutes ist es hier, worauf es ankommt, ein
ganz naturalistischer Nationalismus ist das. Wenn der eine von Nation spricht, meint er etwas ganz anderes, als wenn der andere von
Nation spricht. Ein ganz nationalistischer Materialismus lebt im italienischen Volk. Selbstverständlich bezieht sich das alles nur auf die
heutige Zeit. Nun denken Sie, wenn in einer so entschiedenen
Weise die Seele hinstrebt nach einem naturalistischen Materialismus
in den Absichten des Landes, dann kann nicht verlorengehen deshalb der mystische Sinn; der bleibt. Er wird nur aus dem Bewußtsein herausgeworfen und legt sich dann auf etwas anderes, er wird
nicht aus dem wahrsten innersten Sein herausgeworfen, nur kommt
er in den Dienst derjenigen Mächte, die wir mit dem technischen
Namen der ahrimanischen und luziferischen Mächte bezeichnen;
die Kräfte werden dann nicht in die Bahn der fortschreitenden

Gottheiten geleitet, sondern in die Bahn der ahrimanischen und luziferischen Mächte. Man kann annehmen, irgend etwas wird unter diesen Völkern hervorkommen dadurch, daß mystisch geartete Kräfte herausgeworfen werden in das öffentliche Leben. Finden wir so etwas im Süden, als eine richtig herausgeworfene mystische Willensströmung?

1347 war es, am Pfingstsonntag des Mai, als in Rom *Cola di Rienzi* an der Spitze eines großen Zuges im altrömischen Panzer nach der Empfindung der damaligen Zeit, mit vier Standarten, hinaufgegangen ist nach dem Kapitol, nach der Stätte, von wo aus man immer gesprochen hat, wenn man zu den Römern über das Römertum gesprochen hat. Und Rienzi verkündete von da aus das, was er zu verkünden hatte, wie er selbst sagte, als der Beauftragte des Jesus Christus und als der, der im Namen der Freiheit der ganzen Welt zu den Römern zu sprechen hatte. Dazumal wurden tatsächlich unglaublich viele Phrasen gesprochen. Sie hatten in der damaligen Zeit – 1347 – eine gewisse Bedeutung, aber sie hatten keine Realität. Das Ganze war etwas, das wie im Feuer verpuffte. Aber das meine ich noch nicht. Ich möchte hinweisen darauf, daß das geschehen ist am Pfingstsonntag, 20. Mai 1347. Das war dazumal, als sich der Vertreter dieser ganzen Strömung als ein Beauftragter des Christus bezeichnete. Und später, als er immer mehr ausbildete seine Lehre, da nannte er sich auch den Inspirierten vom Heiligen Geist. Und wieder an einem Pfingstsonntag ist die Kriegserklärung an Österreich erfolgt. Vorangegangen ist, daß derjenige, der sich allerdings nicht den Beauftragten des Christus genannt hat, aber der doch so leicht durchtönen ließ, daß er vom Heiligen Geist durchdrungen ist, an der Spitze eines großen Zuges unmittelbar vorher in Rom gesprochen hat. Einer, der ganz gewiß nicht eine Spur jener Mystik in seiner Seele hatte, in deren Namen Rienzi damals sprach. Aber – da haben Sie das Herausgeworfene der Mystik – am richtigen Tag, nämlich da wieder Pfingstsonntag war, war es gesprochen. Aber es ist im Dienste der anderen Mächte gesprochen. Es ist der Christus-Impuls aus dem Bewußtsein herausgeworfen. Und wie sehr es das Ahrimanische war, das ja schließlich in dieser Zeit erwartet werden muß, das zeigen wenige Worte, die damals gesprochen worden sind. Selbstverständlich konnte im zwanzigsten Jahrhundert der Sprecher diesmal nicht im Panzer mit vier Standarten kommen, sondern er ist im Auto gekommen. Das ist selbstverständlich dasjenige, was unserer materialistisch gerichteten Zeit zum Opfer gebracht werden muß. Aber er mußte ja schließlich – unbewußt vielleicht – ein wenig Rechnung tragen dem, daß einer anderen Macht übergeben ist dasjenige, was eigentlich als mystische Menschenkraft herausgeworfen ist und das nun draußen in der Welt strömt – in sein Gegenteil verkehrt. Er hat ja nach seiner Rede – der Mann, der nach seiner eigenen Namengebung *d'Annunzio* heißt, in Wirklichkeit heißt er ja anders – nicht nur so gesprochen, daß geglaubt werden konnte – in der italienischen Sprache ist das ja leicht zu machen –, alle die großen flammenden Worte des Rienzi leben wieder auf, an die er so deutlich in jedem Satz erinnern wollte, sondern er hat, nachdem er diese Rede gehalten hat, in der allerdings mitteleuropäisches Bewußtsein nur Phrasen sehen kann, nachher einen Degen in die Hand genommen, diesen Degen geküßt, zum Zeichen, daß er jetzt an des Degens Kraft die Kraft der Rede abgeben wolle. Dieser Degen, er gehörte dem Redakteur einer Zeitschrift, die man öfter sieht, wenn man nach Italien kommt. Es war der Degen, den der Redakteur einer Zeitschrift dem Bürgermeister von Rom bei dieser Gelegenheit als ein heiliges Vermächtnis übergab. Dieser Degen gehörte dem Redakteur des Witzblattes «Asino». Die Welt wird einmal in der Zukunft einsehen, wenn sie aus anderen Untergründen heraus urteilt als aus denen, aus denen heute so oft geurteilt wird, daß so manches, was in unserer Gegenwart geschieht, eben von dem Gesichtspunkt zu beurteilen ist, wie manches, was als mystische Kraft im Menschen vorhanden ist, herausgeworfen wird, dem Weltprozeß übergeben wird, aber nicht verlorengeht, sondern die Beute der ahrimanischen und luziferischen Mächte wird. Und selten zeigt in der unmittelbaren Anschauung die Ironie der Weltgeschichte so klar, was hier geschieht, wie in dem eben angedeuteten Fall.

Wir wollen gerade aus dem, was wir aufnehmen konnten in uns

durch unser in den letzten Jahren verlaufenes Streben, versuchen, uns klar darüber zu sein, daß ein gewisses Maß spiritueller Kräfte der Menschennatur angemessen ist. Und weil aus dem Bewußtsein auf der einen Seite dadurch, daß die Menschheit frei werden kann durch die Ergreifung des Leiblichen, herausgeworfen werden muß die mystische Spiritualität, muß es auf der anderen Seite in das Bewußtsein hereingenommen werden, sonst wird das aus dem Bewußtsein Herausgeworfene von den ahrimanischen und luziferischen Mächten ergriffen. Das ist es, woran ich immer wieder von neuem erinnern möchte, meine lieben Freunde, daß wir, indem wir jahrelang gestrebt haben, dies in unser Bewußtsein aufzunehmen, in uns selber auch ein Gefühl erzeugen, daß aus diesen blutigen Ereignissen der Gegenwart etwas hervorgehen muß, was die Menschheit zur Spiritualität, zur Anerkennung der Geistigkeit hinführt. In dem Sinne, wie ich öfter davon gesprochen habe, daß sich Seelen finden müssen, die durch Geisteswissenschaft geeignet sind, hinaufzuschauen in die geistige Welt, wo alle die Ätherleiber sind, die aus jungen Menschen herausgekommen sind – hinaufgekommen sind in die geistige Welt – und die nun vorhanden bleiben, weil auch auf diesem Felde die Kräfte nicht verlorengehen. Zu ihnen sollen wir nun hinaufblicken; sie werden sich verbinden mit den Kräften aus der geistigen Welt, die uns entgegenleuchten, und es wird das, was die Toten zu sagen haben, in der Zukunft zu Impulsen werden, wenn Seelen da sind, die ihre Sprache verstehen. In diesem Sinne sprechen wir wieder die schlichten Worte:

> Aus dem Mut der Kämpfer,
> Aus dem Blut der Schlachten,
> Aus dem Leid Verlassener,
> Aus des Volkes Opfertaten
> Wird erwachsen Geistesfrucht –
> Lenken Seelen geistbewußt
> Ihren Sinn ins Geisterreich.

HINWEISE

In diesem Band sind die Vorträge Rudolf Steiners zusammengefaßt, die er unmittelbar nach Ausbruch des Ersten Weltkrieges für die schon damals zahlreichen Mitglieder der Anthroposophischen Gesellschaft in Berlin gehalten hat. Die Atmosphäre ist in besonderem Maße von den schweren Zeitereignissen geprägt. Der oft intim-persönliche Charakter der Sprache entstand jedoch auch durch die starke Verbundenheit Rudolf Steiners mit diesem Kreis. Seit 1900/1902 war Berlin der Ort, von dem aus er die Geisteswissenschaft in Vorträgen und Schriften entfaltete, der Hauptort seines Wirkens in Deutschland überhaupt. Der Berliner «Zweig» der Anthroposophischen Gesellschaft war der einzige, den Rudolf und Marie Steiner (v. Sivers) bis zur Neubegründung der Allgemeinen Anthroposophischen Gesellschaft in Dornach, Weihnachten 1923/1924, selbst leiteten.

Textunterlagen: Mitgeschrieben wurden die ersten sieben Vorträge von dem Zweigmitglied Walter Vegelahn; der 8., 9. und 13. aller Wahrscheinlichkeit nach von Frau Hedda Hummel; beim 10., 11. und 14. Vortrag handelt es sich mehr um recht ausführliche Notizen; die vom 10. April 1915 stammen von A. Meebold, die vom 6. Juli von Dr. Beck. Das erklärt den unterschiedlichen Stil der Nachschriften. Ähnlich ausführliche Notizen existieren auch zu andern Vorträgen dieses Bandes, ergaben aber nichts Wesentliches zu den ausführlich stenographierten Nachschriften hinzu. Wenige kleine Änderungen bei unklaren Stellen gehen auf den Vergleich zurück.

Die 1. Auflage erschien unter dem Titel «Zeitbetrachtungen» (Zyklus 39), der vermutlich auf Marie Steiner zurückgeht. Die 2. Auflage 1960 erschien unter dem jetzigen Titel «Menschenschicksale und Völkerschicksale». Die einzelnen Vorträge wurden von Rudolf Steiner nicht unter einem bestimmten angekündigten Titel gehalten. Die auch in dieser Auflage beibehaltenen Einzeltitel stammen ebenfalls aus der ersten Ausgabe von Marie Steiner. Für die 3. Auflage 1981 wurde der Text neu durchgesehen, ein Inhaltsverzeichnis erstellt und die Hinweise ergänzt.

Zum vertiefenden Studium vieler Motive dieses Bandes, über die Rudolf Steiner insbesondere auch in Dornach ausführlich sprach, sowie als Einblick in die Vielfalt seines Wirkens bei Beginn des Krieges sei hier auf die Vorträge und Vortragsreihen verwiesen, die in demselben Zeitraum gehalten wurden (ohne Vollständigkeit; GA = Rudolf Steiner Gesamtausgabe):

Aus schicksaltragender Zeit, öffentliche Vorträge, Berlin, 29.10.1914–23.4.1915, GA Bibl.-Nr. 64

Okkultes Lesen und okkultes Hören, Dornach, 3.10.–27.12.1914, GA Bibl.-Nr. 156

Der Dornacher Bau als Wahrzeichen künstlerischer Entwickelungsimpulse, Dornach, 10.–25.10.1914, vorgesehen für GA Bibl.-Nr. 287

Der Zusammenhang des Menschen mit der elementarischen Welt, in verschied. Orten, 1.1.1912–31.12.1914, GA Bibl.-Nr. 158

Kunst im Lichte der Mysterienweisheit, Dornach, 28.12.1914–4.1.1915, GA Bibl.-Nr. 275

Wege der geistigen Erkenntnis und Erneuerung künstlerischer Weltanschauung, Dornach, 9.1.–2.5.1915, GA Bibl.-Nr. 161

Das Geheimnis des Todes. Wesen und Bedeutung Mitteleuropas und die europäischen Volksgeister, in verschied. Städten, 31.1.–19.6.1915, GA Bibl.-Nr. 159/160

Mitteleuropa zwischen Ost und West, München, 13.9.1914–4.5.1918, GA Bibl.-Nr. 174a
Die geistigen Hintergründe des Ersten Weltkrieges, Stuttgart, 30.9.1914–26.4.1918 und
21.3.1921, GA Bibl.-Nr. 174b
Unsere Toten, Ansprachen, Gedenkworte und Meditationssprüche, in verschied. Städten,
1906–1924, GA Bibl.-Nr. 261

Werke Rudolf Steiners, welche innerhalb der Gesamtausgabe (GA) erschienen sind,
werden in den Hinweisen mit der Bibliographie-Nummer angegeben. Siehe auch die
Übersicht am Schluß des Bandes.

zu Seite

15 *den Bau, den wir als eine Warte für das geistige Leben der neueren Zeit errichten
wollen:* Siehe Rudolf Steiner «Der Baugedanke des Goetheanum» (1921), mit 104
Abbildungen des ersten Goetheanumbaues in Dornach, GA Bibl.-Nr. 290.

19 *am 26. Juli konnte ich in Dornach . . . die Worte sprechen:* Siehe R. Steiner, «Wege
zu einem neuen Baustil» (1914), mit 16 Abbildungen des ersten Goetheanumbaues,
GA Bibl.-Nr. 286.

21 *Anleitung zu solchem Verbinden:* Vom 13. bis 16. August 1914 hielt Rudolf Steiner
in Dornach einen Samariterkurs.

24 *Du, meines Erdenraumes Geist:* Rudolf Steiner änderte später die Zeile «Dich, tönend von Lob und Macht» in «Dich, tönend von Licht und Macht». Siehe «Wahrspruchworte – Richtspruchworte», 3. Auflage Dornach 1951, vorgesehen für GA
Bibl.-Nr. 41.

28 *Vortragszyklus über die Volksseelen:* Siehe Rudolf Steiner, «Die Mission einzelner
Volksseelen im Zusammenhange mit der germanisch-nordischen Mythologie»
(Kristiania [Oslo] 1910), GA Bibl.-Nr. 121.

32 *im letzten öffentlichen Vortrag:* Am 29. Oktober 1914 «Goethes Geistesart in unsern schicksalsschweren Tagen und die deutsche Kultur», in: Rudolf Steiner, «Aus
schicksaltragender Zeit» (1914/1915), GA Bibl.-Nr. 64.

33 *Das habe ich vor einigen Tagen dort getan:* Siehe Rudolf Steiners Dornacher Vorträge: «Der Dornacher Bau als Wahrzeichen geschichtlichen Werdens und künstlerischer Umwandlungsimpulse» (1914), Dornach 1937 (vorgesehen für GA Bibl.-
Nr. 287).

34 *Voltaire* (François Marie Arouet), 1694–1778.

Pierre Corneille, 1606–1684.

Jean Baptiste Racine, 1639–1699.

Aristoteles, 384–322 v. Chr.

Molière (Jean-Baptiste Poquelin), 1622–1673.

35 *erste Auflage der «Rätsel der Philosophie»:* Rudolf Steiner, «Die Rätsel der Philosophie in ihrer Geschichte als Umriß dargestellt», GA Bibl.-Nr. 18, erschien 1914 als umgearbeitete und wesentlich erweiterte Ausgabe des Werkes «Welt- und Lebensanschauungen im 19. Jahrhundert», Berlin 1901.

William Shakespeare, 1564–1616.

Friedrich II, der Große, 1712–1786; von 1740–1786 König von Preußen.

36 *Gottfried Wilhelm von Leibniz,* 1646–1716.

Charles Robert Darwin, 1809–1882.

Goethes «Farbenlehre»: «Goethes Naturwissenschaftliche Schriften», herausgegeben und kommentiert von Rudolf Steiner in Kürschners «Deutsche National-Litteratur» (1883–97), 5 Bände, Nachdruck Dornach 1975, GA Bibl.-Nr. 1a–e. Band III: «Farbenlehre».

Isaac Newton, 1642–1727.

40 u. 45 *Wir haben innerhalb unserer Bewegung . . . Solovjeff übersetzen lassen:* Wladimir Solovjeff «Ausgewählte Werke», übersetzt von Harry Köhler, mit einer Einführung von Rudolf Steiner, Stuttgart 1921, ferner «Gedichte von Wladimir Solovjeff», übertragen von Marie Steiner, 2. Auflage Dornach 1949.

Peter I., der Große, 1672–1725.

46 *am Schlusse des Buches, das ich vorgestern angeführt habe:* Dmitri Mereschkowski (1865–1941): «Der Anmarsch des Pöbels», übers. von H. Hörschelmann, München und Leipzig 1907.

47 *wegen unseres ersten Grundsatzes:* Bei der Begründung der Anthroposophischen Gesellschaft 1912/13 formulierte Rudolf Steiner den ersten Grundsatz: «Es können in der Gesellschaft alle diejenigen Menschen brüderlich zusammenwirken, welche als Grundlage eines liebevollen Zusammenwirkens ein gemeinsames Geistiges in allen Menschenseelen betrachten, wie auch diese verschieden sein mögen in bezug auf Glauben, Nation, Stand, Geschlecht usw.»

48 u. 103/104 *Die Individualität, welche damals hingemordet worden ist:* Franz Ferdinand, Erzherzog von Österreich, am 28. Juni 1914.

50 *im Sinne der Lehren, welche Krishna gibt . . .:* In der Bhagavad Gita; vgl. den ersten Vortrag in diesem Band, S. 18.

52 *in öffentlichen Vorträgen, wie sie gestern und vorgestern gegeben werden mußten:* Vortrag vom 26. November 1914: «Die Menschenseele in Leben und Tod»; Vortrag vom 27. November 1914: «Die Seelen der Völker». Beide abgedruckt in «Aus schicksaltragender Zeit» (1914/15), GA Bibl.-Nr. 64.

71 *welches den Krieg den «Vater aller Dinge» sein läßt:* Heraklit (aus Ephesus, um 540–480 v. Chr.); Fragment B 53 (in H. Diels, Fragmente der Vorsokratiker, Band I).

76 *Konstantin I., der Große,* 274–337, römischer Kaiser ab 313, nachdem er 312 Augustus Maxentius an der Milvischen Brücke schlug. Vgl. auch den Vortrag Dornach, 30. Januar 1915 in: «Wege der geistigen Erkenntnis und der Erneuerung künstlerischer Weltanschauung», GA Bibl.-Nr. 161.

Julian, der Apostat: Flavius Claudius Julianus, 331–363, von den Christen «Apostata», der Abtrünnige genannt; römischer Kaiser von 361–363.

80, 91, 95, 98, 111 *Jeanne d'Arc,* 6. Januar 1412 bis 30. Mai 1431.

82 *Der, den ihr suchet, der ist nicht da:* Vgl. Matth. 28,6; Mark. 16,6; Luk. 24, 5/6.

84 *im öffentlichen Vortrag am letzten Donnerstag:* Am 14. Januar 1915 «Die germanische Seele und der deutsche Geist vom Gesichtspunkte der Geisteswissenschaft», abgedruckt in «Aus schicksaltragender Zeit» (1914/15), GA Bibl.-Nr. 64.

Walther von der Vogelweide, um 1170–1230.

85 *Lessing . . . die Idee der wiederholten Erdenleben:* Siehe Gotthold Ephraim Lessing, «Die Erziehung des Menschengeschlechtes» (1780), § 98: «Warum sollte ich nicht so oft wiederkommen, als ich neue Kenntnisse, neue Fertigkeiten zu erlangen geschickt bin? Bringe ich auf einmal so viel weg, daß es der Mühe wiederzukommen etwa nicht lohnet?»

87 *wie Goethe den Repräsentanten der Menschheit, den Faust, hinstellt:* Vgl. hierzu Rudolf Steiner, «Geisteswissenschaftliche Erläuterungen zu Goethes ‹Faust›», Band I: «Faust, der strebende Mensch», Band II: «Das Faust-Problem», GA Bibl.-Nr. 272 und 273.

er mußte die anschaulichen Vorstellungen des Christentums zu Hilfe nehmen: Siehe J.P. Eckermann, Gespräche mit Goethe in den letzten Jahren seines Lebens, 6. Juni 1831: «Übrigens werden Sie zugeben, daß der Schluß, wo es mit der geretteten Seele nach oben geht, sehr schwer zu machen war, und daß ich bei so übersinnlichen, kaum zu ahnenden Dingen mich sehr leicht im Vagen hätte verlieren können, wenn ich nicht meinen poetischen Intentionen durch die scharf umrissenen, christlich-kirchlichen Figuren und Vorstellungen eine wohltätig beschränkende Form und Festigkeit gegeben hätte.»

Raffaello Santi, 1483–1520.

90 *im ersten öffentlichen Vortrag hier in Berlin:* Siehe Hinweis zu S. 32.

91 *Anatole France:* Vie de Jeanne d'Arc, 2 Bände, 49. Aufl. Paris 1927.

Friedrich Schiller . . . «Es liebt die Welt, das Strahlende zu schwärzen»: 3. Strophe des Gedichtes: «Das Mädchen von Orléans».

100 *Olaf Åsteson:* Vgl. Rudolf Steiner, «Welten-Neujahr. Das Traumlied vom Olaf Åsteson», Dornach 31.12.1914 (Einzelausgabe).

104 *Ich habe es öfter . . . erwähnt: jenes Ereignis . . . in der geistigen Welt, im November ungefähr des Jahres 1879:* Siehe besonders die beiden Vorträge Rudolf Steiners in Stuttgart, 18. und 20. Mai 1913, in «Vorstufen zum Mysterium von Golgatha», GA Bibl.-Nr. 152.

108 *Meister Eckhart,* um 1260–1327.

Johannes Tauler, um 1300–1361.

109 *Jacob Böhme,* 1575–1624.

Angelus Silesius (Johannes Scheffler), 1624–1677. Vgl. zu den angeführten Mystikern Rudolf Steiner, «Die Mystik im Aufgange des neuzeitlichen Geisteslebens und ihr Verhältnis zur modernen Weltanschauung», GA Bibl.-Nr. 7.

Lessing: Siehe den Hinweis zu S. 85.

von Goethes Märchen . . . bis zur Dramatisierung der Grundkräfte der Einweihung: Siehe dazu einerseits Rudolf Steiner, «Goethes Geistesart in ihrer Offenbarung durch seinen Faust und durch das Märchen von der Schlange und der Lilie» (1918), GA Bibl.-Nr. 22; andererseits die Umgestaltung zum Mysteriendrama «Die Pforte der Einweihung» in Rudolf Steiner, «Vier Mysteriendramen» (1910–13), GA Bibl.-Nr. 14.

112 *Henri Bergson,* 1859–1941. Siehe: La signification de la guerre. In: Pages actuelles 1914/15, Paris 1915.

117 *Broschüre . . . von Professor Dr. O. Binswanger:* «Die seelischen Wirkungen des Krieges» in der Reihe: Der Deutsche Krieg, Politische Flugschriften, Stuttgart und Berlin 1914.

135 *Robert Hamerling,* 1830–1889.

136 *Fjodor Michailowitsch Dostojewski,* 1821–1881.

138 *Nikolaus Kopernikus,* 1473–1543.

140 *«Messing statt Goldes . . .»:* Gottfried Wilhelm Hegel (1770–1831) in: Phänomenologie des Geistes, VI.b. Die Aufklärung (Phil. Bibl. Bd. 114, Leipzig 1907, S. 358).

144 *ein älteres Mitglied von uns:* Es handelt sich um Lina Grosheintz-Rohrer. Siehe Rudolf Steiner, «Unsere Toten» (1906–1924), GA Bibl.-Nr. 261, die Ansprache Basel, 10. Januar 1915.

146 *verloren wir für den physischen Plan eine andere Freundin:* Es handelt sich um Sibyl Colazza. Siehe: «Unsere Toten», die Ansprache Zürich, 31. Januar 1915.

311

149 *wie Wagner aus einer tiefen Intuition gesagt hat:* «Die Zeit wird hier zum Raum» im Bühnenweihfestspiel «Parsifal», 1. Aufzug, Ausspruch des Gurnemanz.

Fritz Mitscher: Siehe Rudolf Steiner, «Unsere Toten», die Ansprache Basel, 5. Februar 1915.

158 *Ernst Mach,* 1838–1916, «Analyse der Empfindungen und das Verhältnis des Physischen zum Psychischen», Jena 1900, S. 3.

160 *Näheres darüber finden Sie in dem Wiener Zyklus:* Siehe Rudolf Steiner, «Inneres Wesen des Menschen und Leben zwischen Tod und neuer Geburt» (1914), GA Bibl.-Nr. 153.

163 *Wir haben ja im Herbst den Tod erlebt des Kindes:* Es handelt sich um Theo Faiß. Siehe Rudolf Steiner, «Unsere Toten», die Ansprache Dornach, 10. Oktober 1914.

167 *Berlin, 2. März 1915:* Vgl. zu diesem Vortrag die Dornacher Ausführungen vom 27. März und 1. Mai 1915 in «Wege der geistigen Erkenntnis und der Erneuerung künstlerischer Weltanschauung», GA Bibl.-Nr. 161.

172 *Leibniz:* Siehe Hinweis zu S. 36.

176 *deshalb habe ich sogar exoterisch in öffentlichen Vorträgen darauf hingewiesen: das zweite erreicht man dadurch, daß man sich mit seinem Schicksal identifiziert:* Siehe z.B. den Vortrag «Geist-Erkenntnis in glücklichen und ernsten Stunden des Lebens», Berlin, 15. Januar 1915 in «Aus schicksaltragender Zeit», GA Bibl.-Nr. 64.

188 *So wenig wie von unserer Geburt . . . (bis) in die geistige Welt hinein:* In der zweiten Nachschrift (sehr ausführliche Notizen) lautet dieser Satz: «Gerade so, wie unsere Geburt, die nicht in unserm physischen Bewußtsein steht, die wir aber doch während der zweiten Hälfte unseres Aufenthaltes in der geistigen Welt ersehnen, weil wir sie als Notwendigkeit empfinden, um unser Menschenideal zu erreichen –, gerade so steht der Tod in den geistigen Welten als das Schönste vor dem Menschen, weil das Bewußtsein, das Erkennen dort in uns auftaucht, daß er als der große Auferwecker in die geistige Welt hinein dasteht.» Vgl. auch, wie Rudolf Steiner dieses Motiv von Geburt und Tod wieder darstellt am 16. November 1915, ebenfalls in Berlin, in: «Schicksalsbildung und Leben nach dem Tode» (6 Vorträge), GA Bibl.-Nr. 157a.

198 *wir werden einmal darüber bei Gelegenheit sprechen. Dann werden wir sehen, wie durch Vorgänge, die jeder beobachten kann, man nachweisen kann . . . mit einem feinen Wärmeprozeß . . .:* Das Thema ist wohl in der Form nicht wieder dargestellt, wurde wohl auch von den Hörern nicht aufgegriffen. Von einem andern Aspekt aus vgl. die Vorträge Rudolf Steiners in Dornach, 17. Dezember 1920 in «Die Brücke zwischen der Weltgeistigkeit und dem Physischen des Menschen» (1920), GA Bibl.-Nr. 202, und 13. Januar 1924 in «Mysterienstätten des Mittelalters» (1924), GA Bibl.-Nr. 233a.

205 *Julius Mosen,* 1803–1867, «Ritter Wahn» erschien 1831; Neuauflage angeregt durch die Ausführungen Rudolf Steiners im Verlag Der Kommende Tag AG, Stuttgart 1921; «Ahasver», 1838.

206 *der Leipziger Literaturprofessor:* Karl Rudolf von Gottschall, 1823–1909.

Wilhelm Jordan, 1819–1904.

208 *Joseph von Auffenberg,* 1798–1857, «Alhambra», Epos in dramatischer Form, erschienen in drei Teilen 1828–30.

210 *«Wär' nicht das Auge sonnenhaft . . .»* : Goethe, Zahme Xenien III.

211 *der unter dem Namen Dr. Mises schreibt:* Gustav Theodor Fechner, 1801–1887, siehe: Beweis, daß der Mond aus Jodin besteht, 2. Auflage Leipzig 1832.

216 *schon in einem öffentlichen Vortrage . . . das Erinnerungsvermögen:* In Berlin, 26. Februar 1915 «Was ist am Menschen sterblich?», in «Aus schicksaltragender Zeit», GA Bibl.-Nr. 64.

226 *Ernest Renan schreibt an David Friedrich Strauß:* Brief vom 13. September 1870. Abgedruckt in David Strauß, Gesammelte Schriften, Bonn 1876–78, Band I, S. 311 f.

229 *Johann Gottlieb Fichte,* 1762–1814.

230 *Wäre der Christus nicht auferstanden . . .:* Paulus, 1. Korinther, 15, 17.

235 *Ich habe deshalb schon öfters ausgesprochen . . . unser Leben binnen vierundzwanzig Stunden (zu) vergleichen mit dem Jahreslauf der Erde:* Siehe z. B. Rudolf Steiners Vorträge Augsburg, 14. März 1913 und Stockholm, 8. Juni 1913, beide in «Die Welt des Geistes und ihr Hereinragen in das physische Dasein», GA Bibl.-Nr. 150.

237 *innerhalb dieses Erdgeistes wird uns alles das anschaulich, was ich auseinandergesetzt habe von dem Impuls von Golgatha:* Aus der Fülle der hier zu nennenden Auseinandersetzungen sei auf den Vortrag Nürnberg, 23. Juni 1908 in «Die Apokalypse des Johannes», GA Bibl.-Nr. 104 verwiesen, sowie auf die Vorträge Kassel, 6. und 7. Juli 1909 in «Das Johannes-Evangelium im Verhältnis zu den drei anderen Evangelien, besonders zu dem Lukas-Evangelium», GA Bibl.-Nr. 112.

240 Rudolf Steiner, *«Aus der Akasha-Chronik»* (1904), GA Bibl.-Nr. 11; *«Die Geheimwissenschaft im Umriß»* (1910), GA Bibl.-Nr. 13.

241 Rudolf Steiner, *«Die Erziehung des Kindes vom Gesichtspunkte der Geisteswissenschaft»* (1907), Einzelausgabe; innerhalb die Gesamtausgabe in: «Luzifer-Gnosis. Grundlegende Aufsätze zur Anthroposophie aus den Jahren 1903–1908», GA Bibl.-Nr. 34.

243 *Ein Beispiel will ich dafür anführen, das von Erasmus Francisci erzählt wird:* Siehe Gotthelf Heinrich von Schubert, Die Symbolik des Traumes, Leipzig 1840, S. 10 f.

249 *Berlin, 10. Juni 1915:* Siehe Rudolf Steiner, «Der Baugedanke des Goetheanum» (1921), mit 104 Abbildungen des ersten Goetheanumbaues, GA Bibl.-Nr. 290.

258 *es ist ja von mir auch in den letzten Wochen an diesem Orte erwähnt worden,* . . . *Goethes Faust-Dichtung:* Am 15. April 1915 «Der Schauplatz der Gedanken als Ergebnis des deutschen Idealismus» (unzureichende, nicht veröffentlichte Nachschrift).

öfters ausgeführt, daß Mephisto im Grunde nichts anderes ist . . .*:* Siehe Rudolf Steiner, «Goethes Geistesart in ihrer Offenbarung durch seinen Faust und durch das Märchen von der Schlange und der Lilie» (1918), GA Bibl.-Nr. 22; siehe auch den Hinweis zu S. 87.

die ganze Schwierigkeit, die Goethe in bezug auf seinen «Faust» hatte: Vgl. Rudolf Steiners Ausführungen darüber in dem Vortrag Berlin 22. April 1915 «Das Weltbild des deutschen Idealismus», in «Aus schicksaltragender Zeit», GA Bibl.-Nr. 64, S. 431 ff.

259 *«ein furchtsam weggekrümmter Wurm»:* Faust I, Vers 498.

«Du gleichst dem Geist . . .*»:* Faust I, Vers 512/513.

260 *eine Stelle* . . . *wo Mephisto einmal Luzifer genannt wird:* Gemeint ist wohl die Stelle aus dem «Urfaust», Straße, Vers 527: «Er tut als wär er ein Fürstensohn./Hätt Luzifer so ein Duzzend Prinzen, Die sollten ihm schon was vermünzen.»

Gefühl ist alles . . .*:* Faust I, Vers 3456–3458.

«durchaus studiert . . .*»:* Faust I, Vers 357.

261 *«und bis zum Menschen hast du Zeit»:* Faust II, Vers 8326.

«Nur strebe nicht nach höheren Orden»: Faust II, Vers 8330.

Es wird! Die Masse regt sich klarer: Faust II, Vers 6855/56.

seit Nietzsche vom Übermenschen gesprochen hat: In: Also sprach Zarathustra, Vorrede, 3. und 4. sowie III. Teil, «Der Genesende».

da sagt Goethe, er habe den alten Tragelaphen . . . *wieder hervorgeholt:* Siehe den Briefwechsel zwischen Schiller und Goethe, 6. Dezember 1797. Schon am 22. Juni des Jahres hatte Goethe Schiller von seinem Plan berichtet, den Faust zu vollenden, welchen Entschluß Schiller in der Folgezeit durch sein Interesse förderte.

262 *daß er eine Skizze gemacht hat* . . . *zu dem, was der Faust werden sollte:* Abgedruckt in der Gedenkausgabe, Artemis Zürich 1949, Band 5, Die Faustdichtungen, Paralipomena, S. 541.

266 *(Schluß des Vortrages):* Das Mantram, das von Rudolf Steiner damals immer gesprochen worden ist, fehlt in der Nachschrift.

314

273 ff *Ralph Waldo Emerson*, 1803–1882, amerikanischer Philosoph und Essayist. Zitate aus: Repräsentanten des Menschengeschlechts, zitiert nach der Übersetzung von Herman Grimm, aufgenommen in: «Fünfzehn Essays», Dritte Folge, Berlin 1882: «Ralph Waldo Emerson über Goethe und Shakespeare».

280 f *Sergius Jushakow*, 1849–1910: Der englisch-russische Konflikt, Petersburg 1885.

285 *die Idee (Hebbels), daß ein Gymnasiallehrer den wiederverkörperten Plato in seiner Klasse hatte:* Tagebücher, Nr. 1335: «Nach der Seelenwanderung ist es möglich, daß Plato jetzt wieder auf der Schulbank Prügel bekommt, weil er den Plato nicht versteht».

287 *Ich habe über das Atom . . . früher einmal gesprochen:* Siehe die Vorträge Berlin 16. und 23. Dezember 1904 in: «Die Tempellegende und die Goldene Legende», GA Bibl.-Nr. 93.

288 *«Himmel und Erde werden vergehen»:* Markus 13,31.

297 *ätherische Welt, die nicht so bloß eine etwas dünnere Materie ist, wie es so gerne die englische Theosophie darstellt:* Bezieht sich wohl hauptsächlich auf die Schriften und Werke von Charles Webster Leadbeater (1847–1934).

298 Rudolf Steiner, *«Wie erlangt man Erkenntnisse der höheren Welten?»* (1904), GA Bibl.-Nr. 10.

300 *Friedrich Nietzsche in seinem Zarathustra sprach auch von dieser Tatsache:* Siehe den Hinweis zu S. 261.

303 *Wer an Freiheit der Geistigkeit glaubt . . . .:* Johann Gottlieb Fichte, Reden an die deutsche Nation, 7. Rede.

304 *Cola di Rienzi*, um 1313–1354, römischer Volkstribun. Siehe Robert Davidsohn: Vom Mittelalter zu unseren Tagen, in: Süddeutsche Monatshefte, 12. Jg., Heft 9, Juni 1915, S. 121.

305 *der Mann, der nach seiner eigenen Namengebung d'Annunzio heißt:* Gabriele d'Annunzio, 1863–1938, italienischer Schriftsteller. Seine Rede für das Weihefest der Tausend, siehe in: Süddeutsche Monatshefte, 12. Jg. Heft 9, Juni 1915, S. 498. – Die vielfach verbreitete Ansicht, daß d'Annunzio eigentlich Rapagnetta heiße, erklärt sich daraus, daß sein Vater ursprünglich so hieß, aber bereits als Kind von einem d'Annunzio adoptiert worden war.

ÜBER DIE VORTRAGSNACHSCHRIFTEN

Aus Rudolf Steiners Autobiographie
«Mein Lebensgang» (35. Kap., 1925)

Es liegen nun aus meinem anthroposophischen Wirken zwei Ergebnisse vor; erstens meine vor aller Welt veröffentlichten Bücher, zweitens eine große Reihe von Kursen, die zunächst als Privatdruck gedacht und verkäuflich nur an Mitglieder der Theosophischen (später Anthroposophischen) Gesellschaft sein sollten. Es waren dies Nachschriften, die bei den Vorträgen mehr oder weniger gut gemacht worden sind und die – wegen mangelnder Zeit – nicht von mir korrigiert werden konnten. Mir wäre es am liebsten gewesen, wenn mündlich gesprochenes Wort mündlich gesprochenes Wort geblieben wäre. Aber die Mitglieder wollten den Privatdruck der Kurse. Und so kam er zustande. Hätte ich Zeit gehabt, die Dinge zu korrigieren, so hätte vom Anfange an die Einschränkung «Nur für Mitglieder» nicht zu bestehen brauchen. Jetzt ist sie seit mehr als einem Jahre ja fallengelassen.

Hier in meinem «Lebensgang» ist notwendig, vor allem zu sagen, wie sich die beiden: meine veröffentlichten Bücher und diese Privatdrucke in das einfügen, was ich als Anthroposophie ausarbeitete.

Wer mein eigenes inneres Ringen und Arbeiten für das Hinstellen der Anthroposophie vor das Bewußtsein der gegenwärtigen Zeit verfolgen will, der muß das an Hand der allgemein veröffentlichten Schriften tun. In ihnen setzte ich mich auch mit alle dem auseinander, was an Erkenntnisstreben in der Zeit vorhanden ist. Da ist gegeben, was sich mir in «geistigem Schauen» immer mehr gestaltete, was zum Gebäude der Anthroposophie – allerdings in vieler Hinsicht in unvollkommener Art – wurde.

Neben diese Forderung, die «Anthroposophie» aufzubauen und dabei nur dem zu dienen, was sich ergab, wenn man Mitteilungen aus der Geist-Welt der allgemeinen Bildungswelt von heute zu übergeben hat, trat nun aber die andere, auch dem voll entgegenzukommen, was aus der Mitgliedschaft heraus als Seelenbedürfnis, als Geistessehnsucht sich offenbarte.

Da war vor allem eine starke Neigung vorhanden, die Evangelien und den Schrift-Inhalt der Bibel überhaupt in dem Lichte dargestellt zu hören, das sich als das anthroposophische ergeben hatte. Man wollte in Kursen über diese der Menschheit gegebenen Offenbarungen hören.

Indem interne Vortragskurse im Sinne dieser Forderung gehalten wurden, kam dazu noch ein anderes. Bei diesen Vorträgen waren nur Mitglieder. Sie waren mit den Anfangs-Mitteilungen aus Anthroposophie bekannt. Man konnte zu ihnen eben so sprechen, wie zu Vorgeschrittenen auf dem Gebiete der Anthroposophie. Die Haltung dieser internen Vorträge war eine solche, wie sie eben in Schriften nicht sein konnte, die ganz für die Öffentlichkeit bestimmt waren.

Ich durfte in internen Kreisen in einer Art über Dinge sprechen, die ich für die öffentliche Darstellung, wenn sie für sie von Anfang an bestimmt gewesen wären, hätte anders gestalten *müssen*.

So liegt in der Zweiheit, den öffentlichen und den privaten Schriften, in der Tat etwas vor, das aus zwei verschiedenen Untergründen stammt. Die ganz öffentlichen Schriften sind das Ergebnis dessen, was in mir rang und arbeitete; in den Privatdrucken ringt und arbeitet die Gesellschaft mit. Ich höre auf die Schwingungen im Seelenleben der Mitgliedschaft, und in meinem lebendigen Drinnenleben in dem, was ich da höre, entsteht die Haltung der Vorträge.

Es ist nirgends auch nur in geringstem Maße etwas gesagt, was nicht reinstes Ergebnis der sich aufbauenden Anthroposophie wäre. Von irgend einer Konzession an Vorurteile oder Vorempfindungen der Mitgliedschaft kann nicht die Rede sein. Wer diese Privatdrucke liest, kann sie im vollsten Sinne eben als das nehmen, was Anthroposophie zu sagen hat. Deshalb konnte ja auch ohne Bedenken, als die Anklagen nach dieser Richtung zu drängend wurden, von der Einrichtung abgegangen werden, diese Drucke nur im Kreise der Mitgliedschaft zu verbreiten. Es wird eben nur hingenommen werden müssen, daß in den von mir nicht nachgesehenen Vorlagen sich Fehlerhaftes findet.

Ein Urteil über den Inhalt eines solchen Privatdruckes wird ja allerdings nur demjenigen zugestanden werden können, der kennt, was als Urteils-Voraussetzung angenommen wird. Und das ist für die allermeisten dieser Drucke *mindestens* die anthroposophische Erkenntnis des Menschen, des Kosmos, insofern sein Wesen in der Anthroposophie dargestellt wird, und dessen, was als «anthroposophische Geschichte» in den Mitteilungen aus der Geist-Welt sich findet.

RUDOLF STEINER GESAMTAUSGABE

Gliederung nach: Rudolf Steiner – Das literarische
und künstlerische Werk. Eine bibliographische Übersicht
(Bibliographie-Nrn. *kursiv* in Klammern)

A. SCHRIFTEN

I. Werke

Goethes Naturwissenschaftliche Schriften, eingeleitet und kommentiert von R. Steiner,
    5 Bände, 1883/97, Neuausgabe 1975 *(1a–e); separate Ausgabe der Einleitungen, 1925 (1)*
Grundlinien einer Erkenntnistheorie der Goetheschen Weltanschauung, 1886 *(2)*
Wahrheit und Wissenschaft. Vorspiel einer «Philosophie der Freiheit», 1892 *(3)*
Die Philosophie der Freiheit. Grundzüge einer modernen Weltanschauung, 1894 *(4)*
Friedrich Nietzsche, ein Kämpfer gegen seine Zeit, 1895 *(5)*
Goethes Weltanschauung, 1897 *(6)*
Die Mystik im Aufgange des neuzeitlichen Geisteslebens und ihr Verhältnis zur moder-
    nen Weltanschauung, 1901 *(7)*
Das Christentum als mystische Tatsache und die Mysterien des Altertums, 1902 *(8)*
Theosophie. Einführung in übersinnliche Welterkenntnis und Menschenbestimmung,
    1904 *(9)*
Wie erlangt man Erkenntnisse der höheren Welten? 1904/05 *(10)*
Aus der Akasha-Chronik, 1904/08 *(11)*
Die Stufen der höheren Erkenntnis, 1905/08 *(12)*
Die Geheimwissenschaft im Umriß, 1910 *(13)*
Vier Mysteriendramen: Die Pforte der Einweihung – Die Prüfung der Seele – Der Hüter
    der Schwelle – Der Seelen Erwachen, 1910/13 *(14)*
Die geistige Führung des Menschen und der Menschheit, 1911 *(15)*
Anthroposophischer Seelenkalender, 1912 *(in 40)*
Ein Weg zur Selbsterkenntnis des Menschen, 1912 *(16)*
Die Schwelle der geistigen Welt, 1913 *(17)*
Die Rätsel der Philosophie in ihrer Geschichte als Umriß dargestellt, 1914 *(18)*
Vom Menschenrätsel, 1916 *(20)*
Von Seelenrätseln, 1917 *(21)*
Goethes Geistesart in ihrer Offenbarung durch seinen Faust und durch das
    Märchen von der Schlange und der Lilie, 1918 *(22)*
Die Kernpunkte der sozialen Frage in den Lebensnotwendigkeiten der Gegenwart und
    Zukunft, 1919 *(23)*
Aufsätze über die Dreigliederung des sozialen Organismus und zur
    Zeitlage 1915–1921 *(24)*
Kosmologie, Religion und Philosophie, 1922 *(25)*
Anthroposophische Leitsätze, 1924/25 *(26)*
Grundlegendes für eine Erweiterung der Heilkunst nach geisteswissenschaftlichen
    Erkenntnissen, 1925. Von Dr. R. Steiner und Dr. I. Wegman *(27)*
Mein Lebensgang. 1923/25 *(28)*

II. Gesammelte Aufsätze

Aufsätze zur Dramaturgie 1889–1901 *(29)* – Methodische Grundlagen der Anthroposophie 1884–1901 *(30)* – Aufsätze zur Kultur- und Zeitgeschichte 1887–1901 *(31)* – Aufsätze zur Literatur 1886–1902 *(32)* – Biographien und biographische Skizzen 1894–1905 *(33)* – Aufsätze aus «Lucifer-Gnosis» 1903–1908 *(34)* – Philosophie und Anthroposophie 1904–1918 *(35)* – Aufsätze aus «Das Goetheanum» 1921–1925 *(36)*

III. Veröffentlichungen aus dem Nachlaß

Briefe – Wahrspruchworte – Bühnenbearbeitungen – Entwürfe zu den Vier Mysteriendramen 1910–1913 – Anthroposophie. Ein Fragment aus dem Jahre 1910 – Gesammelte Skizzen und Fragmente – Aus Notizbüchern und -blättern – *(38–47)*

B. DAS VORTRAGSWERK

I. Öffentliche Vorträge

Die Berliner öffentlichen Vortragsreihen, 1903/04 bis 1917/18 *(51–67)* – Öffentliche Vorträge, Vortragsreihen und Hochschulkurse an anderen Orten Europas 1906–1924 *(68–84)*

II. Vorträge vor Mitgliedern der Anthroposophischen Gesellschaft

Vorträge und Vortragszyklen allgemein-anthroposophischen Inhalts – Christologie und Evangelien-Betrachtungen – Geisteswissenschaftliche Menschenkunde - Kosmische und menschliche Geschichte – Die geistigen Hintergründe der sozialen Frage – Der Mensch in seinem Zusammenhang mit dem Kosmos – Karma-Betrachtungen – *(91–241)*
Vorträge und Schriften zur Geschichte der anthroposophischen Bewegung und der Anthroposophischen Gesellschaft *(251–263)*

III. Vorträge und Kurse zu einzelnen Lebensgebieten

Vorträge über Kunst: Allgemein Künstlerisches – Eurythmie – Sprachgestaltung und Dramatische Kunst – Musik – Bildende Künste – Kunstgeschichte *(271–292)* – Vorträge über Erziehung *(293–311)* – Vorträge über Medizin *(312–319)* – Vorträge über Naturwissenschaft *(320–327)* – Vorträge über das soziale Leben und die Dreigliederung des sozialen Organismus *(328–341)* – Vorträge für die Arbeiter am Goetheanumbau *(347–354)*

C. DAS KÜNSTLERISCHE WERK

Originalgetreue Wiedergaben von malerischen und graphischen Entwürfen und Skizzen Rudolf Steiners in Kunstmappen oder als Einzelblätter: Entwürfe für die Malerei des Ersten Goetheanum – Schulungsskizzen für Maler – Programmbilder für Eurythmie-Aufführungen – Eurythmieformen – Skizzen zu den Eurythmiefiguren, u.a.

Die Bände der Rudolf Steiner Gesamtausgabe
sind innerhalb einzelner Gruppen einheitlich ausgestattet
Jeder Band ist einzeln erhältlich